NZZ **LIBRO**

Urs Bitterli

Licht und Schatten
über Europa 1900–1945
Eine etwas andere Kulturgeschichte

Verlag Neue Zürcher Zeitung

Bibliografische Information der Deutschen Nationalbibliothek
Die Deutsche Nationalbibliothek verzeichnet diese Publikation in der Deutschen Nationalbibliografie;
detaillierte bibliografische Daten sind im Internet über http://dnb.d-nb.de abrufbar.

Autor und Verlag danken für die Unterstützung:

Kanton Aargau

Lektorat: Ulrike Ebenritter, Giessen
Umschlag, Gestaltung, Satz: GYSIN [Konzept+Gestaltung], Chur
Druck, Einband: Druckhaus Nomos, Sinzheim

ISBN 978-3-03810-151-2

www.nzz-libro.ch
NZZ Libro ist ein Imprint der Neuen Zürcher Zeitung

Einleitung

I Die Jahrhundertwende

II Der Grosse Krieg

III Kulturpessimismus 101

IV Ferne Welten 123

V Die zerrissenen Jahre 155

VIII Völkermord 303

Dank 343

Editorische Notiz 345

Personenregister 347

Einleitung

Nie zuvor in der Weltgeschichte hat der Mensch in einem kurzen Zeitraum so viel Gutes geleistet und so viel Schlimmes angerichtet wie zwischen 1900 und 1945. Im Jahr 1900 fand die Pariser Weltausstellung statt. Europa zeigte sich selbst und der Welt voller Stolz die wissenschaftlichen und technischen Errungenschaften einer voranschreitenden Zivilisation. Die Ausstellung wurde zum Symbol ungetrübter Fortschrittsgläubigkeit. Der alte Kontinent sah sich an der Spitze eines Modernisierungsprozesses, der das Leben des Menschen sicherer, bequemer und glücklicher zu machen versprach. Ja, man glaubte sogar, dass sich nicht nur die Lebensumstände, sondern auch die Menschen selbst verbessern liessen.

14 Jahre später zerfleischte sich Europa in einem unsinnigen Bruderkrieg. Völker, die eben noch im friedlichen Handelsverkehr gestanden hatten, wandten sich gegeneinander, um ihre Träume von nationaler Grösse zu verwirklichen. Zu Land, zu Wasser und in der Luft bekämpfte man sich mit den mörderischen Waffen, die der technische Fortschritt bereitgestellt hatte. Es war ein Krieg, an dem sich selbst die Sieger nicht zu freuen vermochten – zu hoch war die Zahl der Menschenopfer, und zu verheerend waren die Zerstörungen. So schlimm war diese Erfahrung, dass man hoffte, sie würde sich nie mehr wiederholen. Es sei, schrieb damals der englische Schriftsteller H.G.Wells, «der Krieg, der alle Kriege beendet». Doch diese Hoffnung erfüllte sich nicht. Die Versailler Friedensverträge zielten nicht auf Versöhnung ab und trugen den Keim künftiger Konflikte bereits in sich.

Die Zwischenkriegszeit brachte für die meisten europäischen Länder eine Periode sozialer Unrast, wirtschaftlicher Krisen und politischer Verunsicherung. Wenn der amerikanische Präsident Woodrow Wilson 1917 gehofft hatte, der Kriegseintritt der USA würde dazu führen, der Demokratie in Europa den Weg zu ebnen, täuschte er sich. In vielen europäischen Ländern funktionierte die parlamentarische Demokratie schlecht, und die sozialen Reformen, die der industrielle Wandel erforderte, schritten nur langsam voran. In Russland herrschte eine kommunistische Diktatur, und in Italien, Spanien und Deutschland drängten Faschisten und Nationalsozialisten zur Macht.

In auffallendem Gegensatz zur sozialen, wirtschaftlichen und politischen Entwicklung stand die ausserordentliche kulturelle Blüte der Zwischenkriegszeit. Die Leistungen auf den Gebieten der Technik und der Wissenschaften setzten sich fort. Fortschritte in Medizin und Hygiene erhöhten die Lebenserwartung. Wichtige technische Errungenschaften wie Automobil, Telefon, Radio oder Grammofon fanden bald weite Verbreitung. Man übertreibt nicht, wenn man feststellt, dass alles, was das Leben des heutigen Menschen vor der digitalen Revolution erleichtert, bereichert und zuweilen auch kompliziert hat, zwischen 1900 und 1945 erfunden oder entscheidend perfektioniert worden ist. Selbst das Fernsehen geht in seinen Anfängen auf diese Zeit zurück.

Nicht weniger spektakulär waren die Leistungen auf den Gebieten von Literatur, bildender Kunst oder Musik. Der Krieg hatte die geistigen Kräfte der Menschen absorbiert und gelähmt; das Kriegsende aber setzte eine Flutwelle kreativer Energie frei. Das Bedürfnis, sich zu verwirklichen, führte zu originellen und exzentrischen Ergebnissen. Traditionen verloren ihre Verbindlichkeit, moralische Normen wurden verletzt, sexuelle Tabus wurden missachtet. Neu und von weitreichender Konsequenz war, dass die Kultur, einst Privileg des Bürgertums, dank Presse, Radio, Film und Werbung eine grössere Breitenwirkung erzielte und propagandistisch eingesetzt werden konnte. Der Vielfalt und dem Reichtum des kulturellen Angebots kamen die Neugier und Genusssucht eines urbanen Massenpublikums entgegen, das die Sorgen des Alltags zu vergessen suchte. Verkürzte Arbeitszeiten und bezahlte Ferien ermöglichten eine neuartige Gestaltung der Freizeit. Der Sport begann, seine wichtige Rolle zu spielen. Der Kultur der Zwischenkriegszeit haftete jedoch viel Fragwürdiges, Widersprüchliches und Gewalttätiges an, und bei allem rauschhaften Überschwang war ein pessimistisches Endzeitbewusstsein weitverbreitet. Zeitkritischen Kommentatoren wie dem englischen Historiker Eric Hobsbawm entging das nicht. «Wir fuhren auf der ‹Titanic›», schreibt Hobsbawm, «und jeder wusste, dass sie den Eisberg rammen würde. Das einzig Ungewisse daran war, was passieren würde, wenn es so weit war.»

Die kulturelle Blüte der Zwischenkriegszeit endete mit der Entfesselung des Zweiten Weltkriegs durch Adolf Hitler. Der neue Krieg war nicht nur eine politische, sondern auch eine ideologische Auseinandersetzung. Mit der kriegerischen Machterweiterung verband sich der gezielte Völkermord an den Juden. Auch der Zweite Weltkrieg griff auf die Leistungen von Wissenschaft und Technik zurück. Er erhielt mit dem Luftkrieg eine neue schreckliche Dimension und gipfelte im Abwurf der Atombomben auf Hiroshima und Nagasaki. Das Jahr 1945 bezeichnet eine tiefe Zäsur. Europa hatte sein humanistisches Erbe verraten, seine Weltstellung verloren und seine kulturelle Leitfunktion eingebüsst.

Mit diesem Buch möchte ich Leserinnen und Leser einladen, mich auf einem ungewohnten Weg durch diese wichtige Periode der europäischen Kulturgeschichte zu begleiten. Ich biete keine Darstellung, die den Geschichtsverlauf, wie gemeinhin üblich, chronologisch nacherzählt. Ich stelle vielmehr fünfzig Bücher von Schriftstellern und Gelehrten vor, die zwischen 1900 und 1950 in Europa erschienen sind oder auf diese Zeitperiode Bezug nehmen. Ich habe Publikationen ganz verschiedener Art ausgewählt: Zeitungsartikel, Berichte, Essays, Romane. Ihre Autoren sind fast immer Schriftsteller oder doch Persönlichkeiten, die zur Literatur ein besonders enges Verhältnis hatten. Bei der Auswahl bevorzugte ich Publikationen, die ich als besonders «geschichtshaltig» empfand, weil sie mir ein Zeitphänomen oder eine Zeittendenz unmissverständlich und repräsentativ zu widerspiegeln scheinen. Der Erfolg einer Publikation zum Zeitpunkt ihres Erscheinens war für mich ein wichtigeres Selektionskriterium als ihre künstlerische Qualität. Beabsichtigt war keine Literaturgeschichte, welche die Stilentwicklung vor dem Hintergrund der Geschichte verfolgt. Auch bin ich kein Literaturwissenschaftler, der dem literarischen Text als einem Kunstwerk begegnet, das er zum Gegenstand seiner Interpretation macht. Als Historiker betrachte ich die hier vorgestellten Texte als Quellen zur Geschichte, als Zeugnisse, die mir über eine bestimmte Zeitperiode Auskunft geben und mir bei der Vergegenwärtigung von Vergangenem behilflich sein können.

Gewiss ist der historische Gehalt von literarischen Texten von unterschiedlicher Qualität, und man mag kritisch fragen, was fiktionale Literatur wie Romane und Erzählungen in meiner Auswahl zu suchen haben. Aber auch Romane sind Dokumente ihrer Zeit und als solche in ihrer Besonderheit und Aussagekraft sofort erkennbar. Keine Frage: Joseph Roths Roman *Radetzkymarsch* bietet eine melancholisch verklärte Sicht der Donaumonarchie, und Meinrad Inglin zeichnet im *Schweizerspiegel* ein nachdenkliches Bild des Kleinstaats, das viele seiner Zeitgenossen nicht geteilt haben dürften. Aber kein Historiker, der über Österreich-Ungarn oder die neuere Schweizer Geschichte arbeitet, kann es sich leisten, die Darstellungen Roths oder Inglins zu ignorieren. Gewiss: Schriftsteller, auch wenn sie sehr erfolgreich sind, machen keine Geschichte. Maxim Gorki hat die russische Oktoberrevolution nicht ausgelöst, und Knut Hamsun hat Norwegens Industrialisierung nicht verhindert. Aber Schriftsteller heben ein Problem ins kollektive Bewusstsein und können mit ihrem Werk dazu beitragen, die Voraussetzung für historisch wirksames Handeln zu schaffen.

Es ist ein vielstimmiger Chor, der in den Zeugnissen der Schriftsteller der ersten Jahrhunderthälfte hörbar wird. Die Stimmen begleiten, überlagern und widersprechen sich. Und doch präsentiert sich dem heutigen Betrachter das geistige Europa von damals mit seinen Problemen, Bedrohungsängsten und Sehnsüchten als eine kulturelle Einheit. Gut möglich, dass der Historiker, der in fünfzig Jahren über unsere Zeit nachdenkt, dieses geistige Europa vermissen wird.

Jede Auswahl, das versteht sich, ist subjektiv. Andere Historiker hätten andere Schriftsteller berücksichtigt oder von denselben Schriftstellern andere Werke ausgewählt. Mir war neben der «Geschichtshaltigkeit» der vorgestellten Werke auch wichtig, diese untereinander in Bezüge zu stellen, die es ermöglichen, einen historischen Tatbestand klarer zu erkennen. Im Übrigen versteht es sich, dass literarische Zeugnisse immer nur einen kleinen Teil des schriftlichen Materials ausmachen, dessen der Historiker bedarf, um der geschichtlichen Wahrheit möglichst nahezukommen.

Dieses Buch ist das Werk eines Autors, der die Geschichte zu seinem Beruf gemacht und die Lektüre literarischer Werke als Liebhaberei betrieben hat. Ich habe an allen Stufen des schweizerischen Bildungswesens und in verschiedenen Gegenden unseres Landes Geschichte und Deutsch unterrichtet, und es hat mir, und vielleicht auch meinen Schülern, Spass gemacht. Die Frage, wie

sich Politik und Geschichte zueinander verhalten und ob der Schriftsteller sich politisch engagieren müsse, hat mich immer wieder beschäftigt.

An der Universität Zürich studierte ich im ersten Nebenfach
Deutsche Literatur bei Emil Staiger und habe mich von seiner Kunst
der «werkimmanenten Interpretation» ansprechen lassen. Staigers
Wahlspruch «Begreifen, was uns ergreift» klang ermutigend in den
Ohren des Neulings; denn Empfindungen hat jeder, und das Wissen
kann man hinzulernen. Nicht immer war ich mit meinem hochge-
schätzten Professor einverstanden. Die strikte Trennung von Literatur und Politik, die er betrieb und forderte, schien mir realitäts-
fern. Auch glaube ich noch heute, dass Heinrich Heine der wichtigste
deutschsprachige Schriftsteller der Moderne ist, während Staiger ihn
für einen talentierten Tunichtgut hielt. Im Jahr 1966 begann, woran
sich meine älteren Leserinnen und Leser noch erinnern mögen, der
Stern Staigers zu sinken. In der Rede, die er anlässlich der Verleihung
des Kulturpreises der Stadt Zürich hielt, warf er, knapp resümiert, der
zeitgenössischen Literatur vor, ihrem sittlichen Auftrag nicht nachzu-
kommen. Diese Rede empörte Max Frisch und eine grosse Zahl von
Schriftstellern, auch in Deutschland. Sie warfen Staiger vor, er nehme
einen elitären und realitätsfremden Standort ein, welcher der politischen Verantwortung des Schriftstellers in der Gesellschaft nicht
Rechnung trage. Der «Zürcher Literaturstreit» war eines der aufre-
gendsten Ereignisse meiner Studienzeit. Ich suchte als Assistent am
Historischen Seminar zwischen den Studierenden zu vermitteln und
wurde, ähnlich wie der damalige Feuilletonchef der *Neuen Zürcher
Zeitung*, der sanfte Humanist Werner Weber, zwischen den sich strei-
tenden Parteien zerrieben.

In den folgenden Jahren wurde die Frage nach dem politischen
Engagement des Schriftstellers zu einem der wichtigsten Themen
der kulturellen Debatte. Im Mai 1968 arbeitete ich an meiner Habili-
tationsschrift in Paris, und der Zufall wollte, dass ich zum Zimmer-
nachbarn des Schriftstellers Niklaus Meienberg im Schweizerhaus
der Cité universitaire wurde. Meienberg hatte drei Vorbilder: Karl
Marx, Heinrich Heine und Jean-Paul Sartre. Von Marx pflegte er das
bekannte Diktum zu zitieren, dass die Philosophen zwar die Welt

verschieden interpretiert hätten, dass es aber darauf ankomme, sie zu verändern. Mit Heine teilte er das Pariser Exil und die Lust, das, was man damals Establishment nannte, zu provozieren. In Sartre, der bereits 1947 eine wegweisende Schrift unter dem Titel «Qu'est-ce la littérature?» publiziert hatte, sah er das Vorbild des engagierten Intellektuellen, der nicht müde wurde, die elementare Ungerechtigkeit des westlichen Kapitalismus zu geisseln. Meienberg hasste Staiger und wusste dessen Ostschweizer Mundart nicht ohne hämisches Geschick nachzuahmen. Er war ein schwieriger Zimmernachbar, und wir schieden im Streit. Doch imponierte mir die Konsequenz seiner Haltung, die ihn zu einem der glaubwürdigsten Exponenten der engagierten linken Schriftsteller in der Schweiz werden liess. Es schmerzte mich, zusehen zu müssen, wie Meienberg seinen immer einsameren Weg bis zum bitteren Ende ging, während viele von denen, die mit ihm 1968 auf die Pariser Barrikaden gestiegen waren, den «Weg durch die Institutionen» antraten und wichtige Positionen in jener Gesellschaft einnahmen, die sie verflucht hatten. Unter den vielen Schweizer Schriftstellern, die sich im Gefolge von Frisch und Dürrenmatt in den 1970er-Jahren politisch engagierten, hat die Stimme Meienbergs ihren unverkennbaren Klang.

Auch in der Bundesrepublik Deutschland wurde das politische Engagement des Schriftstellers zu einem beherrschenden Thema. Günter Grass engagierte sich 1969 im Wahlkampf für Willy Brandt, bereiste im VW-Bus die Bundesrepublik und trat an Wahlveranstaltungen auf. Heinrich Böll publizierte 1973 seinen viel beachteten Aufruf «Einmischung erwünscht». Heinrich Heine wurde zum wichtigsten und zugleich umstrittensten Vorbild des politischen Engagements. Marxistische Professoren aus der DDR und aus der Bundesrepublik beanspruchten in wilden Auseinandersetzungen die Deutungshoheit über das Werk des Dichters. Während über zehn Jahren stritten sich Konservative und Progressive darüber, ob man die Universität Düsseldorf in Heinrich-Heine-Universität umbenennen solle, was schliesslich 1988 geschah. Im Jahr 1972 hielt der Historiker Golo Mann am Düsseldorfer Heine-Kongress seine Rede «Heine, wem gehört er?». Und er schloss mit den Worten: «Heine gehört niemandem. Besser: Er gehört allen, die ihn lieben.» Das war mir aus dem

Herzen gesprochen. Und auch Emil Staiger hätte wohl zugestimmt
– wenn es nicht um Heine gegangen wäre.

Die Frage nach der politischen Wirkung von Literatur bewegte
auch die Pädagogen. Der hoch angesehene deutsche Literaturwissenschaftler Robert Jauss, dessen Nähe zum Nationalsozialismus
erst spät ruchbar wurde, propagierte 1967 eine «neue Literaturgeschichte», die sich als Ziel die «Emanzipation des Menschen aus
seinen naturhaften, religiösen und sozialen Bindungen» setzte. Die
Hessischen Rahmenrichtlinien zur Gesellschaftslehre von 1972 sprachen dem Deutschunterricht eine zentrale Rolle bei der Schaffung einer neuen, emanzipierten Gesellschaft zu. An Tagungen und Weiter-
bildungskursen in Deutschland und der Schweiz rannten streitbare
Schriftsteller und Germanisten gegen das an, was sie den «Kanon
einer elitären bürgerlichen Kultur» nannten. Sie verkündeten, die
Lektüre von Boulevardzeitungen bereite besser als *Faust I* auf das
Leben vor – erläuterten aber nicht, welches Leben sie meinten. An
Tagungen in Deutschland bekam ich von gelehrten Professoren zu
hören, dass Hans Fallada der weit bedeutendere Schriftsteller als
Thomas Mann sei und dass Eichendorff als überholt zu gelten habe,
weil schon längst keine Mühlen mehr klapperten. Mit Staunen folgte
der Gymnasiallehrer und Privatdozent, der ich damals war, diesen
Vorgängen, und ich tröstete mich mit der Feststellung, dass der gro-
be pädagogische Unfug aus dem Norden in unserem Land eine ver-
spätete und abgeschwächte Wirkung entfaltete. Mein Interesse für
die Beziehung zwischen Literatur und Geschichte aber blieb wach.

Heute, vierzig Jahre später, sind die leidenschaftlichen Auseinandersetzungen um den politischen Stellenwert von Literatur ver-
stummt. Die Schriftsteller wollen die Welt nicht mehr verändern und
bewegen sich mit Vorliebe auf abseitigen Pfaden der Seelenerkun-
dung. Individualismus dominiert den Gemeinsinn. Die Literaturwissenschaftler, so scheint es zuweilen, wollen von der Gesellschaft,
in der sie leben, nicht mehr wahrgenommen werden. Wenn früher
feststand, dass Lehre und Forschung das Arbeitspensum der Professoren zu gleichen Teilen bestimmen sollten, so hat heute die
Forschung einen deutlich höheren Stellenwert erlangt. Der Literaturwissenschaftler, der unter Fachkollegen etwas gelten will, betreut

heute Forschungsprojekte, gründet Kompetenzzentren, tauscht sich an Kongressen aus und publiziert Beiträge in Fachzeitschriften. Auch benutzt er nicht selten eine Fachsprache, die nur mehr wenig mit dem zu tun hat, was Hofmannsthal einst «Wert und Ehre deutscher Sprache» nannte. Emil Staiger konnte noch schreiben: «Heute sollte ein Forscher es aber doch nicht nötig haben, den Ernst und die Sachlichkeit seiner Wissenschaft durch schlechtes Schreiben zu beweisen.» Diese Botschaft scheint heute vergessen. Wer sich, wie Emil Staigers Schüler Peter von Matt, in elegantem Stil zu Literatur und Politik äussert, die Öffentlichkeit nicht scheut und ein dankbares Publikum findet, erscheint in der Schar seiner gelehrten Kollegen als bunter Vogel, dessen wissenschaftlichem Ernst nicht ganz zu trauen ist. Fast gewinnt man als aussenstehender Betrachter den Eindruck, das elitäre Wissenschaftsverständnis, das man einst Emil Staiger vorwarf, sei durch die Hintertür in anderer Form zurückgekehrt. Vor Jahrzehnten hat Joachim Fest, der beides war, ein tüchtiger Historiker und ein vorzüglicher Schriftsteller, davon gesprochen, dass sich die Geisteswissenschaften mehr und mehr aus unserer Gesellschaft verabschiedeten. Und in der Tat: Ausgerechnet in einer Zeit, da man dazu neigt, die Wissenschaften nach ihrem messbaren gesellschaftlichen Nutzen zu bewerten, macht es den Anschein, als hätten die Geisteswissenschaften den Kampf um öffentliche Wahrnehmung und Anerkennung aufgegeben.

Dieses Buch will keine neuen Forschungsergebnisse vorlegen, keine These zur Diskussion stellen und nicht zur Theoriebildung beitragen. Es wendet sich nicht an Spezialisten und möchte bloss Kenntnis vermitteln und Verständnis ermöglichen. Ich wünsche mir Leserinnen und Leser, die an Geschichte und Literatur interessiert sind und die Beschäftigung mit beiden Wissensbereichen als Bereicherung ihres Lebens empfinden. Wenn mein Buch dazu beiträgt, dass das eine oder andere der hier vorgestellten Werke wieder gelesen wird, habe ich mein Ziel erreicht.

I Die Jahrhundertwende

Das 19. Jahrhundert war das Jahrhundert des Bürgertums. Die Aristokratie, durch Herkunft und Grundbesitz gegenüber den anderen Bevölkerungsschichten privilegiert, war in ihrer Machtstellung durch
die Französische Revolution erschüttert worden. Zwar verschwand
sie nicht von der Bildfläche, musste aber immer mehr politische
Macht abgeben. Es war das Bürgertum, das vom wissenschaftlichen
und wirtschaftlichen Aufschwung des Jahrhunderts am meisten profitierte und dem dieser Aufschwung gleichzeitig zu verdanken war.
Nach der Mitte des 18. Jahrhunderts setzte in England die industrielle
Revolution ein. Das Land verfügte mit seinen Kohle- und Erzvorkom-
men über die wichtigsten Voraussetzungen zur Eisenverarbeitung, in
der es bald eine Führungsrolle übernahm. Der Handel mit dem riesigen Kolonialreich, nicht zuletzt der Sklavenhandel, blühte. Hinzu trat
englischer Erfindergeist. Im Jahr 1769 liess James Watt seine Dampf-
maschine patentieren. Mechanische Spinnmaschinen ersetzten das
handbetriebene Spinnrad. In der ersten Hälfte des 19. Jahrhunderts
konstruierte Stephenson die ersten Dampflokomotiven; sie sollten
den europäischen Personen- und Warenverkehr revolutionieren. Mit
dem Bau von Eisenbahnlinien begann, so urteilte Heinrich Heine,
«ein neuer Abschnitt der Weltgeschichte». Immer mehr wurde die
Handarbeit von Maschinen übernommen. Fabriken traten an die Stelle von Werkstätten. Die Fabrik ermöglichte arbeitsteilig organisierte
Produktionsabläufe und war dem herkömmlichen Handwerksbetrieb
weit überlegen.

Im Laufe des 19. Jahrhunderts griff dieser Industrialisierungsprozess erst auf Nordeuropa, dann auf West- und Osteuropa und
schliesslich auf Südeuropa über. Erfindungen und Neuerungen jagten
sich, Fortschrittsoptimismus prägte den Zeitgeist. Die Petroleum-
lampe wurde durch die Gaslampe und diese durch die elektrische
Beleuchtung abgelöst. Strassen- und Untergrundbahnen begannen,
die Stadtbewohner zu befördern. Die Droschke wurde durch die
Motordroschke ersetzt, die man bald Automobil nannte. Mobilität
und Beschleunigung wurden zu Merkmalen der Moderne. Um 1900
entdeckte der Italiener Marconi die drahtlose Telegrafie, und zur selben Zeit eröffneten in Frankreich die Gebrüder Lumière das erste
Kino. Bisher unheilbare Krankheiten konnten dank der Erkenntnisse

von Louis Pasteur, Robert Koch und Wilhelm Röntgen wirksam bekämpft werden. Die Hygiene verbesserte sich, Pest und Cholera verschwanden aus den Städten, die Lebenserwartung stieg.

Ein ausserordentliches Bevölkerungswachstum unterstützte diese stupende Entwicklung, den tief greifendsten Wandel, den der Mensch seit der Jungsteinzeit, als er sesshaft wurde, erlebte. Um 1800 zählte Europa 187 Millionen Einwohner; hundert Jahre später waren es über 400 Millionen. Aus Städten wurden Grossstädte. Trotz diesem Wachstum wuchs das Bruttosozialprodukt pro Kopf der Bevölkerung, und fast überall in Europa verbesserte sich die Lebensqualität.

Das Bürgertum war der Träger dieses Industrialisierungs- und Wachstumsprozesses. Es engagierte sich in den aufstrebenden Sektoren von Handel, Industrie und Bankwesen, es stellte Kaufleute, Unternehmer und Banker sowie das administrativ und juristisch geschulte Führungspersonal. Von den Bauern und den Lohnarbeitern grenzten sich die Bürger dadurch ab, dass sie keine körperliche Arbeit verrichteten und ein überdurchschnittlich hohes Einkommen bezogen. Im 19. Jahrhundert entwickelte das gehobene Bürgertum einen eigenen Lebensstil. Man war stolz auf seinen Besitz, der individuelle Sicherheit und Unabhängigkeit des Urteils verbürgte. Man kleidete sich elegant, wohnte an bevorzugter Lage und umgab sich mit kostbarem Mobiliar und wertvollen Bildern. Der weniger privilegierten Bevölkerung führte man eine geordnete und erfolgreiche Existenz vor. Um die Wende zum 20. Jahrhundert hatte sich der Lebensstil des europäischen Bürgertums so charakteristisch ausgebildet, dass sich die Zugehörigen an ihrer Kleidung, am Benehmen, an den Gewohnheiten und an der Konversation sofort erkannten. Wer den gutbürgerlichen Stil nicht respektierte, wurde zum Aussenseiter und machte, indem er sich zum Dandy oder Bohemien hochstilisierte, aus seiner Not eine Tugend. Wenige europäische Schriftsteller haben Dasein und Lebensstil der gehobenen bürgerlichen Gesellschaft vor dem Ersten Weltkrieg so anschaulich und glaubwürdig geschildert wie der Engländer **John Galsworthy** (1867–1933) in seiner *Forsyte Saga* (1). Das Tausendseitenwerk, durch Verfilmung weltweit bekannt geworden, ist keineswegs unkritisch; aber es schildert doch die Sonnenseite bürgerlicher Existenz zur Zeit des Fin de Siècle.

Das Bürgertum, so überlegen es in Erscheinung trat, hatte auch seine Schattenseiten. Hinter dem Anschein von Ordnung, Rechtschaffenheit und Vorbildlichkeit lauerten Besitzgier, Opportunismus und Doppelmoral. Es fehlte denn auch nicht an Schriftstellern, die der bürgerlichen Gesellschaft misstrauten. Gegenstand ihrer Kritik war häufig das höhere Bildungswesen. Dieses stand nur Kindern aus zahlungskräftigen Familien offen, was einem bürgerlichen Bildungsmonopol gleichkam. In Deutschland wurde der Lübecker Kaufmannssohn **Heinrich Mann** (1871–1950), der wie Galsworthy dem gehobenen Bürgertum entstammte, zum schärfsten Kritiker der bürgerlichen Gesellschaft. In seinem Roman *Professor Unrat* (2) geisselte er mit zynischer Schonungslosigkeit den sittlichen Zerfall eines Repräsentanten des Bildungsbürgertums. In einem späteren Werk, dem *Untertan,* weitete er seine Kritik an der bürgerlichen Gesellschaft zur Zeit Wilhelms II. aus.

Das Bürgertum war keine homogene Klasse. Es gab beträchtliche Unterschiede, etwa zwischen dem alteingesessenen städtischen Bürgertum, das seinen Besitz über Generationen geduldig vermehrte, und den Neureichen, die rasch von der Gunst der Stunde profitierten. Es gab das Bildungsbürgertum der Professoren und Wissenschaftler, deren Einkommen vergleichsweise gering war, die jedoch als Träger des geistigen Fortschritts in hohem Ansehen standen. Und es gab die Unterschiede der christlichen Konfessionen und eine in ganz Europa verbreitete Abneigung gegen die Juden, die ihre gesellschaftliche Stellung mehr und mehr verbesserten und in Konkurrenz zur bürgerlichen Elite traten.

Auch in seiner politischen Haltung lässt sich das Bürgertum nicht auf einen Nenner bringen. In der Regel war man konservativ gesinnt; denn Reformen oder gar Revolutionen konnten den eigenen Besitzstand gefährden. Im Bildungsbürgertum der Professoren, Wissenschaftler und Künstler aber fanden sich zahlreiche liberale Persönlichkeiten, die man heute als Linksintellektuelle bezeichnen würde. Dies zeigte sich im Frankreich der Jahrhundertwende im Zusammenhang mit der «Dreyfus-Affäre», der Verurteilung eines unschuldigen jüdischen Offiziers unter dem Verdacht der Spionage für Deutschland. Es war der Schriftsteller **Émile Zola** (1840–1902), der mit seinem Leitartikel «Ich klage an» (3) das Intrigenspiel reaktionärer Militärs und konservativer Politiker publik machte und Dreyfus zu seinem Recht verhalf. Der Vorfall hatte für ganz Europa Signalwirkung: Das Recht hatte sich gegenüber der Macht zu behaupten vermocht. Dass sich Schriftsteller für jene Mitmenschen einsetzten, denen Unrecht widerfahren war, hatte es seit Voltaire immer wieder gegeben. Dass die Schriftsteller aber ein solches Engagement als ihren Auftrag zu empfinden begannen, war neu.

Im Zuge der Industrialisierung entstand in allen europäischen Ländern eine neue Bevölkerungsschicht, jene der Industriearbeiter. Sie rekrutierte sich vor allem aus dem Handwerker- und Bauernstand. Von Adel und Besitzbürgertum wurde dieser eingreifende gesellschaftliche Wandel lange Zeit nicht wahrgenommen. Bestrebungen, diese Bevölkerungsschicht sozial und politisch in die Gesellschaft zu integrieren, kamen nur langsam voran oder unterblieben ganz. Dies war besonders ausgeprägt in Russland der Fall. Im Zeitraum von 1840 bis 1914 wuchs hier die Gesamtbevölkerung von 94 auf 175 Millionen Menschen. Die vorwiegend konservative Haltung der schmalen bürgerlichen Schicht verhinderte die Umsetzung sich aufdrängender gesellschaftlicher Reformen. Dasselbe galt für die zaristische Aristokratie, von der keine fortschrittlichen Initiativen zu erwarten waren. Der Bauernstand, mit etwa 100 Millionen die breiteste Bevölkerungsschicht, war arm, ungebildet und in Lethargie versunken. Die Schicht der Industriearbeiter, gegen Ende des Jahrhunderts erst etwa 3 Millionen, vergrösserte sich mit dem industriellen Wachstum und wurde, weil Reformen ausblieben, zu einem wichtigen politischen Faktor. Zu den ersten, die den Industriearbeiter ins Zentrum ihres Schaffens stellten, gehört der Schriftsteller **Maxim Gorki** (1868–1936). Sein Roman *Die Mutter* (4) ist ein Pionierwerk des sogenannten Sozialistischen Realismus, der die schöpferische Leistung einer allgemein verbindlichen politischen Doktrin unterwarf.

Das Voranschreiten der Industrialisierung darf nicht darüber hinwegtäuschen, dass der Anteil der Landwirtschaft an der volkswirtschaftlichen Produktion in den meisten europäischen Ländern

hoch blieb. Bodengestalt und Klima ermöglichten eine grosse Vielfalt landwirtschaftlicher Erzeugnisse. Auch die Besitzverhältnisse
waren sehr unterschiedlich beschaffen: Das Spektrum reichte vom
adligen Grossgrundbesitzer in der Normandie, in Ostpreussen oder
in Böhmen zum Bergbauern in der Innerschweiz oder im Tirol. Die
Industrialisierung erfasste auch die Landwirtschaft, wobei eher von
einer Evolution als von einer Revolution zu sprechen ist. Die Einführung des Kunstdüngers, der Einsatz von Maschinen und die wissenschaftlichen Erkenntnisse in Pflanzen- und Tierzucht ermöglichten
eine allmähliche Steigerung der Erträge. Allerdings profitierten davon vor allem Grossbauern in sehr fruchtbaren Regionen. In vielen
europäischen Ländern, selbst in der Kornkammer Frankreich, gab es
eine verarmte Schicht von Bauern, die man als ländliches Proletariat
bezeichnen könnte. In Deutschland, in der Schweiz und anderswo
sahen sich viele Bauern gezwungen, Haus und Herd zu verlassen
und ihr Glück in der Stadt oder in der Auswanderung nach Übersee
zu suchen.

Obwohl Stadt und Land durch den Strassen- und den Eisen-
bahnbau einander näherrückten, blieb doch das Dorf mit seinen
überblickbaren sozialen Strukturen, Traditionen und Wertvorstellungen der Mittelpunkt bäuerlicher Existenz. Man dachte, auch wenn
man von technischen Neuerungen profitierte, konservativ. Für die
Städter, auch wenn sie die Modernisierung begrüssten, wurde das
Land zu einer heilen Welt. Man fuhr am Wochenende, wie sich bei
Theodor Fontane nachlesen lässt, vor die Stadt, um die reine Luft zu
atmen und die Stille zu geniessen. Die Heimatliteratur erfuhr, nicht
zuletzt dank städtischen Lesern, nach der Jahrhundertwende eine er-
staunliche Blüte. Der Österreicher **Peter Rosegger** (1843–1918) wurde mit seinen gesammelten Erzählungen unter dem Titel *Als ich noch
der Waldbauernbub war* (5) zu einem der erfolgreichsten Schriftsteller
der Jahrhundertwende.

Die Menschen dieser Zeit blickten mit neugieriger Zuversicht in
die Zukunft. Die Industrialisierung wurde im Allgemeinen mit Enthusiasmus begrüsst. Stefan Zweig hat in seinen Erinnerungen *Die Welt
von Gestern* die Periode vor dem Ersten Weltkrieg als «das goldene
Zeitalter der Sicherheit» bezeichnet. «Mit Verachtung blickte man»,

schreibt er, «auf die früheren Epochen mit ihren Kriegen, Hungersnöten und Revolten herab als auf eine Zeit, da die Menschen eben
unmündig und noch nicht genug aufgeklärt gewesen. Jetzt aber war
es doch nur eine Angelegenheit von Jahrzehnten, bis das letzte Böse
und Gewalttätige endgültig überwunden sein würde, und dieser Glaube an den ununterbrochenen, unaufhaltsamen ‹Fortschritt› hatte für
jenes Zeitalter wahrhaftig die Kraft einer Religion; man glaubte an
diesen ‹Fortschritt› schon mehr als an die Bibel, und sein Evangelium
schien unumstösslich bewiesen durch die täglich neuen Wunder der
Wissenschaft und der Technik.»

Kritik am Industrialisierungsprozess gab es zwar früh, aber sie
war eher selten und verhallte meist ungehört. Schon in Goethes *Wilhelm Meisters Wanderjahren* kann man nachlesen: «Das überhand-
nehmende Maschinenwesen quält und ängstigt mich.» Die Schriftsteller der Romantik empfanden den technischen Fortschritt in aller
Regel als Bedrohung. «Diese Dampfmaschinen», schrieb Joseph von
Eichendorff, «rütteln die Welt, die eigentlich nur noch aus Bahnhöfen
besteht, unermüdlich durcheinander wie ein Kaleidoskop, wo die vo-
rüberjagenden Landschaften, ohne dass man noch irgendeine Physiognomie gefasst, immer neue Gesichter schneiden, der fliegende
Salon immer neue Sozietäten bildet, bevor man noch die alten recht
überwunden.» Während des 19. Jahrhunderts kam es in England und
mancherorts auf dem Kontinent zur Erstürmung von Fabriken und
zur Zerstörung von Maschinen. Doch solche Auflehnung entsprang
weniger weltanschaulichen Überzeugungen als der Existenzangst
vor dem Verschwinden häuslicher Werktätigkeit.

Ein scharfer Kritiker der Industrialisierung war der konservative
Basler Historiker **Jacob Burckhardt** (1818–1897). Dampfmaschinen
und Eisenbahnen, welche die Luft verpesteten und Lärm und Hektik
erzeugten, waren Burckhardt ein Greuel. In seinen *Weltgeschichtlichen
Betrachtungen* (6) stellte er sich dem Fortschrittsoptimismus seiner
Zeit mit Entschiedenheit entgegen. Burckhardt erkannte als einer
der Ersten, dass die voranschreitende Technik dem Menschen ein
gefährliches Machtpotenzial in die Hand gab, das sich in künftigen
Auseinandersetzungen als verheerend erweisen konnte.

1. John Galsworthy, *The Forsyte Saga* (1906–1921)
Deutsch: *Die Forsyte Saga* (1925)

Wer Romane nicht nur aus literarischem, sondern auch aus historischem Interesse liest, kennt die um die Wende vom 19. zum 20. Jahrhundert besonders beliebte Gattung des Familienromans. Breiter angelegt als Bildungsromane wie Goethes *Wilhelm Meister* oder Gottfried Kellers *Grüner Heinrich*, setzten sich die Familienromane das Ziel, die Geschichte einer Familie oder einer Sippe über den Zeitraum von mehreren Generationen hinweg zu verfolgen. Nicht nur der individuelle Entwicklungsgang, sondern auch der gesellschaftliche Wandel, wie er sich in den Individuen widerspiegelt, wurde zum Thema. Familienromane waren meist umfangreiche Werke, die in mehreren Bänden nach und nach erschienen. Sie richteten sich an ein Publikum, das Zeit zum Lesen oder zum Vorlesen hatte, nämlich an das Bürgertum. Den wichtigsten Familienroman deutscher Sprache verfasste ein junger Mensch von 25 Jahren aus gutbürgerlichen Verhältnissen und mit ungesicherter beruflicher Zukunft: Thomas Mann. In den *Buddenbrooks* schilderte er Blüte und Niedergang eines Lübecker Kaufmannsgeschlechts im Verlauf von vier Jahrzehnten, von 1835 bis 1877.

Besonderer Beliebtheit erfreute sich der Familienroman, den man seiner Länge wegen als «roman fleuve» bezeichnet hat, in Frankreich. Émile Zola schuf im letzten Drittel des 19. Jahrhunderts einen ganzen Romanzyklus von nicht weniger als zwanzig Bänden, *Les Rougon-Macquart*, die «Natur- und Sozialgeschichte», wie er sagte, einer Familie des Second Empire. Noch immer lesenswert sind *La Chronique des Pasquier* von Georges Duhamel und *Les Thibault* von Roger Martin du Gard. Beide Romane spielen im Milieu des Pariser Bürgertums; der erste erfasst den Zeitraum von 1889 bis 1931 und der zweite die Zeit unmittelbar vor und während des Ersten Weltkriegs.

Der bekannteste englische Familienroman aus der Zeit der Wende zum 20. Jahrhundert ist John Galsworthys *Forsyte Saga*. Das Werk überspannt den Zeitraum von 1886 bis zum Ersten Weltkrieg, also die Regierungszeit der Königin Viktoria bis zu Georg V. England war damals die unbestrittene wirtschaftliche Führungsmacht der Erde. Das Land besass die grösste Flotte und hatte sich seit dem 17. Jahrhundert in Asien und Afrika ein riesiges Kolonialreich geschaffen. «Empire» und «industrielle Revolution» waren die Grundpfeiler dieser wirtschaftlichen Vormachtstellung. England war zwar keine Demokratie im heutigen Sinne, und das allgemeine Wahlrecht wurde erst 1918 eingeführt. Aber

Bürgerfreiheit und Selbstverwaltung hatten hier eine geschichtliche Tradition, die den anderen europäischen Grossmächten fehlte. Der Demokratisierungsprozess schritt im England des 19. Jahrhunderts denn auch ruhiger voran als in den meisten anderen europäischen Ländern. In aussenpolitischer Hinsicht war die Machtstellung Englands nie gefährdet. Man war auf niemanden angewiesen und erfreute sich einer «splendid isolation», die den Neid anderer Mächte erweckte. Die englische Diplomatie verfolgte die traditionelle «Politik des Gleichgewichts». Man achtete darauf, dass keine der kontinentalen Nationen eine Vormachtstellung erreichte, die dem eigenen Land gefährlich werden konnte. Bis zum Ausbruch des Ersten Weltkriegs war diese Aussenpolitik erfolgreich.

Die Einkünfte, die Kolonialreich und Industrialisierung abwarfen, waren freilich sehr einseitig und ungerecht verteilt. In wenigen anderen europäischen Ländern traten die sozialen Unterschiede so deutlich zutage wie in England. Am meisten profitierte die schmale Schicht der Aristokratie, die ihre Einkünfte aus dem Grundbesitz in den Überseehandel investierte. Hinzu traten die Kaufmannsfamilien von London und den anderen grossen Hafenstädten. Im Laufe der Zeit bildete sich dort ein Besitzbürgertum heraus, das seine Lebensform nach derjenigen des Adels ausrichtete und sich gegenüber dem Kleinbürgertum der Handwerker und Kleinhändler abgrenzte. Die Arbeiterschaft, die sich als Folge der Industrialisierung rapide vermehrte, wurde erst gegen Ende des 19. Jahrhunderts politisch aktiv und trat lange nicht in den Gesichtskreis des Besitzbürgertums.

In dieser Welt spielt die *Forsyte Saga*. Die Haupthandlung der ersten Bände des Romans sei hier in Kürze nacherzählt. Der Rechtsanwalt Soames Forsyte heiratet die bildschöne Professorentochter Irene Heron, die er liebt und als seinen Besitz betrachtet. Doch Irene hat Soames nie geliebt und verlässt ihn. Während vielen Jahren versucht Soames mit allen Mitteln, seine angetraute Frau zurückzugewinnen, doch sie entzieht sich ihm und heiratet schliesslich Soames' Cousin. Soames nimmt sich, ein sozialer Abstieg sondergleichen, die Französin Annette, Kassiererin eines Restaurants in Soho, zur Frau. Er liebt sie zwar nicht, erhofft sich von ihr aber einen Sohn. Sie bringt eine Tochter zur Welt und verlässt Soames. Diese Handlung wird eingebettet in einen dichten und weit gefächerten gesellschaftlichen Mikrokosmos von Verwandten und Bekannten, die den Hintergrund der Szene beleben. Ihre Charaktere und Lebensschicksale werden treffsicher skizziert, und es entsteht ein vielstimmiges und glaubwürdiges Sittengemälde des Besitzbürgertums der «upper-middle class» im spätviktorianischen England.

Der Roman beginnt mit einem Familienfest in den 1880er-Jahren. Gastgeber ist der alte Jolyon Forsyte, der es im Teehandel zu Reichtum gebracht hat. Das Fest gibt dem Autor Gelegenheit, die wichtigsten Mitglieder der Familie vorzustellen. Es sind dies Geschäftsleute, Börsen- und Immobilienmakler, Anwälte. Persönlichkeiten sehr unterschiedlichen Charakters alles in allem, die aber alle vermögend und sich ihrer gesellschaftlichen Bedeutung bewusst sind. «Die Forsytes», schreibt Galsworthy, «hatten es alle so weit gebracht, dass sie nun als ‹gutsituierte Leute›, wie man es nennt, eine gewisse Stellung einnahmen.» Die Familienmitglieder empfinden wenig Sympathie füreinander, belauern und bespitzeln sich gegenseitig und lieben den Klatsch. Aber ihre Loyalität zur Familie steht ausser Frage, und sie tun alles, um zu vermeiden, dass ihr Vermögen schwindet und ihr guter Ruf Schaden leidet. Das Hauptbestreben der Forsytes ist darauf gerichtet, ihren Besitz zu vergrössern und ihr Kapital gewinnbringend einzusetzen. In diesem Bestreben fühlen sie sich im Einklang mit einer prosperierenden Nation. Auf welche Weise dieser Profit erwirtschaftet wird und wie viele indische Zwangsarbeiter in den Minen der Kolonialherren umkommen, kümmert die Forsytes wenig, solange dies zum eigenen und zum nationalen Nutzen geschieht. «Ein Forsyte weiss», schreibt Galsworthy, «was sicher ist, und sein Festhalten am Besitz – ganz gleich, ob es sich um Frauen, Häuser, Geld oder Ruf handelt – ist seine Zunftmarke.»

Im Lebensstil, den die Forsytes pflegen, widerspiegelt sich die Wohlhabenheit des gehobenen Bürgertums. Körperliche Arbeit ist verpönt. Man trifft sich im Büro in der City, im Club, beim Lunch oder Dinner zu geschäftlichen Gesprächen. Man besitzt Häuser am Hyde Park und in Mayfair, fährt aus in komfortabler Equipage, geht ins Theater und in die Oper, macht Bildungsreisen und Urlaub in Spanien und Italien. Auf die Kleidung wird grösste Sorgfalt verwendet, um der Erscheinung ein Höchstmass an Respektabilität zu verschaffen. Wer gegen die herrschende Mode verstösst, riskiert, zum Aussenseiter zu werden. Man speist an erlesener Tafel, trinkt Champagner und Portwein, ertüchtigt sich beim Reiten, beim Cricket oder Tennis. Man sammelt Gemälde, Porzellan, Nippsachen, nicht immer mit Kennerschaft, aber im Bewusstsein des Marktwerts. «Wie jeder Forsyte weiss», schreibt Galsworthy, «ist Schund, der sich verkauft, durchaus kein Schund – keineswegs.»

Der Widerspruch zwischen Sein und Schein geht wie ein Riss durch diese

Gesellschaft. Ihre Mitglieder empfinden zwar Gefühle und Leidenschaften, aber sie zeigen diese nicht. Man verstösst zwar gegen die geltende Moral, aber der Verstoss darf keinesfalls bekannt werden. Die Angst vor dem Skandal ist allgegenwärtig. Man geht in die Gottesdienste der anglikanischen Kirche, ist aber nicht gläubig. Man liest die *Times* und ist konservativ, zeigt sich aber an Politik nur insofern interessiert, als sie den Status quo sichert. Der soziale Wandel wird von diesem Bürgertum kaum wahrgenommen. Zwar zeigen sich gegen die Jahrhundertwende Anzeichen, dass die zwei Hauptsäulen des britischen Reichtums, Kolonialbesitz und industrielle Überlegenheit, nicht unerschütterlich sind. So macht der Krieg gegen die Buren in Südafrika (1899–1902) deutlich, dass der Unterhalt des Empires dem Mutterland schwerere Opfer abverlangt als vorhergesehen. Auch hat die Industrialisierung ein Proletariat erzeugt, was innenpolitische und soziale Reformen unumgänglich macht. Von all dem merken die Gestalten der *Forsyte Saga* wenig. Als Soames eines Abends im Londoner West End auf eine jubelnde Volksmenge trifft, die einen Erfolg im Burenkrieg feiert, ist er entsetzt. «Er war verblüfft», schreibt Galsworthy, «erschöpft, beleidigt. Dieser Volksstrom kam von überall her, als hätten sich Schleusen geöffnet und Wasser fliessen lassen, von deren Existenz er wohl gehört, aber an die er nie geglaubt hatte. Dies also war die Bevölkerung, die unübersehbar lebendige Negation von Lebensart und Forsyteismus. Dies also war – Demokratie! Sie stank, gellte, war scheusslich!»

Der Verfasser der *Forsyte Saga* kannte sich im spätviktorianischen Besitzbürgertum aus, denn er gehörte selbst dazu. Er wurde 1867 als Sohn eines vermögenden Grossgrundbesitzers und Anwalts in der Grafschaft Surrey, im Südwesten Londons, geboren. Er studierte an den Eliteschulen von Harrow und Oxford, wurde seinerseits Anwalt, übte aber diesen Beruf nicht aus. Für die väterlichen Geschäfte und um sich kulturell zu bilden, unternahm er weite Reisen. Auf einer dieser Reisen begegnete er dem Schriftsteller Joseph Conrad, der auf einem Segelschiff als Erster Maat diente – es wurde eine Freundschaft fürs Leben. Galsworthy unterhielt während zehn Jahren ein heimliches Verhältnis mit der Frau eines Cousins, die er nach ihrer Scheidung heiratete – diese Affäre hat in der *Forsyte Saga* ihren Niederschlag gefunden. Im Jahr 1932, ein Jahr vor seinem Tod, erhielt Galsworthy, der auch als gesellschaftskritischer Theaterautor erfolgreich war, den Nobelpreis.

Die Forsyte Saga ist ein kritisches, aber auch zutiefst menschliches Buch. Der Autor erkennt die Schwächen der bürgerlichen Oberschicht, ihren

Materialismus, ihren Snobismus und ihre politische Ahnungslosigkeit. Zugleich nimmt er am Leiden und Versagen seiner Figuren in einer Weise Anteil, wie dies in der modernen Belletristik selten geworden ist. Seinen grössten Erfolg hatte das Werk 1967 in einer Verfilmung durch das britische Fernsehen, die in den USA und in der Sowjetunion sowie in vierzig weiteren Ländern gezeigt wurde. Man schätzt, dass sich eine rekordverdächtige Zahl von über 100 Millionen Menschen den Film angesehen hat. Auf heutige Leser, falls es sie noch gibt, mag das Werk altväterisch und etwas verstaubt wirken. Aber die Personenbeschreibungen, die Dialoge und die inneren Monologe verraten noch immer die subtile Hand des Meisters.

2. Heinrich Mann, *Professor Unrat* (1905)

Zu dem Zeitpunkt, da Heinrich Manns *Professor Unrat* erschien, 1905, stand das deutsche humanistische Gymnasium in hohem Ansehen. Es war eine Staatsschule, welche die Bildung der Jugend einheitlichen Lernzielen unterwarf und damit zum geistigen Zusammenhalt des 1871 gegründeten Reichs beitrug. Ihre Lehrer, die Studienräte, genossen hohes gesellschaftliches Ansehen. Viele von ihnen trugen durch ihre wissenschaftlichen Leistungen zum internationalen Ansehen deutscher Bildung bei. Im Gymnasium wurde nicht nur auf die Universität vorbereitet; hier wurde auch die bürgerliche Elite herangezogen, und Tugenden wie Vaterlandsliebe, Pflichtbewusstsein, Disziplin und Loyalität wurden eingeübt. Besondere Bedeutung kam dem humanistischen Gymnasium zu, weil in dessen Lehrprogramm die alten Sprachen Latein und Griechisch einen wichtigen Platz einnahmen. In diesen Fächern wurde das antike Geisteserbe gepflegt; zugleich dienten sie einer strengen Selektion. Ursprünglich dem Gedankengut des Liberalismus verpflichtet, verengte sich der Bildungsauftrag des deutschen Gymnasiums immer mehr auf die Vermittlung literarisch-historischen Wissens. Die Ausbildung war insofern unpolitisch, als die Schüler nicht zu mündigen demokratischen Staatsbürgern, sondern zu zuverlässigen Gliedern der wilhelminischen Klassengesellschaft herangebildet wurden. Unpolitisch waren oft auch die Lehrer, die sich gern mit der Aura einer Geistesaristokratie umgaben, welche über den gesellschaftlichen Realitäten stand. Das Fehlen einer liberalen staatsbürgerlichen Ausbildung sollte sich als erhebliche Erschwerung für den Demokratisierungsprozess nach dem Ersten Weltkrieg erweisen. In deutschen Autobiografien und in persönlichen Aufzeichnungen ist oft auf diesen Mangel hingewiesen worden. So schreibt noch der frühere deutsche Bundeskanzler Helmut Schmidt: «Was Demokratie ist und wie Demokratie funktioniert, habe ich erst im Kriegsgefangenenlager gelernt, und sogar von der Geschichte der Weimarer Demokratie habe ich erst nach Kriegsende gehört und gelesen.»

Diesen geschichtlichen Sachverhalt muss man kennen, um die Wirkung zu ermessen, die Heinrich Manns Buch bei seinem Erscheinen ausübte. Hauptgestalt des Romans ist Professor Raat, Gymnasiallehrer für alte Sprachen und Deutsch in einer norddeutschen Stadt, die unschwer als Lübeck zu erkennen ist. Raat hasst die Schüler, die Schüler hassen ihn und rufen ihm den Spottnamen Unrat nach. Heinrich Mann zeichnet ein vernichtendes Bild dieser Persönlichkeit. «Unrats Kinn», lesen wir etwa, «in dessen oberem Rand mehrere gelbe Gräten staken, rollte, während er sprach, zwischen den hölzernen Mundfalten wie auf Geleisen, und sein Speichel spritzte bis in die vorderste Bank.» Gegen sechzig Jahre alt und verwitwet, führt Unrat ein Leben am Rande der herrschenden bürgerlichen Gesellschaft, überträgt aber deren Zwang zur Disziplinierung auf den Umgang mit seinen Schülern. Die konservative Haltung des Bürgertums hat er vollkommen verinnerlicht. «Kein Bankier und kein Monarch», schreibt Mann, «war an der Macht stärker beteiligt, an der Erhaltung des Bestehenden mehr interessiert als Unrat. Er ereiferte sich für alle Autoritäten, wütete in der Heimlichkeit seines Studierzimmers gegen die Arbeiter – die, wenn sie ihre Ziele erreicht hätten, wahrscheinlich bewirkt haben würden, dass auch Unrat etwas reichlicher entlohnt wäre.»

Professor Unrats autoritäre Art kontrastiert merkwürdig mit einer ängstlichen Lebensuntüchtigkeit. Als Lehrer stellt er den Typus des Tyrannen, des gefürchteten Paukers und Pedanten dar. Mit besonderem Grimm verfolgt er eine Gruppe von drei renitenten Schülern, deren beruflichen Aufstieg er, wie er immer wieder versichert, verhindern will. Um ihnen zu schaden, spioniert er ihrem Privatleben nach. Dabei gerät er in eine Welt, die ihm ganz unvertraut ist und in der er sich ungeschickt und linkisch bewegt. Er gelangt in die zwielichtige Spelunke «Zum Blauen Engel», wo die «Barfusstänzerin» und «Chanteuse» Rosa Fröhlich ein leicht zu befriedigendes Publikum von Matrosen und Hafenarbeitern unterhält. Diese weibliche Hauptfigur des Romans wirkt in Sprache und Benehmen glaubwürdiger als Unrat. Heinrich Mann, der zeitlebens ein Faible für frivole Sentimentalitäten und leichte Mädchen hatte, schildert einen Auftritt der Tingeltangelsängerin so: «Das Klavier hatte angefangen, Tränen zu vergiessen. Im Diskant war es feucht vom Schluchzen, im Bass schnupfte es sich aus. Unrat hörte die Künstlerin Fröhlich anstimmen: ‹Der Mond ist rund, und alle Sterne scheinen, / Und wenn du lauschest an dem Silbersee / Steht deine Liebe, und du hörst sie weinen …› Die Töne tauchten, gleich matten Perlen auf schwarzer Flut, aus der schwermütigen Seele der Sängerin.»

Es trifft das ein, was zu erwarten war und befürchtet werden musste. Unrat, der eigentlich den sittlichen Verfehlungen seiner Schüler nachspüren wollte, gerät selbst in den Bannkreis der fatalen Fröhlich und verfällt dieser mehr und mehr. Er erscheint allabendlich in ihrer Garderobe, ist ihr beim Anziehen und Schminken behilflich, tritt als ihr Beschützer auf. Je mehr sein Lebenswandel Anstoss erregt und zum Stadtgespräch wird, umso mehr wendet sich Unrat ge-

gen jene bürgerliche Gesellschaft, deren politische und moralische Grundsätze
er als Lehrer verteidigt hat. Seine frühere Autoritätsgläubigkeit schlägt in entfesselten Anarchismus um. In seiner Klasse herrschen inzwischen chaotische
Verhältnisse. Unrat muss aus dem Schuldienst entlassen werden. Er heiratet
die Rosa Fröhlich, die auch noch ein uneheliches Kind mit in die Ehe bringt.
Man vergnügt sich im Seebad, und Unrats Vermögen schwindet dahin. In einem
Haus vor den Toren, wo sich der Professor mit Rosa Fröhlich niederlässt, treffen
sich die Halbwelt und die Prominenz der Stadt zu Glücksspiel, Trinkgelagen
und allen wüsten Ausschweifungen. Professor Unrat, als Lehrer der Vertreter
klassischer Bildung und unbedingter Sittenstrenge, ist zu seinem eigenen Gegensatz geworden und demonstriert damit die Fragwürdigkeit der Werte, die
er einst vertrat. Am Schluss des Romans wird der Professor, der seine Frau fast
erwürgt und einen seiner Schüler bestohlen hat, verhaftet und zusammen mit
Rosa Fröhlich im Polizeiwagen abgeführt. Die Bevölkerung kann aufatmen:
«Die Stadt war in Jubel, weil Unrats Verhaftung beschlossen war. Endlich! Der
Druck ihres eigenen Lasters ward von ihr genommen, da die Gelegenheit dazu
entfernt ward. Man warf, zu sich kommend, einen Blick auf die Leichen rings-
umher und entdeckte, dass es höchste Zeit sei. Warum man eigentlich so lange
gewartet hatte?»

Professor Unrat, von seinem Autor in wenigen Wochen niedergeschrieben,
ist kein grosser Roman. Seine Figuren, die in ihrem karikierenden Expressionismus an die Zeichnungen von George Grosz und Otto Dix in der Weimarer
Republik erinnern, sind Marionetten, nicht Menschen aus Fleisch und Blut.
Man hat zwar in den 1970er-Jahren, als die Reformpädagogen die Klassiker verdammten und die Trivialliteratur zum Schulstoff erklärten, versucht, Heinrich
Mann über seinen Bruder Thomas zu stellen. Aber richtig bleibt eben doch, dass
der *Professor Unrat* bei Weitem nicht an die *Buddenbrooks* heranreicht. Was
Thomas Mann übrigens klar erkannte, wenn er über das Buch seines Bruders
urteilte: «Das alles ist das amüsanteste und leichtfertigste Zeug, das seit langem
in Deutschland geschrieben wurde.» Und in Thomas Manns Tagebuch steht der
böse, auf den Bruder gemünzte Satz zu lesen: «Ich halte es für unmoralisch, aus
Furcht vor den Leiden des Müssigganges ein schlechtes Buch nach dem andern
zu schreiben.»

In Thomas Manns Urteil zu *Professor Unrat* schwang unterschwellig schon
eine grundsätzliche Ablehnung mit, die sich während des Ersten Weltkriegs
zum eigentlichen Bruderzwist vertiefte. Heinrich Manns Buch übte eine beis-

sende Kritik am wilhelminischen Staat und seinem Bürgertum, die der Bruder nicht teilte. Der Meinungsunterschied verdeutlichte sich, als Heinrich Mann im Jahr 1915 seine Position in einem Essay über den französischen Schriftsteller Émile Zola verdeutlichte. Unmissverständlich, wenn auch wegen der Zensur leicht verhüllt, bekannte sich Heinrich Mann zur westlichen Demokratie und zur friedlichen Konfliktlösung und schrieb: «Ein Land, das einzig auf Gewalt bestanden hat und nicht auf Freiheit, Gerechtigkeit und Wahrheit, ein Reich, in dem nur befohlen und gehorcht, verdient und ausgebeutet, des Menschen aber nie geachtet wird, kann nicht siegen, und zöge es aus mit übermenschlicher Macht.» In gewissen Passagen seines Essays griff Heinrich Mann zudem seinen Bruder persönlich an, wobei sich der Neid auf den Autor der *Buddenbrooks* nicht immer unterdrücken liess, so etwa, wenn er schrieb: «Sache derer, die früh vertrocknen sollen, ist es, schon zu Anfang ihrer zwanzig Jahre bewusst und weltgerecht hinzutreten. Ein Schöpfer wird spät Mann.»

Der Zola-Essay erregte den Zorn Thomas Manns, der im wilhelminischen Reich einen freiheitlichen Staat sah und den Krieg als Chance zur geistigen Erneuerung begriff. Diesem Zorn ist es zu danken, wenn Thomas Mann 1918 in einer umfangreichen Schrift unter dem Titel *Betrachtungen eines Unpolitischen* seine eigenen Auffassungen begründete und gleichzeitig seinem Bruder, den er verächtlich einen «Zivilisationsliteraten» nannte, entgegentrat. Von Thomas Manns *Betrachtungen*, einem der wichtigsten deutschsprachigen Texte zum Ersten Weltkrieg, wird noch die Rede sein.

Dem *Professor Unrat* war ein merkwürdiges Schicksal beschieden. Im Jahr 1929 wurde der Roman vom amerikanischen Regisseur Josef von Sternberg unter dem Titel *Der blaue Engel* verfilmt. Der Professor wurde vom Charakterdarsteller Emil Jannings gespielt; die Rolle der Rosa Fröhlich übernahm die noch kaum bekannte Marlene Dietrich. In Sternbergs Inszenierung wurde Unrat zur skurrilen Nebenfigur, und die «Chanteuse» ging als dämonische Verführerin in die Filmgeschichte ein. Aus dem «Mondlied» der Rosa Fröhlich wurde nun Friedrich Hollaenders weltberühmte Melodie: «Ich bin von Kopf bis Fuss auf Liebe eingestellt». Der Film war weltweit erfolgreich. Heinrich Mann war mit der Inszenierung jedoch nicht einverstanden: «Professor Unrat war die gestürzte Autorität», schrieb er. «Jetzt ist er das bedauernswerte Opfer des Vamps.»

Zehn Jahre nach dem Erscheinen des *Professor Unrat* setzte Heinrich Mann seine Kritik am wilhelminischen Staat im Roman *Der Untertan* fort. Erzählt wird hier die Lebensgeschichte des Diederich Hessling, eines Menschen von einfacher Geistesbeschaffenheit und erbärmlichem Charakter, der sich in der wilhelminischen Klassengesellschaft skrupellos und mit Erfolg emporarbeitet. Diese Gesellschaft funktioniert in Heinrich Manns Darstellung nach dem Gesetz von Befehl und Gehorsam und ist zutiefst undemokratisch, unliberal und militaristisch. Sie begünstigt die Ungerechtigkeit, die Verachtung Andersdenkender und den Antisemitismus. Heinrich Manns Kritik wird mit einer stilistischen Drastik und eifernden Radikalität vorgetragen, die Zweifel an ihrer Glaubwürdigkeit aufkommen lassen. Es wundert nicht, wenn *Der Untertan* zum umstrittensten Buch Heinrich Manns geworden ist. Der Historiker Hans-Ulrich Wehler kam nach der Lektüre zu der Erkenntnis: «Kein Historiker könnte das je so eindringlich beschreiben, wie dies Heinrich Mann im *Untertan* getan hat.» Sein Kollege Thomas Nipperdey stellt dagegen fest: «Der Roman ist ein engagierter, aggressiver, kritischer Tendenzroman, er will nicht zeigen, wie es – sine ira et studio – eigentlich gewesen ist, sondern anklagen und verändern, nicht ein abgewogenes Ganzes bieten, sondern die eigentliche Gefahr benennen.»

Das Gymnasium, wie Heinrich Mann es im *Professor Unrat* geschildert hat, ist übrigens an der Schwelle zum 20. Jahrhundert auffallend häufig zum Gegenstand literarischer Darstellung geworden. Fast gleichzeitig mit diesem Buch, 1906, erschienen zwei weitere Werke zur selben Thematik: Hermann Hesses *Unterm Rad* und Robert Musils *Verwirrungen des Zöglings Törless*. Beide Romane spielen in Internatsschulen auf dem Land und sind von den Jugenderfahrungen ihrer Autoren geprägt. Im Unterschied zu *Professor Unrat* steht jedoch nicht ein Lehrer, sondern stehen die Schüler im Vordergrund. Hesse und Musil zeigen, wie abweisend oder indifferent die Lehrerschaft den psychischen Problemen der heranwachsenden Menschen begegnet. Oder, in Hesses Worten: «Vor nichts graut Lehrern so sehr wie vor den seltsamen Erscheinungen, die am Wesen früh entwickelter Knaben in dem ohnehin gefährlichen Alter der beginnenden Jünglingsgärung hervortreten.» Und weiter: «Ein Schulmeister hat lieber einige Esel als ein Genie in seiner Klasse, und genau betrachtet hat er ja recht, denn seine Aufgabe ist es nicht, extravagante Geister heranzubilden, sondern gute Lateiner, Rechner und Biedermänner.»

3. Émile Zola, «J'accuse» (1898)

Deutsch: «Ich klage an» (1898)

Eigentlich handelt es sich bloss um einen Brief, einen Leitartikel, der als schmale Broschüre im Druck herauskam – und dennoch hat selten ein Text so Geschichte gemacht wie dieser. Am 13. Januar 1898 erschien in der französischen Tageszeitung *L'Aurore* ein offener Brief an den Präsidenten der Republik, Félix Faure. Der provozierende Titel hiess «Ich klage an» und war vom damaligen Chefredaktor dieser Zeitung, dem späteren Politiker Georges Clemenceau, gewählt worden. Der Verfasser war Émile Zola, damals der bekannteste Schriftsteller Frankreichs. In seinem Brief trat Zola für die Unschuld eines Hauptmanns Alfred Dreyfus ein, der wegen Spionage für das Deutsche Reich zu lebenslänglicher Haft auf der berüchtigten Île du Diable in Französisch-Guayana verurteilt worden war. Der Brief enthielt schwere Vorwürfe an die Spitzen der französischen Armee, die der Schriftsteller beschuldigte, Dreyfus ohne stichhaltige Beweise verurteilt zu haben.

Doch alles schön der Reihe nach. Die ganze Angelegenheit, die als Dreyfus-Affäre in die Geschichte eingegangen ist, beginnt damit, dass die Putzfrau der deutschen Botschaft in Paris im September 1894 einen Zettel aus dem Papierkorb des deutschen Militärattachés Schwartzkoppen fischt. Die Putzfrau steht im Dienst des französischen Nachrichtendienstes, und der Zettel, als «bordereau» in die Geschichte eingegangen, enthält geheime Angaben zur artilleristischen Bewaffnung der französischen Armee. Der Chef des Nachrichtendienstes und das Kriegsministerium werden informiert, ebenso der Staatspräsident. Die Abklärungen lenken den Verdacht auf den Hauptmann Dreyfus, einen Juden, der dem Generalstab zugeteilt worden ist. Im Januar 1895 wird der Offizier, obwohl Zweifel an der Sorgfalt der gerichtlichen Untersuchung laut geworden sind, wegen Spionage zu lebenslänglicher Haft verurteilt, degradiert und auf die Île du Diable verschickt.

Doch Dreyfus ist nicht ohne Freunde und einflussreiche Persönlichkeiten, die sich seiner Sache annehmen und eine Revision des Prozesses anstreben. Zu diesen gehören sein Bruder Mathieu, der Schriftsteller Bernard Lazare und der einflussreiche Senator Scheurer-Kestner. Auch der neu ernannte Chef des Nachrichtendienstes, Oberst Picquart, misstraut der Beweiskraft der gegen Dreyfus erhobenen Vorwürfe. Doch die Spitzen der Armeeführung, traditionell antisemitisch gesinnt und aus Furcht, sich eine Blösse zu geben, verschliessen sich jeder Kritik. Die Nachforschungen von Picquart werden als störend empfunden, und er wird zu den Kolonialtruppen nach Tunesien strafversetzt. Ein parlamentarischer Vorstoss bleibt ohne Erfolg. In der Presse und in der Bevölkerung wird die Dreyfus-Affäre zum leidenschaftlich diskutierten Gesprächsgegenstand. Es kommt zu einer Polarisierung der öffentlichen Meinung, die, vereinfacht ausgedrückt, die fortschrittliche Linke der «dreyfusards» mit der konservativen Rechten, den «antidreyfusards» konfrontiert.

Im Januar 1898 zündet Émile Zola die Bombe seines offenen Briefes an den Staatspräsidenten. Mit allen Mitteln überzeugender Rhetorik, die der französischen Literatur von den Kanzelpredigten Bossuets bis zu den Reden des Generals de Gaulle zu Gebote steht, tritt Zola für die Unschuld des Hauptmanns Dreyfus ein. Zu Beginn seines Schreibens bezeichnet er das Urteil des Militärgerichts als ein Schandmal, welches das Ansehen des Staatspräsidenten und die Ehre der Nation beflecke. Dann fährt er fort: «Meine Pflicht ist es zu sprechen; ich will nicht Komplize sein. Meine Nächte würden heimgesucht vom Geist des unschuldig Verurteilten, der dort drüben die schlimmsten Folterqualen erleidet für ein Verbrechen, das er nicht begangen hat. Ihnen, Herr Präsident, rufe ich die Wahrheit zu, mit aller Widerstandskraft, deren ein ehrenwerter Mann fähig ist.»

In der Folge schildert Zola eingehend den Verlauf der Untersuchung gegen Dreyfus, weist auf Unklarheiten, Unstimmigkeiten und Vertuschungen hin und lenkt das Interesse auf einen Offizier namens Esterhazy, einen schlecht beleumdeten, aber von seinen Vorgesetzten gedeckten Lebemann, den schon Picquart als Verfasser des «bordereau» ausgemacht hatte. Seine Analyse schliesst Zola mit den Worten: «Das ist die simple Wahrheit, Herr Präsident, und sie ist erschreckend, sie wird der Schandfleck ihrer Präsidentschaft sein. Ich weiss wohl, dass Sie in dieser Angelegenheit machtlos, dass Sie ein Gefangener der Verfassung und Ihrer Umgebung sind. Und dennoch haben Sie eine Menschenpflicht, die Sie bedenken und die Sie erfüllen müssen. Nicht dass ich im Geringsten an meinem Triumph zweifelte. Denn die Wahrheit ist im Vormarsch und nichts wird sie aufhalten.»

Dann nennt Zola die Hauptverantwortlichen für den Justizirrtum beim Namen. Eine ganze Reihe von Generälen wird mit einer Deutlichkeit, welche die damaligen Leser als unerhört empfinden mussten, der Mittäter- und Komplizenschaft beschuldigt. Und der Schriftsteller schliesst seinen Brief mit den Worten: «Mein flammender Protest ist nur der Schrei meiner Seele. Wage man es doch, mich vor das Schwurgericht zu zitieren. Sollen doch die Untersuchungen im Licht der Öffentlichkeit geführt werden. Ich warte.»

Émile Zolas «Ich klage an» erregte unerhörtes Aufsehen. Man riss sich die Zeitung aus den Händen, vervielfältigte den Text, klebte ihn an alle Mauern von Paris. Der Verfasser wurde wegen «Beleidigung der Armee» zu einem Jahr Gefängnis verurteilt und flüchtete ins Exil nach England. «Was auch immer die Folgen sein mögen», schrieb er seiner Frau, «ich bin stark genug, allem die Stirn zu bieten. Ich gestehe, dass dieses Drama mich leidenschaftlich bewegt, ich kenne nichts Schöneres.» Zwar irrte sich Zola in manchen Punkten seines offenen Briefes und urteilte mit einer Empörung, die nicht überall gerechtfertigt war. Aber nach dieser Publikation war die Frage nach der Rechtmässigkeit des Urteils gegen Dreyfus nicht mehr zu unterdrücken. Im August 1898 gestand einer der schlimmsten Gegner des Hauptmanns, der Nachrichtenoffizier Henry, ein falsches Dokument angefertigt zu haben. Er wurde inhaftiert und schnitt sich mit einem Rasiermesser, das man ihm vorsorglich in die Zelle mitgegeben hatte, die Kehle durch.

Nun kam die Position der Gegner von Dreyfus ins Wanken. Doch der Weg zu einer Revision des Prozesses und zur völligen Rehabilitierung von Dreyfus war noch weit. Das Ringen zwischen «dreyfusards» und «antidreyfusards» setzte sich in Presse und Öffentlichkeit fort, und bald gewann die eine, dann wieder die andere Seite die Oberhand. Politiker, Schriftsteller und Künstler unterschrieben Artikel und Manifeste für und gegen den jüdischen Hauptmann. Bald ging es nicht mehr nur um die Person des Angeklagten, sondern, wie der Schriftsteller und «dreyfusard» Charles Péguy es formulierte, um das «ewige Heil Frankreichs». Und Péguys Kollege, der nationalistische «antidreyfusard» Maurice Barrès, schrieb: «Bedenken wir, dass unsere Worte nicht nur unter dem Aspekt der ‹Affaire Dreyfus› verstanden werden dürfen. Wir stehen über der Affaire und werden sie überleben ... Dreyfus ist nur ein Zwischenfall. Letztlich ist es nicht Dreyfus, sondern es sind die ‹dreyfusards›, die es niederzuschlagen gilt.»

Im Jahr 1899 schien eine Rehabilitation von Dreyfus möglich; doch ein Militärgericht, das in Rennes tagte, begnügte sich damit, die Strafe des Hauptmanns Dreyfus auf zehn Jahre Zwangsarbeit herabzusetzen und mildernde Umstände geltend zu machen. Zu diesem Zeitpunkt hatten die «dreyfusards» die Oberhand gewonnen, und die Mehrheit der Bevölkerung stand hinter dem Hauptmann und hatte für das Urteil des Militärgerichts kein Verständnis. Für Regierung und Armee ging es darum, die peinliche Angelegenheit, die Frankreich polarisiert und im Innersten aufgewühlt hatte, möglichst rasch abzuschliessen. Der Staatspräsident bot Dreyfus die Begnadigung an, und dieser nahm das Angebot zur Enttäuschung seines engsten Freundeskreises an. Erleichterung sprach aus den Worten des Kriegsministers, der den Armeeangehörigen das Ende der peinlichen Angelegenheit verkünden konnte: «Ich wiederhole es: Dieser Zwischenfall ist abgeschlossen. Ich verlange von Euch, und falls nötig befehle ich Euch, die Vergangenheit zu vergessen und an die Zukunft zu denken. Mit allen meinen Kameraden rufe ich aus ganzem Herzen: Es lebe die Armee, welche keiner Partei, sondern allein Frankreich angehört.»

Es dauerte freilich noch bis zum Juli 1906, bis das Urteil von Rennes aufgehoben und die völlige Unschuld des Hauptmanns Dreyfus festgestellt wurde. In der «Ecole militaire», in der Dreyfus vor über zehn Jahren degradiert worden war, wurde er zum «Ritter der Ehrenlegion» ernannt. Oberst Picquart, eine Figur von seltener Integrität im üblen Intrigenspiel der Militärs, wurde zum General befördert. Die Frage, wer in Wahrheit der Spion war, der dem Militärattaché Schwartzkoppen die geheimen Informationen zugespielt hatte, ist noch heute nicht völlig geklärt. Der stärkste Verdacht fällt auf Esterhazy. Aber es könnte sein, dass dieser Esterhazy nur eine Marionette in den Händen von rechtsradikalen Dunkelmännern war, welche den Juden schaden wollten. Fest steht freilich dies: Der Hauptmann Alfred Dreyfus war unschuldig, und seine Rehabilitation erfolgte völlig zu Recht.

Émile Zolas offener Brief wird heute in vielen französischen Lycées gelesen als ein Text, in dem Inhalt und Form, Leidenschaft und Vernunft sich in vollkommener Balance halten. Die Dreyfus-Affäre ist aber auch ein Lehrstück, an dem die vielfältigsten Formen menschlicher Wesensart, Bösartigkeit und Herzensgüte, Dummheit und Perfidie, Niedertracht und Edelmut, Feigheit und Zivilcourage, zu studieren sind. Wer die Geschichte des Hauptmanns Dreyfus kennt, möchte man meinen, dem ist nichts Menschliches mehr fremd. Aber auch in geschichtlicher Hinsicht ist die Dreyfus-Affäre von grosser Bedeutung. Mit ihr und durch sie wurde der Blick auf das 20. Jahrhundert frei. Die Dominanz der Militärs, die in Frankreichs Geschichte immer wieder zu politischen Interventionen führte, wurde in Schranken gewiesen. Die republikanische Auseinandersetzung zwischen sozialistischer Linken und konservativer Rechten wurde zum Grundmuster des politischen Diskurses im 20. Jahrhundert. Die Presse wurde zu dem wichtigen Medium politischer Meinungsbildung, das sie bis heute geblieben ist. Im Zusammenhang mit der Dreyfus-Affäre wurde erstmals der

Begriff des «Intellektuellen» geprägt, des Schriftstellers, dem in der modernen Gesellschaft der Auftrag zugewiesen ist, den Standpunkt des Moralisten in die Politik einzubringen.

Émile Zola hat literarisch weit gewichtigere Werke verfasst als diesen Zeitungsartikel. Als Sohn eines italienischen Ingenieurs und einer Französin in Aix-en-Provence aufgewachsen, war er 1862 nach Paris gezogen, hatte sein Studium abgebrochen und war leitender Angestellter des Verlagshauses Hachette geworden. Hier lernte er Schriftsteller kennen und beschloss, selbst einer von ihnen zu werden. Im Jahr 1868 fasste er den verwegenen Plan, in einer Reihe von Romanen ein mächtiges Sittengemälde seiner Zeit zu schaffen. Was Balzac mit seiner *Comédie humaine* für die erste Hälfte des Jahrhunderts vollbracht hatte, wollte Zola für das «Zweite Kaiserreich» mit seiner Familiengeschichte *Les Rougon-Macquart* leisten. Es wurde ein mächtiges Werk von zwanzig Bänden, und sein Verfasser durfte sich rühmen, den gesellschaftlichen Wandel seiner Zeit mit wissenschaftlicher Genauigkeit und Detailtreue, «naturalistisch», wie er es nannte, dargestellt zu haben. Niemand wird heute alle Werke Zolas lesen, aber einzelne Romane lohnen noch immer die Lektüre. So der Roman *Germinal*, der unter Bergleuten in einem nordfranzösischen Kohlerevier spielt und soziale Missstände eindringlich vor Augen führt. Manche Werke des Schriftstellers sind auch hervorragend verfilmt worden. So im Jahr 1938 der Sex-and-Crime-Klassiker *La bête humaine* durch Jean Renoir, mit Simone Simon, Jean Gabin und einer Dampflokomotive als Hauptdarstellern. Andauernden Weltruhm haben dem Schriftsteller jedoch nicht seine dickleibigen Romane eingebracht. Weltweit unvergessen wird Émile Zola wegen jenes offenen Briefes bleiben, den er unter dem Titel «Ich klage an» am 13. Januar des Jahres 1898 auf der ersten Seite der Pariser Tageszeitung *L'Aurore* an den Staatspräsidenten richtete.

4. Maxim Gorki, *Matj* (1906)
Deutsch: *Die Mutter* (1907)

Dieses Buch ist traurig wie eine öde abendliche Landschaft, an deren Horizont nur ein schmaler Lichtstreifen unsichere Hoffnung verheisst. Hauptgestalt ist Pelageja Nilowna Wlassow, die Witwe eines Schlossers, eines üblen Trunkenbolds, der seine Frau viele Jahre lang gequält hat. Die Witwe Wlassow ist eine weichherzige, demütige und tiefgläubige Frau, die im Roman meist «Mutter» genannt wird. Damit wird nicht nur ihre Stellung zum Sohn Pawel bezeichnet; sie erscheint gleichzeitig als eine Art Urmutter des Volkes, als jene Identifikationsfigur, die in der russischen Geschichte immer eine wichtige Rolle gespielt hat. *Die Mutter* heisst denn auch der schlichte Titel, den der Autor seinem Roman gegeben hat.

Ort der Handlung ist ein hässlicher industrieller Vorort am Ende des 19. Jahrhunderts irgendwo in Russland. Das Personal sind arme Fabrikarbeiter, eigentliche Arbeitssklaven, die der schamlosen Ausbeutung durch die Fabrikherren ausgeliefert sind. Pawel Wlassow scheint zuerst dem Beispiel seines unseligen Vaters folgen zu wollen und sich dem Trunk hinzugeben. Dann aber beginnt er Bücher zu lesen, die ihn seine Rolle als Fabrikarbeiter kritisch reflektieren lassen. «Ich lese verbotene Bücher», sagt er zu seiner Mutter, «weil sie die Wahrheit über unser Leben, das Leben der Arbeiter, sagen.» Allmählich bildet sich im Hause der Wlassows ein geheimer sozialistischer Lesezirkel von Genossinnen und Genossen, die sich zum Ziel setzen, eine gerechtere Gesellschaft, wenn nötig mit Gewalt, zu begründen. Die Mutter solidarisiert sich mit den jungen Sozialisten, die in ihrer naiven Vorstellung den Jüngern Christi gleichen. «Sie verstand vieles von dem», schreibt der Autor, «was sie über das Leben sagten, fühlte, dass sie wirklich die wahre Quelle des Glücks entdeckt hatten und war gewohnt, ihren Gedanken beizustimmen.» Die Witwe Wlassow lernt lesen und hilft mit, politische Flugblätter in die Fabrik einzuschmuggeln. Doch die Gegenmassnahmen von Behörden und Polizei lassen nicht auf sich warten und sind unerbittlich. Hausdurchsuchungen werden vorgenommen, Arbeiter werden verhaftet und gefoltert, Protestkundgebungen werden niedergeschlagen. An der Feier zum Ersten Mai wird die Menge auf Befehl des Gouverneurs von Polizei und Militär auseinandergetrieben. Zuletzt steht die Witwe Wlassow mit einem Fetzen roten Fahnentuchs in der Hand auf dem Hauptplatz und sagt: «Unser Herr Christus wäre nicht, wenn nicht Menschen zu seinem Ruhm umgekommen wären.» Ihr Sohn Pawel wird als Rädelsführer mit einer Gruppe seiner Freunde festgenommen und ins Gefängnis geworfen. Seine Mutter wandert als Marketenderin und Pilgerin über endlose Landstrassen und verteilt Propagandamaterial an Bauern, die sich in dumpfer Resignation mit ihrem Los abgefunden haben.

Den Höhepunkt des Romans bildet eine Gerichtsszene, der die Witwe Wlassow beiwohnt. Ihr Sohn Pawel hält eine flammende Verteidigungsrede. «Wir sind Sozialisten», ruft er aus, «das heisst, wir sind Feinde des Privateigentums, das die Menschen entzweit, sie gegeneinander rüstet und unversöhnliche Interessengegensätze schafft ... Wir sagen: Eine Gesellschaft, die den Menschen nur als Mittel zu ihrer Bereicherung betrachtet, ist menschenwidrig; wir können uns mit ihrer heuchlerischen und lügenhaften Moral nicht aussöhnen. Ihr Zynismus und die Grausamkeit ihres Verhaltens der einzelnen Persönlichkeit gegenüber sind uns verhasst, wir wollen und werden gegen alle Formen physischer und moralischer Knechtung kämpfen, gegen alle Methoden der Zerstückelung des Menschen dem Eigennutz zuliebe.» Und an die Richter gewendet, fährt Pawel fort: «Sie sind geistig versklavt, wir nur leiblich. Sie können dem Druck der Vorurteile und Gewohnheiten nicht entrinnen, einem Druck, der Sie seelisch getötet hat; uns hindert nichts, innerlich frei zu sein. Das Gift, mit welchem Sie uns vergiften, ist schwächer als das Gegengift, das Sie, ohne es zu wollen, in unser Bewusstsein träufeln.» Den Augenblick der Urteilsverkündung schildert der Autor so: «Der Richter mit dem kranken Gesicht, sein aufgedunsener Kollege und der Staatsanwalt betrachteten aufmerksam die Angeklagten. Hinter den Richtern, über ihre Köpfe hinweg, blickte aus dem Bilde mit gleichgültigem bleichem Gesicht der Zar in roter Uniform, und über sein Gesicht kroch ein Insekt.»

Die Witwe Wlassow bewundert ihren Sohn. «Grosse Gedanken berauschten sie», schreibt Gorki, «sie legte alles in sie hinein, was in ihrem Herzen brannte, alles, was sie durchlebt hatte, und sie presste ihre Gedanken in feste, grosse, helle Wortkristalle.» Pawel Wlassow und seine Genossen werden zur Verbannung nach Sibirien verurteilt. Die Mutter wird geschlagen und festgenommen.

Der Verfasser des Romans *Die Mutter*, Alexei Maximowitsch Peschkow, der sich Gorki (der Bittere) nannte, wurde 1868 geboren. Er stammte aus ärmlichsten Verhältnissen. Seinen Vater kannte er nicht, und seine Mutter verlor er mit neun Jahren. Seine Schulbildung war lückenhaft, sein Russisch nicht ohne Fehler. Nachdem er in verschiedenen Berufen gearbeitet hatte, zog er als Wanderarbeiter durch Russland. Seine Begegnungen mit Arbeitslosen, Vagabunden und Gaunern, mit «gewesenen Menschen», wie Gorki sie nannte, boten den Stoff für die ersten Erzählungen. Diese Erzählungen machten ihn rasch berühmt, in Russland, aber auch im Ausland. Hier traten einfache und vitale Lohnarbeiter auf, die bisher kaum je Gegenstand der Literatur gewesen waren. Etwas wie Aufbruchstimmung ging von diesen Erzählungen aus. Maxim Gorki verfasste auch Lyrik. Teile des Gedichts *Das Lied vom Sturmvogel* wurden trotz der allgegenwärtigen Zensur verbreitet; bald nannte man Gorki den «Sturmvogel der Revolution». Das Drama *Nachtasyl*, das im niedrigsten sozialen Milieu der Armen, Verzweifelten und Resignierten spielt, wurde nach der Jahrhundertwende zum Welterfolg. Gerhart Hauptmann, der mit seinen sozialkritischen Stücken *Vor Sonnenaufgang* und *Die Weber* in Deutschland eine ähnliche Pionierrolle übernahm wie Gorki in Russland, beglückwünschte den Schriftsteller zu seinem Erfolg.

Immer mehr wurde Gorki zur Galionsfigur des politischen Widerstandes gegen die zaristische Diktatur. Im Januar 1905 befand sich der Schriftsteller unter den 100 000 Demonstranten vor dem Petersburger Winterpalais, welche von den Elitetruppen des Zaren beschossen wurden. Dieser «Blutsonntag» war die erste grosse Protestkundgebung der organisierten Arbeiterschaft, das Vorspiel der Revolution, die zwölf Jahre später der Zarenherrschaft ein Ende setzte. Maxim Gorki wurde inhaftiert, aber nach einem Protest europäischer Intellektueller auf Kaution wieder freigelassen. Die Diktatur und seine eigene Ruhelosigkeit zwangen ihn zur Emigration. In den Jahren 1906 bis 1913 weilte er in Finnland, Schweden, in Deutschland, der Schweiz und Frankreich, in Nordamerika und auf Capri.

Die Mutter gilt unter Kennern der russischen Literatur als eines von Maxim Gorkis schwächsten Werken. Schon die Zeitgenossen äusserten sich skeptisch. «Ich bin sehr enttäuscht», schrieb Rosa Luxemburg, «das ist ein Agitationsroman schlimmster Sorte. Ich finde nicht die Spur echte Kunst.» Und der Marxismus-Theoretiker Georgi Plechanow urteilte: «Der Dichter verteidigt marxistische Ideen, aber das Buch offenbart, dass er Marx überhaupt nicht verstanden hat.»

Gorkis Roman gibt fast ausschliesslich die Gespräche wieder, die unter den jungen Fabrikarbeitern geführt werden und in denen immer wieder von Freiheit und Gleichheit die Rede ist. Es wird nie klar, ob die Agitatoren eine Vorstellung von Demokratie haben und ob sie bestimmten revolutionären Strömungen nahestehen. Von den gesellschaftlichen Missständen, gegen die sie ankämpfen, ist kaum je die Rede. Ein Fabrikant, ein Gouverneur und ein Polizeichef treten kurz auf; aber es fällt kein Wort über die Arbeitsbedingungen in der Fabrik und die Berechtigung der behördlichen Anordnungen. Die Romanfiguren erscheinen als blasse Schemen, aus deren Mund das Pathos ihrer politischen Forderungen hohl klingt. In der Figur der Mutter Wlassow wird noch am ehesten etwas von des Autors Gestaltungskraft sichtbar. Sie gewinnt als Persönlichkeit plastische Präsenz, und ihre naive, innige und beharrliche Teilnahme am Kampf der Jungen wirkt glaubwürdig, auch wenn eine gewisse Sentimentalität nicht immer vermieden wird. Merkwürdig ist die Verbindung, welche im politischen Denken der Mutter die Religiosität mit dem Sozialismus eingeht – das war keineswegs im Sinne des staatlich geforderten Marxismus-Leninismus. Für den heutigen Leser, der nicht nur belehrt, sondern auch unterhalten werden will, wirkt Maxim Gorkis sozialpädagogische Absicht befremdlich; sie steht der Wirkung des Kunstwerks entgegen.

In geistesgeschichtlicher Hinsicht kann die Bedeutung von Maxim Gorkis *Die Mutter* jedoch nicht hoch genug veranschlagt werden. Der Roman wurde in Millionen von Exemplaren gedruckt, in unzählige Sprachen übersetzt, an unzähligen Schulen gelesen. Er wurde zum Musterbeispiel jenes Sozialistischen Realismus, der vom kommunistischen Staat bis zum Zusammenbruch der Sowjetunion gefordert wurde. Lenin, der Vordenker der Russischen Revolution, war von dem Buch tief beeindruckt. «Es ist ein Buch von grösster Bedeutung», schrieb er, «viele Arbeiter, welche spontan zur revolutionären Bewegung gestossen sind, werden nach der Lektüre von *Die Mutter* wissen, warum.» Am Moskauer Schriftstellerkongress von 1934, den Gorki als damals bekanntester russischer Schriftsteller eröffnete, wurde der Sozialistische Realismus definiert und als allgemein verbindliche künstlerische Doktrin in die Statuten des sowjetischen Schriftstellerbundes aufgenommen. «Der Sozialistische Realismus» habe, hiess es da, die «Hauptmethode der schönen Literatur und Literaturkritik zu sein». Und weiter: «Wahrheitstreue und historische Korrektheit der künstlerischen Darstellung muss mit den Aufgaben der ideologischen Umgestaltung und Erziehung der Werktätigen im Geiste des Sozialismus verbunden werden.» In einem Aufsatz erläuterte Gorki seine eigene Literaturtheorie und warnte vor «kleinbürgerlicher Mentalität» und einem Rückfall in den «bürgerlichen Individualismus». In einem Gespräch mit dem Schriftsteller im Oktober 1932 brachte Stalin seine Forderung an die Kulturschaffenden in eine einprägsame Formulierung: Die Schriftsteller, sagte er, hätten «Ingenieure der menschlichen Seelen» zu sein.

Maxim Gorki blieb auch im Alter der Freund des Volkes, dem etwas Anarchisches anhaftete. Stefan Zweig, der ihn besuchte, sah in ihm die «konzentrierte Urform des russischen Menschen». Mit Lenin und Stalin war Gorki persönlich bekannt, und beide faszinierten ihn; doch die Skrupellosigkeit ihres Machtstrebens war ihm fremd. Oft hielt er sich im Ausland auf, aber immer wieder zog es ihn nach Russland zurück. Und immer blieb er tätig, als Autor, Gründer von Zeitschriften, Anwalt der russischen Sprache, Organisator humanitärer Aktionen. Ständig war er von Menschen umgeben, von Schriftstellern, die ihn als ihren Lehrmeister betrachteten, aber auch von der stalinistischen Geheimpolizei, die ihn überwachte. Die Russische Revolution führte freilich in eine Richtung, die Gorkis Zielvorstellung nicht mehr entsprach. Die Schwingen des «Sturmvogels» ermatteten. Der französische Schriftsteller Romain Rolland, einer der letzten Besucher Gorkis aus Westeuropa, schrieb: «Ich mag ihn, und er tut mir leid. Er ist sehr einsam, auch wenn er fast nie allein ist! Wenn wir hätten allein sein können, hätte er sicher die Arme um mich gelegt und still und lange geschluchzt.»

Maxim Gorki starb 1936 im Alter von 68 Jahren. Er erlag der Tuberkulose, unter der er ein Leben lang gelitten hatte. Doch beharrlich hält sich das Gerücht, Stalin habe ihn ermorden lassen. Fest steht, dass kurz nach seinem Tod die berüchtigten «Säuberungen» und Schauprozesse einsetzten, mit denen sich der Diktator seiner Weggefährten und seiner tatsächlichen oder vermeintlichen Gegner entledigte.

Maxim Gorkis Roman ist in Russland verschiedentlich verfilmt worden. Bert Brecht hat ihn in ein «Lehrstück» mit 14 Szenen umgesetzt, das 1932 in Berlin uraufgeführt wurde. Die Fassung Brechts entstand in Kenntnis der gelungenen Oktoberrevolution und feiert den Sieg des Sozialismus in eingestreuten Gesängen wie «Lob des Kommunismus» und «Lob des Lernens». Seit dem Kollaps des Sowjetkommunismus wird Brechts Stück seltener gespielt, und Gorkis Buch wird seltener gelesen.

5. Peter Rosegger, *Als ich noch der Waldbauernbub war* (1900–1902)

Unsere Urgrossväter und Grossväter haben ihn mit grosser Wahrscheinlichkeit gelesen: den österreichischen Heimatschriftsteller Peter Rosegger. Seine Gedichte, Erzählungen und Romane fanden in der zweiten Hälfte des 19. Jahrhunderts weite Verbreitung. Man druckte seine Arbeiten in Schulbüchern, Kalendern und Zeitschriften ab und versprach sich von ihnen nicht nur gute Unterhaltung, sondern auch eine wohltätige volkserzieherische Wirkung. Roseggers Novellenzyklus *Als ich noch der Waldbauernbub war* erschien zwischen 1900 und 1902 in drei Bänden und zählt zu den grössten deutschsprachigen Bucherfolgen des 20. Jahrhunderts. Noch 1947 kam im Verlag des «Schweizerischen Vereins abstinenter Lehrer und Lehrerinnen» eine kurze Biografie aus der Feder des Lehrers und Schriftstellers Adolf Haller heraus. Die Biografie endete mit dem Satz: «Muss nicht ein solcher Tröster und Wegweiser uns auch heute noch herzlich willkommen sein?» Heute ist Peter Rosegger vergessen; unsere Zeit, so will es scheinen, bedarf seiner Tröstungen nicht mehr.

Peter Rosegger wurde 1843 als ältestes von sieben Kindern auf dem Bauernhof eines abgelegenen Weilers in der Steiermark geboren. Der körperlich schwache Knabe eignete sich schlecht zum Bauern; auch war seine Familie mausarm und ausserstande, seine Schulbildung zu finanzieren. So wurde Rosegger zum Schneidergesellen. Mit seinem Meister zog er auf Stör von Hof zu Hof und lernte das Alpenland, dem er bis zum Tod eng verbunden blieb, immer besser kennen. Der Schriftleiter der Grazer *Tagespost* entdeckte Roseggers literarisches Talent, und Gönner unterstützten ihn und ermöglichten ihm den Eintritt in eine Handelsschule. Aber Rosegger blieb, ähnlich wie der Schweizer Volksschriftsteller Ulrich Bräker ein Jahrhundert vor ihm, im Grunde ein Autodidakt. Ein erster Band mit Mundartgedichten unter dem Titel *Zither und Hackbrett* fand Anklang. Ein staatliches Stipendium ermöglichte einen längeren Auslandsaufenthalt. Mit den Erzählungen *Geschichten aus der Steiermark*, die 1871 erschienen, wurde Rosegger regional bekannt. Die Heirat mit einer Fabrikantochter und der Erfolg weiterer Werke erlaubten ihm eine Existenz als freischaffender, sehr produktiver Schriftsteller.

Rosegger schrieb keine Gesellschaftsromane wie John Galsworthy oder Émile Zola, und das Bürgertum der Grossstädte blieb ihm ebenso fremd wie die Arbeiterschaft der Vorstädte. Am überzeugendsten ist Roseggers Werk dort, wo er Dorfgeschichten erzählt, und der *Waldbauernbub* ist eine Sammlung solcher Geschichten. In der Familie des Kindes konnte nur die Mutter Gedrucktes lesen. Der Knabe las seinem Vater Geschichten aus der Bibel vor und erledigte für ihn Schreibarbeiten. Seinen Geschwistern verkürzte er die langen Winterabende, indem er ihnen Märchen, Sagen und die Schilderungen unerhörter Vorfälle vortrug, wie sie von reisenden Krämern verbreitet wurden.

Rosegger stellt seine Kindheit ohne Beschönigung, aber nicht selten humorvoll dar. Seine Geschichten sind weit weg von den Hirten- und Schäferidyllen, wie sie am französischen Hof unter dem Einfluss Rousseaus im 18. Jahrhundert in Mode kamen. Das Leben auf den einsamen Höfen, wie es im *Waldbauernbub* geschildert wird, war hart und aufreibend. Die Winter waren lang und streng. Man lebte ausschliesslich von dem, was man produzierte und vorrätig hielt, und nur selten bedurfte man der Hilfe eines Handwerkers aus einem grösseren Ort. Man war ganz abhängig von der Gunst der Witterung. Gewitterstürme, Hagelschlag oder Trockenheit konnten ganze Ernten zerstören; Murgänge, Feuersbrünste und Unfälle beim Holzschlag bedrohten Leib und Leben. Die Lebenserwartung lag unter fünfzig Jahren, und wenn bei Krankheiten der Arzt nicht helfen konnte, suchte man Hilfe bei den Quacksalbern. Wenn die Not zur Seelennot wurde, halfen Familiensinn und Gottvertrauen. Die Bevölkerung war von einem archaischen Katholizismus erfüllt, der keinen Zweifel duldete.

Es wird viel gebetet in Roseggers Erzählungen; das Tischgebet und der abendliche Rosenkranz gehören zum bäuerlichen Alltag. Das Kind erfährt beim Anblick des Sternenhimmels die Allgegenwart Gottes. «Ich nahm mir wohl vor», schreibt Rosegger, «recht brav und folgsam zu sein, besonders bei Nacht, wenn Gott da oben seine hunderttausend Augen auftut und die guten Kinder zählt und die bösen sucht und recht scharf ansieht, auf dass er sie kennt am Jüngsten Tage.» Die Monotonie des Alltags wird fast nur durch den Kirchgang und die christlichen Feiertage unterbrochen. Berühmt ist Roseggers Schilderung eines Weihnachtsfests im Kapitel «In der Christnacht».

Doch das Gottvertrauen bleibt nicht unangefochten. Es gibt das Unglück und die Schicksalsschläge, welche völlig unerwartet jemanden treffen können. Da ist denn die Rede vom unerforschlichen Ratschluss Gottes; aber er spendet nur geringen Trost. Oder war es wohl, fragt man sich auch, die verdiente Strafe, die den Schuldigen traf? Als der Blitz ins Haus des wackeren Bauern Klein-Maxel einschlägt, verweigert ein Nachbar die Hilfeleistung mit den Worten: «Der Mensch soll unserem Herrgott nicht entgegenarbeiten, und wenn der einmal einen Blitz aufs Haus wirft, so wird er auch wollen, dass es brennen soll.»

Dem Gottesglauben des Christenmenschen steht in Roseggers Erzählungen auch eine ganze dunkle Welt entgegen, in der böse Geister ihr Unwesen treiben und den Seelenfrieden bedrohen. Eine unbestimmte Angst ist unter den Bauern weitverbreitet, Angst vor Örtlichkeiten, wo es spuken soll, und Angst vor Vorzeichen, die Übles ankündigen. Zuweilen will es gar scheinen, als ob sich diese dunkle Welt in merkwürdigen Sonderlingen verkörpere, die von der bäuerlichen Gesellschaft ausgegrenzt werden.

Das einfache Leben dieser Bauern kennt keine soziale Gerechtigkeit. Es gibt die gescheiterten Existenzen, die dem Ruin entgegengehen, ihr Ansehen einbüssen und sich dem Trunk ergeben. Es gibt die Erfolgreichen, die ihren Besitz zu mehren wissen und auf die Gescheiterten herabsehen. Und es gibt die Grossgrundbesitzer, denen die tägliche Sorge um ihr Fortkommen fremd ist. Im *Waldbauernbub* schildert der Autor eine solche Persönlichkeit: «... der Herr Wachtler vom Schlosse Hohenwang sass im Schlitten, über und über in Pelze gehüllt und eine Zigarre rauchend. Ich blieb stehen, schaute dem dicht vorüberrutschenden Zeug eine Weile nach und dachte: Etwas krumm ist es doch eingerichtet auf dieser Welt; da sitzt ein starker Mann drin und lässt sich hinziehen mit so viel überschüssiger Kraft, und ich vermag mein Bündel kaum zu schleppen.»

Der Gedanke, an solchen sozialen Ungleichheiten etwas ändern zu wollen, drängt sich diesen Bauern nicht auf; man nimmt die Ungleichheit vielmehr als gottgegeben hin. Oder man tröstet sich mit dem Blick aufs Jenseits, das die Tugendhaftigkeit des Christenmenschen dereinst fürstlich belohnen wird. Und schliesslich, so sagt man sich, hat auch die Armut ihren eigenen Wert und ihre schlichte Würde. «Und wie reich war ich doch damals», schreibt der Erfolgsschriftsteller Rosegger im Rückblick, «als ich arm war.»

Die Wohltaten der Industrialisierung setzten sich in den abgelegenen Alpentälern nur langsam durch. Die konservative Mentalität der Bauern begegnete allem Neuen mit Skepsis und Misstrauen. Zwar nahmen in der Gegend Eisenbergbau und Eisenverarbeitung ihren Aufschwung, und aus der Ferne war hin und wieder das Signal einer Lokomotive zu hören. Die Landflucht führte den neuen Industrien ihre Arbeiter zu; doch die Verwandlung des Bauern in einen Fabrikarbeiter wurde als sozialer Abstieg empfunden.

Hübsch ist Roseggers Erzählung *Als ich zum ersten Mal auf dem Dampf-wagen sass*. Nach der Mitte des 19. Jahrhunderts war die Semmering-Bahn er-öffnet worden, und der Erzähler und sein Pate machen sich auf, die Sehenswür-digkeit zu besichtigen. Der Pate, der «Knierutscher-Jochem», ist ein einfacher, frommer Mann: «Das Wenige von Menschenwerken», schreibt Rosegger, «was er begreifen konnte, war ihm göttlichen Ursprungs, das Viele, was er nicht be-greifen konnte, war ihm Hexerei und Teufelsspuk.» Mit ungläubigem Staunen beobachten die beiden, wie sich eine Lokomotive mit ihren Waggons nähert und in einem Tunnel verschwindet. Rosegger schreibt: «‹Kreuz Gottes!›, rief mein Pate, ‹da hängen ja ganze Häuser dran!› Und wahrhaftig, wenn wir sonst gedacht hatten, an das Lokomotiv wären ein paar Steierwäglein gespannt, so sahen wir nun einen ganzen Marktflecken mit vielen Fenstern heranrollen und zu den Fenstern schauten lebendige Menschenköpfe heraus, und schrecklich schnell ging's und ein solches Brausen war, dass einem der Verstand stillstand. Das bringt kein Herrgott mehr zum Stehen! fiel's mir noch ein. Da hub der Pate die beiden Hände empor und rief mit verzweifelter Stimme: ‹Jessas, jetzt fahren sie richtig ins Loch!› Und schon war das Ungeheuer mit seinen hundert Rä-dern in der Tiefe; die Rückseite des letzten Wagens schrumpfte zusammen; nur ein Lichtlein davon sah man noch eine Weile, dann war alles verschwunden; bloss der Boden dröhnte, und aus dem Loche stieg still und träge der Rauch.» So stark ist der Eindruck, dass der Pate des Nachts keinen Schlaf finden kann. Am nächsten Tag können sie der Versuchung nicht widerstehen, selbst einmal Bahn zu fahren. Doch der Pate wird den Eindruck nicht los, etwas gehe hier nicht mit rechten Dingen zu. Rosegger schreibt: «Als wir durch den Ausgang des Bahnhofs schlichen, murmelte mein Pate: ‹Beim Dampfwagen da – s'ist doch der Teufel dabei!›»

Peter Roseggers *Als ich noch der Waldbauernbub war* stellt eine in sich geschlossene Welt vor dem Eintritt in die Moderne dar. Der Autor war kein grundsätzlicher Gegner der Industrialisierung. Er setzte sich sehr für die Volks-bildung ein, liebte die Eisenbahn und begrüsste den Einsatz neuer technischer Mittel dort, wo dies dazu beitrug, das Los des Bauern zu erleichtern. Gleichzei-tig befürchtete er, dass die Industrialisierung einen tief greifenden Mentalitäts-wandel herbeiführen könnte, der Sinn und Wert der traditionellen bäuerlichen Lebensgemeinschaft zerstören würde.

Mit solchen Befürchtungen stand Rosegger nicht allein. Zur selben Zeit gab es auch in Deutschland und der Schweiz eine sehr erfolgreiche «Heimatliteratur» – man denke nur an Autoren wie Ludwig Ganghofer, Jakob Christoph Heer und Ernst Zahn. Die Werke dieser Schriftsteller schufen eine positive Gegenwelt zur Grossstadt. Die Heimatdichter konfrontierten die Hektik, den Lärm, das Profitstreben und die durch Arbeitsteilung erzeugte Unübersichtlichkeit der Grossstadt mit dem einfachen Leben der Land- oder Gebirgsbewohner. Diese Menschen blieben sich selber und ihrer Scholle treu und kannten keine Entfremdung. Ihrem redlichen Charakter war das gierige Streben nach Gewinn und Fortschritt, der ganze «Amerikanismus» der Neuzeit, zuwider. Mit Staunen verfolgten sie das Gezänk der politischen Parteien und die Nervosität intellektueller Auseinandersetzungen. Was ausserhalb ihres Gesichtskreises geschah, interessierte sie wenig. Der «Heimatliteratur» lag eine konservative Haltung zugrunde. Diese appellierte stärker an das Gefühl als an die Vernunft, und sie beschwor ein diffuses Gemeinschaftsgefühl, dem die demokratische Auseinandersetzung im Grunde fremd war.

Im Alter wandte sich Peter Rosegger mehr und mehr antiliberalem und nationalistischem Denken zu. Während des Ersten Weltkriegs nahm er, seinen früheren Pazifismus verleugnend, eine militant patriotische Haltung ein und schrieb peinliche Gedichte. Sein Sohn wurde überzeugter Nationalsozialist, und sein Werk wurde von der Volkstumspropaganda ausgebeutet.

6. Jacob Burckhardt, *Weltgeschichtliche Betrachtungen* (1905)

Dieses Buch, das berühmteste Werk eines Schweizer Historikers, ist in den späten 1860er-Jahren verfasst, aber erst im 20. Jahrhundert publiziert worden. Nach dem Willen des Autors, des Basler Professors Jacob Burckhardt, hätte diese Einführungsvorlesung für Studenten nach seinem Tod vernichtet werden sollen. Doch ein Neffe Burckhardts fand den Text interessant, brachte ihn, ohne den Inhalt anzutasten, in eine gut lesbare Form und gab ihn 1905 unter dem Titel *Weltgeschichtliche Betrachtungen* heraus. Im Jahr 1982 sind die *Weltgeschichtlichen Betrachtungen* in einer kommentierten Edition unter dem Titel *Über das Studium der Geschichte* von Peter Ganz neu herausgegeben worden.

Jacob Burckhardt war, als er seine *Betrachtungen* niederschrieb, fünfzig Jahre alt. Der Spross aus alter Basler Familie, Sohn des Münsterpfarrers, hatte erst in seiner Geburtsstadt Theologie, dann in Berlin und Bonn Geschichte studiert. Im Jahr 1843 doktorierte er in Basel, hielt sich längere Zeit in Paris und wiederum in Berlin auf und unternahm seine erste von mehreren Reisen nach Italien. Die Aufenthalte in diesem Land wurden, ähnlich wie die *Italienische Reise* für Goethe, wegweisend für sein Schaffen. Zwei seiner wichtigsten Werke, der *Cicerone*, ein kunsthistorischer Reiseführer, und *Die Kultur der Renaissance in Italien*, sein meistgelesenes kunsthistorisches Buch, wurden hier konzipiert. Zur Geschichte der Antike publizierte Burckhardt 1853 *Die Zeit Konstantins des Grossen*. Seine *Griechische Kulturgeschichte* wurde wieder aus dem Nachlass herausgegeben. Dieses Buch, von den zeitgenössischen Fachgelehrten sehr kritisch aufgenommen, wird heute vom Althistoriker Wilfried Nippel als «Innovation ersten Ranges» bezeichnet.

Der Junggeselle Jacob Burckhardt führte ein zurückgezogenes Gelehrtenleben. Er blieb seiner Vaterstadt zeitlebens eng verbunden. Nach einer kurzen journalistischen Tätigkeit bei der konservativen *Basler Zeitung* unterrichtete er zuerst am Pädagogium, der Oberstufe des späteren Gymnasiums, und nach 1858 als Ordinarius für Geschichte und Kunstgeschichte an der Universität. Der Lehrtätigkeit galt seine besondere Hingabe. Im selbst verfassten Lebenslauf, der beim Tod des Historikers in der Basler Elisabethenkirche verlesen wurde, ging Jacob Burckhardt bescheiden über sein wissenschaftliches Œuvre hinweg und betonte, er habe vor allem für sein Lehramt gelebt, «in welchem die beharrliche Mühe durch ein wahres Gefühl des Glückes aufgewogen wurde.»

Die *Weltgeschichtlichen Betrachtungen* zeigen Burckhardt als einen aufmerksamen und kritischen Zeitgenossen, der über ein sensibles Krisenbewusstsein verfügte. Das europäische 19. Jahrhundert, das er als Historiker überblickte, befand sich seiner Meinung nach in einer schwierigen und bedrohlichen Übergangsphase, in der die traditionellen Herrschaftsformen ausgehöhlt und erschüttert, die Demokratie aber noch nirgends überzeugend etabliert worden war. Die Französische Revolution, welche das Ancien Régime weggefegt, dann aber zur mörderischen Terrorherrschaft Robespierres und zur Diktatur Napoleons geführt hatte, stand Burckhardt als Menetekel vor Augen. Auch die Versuche Frankreichs zur gesellschaftlichen Neugestaltung, wie die Julirevolution von 1830 und die Februarrevolution von 1848 sie darstellten, nahm er mit pessimistischer Skepsis wahr. «In Westeuropa», schreibt er in den *Weltgeschichtlichen Betrachtungen*, «fand in den 1830er-Jahren die Ausbildung eines allgemeinen politischen Radikalismus, d. h. derjenigen Denkweise statt, welche alle Übel dem vorhandenen Zustand und dessen Vertretern zuschrieb ... Und seit den 1840er-Jahren kam, zum Teil hervorgehend aus den Zuständen der grossen englischen und französischen Fabrikstädte, die Entwicklung der sozialistischen und kommunistischen Theorien bis zu vollständigen Gebäuden, ein unvermeidliches Korrespondens und ein Rückschlag des entfesselten Verkehrs ... Seine Spiegelung fand dieser Zustand in der damaligen Literatur und Poesie. Hier machten sich Hohn, lautes Knurren und Weltschmerz in der neuen, nach-byronischen Auffassung geltend.»

Mit Sorge sah Burckhardt, wie Staat und Bürokratie um sich griffen, wie sich ein allgemeines Verlangen nach Profit, Luxus und Wohlleben ausbreitete und die Unabhängigkeit der Kultur bedrohte. «Die geistige Produktion in Kunst und Wissenschaft», schreibt er, «hat alle Mühe, um nicht zu einem blossen Zweige grossstädtischen Erwerbs hinabzusinken, nicht von Reklame und Aufsehen abhängig, von der allgemeinen Unruhe mitgerissen zu werden. Grosse Anstrengung und Askese wird ihr nötig sein, um vor allem unabhängig im Schaffen zu bleiben, wenn wir ihr Verhältnis zur Tagespresse, zum kosmopolitischen Verkehr und zu den Weltausstellungen bedenken.» Und Burckhardt beschliesst seine Zeitdiagnose mit der bangen Frage: «Oder soll gar alles zum blossen Business werden wie in Amerika?»

Burckhardts Denken ist geprägt von einem tiefen Misstrauen gegenüber persönlicher und staatlicher Macht. «Und nun ist Macht an und für sich böse», schreibt er, «gleichviel, wer sie ausübe.» Im Menschen sah er ein ambivalentes, aus Gut und Böse widersprüchlich gemischtes Wesen, das der Gier, Macht auszuüben, nur zu oft erlag. «Und nun ist das Böse auf Erden», schreibt er, «allerdings ein Teil der grossen weltgeschichtlichen Ökonomie: es ist die Gewalt, das Recht des Stärkeren über den Schwächeren, vorgebildet schon in demjenigen Kampf ums Dasein, welcher die ganze Natur, Tierwelt wie Pflanzenwelt, erfüllt, weitergeführt in der Menschheit durch Mord und Raub in den früheren Zeiten ...»

An einen Sinn der Geschichte, an eine Gesetzmässigkeit ihres Ablaufs, glaubte Burckhardt nicht, und den Fortschrittsglauben seiner Zeit teilte er nicht. «Wir sind aber nicht eingeweiht in die Zwecke der ewigen Weisheit», schreibt er, «und kennen sie nicht. Dieses kecke Antizipieren eines Weltplanes führt zu Irrtümern, weil es von irrigen Prämissen ausgeht.» Dem Glauben, dass göttliche Vorsehung den Gang des Weltgeschehens bestimme, hatte bereits der junge Pastorensohn eine Absage erteilt. Nicht minder fremd war Burckhardt Hegels Geschichtsphilosophie, die im Geschichtsverlauf den Fortschritt des Menschen zu höherer Freiheit sah. Dem modischen Fortschrittsglauben seiner Zeit trat Burckhardt mit aller Entschiedenheit entgegen. «Weder Seele noch Gehirn des Menschen», schreibt er, «haben in historischen Zeiten erheblich zugenommen, die Fähigkeiten jedenfalls waren längst komplett. Daher ist unsere Präsumption, im Zeitalter des sittlichen Fortschritts zu leben, höchst lächerlich, im Vergleiche mit riskierten Zeiten, deren freie Kraft des idealen Willens in hundert hochtürmigen Kathedralen gen Himmel steigt.»

Menschlicher Grösse stand Burckhardt mit grösstem Misstrauen, aber auch mit einer Art von Faszination gegenüber. «Die Geschichte liebt es bisweilen», schreibt er, «sich in einem Menschen zu verdichten, welchem hierauf die Welt gehorcht.» Dies geschehe vornehmlich in Augenblicken der Krise, wenn das Bestehende und das Neue aufeinanderträfen. Auch für die grossen Individuen gelte, «dass nie eine Macht ohne Verbrechen gegründet worden» ist. Zugleich könne die Geschichte auf solche Individuen nicht verzichten: «Denn die grossen Männer sind zu unserem Leben notwendig, damit die weltgeschichtliche Bewegung sich periodisch und ruckweise freimache von blossen abgestorbenen Lebensformen und von reflektierendem Geschwätz.» Durch Tugendhaftigkeit, stellt Burckhardt fest, seien diese grossen Persönlichkeiten nur selten ausgezeichnet: «Das Allerseltenste aber», schreibt er, «ist bei den weltgeschichtlichen Individuen die Seelengrösse. Sie liegt im Verzichtenkönnen auf Vorteile zugunsten des Sittlichen, in der freiwilligen Beschränkung nicht bloss aus Klugheit, sondern aus innerer Güte, während die politische Grösse egoistisch sein muss und alle Vorteile ausbeuten will.»

Die Zukunft sah der Pessimist Burckhardt nicht durch besonnene Staatsmänner, sondern durch rücksichtslose Despoten bestimmt, welche ihre Stellung der Gunst der Massen und der eigenen Skrupellosigkeit verdankten. Solche Herrscherpersönlichkeiten pflegte der Historiker, dem eine Neigung zur Prophetie nicht fremd war, als «terribles simplificateurs» zu bezeichnen – damit einen Begriff prägend, der in die Umgangssprache eingegangen ist. Burckhardt konnte freilich nicht wissen, in welchem Grade solche «terribles simplificateurs» das 20. Jahrhundert dominieren würden.

Nicht alles ist für heutige Leser so aktuell geblieben wie Burckhardts Bemerkungen zum Geschichtsverlauf, zu Macht und Grösse des Individuums im Strom der Zeit. Den Kapiteln der *Weltgeschichtlichen Betrachtungen*, die der Autor den seiner Meinung nach wichtigsten geschichtlichen Wirkungskräften, dem Staat, der Religion und der Kultur, widmet, wird man heute kaum mehr zustimmen können. Die Religion würde man wohl durch die Wirtschaft ersetzen, welche Burckhardt noch glaubte der Kultur unterordnen zu können; auch hat sich der Kulturbegriff seit der Zeit des Bildungsbürgertums, dem Burckhardt angehörte, sehr verändert.

Erstaunlich und bedenkenswert bleiben nach wie vor jene Passagen des Buchs, in denen Burckhardt es wagte, den geschichtlich handelnden Menschen mit den Kategorien von Gut und Böse zu konfrontieren. Darin liegt die geniale Originalität seines Denkens, und damit stellte er sich in Widerspruch zu seiner Zeit, welche ihr Heil in der Machtsteigerung des Nationalstaates suchte und Persönlichkeiten wie Napoleon III. und Bismarck geradezu vergötterte. In seiner Unabhängigkeit gegenüber dem Zeitgeist traf sich Burckhardt mit seinem Basler Kollegen Friedrich Nietzsche, der sich in einer seiner *Unzeitgemässen Betrachtungen* kritisch zum Siegesrausch geäussert hatte, der Deutschland nach dem deutsch-französischen Krieg von 1870/71 ergriffen hatte. «... ein grosser Sieg», hatte Nietzsche damals geschrieben, «ist eine grosse Gefahr. Die menschliche Natur erträgt ihn schwerer als eine Niederlage; ja, es scheint selbst leichter zu sein, einen solchen Sieg zu erringen, als ihn so zu ertragen, dass keine schwerere Niederlage entsteht.» Diesen Satz hätte auch Burckhardt schreiben können. Einem Freund schrieb Nietzsche: «Gestern abend hatte ich einen Genuss, den ich Dir vor allem gegönnt hätte. Jacob Burckhardt hielt eine freie Rede über ‹Historische Grösse›, und zwar völlig aus unserem Denk- und Gefühlskreise heraus.»

Trotz ihres Pessimismus ist *Weltgeschichtliche Betrachtungen* kein finsteres, entmutigendes Buch. Man spürt auf jeder Seite das lebendige und belebende Interesse, das Burckhardt am «duldenden, strebenden und handelnden Menschen, wie er ist, war und sein wird» nimmt. Das Buch findet noch heute seine Leser, während ehemals weit berühmtere Historiker längst vergessen sind. Immer wieder haben spätere Fachkollegen sich auf Burckhardt berufen, und immer wieder ist er zum Gegenstand engagiert geführter Diskussionen geworden. Friedrich Meinecke, einer der wenigen deutschen Historiker, die der Versuchung des Nationalsozialismus widerstanden, schrieb über den Autor der *Weltgeschichtlichen Betrachtungen*: «So spüren wir in allen seinen Urteilen und Auffassungen eine Frische und Ungebrochenheit, eine Freiheit von Schulmeinung und Konvention, eine Selbständigkeit gegenüber den grossen Zeitströmungen, die wir bei keinem deutschen Historiker wieder erlebt haben.» Und Joachim Fest, der Verfasser der grossen Hitler-Biografie, urteilte: «Der Blick auf die wechselhafte, zwischen Annäherung und Unverständnis schwankende Rezeptionsgeschichte Jacob Burckhardts lehrt im Grunde nur, dass es damit noch kein Ende hat. Gerade dies aber könnte zugleich ein Indiz dafür sein, dass er nicht der Autor einer bestimmten Zeit, sondern aller Zeit ist.»

II   Der Grosse Krieg

Das 19. Jahrhundert war nicht nur das Jahrhundert des Bürgertums, sondern auch des Nationalismus. Alle am Ersten Weltkrieg beteiligten kontinentaleuropäischen Mächte, Frankreich, das Deutsche Reich, Österreich-Ungarn, Russland und Italien, hatten sich im Laufe des Jahrhunderts zu souveränen Nationalstaaten mit ausgeprägtem Identitätsbewusstsein entwickelt. Industrialisierung und Bevölkerungsentwicklung unterstützten die Dynamik des nationalen Wachstums. In manchen Staaten gingen Nationalismus und Imperialismus eine enge Verbindung ein. England und Frankreich, aber auch Belgien, Deutschland und Italien suchten ihr Geltungsbedürfnis durch die Errichtung und den Ausbau von Überseekolonien zu befriedigen.

Nicht überall ging diese Nationenbildung von gleichen Voraussetzungen aus, und nicht überall verlief sie im gleichen Tempo. In Frankreich bildete die Revolution mit ihren staatsbürgerlichen Postulaten von Freiheit und Gleichheit die geistige Grundlage des Nationalismus. Das Deutsche Reich wurde nach dem Sieg im Deutsch-Französischen Krieg von 1870/71 als Bund von Einzelstaaten gegründet. Das Nationalbewusstsein war hier neu und entwickelte eine entsprechende Intensität. Deutschland war zur europäischen Grossmacht geworden und musste sich in diese Rolle finden. Der deutsch-französische Gegensatz wurde zur schweren aussenpolitischen Belastung.

Der Nationalismus führte vielerorts, nicht nur in Deutschland, zu einem Machtstreben, welches über das legitime Bedürfnis nach Selbstverteidigung hinausging. In der Innenpolitik wurden die gesellschaftlichen Gegensätze verstärkt sichtbar. Autoritäres Bewusstsein und forsches Auftreten bestimmten die Haltung der Elite; Botmässigkeit und Unterwürfigkeit bestimmten die Haltung der Masse, die durch Presse und Propaganda manipulierbar wurde. Man investierte steigende Mittel in die Aufrüstung, und militärtechnische Neuerungen fanden das Interesse einer breiten Öffentlichkeit. Unter den führenden Vertretern von Militär und Politik war ein aggressiver Sozialdarwinismus weitverbreitet. «Die Anerkennung des Kampfes ums Dasein als Grundprinzip alles irdischen Geschehens», schrieb der österreichische Generalstabschef Franz Conrad von Hötzendorf, «ist die einzige reelle Grundlage jedweder Politik. Sich für den Kampf möglichste Chancen zu sichern und ihn im günstigsten Moment mit

Ausdauer und Entschlossenheit zu führen, ist das Um und Auf politischer Weisheit.» Der preussische General Erich Ludendorff dachte nicht anders.

Die Gefahr eines verheerenden Kriegs wurde nur von wenigen erkannt. Im Jahr 1889 erschien der erfolgreiche Roman der Österreicherin Bertha von Suttner *Die Waffen nieder!*, der mutige Kritik an der Militarisierung der Gesellschaft übte. Der schwedische Erfinder und Industrielle Alfred Nobel war von dem Buch beeindruckt und stiftete den nach ihm benannten Preis. Damit sollten wissenschaftliche Leistungen ausgezeichnet werden, die dem Frieden dienten. Um dieselbe Zeit verfasste der polnische Eisenbahnpionier Jan Gottlieb Bloch ein monumentales Werk, das in Auszügen in englischer Übersetzung unter dem Titel *The Future of War* erschien. Der Autor wies mit prophetischer Hellsicht auf die Zerstörungskraft eines modernen, eines «industriellen» Kriegs hin und vertrat die Meinung, dass künftige Kriege niemandem, auch nicht dem Sieger, Nutzen brächten. Vier Jahre vor Kriegsbeginn entwickelte der Engländer **Norman Angell** (1872–1967) in seinem Werk *Die falsche Rechnung* (7) die ähnliche These, dass durch Kriege keine Vorteile zu erreichen wären, welche die wirtschaftlichen Einbussen ersetzen könnten. Überall in Europa bildeten sich kleine Gruppen von Friedensfreunden, «Pazifisten», wie man sie nach der Jahrhundertwende nannte. Doch sie wurden nie zu einer Kraft, welche die politische Auseinandersetzung hätte beeinflussen können.

So präsentierte sich, knapp skizziert, die europäische Geistesverfassung am 28. Juni 1914. Es war dies der Tag, da der österreichische Thronfolger Franz Ferdinand und seine Gattin in Sarajewo dem Attentat serbischer Nationalisten zum Opfer fielen. Dieser Anschlag löste den Ersten Weltkrieg, den «Grossen Krieg», wie Engländer und Franzosen ihn nennen, aus. Es war freilich nur das gravierendste von vielen fatalen Vorkommnissen, die nach dem Niedergang der Türkenherrschaft den Balkan heimsuchten. Nach der Jahrhundertwende war Österreich-Ungarn mit der Annexion Bosniens und der Herzegowina ins entstandene Machtvakuum vorgestossen. Die Integration von Teilen des Balkans in den Herrschaftsbereich der Donaumonarchie begegnete grossen Schwierigkeiten. Der Balkan war unwirtlich, indus-

triell rückständig und von verschiedenen Völkerschaften mit eigener
Sprache und Kultur bewohnt. Zudem traf Österreich-Ungarn auf die
Machtansprüche Serbiens, das seinerseits seinen Herrschaftsbe-
reich ausgeweitet hatte. In keinem literarischen Werk ist die wech-
selhafte und spannungsvolle Geschichte des Balkans so eindrück-
lich dargestellt worden wie in der der Trilogie des Schriftstellers und
Diplomaten **Ivo Andrić** (1892–1975), deren erster Teil den Titel *Die
Brücke über die Drina* (8) trägt.

In Wien löste die Nachricht vom Attentat auf den Thronfolger
Bestürzung aus. Es war klar, dass man gegen Serbien in irgendeiner
Weise vorgehen musste, mit Krieg, wie die «Falken» forderten, mit
einem energischen diplomatischen Protest, wie die «Tauben» rie-
ten. Ein österreichischer Sonderbotschafter, der nach Berlin entsandt
wurde, erhielt von Kaiser Wilhelm II. die Zusicherung, dass sich das
Deutsche Reich, was immer geschehe, hinter Österreich-Ungarn stellen werde. Am 23. Juli entsandte Wien eine diplomatische Note nach
Belgrad, die den Charakter eines Ultimatums hatte. Das Ultimatum
wurde abgelehnt. Nun folgten sich die Ereignisse Schlag auf Schlag.
Am 28. Juli erklärte Österreich-Ungarn Serbien den Krieg. Russland,
das aus seiner Unterstützung Serbiens nie ein Hehl gemacht hatte,
leitete am nächsten Tag die Generalmobilmachung ein. Am 1. August
erklärte das Deutsche Reich Russland den Krieg und begann seinerseits mobilzumachen. Nachdem das neutrale Belgien die deutsche
Forderung nach freiem Durchzug abgelehnt hatte, drangen die Truppen des Reichs in das Land ein. Am 3. August erklärte Deutschland
Frankreich den Krieg. Auf die Invasion Belgiens antwortete auch
England mit der Kriegserklärung. «In Europa», sagte der britische
Aussenminister Edward Grey, «gehen die Lichter aus.»

Der Erste Weltkrieg wurde mit den modernsten Zerstörungs-
mitteln geführt, welche die Industrialisierung bereitgestellt hatte: mit
Maschinengewehren und Handgranaten, mit weitreichender Artillerie
und Tanks, mit Flugzeugen und Unterseebooten, mit Giftgas. Über
60 Millionen Menschen wurden mobilisiert, und etwa 10 Millionen
von ihnen wurden in den gigantischen Materialschlachten getötet.
Dazu kamen, ein neuartiger Aspekt moderner Kriegsführung, rund
7 Millionen zivile Opfer. Neu war, dass der Soldat, der den Gegner

tötete, diesen oft gar nicht zu Gesicht bekam. Der Krieg verlor seinen ursprünglichen Duellcharakter. Der Ehrbegriff büsste, wie die deutsche Historikerin Ute Frevert gezeigt hat, seine motivierende Funktion ein.

Die Frage nach der Kriegsschuld ist während vieler Jahre Gegenstand hitziger Debatten gewesen. Die siegreichen Nationen bezichtigten das Deutsche Reich der Haupt- oder Alleinschuld am Kriegsausbruch, was auch im Friedensvertrag von Versailles festgehalten wurde. In Deutschland trat man diesem Vorwurf entgegen, indem man historische Dokumente publizierte, die das Gegenteil beweisen sollten. Noch im Jahr 1961 entfachte das Buch des Hamburger Historikers Fritz Fischer *Griff nach der Weltmacht* einen heftigen «Historikerstreit», hatte doch der Autor die These aufgestellt, die deutsche Reichsregierung habe den Krieg langfristig geplant. Heute haben sich die Gemüter beruhigt. Der australische Historiker Christopher Clark hat kürzlich mit seinem Buch *Die Schlafwandler* eine Analyse vorgelegt, die das Hauptgewicht nicht auf die Schuld, sondern auf die Ursachen des Grossen Kriegs legt und allen Beteiligten Mitverantwortung zuweist. Nicht überall ist dieser Auffassung freilich zugestimmt worden. Der beste Kenner der Thematik in Deutschland, Gerd Krumeich, hat sich gegen den seiner Meinung nach irreführenden Begriff der Schlafwandler gewendet. «Das Deutsche Reich und Österreich-Ungarn», schreibt er, «haben sich auf ein Vabanque-Spiel eingelassen, das den Schritt in den Grossen Krieg nicht scheute, um die Balance in der europäischen Politik zu ihren Gunsten zu wenden.»

Wer einen Krieg beginnt, weiss nie, wie dieser sich entwickelt und welches Ende er nimmt. Man erwartete im August 1914 allgemein eine kurze Auseinandersetzung von wenigen Monaten Dauer. Niemand unter den führenden Politikern und Militärs ahnte, dass der Erste Weltkrieg über Europa hinausgreifen, so viele Opfer fordern und mehr Probleme schaffen würde, als er eigentlich hätte lösen wollen. Im ersten Kriegsjahr stiessen die deutschen Heere durch Belgien weit nach Westen vor, wurden aber an der Marne von den Franzosen und den herbeigeeilten Engländern gestoppt. Der Schlieffenplan, der, um einen Zweifrontenkrieg zu vermeiden, vorgesehen hatte, möglichst rasch Frankreich niederzuwerfen und anschliessend Russland anzugreifen, war gescheitert. Im Oktober begann im Westen ein verheerender Grabenkrieg, der niemandem entscheidende Vorteile brachte und bis 1918 andauerte. Auch an der russischen Front im Osten kam es nicht zum entscheidenden Durchbruch. Im Südosten waren die österreichisch-ungarischen Heere im August 1914 gegen Serbien vorgegangen; aber sie stiessen auf zähen Widerstand und mussten den Feldzug abbrechen. Der Kriegseintritt der USA im April 1917 leitete die entscheidende Wendung zugunsten der Entente an der Westfront ein. Der im März 1918 in Brest-Litowsk ausgehandelte deutsch-russische Separatfrieden kam zu spät, um die deutsche Niederlage im Westen zu verhindern. Italien, das zu Kriegsbeginn seine Neutralität erklärt hatte, trat im Mai 1915 aufseiten der Entente in den Krieg ein, ohne die österreichisch-ungarische Front am Isonzo durchbrechen zu können.

Im Ersten Weltkrieg wurde nicht nur mit Waffen, sondern auch mit der Feder gekämpft. Schriftsteller, Künstler und Wissenschaftler wollten hinter den Frontkämpfern nicht zurückstehen. Sie verteidigten in Presse und Publikationen die Interessen ihrer Nation und bezichtigten den Gegner, den Krieg verschuldet zu haben oder ihn auf besonders unmenschliche Weise zu führen. Besonders leidenschaftlich wurde diese Auseinandersetzung im ersten Kriegsjahr und zwischen deutschen und französischen Intellektuellen ausgefochten. In Frankreich hatte man den Verlust Elsass-Lothringens im Deutsch-Französischen Krieg von 1870/71 nicht verwunden und sah in Deutschland den Erzfeind, der vor keiner Untat zurückschreckte, wenn es galt, seinen Expansionsdrang zu befriedigen. Für Deutschland war Frankreich der unberechenbare Nachbar im Westen, der nur danach trachtete, Revanche zu nehmen.

Die deutschen Intellektuellen suchten den Gegensatz zu ihrem westlichen Nachbarland in die Worte Kultur und Zivilisation zu fassen. Kultur war für sie das Höhere, das Edlere, das Wahrere, wie es sich im deutschen Wesen verkörperte. Man fühlte sich den irrationalen Urkräften der eigenen Herkunft verbunden und von Idealen geleitet, welche den Horizont staatsbürgerlicher Liberalität transzendierten. In Gegensatz dazu stellten sich die Vertreter der französischen Zivilisation, die man durch Oberflächlichkeit, Gewinnstreben, verspielte Geistigkeit und moralische Dekadenz charakterisiert sah. Wenn der Krieg in der französischen Rhetorik einen Verstoss gegen die Menschenrechte darstellte, so war er für viele deutsche Kommentatoren ein reinigendes Gewitter, aus dem ein neuer Menschentyp hervorgehen sollte.

Nur wenige Schriftsteller entzogen sich dem Überschwang der Patrioten und den Hetzreden der Chauvinisten und versuchten, sich über die Kriegsparteien zu stellen. Zu ihnen gehörte der in der Schweiz lebende Franzose **Romain Rolland** (1866–1944). In einer Reihe von Zeitungsartikeln unter dem Titel «Über dem Getümmel» (9) kämpfte er gegen den Hass zwischen den Nationen an und zahlte den hohen Preis dessen, der sich ins Niemandsland zwischen die Fronten begibt. Anders verhielt sich der deutsche Schriftsteller **Thomas Mann** (1875–1955). Gleich nach Kriegsbeginn stellte er sich mit Gerhart Hauptmann und anderen Schriftstellern in die Reihe der kriegsbegeisterten Patrioten. In den folgenden Jahren, vom Herbst 1915 bis zum Frühling 1918, arbeitete er an seinen *Betrachtungen eines Unpolitischen* (10), einem umfangreichen Werk der Stellungnahme und Selbstergründung, in dem er den Gegensatz zwischen minderwertiger französischer Zivilisation und überlegener deutscher Kultur erneut aufgriff.

Das Kriegsgeschehen ist in zahlreichen literarischen Darstellungen beschrieben worden. Das hängt damit zusammen, dass der Grosse Krieg eine völlig neue Erfahrung war. Nie zuvor in der Menschheitsgeschichte war der technische Fortschritt in solchem Mass zur Vernichtung des Menschen eingesetzt worden. Verschanzt in den morastigen Schützengräben der Champagne, dem Trommelfeuer der feindlichen Artillerie und dem Hämmern der Maschinengewehre ausgesetzt, durch Hunger und Krankheiten geschwächt, fristeten Soldaten und Offiziere ein Tag für Tag gefährdetes, elendes Überleben. Was Joseph Goebbels dreissig Jahre später den «totalen Krieg» nannte, kündigte sich an. Der Bericht des Frontsoldaten **Henri Barbusse** (1873–1935) *Das Feuer* (11) schildert den trostlosen Alltag der französischen Frontsoldaten, der «poilus», ohne jede heroisierende Beschönigung. Zum weltweit bekannten Bestseller über den Ersten

Weltkrieg wurde der Roman des Deutschen **Erich Maria Remarque** (1898–1970) *Im Westen nichts Neues* (12).

Die Niederlage der Mittelmächte führte zum Untergang der österreichisch-ungarischen Monarchie. Wir wissen nicht, ob es dem Vielvölkerstaat unter friedlichen Bedingungen hätte gelingen können, die längst überfälligen innenpolitischen und sozialen Reformen an die Hand zu nehmen, um zu überleben. Aber selten ist das Verschwinden eines Staatswesens so sehr beklagt und mit nostalgischen Erinnerungen verknüpft worden wie im *Radetzkymarsch* (13) von **Joseph Roth** (1894–1939).

Inmitten der sich bekämpfenden Mächte lag die Schweiz. Ihre Neutralität wurde respektiert, und sie blieb, eine «Friedensinsel», vom Krieg verschont. Der Sonderfall dieses Kleinstaates ist am eindrücklichsten in **Meinrad Inglins** (1893–1971) Roman *Schweizerspiegel* (14) dargestellt worden.

7. Norman Angell, *The Great Illusion* (1910)
Deutsch: *Die falsche Rechnung* (1913)

Zu Beginn des 20. Jahrhunderts waren die aussenpolitischen Beziehungen zwischen England und dem Deutschen Reich gespannt. Hauptgrund war das Flottenbauprogramm, das der Staatssekretär des deutschen Reichsmarineamts, Grossadmiral Tirpitz, mit Unterstützung von Kaiser Wilhelm II. seit 1897 vorantrieb. Geplant war eine massive Verstärkung der deutschen Flotte mit modernsten Grosskampfschiffen. Dieser Plan, das Resultat eines überhitzten Nationalismus und der weitverbreiteten Technik-Euphorie, bedeutete für die Kolonialmacht England nicht nur einen Affront, sondern auch eine Bedrohung, die das Land nicht hinnehmen wollte. Der schrille Patriotismus der interessierten Kreise in Deutschland, aber auch die unbedachten Äusserungen des Kaisers selbst heizten die Stimmung zusätzlich an.

Norman Angells *Die falsche Rechnung*, wie das Buch in der deutschen Übersetzung betitelt wurde, entstand unter dem Eindruck dieser angespannten Situation und in der Hoffnung, einen drohenden Konflikt mit Deutschland zu verhindern. Als Sohn eines englischen Farmers 1872 geboren, hatte der Verfasser die Schulen in England und ein Lycée in Frankreich besucht und studierte darauf Wirtschaftswissenschaften an der Universität Genf. Er beschloss, nach Amerika auszuwandern und hielt sich einige Jahre in Kalifornien auf, wo er sich als Weinbauer und Cowboy durchschlug und Artikel für die lokale Presse schrieb. Nach Europa zurückgekehrt, führte er seine journalistische Laufbahn fort. Er kommentierte kritisch den Burenkrieg und setzte sich für den in Frankreich zu Unrecht der Spionage beschuldigten Hauptmann Dreyfus ein. Zwischen 1905 und 1914 war er Chefredaktor der Pariser Ausgabe des *Daily Mail* mit Sitz in Paris.

Angells Buch ist das Buch eines Pazifisten, aber eines Pazifisten der besonderen Art. Auch ihn treibt die Frage um, wie der Friede zu sichern sei; aber er glaubt nicht, dass dies, wie die Mehrzahl der Pazifisten damals meinte, durch die sittliche Besserung des Menschen und durch die verbesserte Einsicht in die Verantwortlichkeit menschlichen Handelns zu erreichen sei. Die Hauptthese von Angell lässt sich leicht zusammenfassen. Der Mensch, sagt er, ein Mischwesen aus guten und bösen Eigenschaften, wird sich nicht verändern und friedliebend werden; aber er wird einsehen oder zur Einsicht gebracht werden können, dass der Krieg in der modernen Welt sich finanziell nicht mehr lohnt. «Der Verfasser versucht zu zeigen», heisst es in der Einleitung, «dass ein Krieg, selbst ein siegreicher, nicht mehr imstande ist, die materiellen Ziele eines Volkes zu verwirklichen.»

Angell leugnet nicht, dass Kriege, wie sie in der vorindustriellen Welt durchgeführt wurden, dem Angreifer einen wenigstens zeitweisen Gewinn bringen konnten. In der industriellen Welt jedoch, die durch Arbeitsteilung, das moderne Verkehrswesen und das über die territorialen Grenzen hinausgreifende Wirtschaftswachstum charakterisiert sei, bringe Eroberung nichts. Sie zerstöre im Gegenteil kommerzielle Netzwerke, die man in friedlicher Kooperation zwischen den Völkern ausbauen und nutzbar machen könne.

Der Autor stützt seine These durch historische Fakten. Am Beispiel der Schweiz, meint er, lasse sich schön zeigen, wie ein neutraler, friedlicher Kleinstaat, «der nur durch eine Operettenarmee von einigen Tausend Mann verteidigt wird», sich ein lukratives und weltweites Netz von Handelsbeziehungen aufgebaut habe, während sich die grossen Kolonialmächte immer wieder in kostspielige und wenig einträgliche Kriege verwickelt hätten. Am Beispiel der Einverleibung Elsass-Lothringens nach dem Deutsch-Französischen Krieg von 1870/71 zeigt Angell, dass der deutsche Sieg und selbst die Auszahlung einer grossen Kriegsentschädigung an das Deutsche Reich langfristig nicht profitabel gewesen seien. Folgen dieses Sieges seien vielmehr höhere Verwaltungskosten und eine dauernde Verschlechterung des deutsch-französischen Verhältnisses und der gegenseitigen Handelsbeziehungen gewesen. Die Annexion habe ferner finanzielle Krisen, eine steigende deutsche Auswanderung und den Aufstieg des Sozialismus nicht verhindert. «Die Beziehungen zwischen den Staaten», schreibt Angell, «sind in rascher Wandlung begriffen zufolge der rasch wechselnden Verhältnisse, dank der durch immer stärkere Verkehrsmittel immer weiter geförderten Arbeitsteilung. Die gesteigerte Arbeitsteilung bewirkt ihrerseits einen Zustand notwendiger gegenseitiger Abhängigkeit unter den beteiligten Ländern. Dieser Zustand bewirkt hinwiederum notwendigerweise die Zurückdrängung des Faktors der physischen Gewalt in den internationalen Beziehungen.»

In mehreren erweiterten Fassungen seines erfolgreichen und in viele Sprachen übersetzten Buchs trat Angell den Thesen verschiedener Militärschriftsteller entgegen, die in Anlehnung an Charles Darwins Evolutionslehre im Krieg den unausweichlichen, biologisch notwendigen «Kampf ums Dasein» sahen. Nicht die Aufrechterhaltung des Friedens sei das Ziel der Politik, behauptete etwa der deutsche Kavalleriegeneral Friedrich von Bernhardi in seinem Buch *Deutschland und der nächste Krieg*; im Krieg, nicht im Frieden erweise sich die Lebenskraft einer Nation. Die Pazifisten strafte Bernhardi mit Verachtung. Sie untergrüben die höchste Bestimmung menschlicher Existenz, welche darin bestünde, für Ideale sein Leben hinzugeben. Diese Haltung war im Zeitalter des Nationalismus nicht nur in Deutschland, sondern auch in Frankreich weitverbreitet. Angell zitiert denn auch den französischen Philosophen und Religionshistoriker Ernest Renan, der schrieb: «Der Mensch lebt nur durch Anstrengung und Kampf. An dem Tage, an dem die Menschen ein grosses friedliches Römisches Reich schaffen, ein Reich ohne äussere Feinde, an dem Tage werden sie in die grösste moralische und geistige Gefahr geraten.»

Solchen Auffassungen tritt Norman Angell mit aller Entschiedenheit entgegen. Er ist der Meinung, dass die Gleichsetzung der darwinschen Evolutionstheorie mit dem menschlichen Entwicklungsgang eine falsche Analogie darstelle. Die Bestimmung des Menschen sei, stellt er fest, nicht der Kampf gegen seinesgleichen, sondern vielmehr die Beherrschung der Natur, die es zur Verbesserung der Lebensbedingungen zu zähmen und zu nutzen gelte. Der Autor knüpft hier an einen liberalen Arbeitsbegriff an, wie er sich im 18. Jahrhundert zu verbreiten begann. Demnach war es das Privileg des Menschen gegenüber dem Tier, durch seiner Hände Arbeit gegen den rohen Naturzustand anzukämpfen und so einen Zivilisierungsprozess voranzutreiben, der höheren Wohlstand und grössere Freiheit ermöglichen würde. Aus solcher Sicht musste jedem vernünftigen Menschen klar werden, dass nicht Kampf und Krieg, sondern Kooperation und Wettbewerb das Grundprinzip menschlichen Handelns darstellten.

Zu der Zeit, da Angell über Möglichkeiten zur Vermeidung des Kriegs nachdachte, in den Jahren 1899 und 1907, tagten in Den Haag die ersten Friedenskonferenzen. Die Anregung dazu war vom russischen Zaren Nikolaus II. ausgegangen, der Jan Gottlieb Blochs Buch über den Krieg gelesen hatte. Die holländische Königin Wilhelmina hatte das Gastrecht gewährt, und Politiker und Juristen aus über vierzig Staaten waren herbeigeeilt. Ein Durchbruch in der zentralen Frage der Friedenssicherung wurde indessen nicht erzielt; immerhin gelang es, sich in der «Haager Landkriegsordnung» zu einer Reihe von Bestimmungen durchzuringen, die auf eine weniger inhumane Kriegsführung abzielten und die zum Teil noch heute gültig sind. Gegen den Bellizismus der führenden europäischen Militärs aber waren diese Friedenskonferenzen machtlos, und das Wettrüsten konnten sie nicht verhindern. Sie waren aber, neben der Gründung des Internationalen Komitees vom Roten Kreuz im Jahr 1864, ein wichtiger Schritt zur internationalen Friedenssicherung, wie sie später von Völkerbund und Uno angestrebt wurden.

Angell war, wie gesagt, ein Pazifist der besonderen Art. Er achtete die moralischen Beweggründe und das emotionale Engagement der «Friedensfreunde», sah aber in der Ächtung der Gewalt kein praktikables Mittel. Auch hielt er am Recht zum Einsatz von Waffengewalt zur Selbstverteidigung fest. Dabei betonte er, dass die Rüstung nicht laufend zu verstärken, sondern jeweils dem militärischen Bedrohungsgrad anzupassen sei. Patriotismus war für den Autor keine Untugend. Er wurde es aber dann, wenn er durch Presse und politische Propaganda zur Massenhysterie hochgepeitscht wurde. Angell war kein Schwärmer; er argumentierte rational und ging höflich auf die Argumente seiner Gegner ein. Er rechnete nicht mit raschen Lösungen, blieb aber immer zuversichtlich. Jahrhunderte habe es gedauert, schrieb er, bis man Hexenverfolgung und Inquisitionsgerichte als unwirksame Mittel zur Verteidigung der Religion erkannt habe. Genauso würde es Zeit brauchen, bis die politische Vernunft erkenne, dass der Krieg sich nicht lohne und den Zivilisierungsprozess behindere. Sein Buch schloss Angell mit den Worten: «Und doch darf man nicht vergessen, dass die Welt nicht von selbst vorwärts kommt. Die Menschen müssen daran arbeiten; Anschauungen entwickeln sich nicht von selbst, sondern durch ernste Gedankenarbeit, und nur die bewusste Anstrengung entscheidet in letzter Linie über jeglichen Fortschritt. Geschieht dies nicht, was haben wir dann zu erwarten? Sollen wir in blindem Gehorsam gegenüber einem primitiven Instinkt und alten Vorurteilen, gekettet durch alte Schlagworte und jene seltsame Trägheit, die einer Revision althergebrachter Ideen abhold ist, auf politischem und wirtschaftlichem Gebiet ohne Ende eine Situation von neuem durchmachen, von der wir uns auf religiösem Gebiet losgemacht haben?»

Die falsche Rechnung hat den Ersten Weltkrieg nicht verhindert. Norman Angell aber hielt mit bemerkenswerter Beharrlichkeit an seinen Thesen fest und setzte sich als Unterhausmitglied der Labour Party für die internationale Friedenssicherung ein. Mit einer grossen Anzahl weiterer Publikationen kommentierte er in der Zwischenkriegszeit das weltpolitische Geschehen. Beim Ausbruch des Ersten Weltkriegs war er für die Nichtbeteiligung Grossbritanniens eingetreten, was ihn nicht hinderte, nach 1915 in den USA für den Kriegseintritt der Vereinigten Staaten zu werben. Im selben Jahr, das Hitler an die Macht brachte, 1933, erhielt Angell den Friedensnobelpreis. Die Gefahr, die von den europäischen Diktatoren ausging, erkannte er früh und reagierte darauf mit dem Artikel «Peace with the Dictators?», der in der amerikanischen Zeitschrift *Foreign Affairs* 1938 erschien. Vor Ausbruch des Zweiten Weltkriegs befasste er sich mit dem Problem der politischen Flüchtlinge in England. Er durchlebte und durchlitt auch den Zweiten Weltkrieg und starb 1967 in London. Es blieb dem unermüdlichen Kämpfer für den Frieden erspart, auch noch den Einmarsch der Truppen der vereinigten Ostblockstaaten in die Tschechoslowakei zu erleben.

Norman Angell ist heute vergessen. Der Titel seines ersten Buchs bleibt dank dem Film *La Grande Illusion* in Erinnerung, den Jean Renoir 1937 mit den Schauspielern Jean Gabin, Pierre Fresnay und Erich von Stroheim gedreht hat.

8. Ivo Andrić, *Na Drini ćuprija* (1945)

Deutsch: *Die Brücke über die Drina* (1953)

Im Leben des Schriftstellers Ivo Andrić spiegelt sich die bewegte Geschichte seines Landes. Als Sohn serbisch-kroatischer Eltern wurde er 1892 in Bosnien-Herzegowina geboren. Dieses Gebiet lag damals im Machtbereich des Osmanischen Reichs, dessen Heere im 17. Jahrhundert bis vor die Tore Wiens vorgedrungen waren. Nach der Mitte des 19. Jahrhunderts erschütterten Aufstände die Stellung der Türken im Balkan. Österreich-Ungarn versuchte, die Ruhe an seiner Südgrenze wiederherzustellen, indem es Bosnien-Herzegowina seiner Verwaltung unterwarf. Ivo Andrić verlebte seine Kindheit in der bosnischen Kleinstadt Visegrad, in einem Völkergemisch von Serben, Türken, Kroaten und Juden. Hier spielt sein berühmtester Roman *Die Brücke über die Drina*.

Nach dem Besuch des Gymnasiums in Sarajewo studierte Andrić an den Universitäten Zagreb, Wien, Krakau und Graz Philosophie und Geschichte. Im Jahr 1908 annektierte Österreich-Ungarn Bosnien und handelte sich damit die unversöhnliche Feindschaft der Serben ein. Andrić war noch Student, als der Thronfolger Franz Ferdinand und seine Gattin in Sarajewo ermordet wurden. In seinem Roman schreibt er: «Der Sommer 1914 wird in der Erinnerung jener, die ihn hier verlebten, als der strahlendste und der schönste Sommer seit Menschengedenken bleiben, denn in ihrem Bewusstsein glänzt und leuchtet er auf einem ganz gewaltigen und düsteren Horizont des Todes und des Unglücks, der sich bis in das Unabsehbare erstreckt.»

Schon als Student waren dem jungen Mann Fragwürdigkeit und Dekadenz des absolutistischen Herrschaftssystems bewusst geworden. Er war einer revolutionären Untergrundbewegung beigetreten, wurde verhaftet und eingekerkert. Nach der Niederlage Österreich-Ungarns im Ersten Weltkrieg und dem Zerfall der Doppelmonarchie schloss sich Bosnien dem neu gegründeten «Königreich der Serben, Kroaten und Slowenen» an. Andrić begab sich nach Belgrad, trat in den Dienst des Aussenministeriums und vertrat das Königreich als Diplomat in verschiedenen westeuropäischen Ländern. Im Jahr 1924 schloss er seine Studien an der Universität Graz mit der Dissertation «Die Entwicklung des geistigen Lebens in Bosnien unter der Einwirkung der türkischen Herrschaft» ab. Darin beurteilte er die Türkenherrschaft kritisch; sie habe, meinte er, zu einer Verrohung der Sitten beigetragen und einen Rückschritt bedeutet.

Es gelang dem neu geschaffenen Königreich Jugoslawien nicht, die Völkergruppen auf dem Balkan miteinander auszusöhnen und Ruhe und Sicherheit im Innern herzustellen. Im Jahr 1934 wurde König Alexander I. bei einem Staatsbesuch in Frankreich zusammen mit dem französischen Aussenminister Barthou von kroatischen Extremisten ermordet. Als Hitler den Zweiten Weltkrieg entfesselte, wirkte Andrić als jugoslawischer Gesandter in Berlin.

Im April 1941 begann der deutsche Balkanfeldzug mit einem Luftangriff auf Belgrad. Gegen die deutschen Invasoren war die veraltete Armee des Königreichs Jugoslawien machtlos, und die Bündelung der Abwehrkräfte im Zeichen einer nationalen Einigung blieb aus. In den schwer zugänglichen Gebirgsgegenden leisteten jedoch verschiedene Partisanengruppen hartnäckigen Widerstand. Es war denn auch ein kommunistischer Partisanenführer, Josip Tito, der nach Kriegsende die Führung übernahm. Unter ihm wurde Jugoslawien zur kommunistischen Diktatur mit starker Zentralgewalt und föderalistischen Strukturen. Jugoslawien verstand sich als «blockfreier Staat», der sich von der Sowjetunion abgrenzte und gleichzeitig als «Bollwerk» gegen den Kommunismus westliche Unterstützung genoss.

Ivo Andrić lebte während des Kriegs zurückgezogen in Belgrad. Hier verfasste er seine drei wichtigsten Werke, die als «bosnische Trilogie» in die Literaturgeschichte eingegangen sind: *Die Brücke über die Drina, Wesire und Konsuln, Das Fräulein.* Im Jahr 1954 trat er in die Kommunistische Partei ein und diente dem Staat in verschiedenen Funktionen. 1961 erhielt er den Literaturnobelpreis für die «epische Kraft, mit der er Motive und Schicksale seines Landes gestaltet». Er verstarb 1975 in Belgrad.

Die Brücke über die Drina ist kein Roman im üblichen Sinn, sondern wird vom Autor im Untertitel als «Chronik aus Visegrad» bezeichnet. Hauptfigur dieser Chronik ist nicht eine Persönlichkeit, sondern eine Brücke. Es handelt sich um das im 16. Jahrhundert im Auftrag des Grosswesirs Sokollu Mehmed Pascha errichtete Bauwerk, das bei Visegrad in elf Bogen den Fluss Drina überquert, der aus dem gebirgigen Hinterland herabströmt und sich im Tiefland mit der Save vereinigt. Seit 2007 gehört die Brücke zum Unesco-Weltkulturerbe. Der Grosswesir stammte aus Bosnien, wo sich die Türken ihre Soldaten, die Janitscharen, holten. Unter drei Sultanen stieg er in seine hohe Stellung auf und erwarb sich Verdienste als Kriegsherr und Verwalter. Es war seine Herkunft, die in ihm den Plan reifen liess, mit der Brücke über die Drina eine Verbindung zwischen christlichem Abendland und islamischem Orient zu schaffen.

Ivo Andrić macht diese Brücke zum Schauplatz eines Geschehens, das mit deren Bau einsetzt und mit dem Ersten Weltkrieg endet. Sie ist das einzig Bleibende im wechselhaften Lauf der Zeit. In der Mitte der Brücke, auf einer platzartigen Erweiterung, der «Kapija», treffen Serben, Türken und Juden jeden Tag zusammen. Hier erzählen sich die alten Männer Geschichten, treffen sich die Liebespaare, spielen christliche und muslimische Kinder, hier finden Hinrichtungen statt. Andrić erzählt die Geschichte von Visegrad vom 16. bis zum 20. Jahrhundert, indem er wie ein Historiker Quellen beizieht, sich bei der Darstellung der handelnden Personen aber die Freiheiten nimmt, die dem Schriftsteller zustehen. Er sagt nicht: «So war es», sondern «So könnte es gewesen sein». Er schildert den Bau der Brücke, den harten Frondienst der Arbeiter, die grausame Hinrichtung eines Saboteurs durch den türkischen Aufseher. Er berichtet vom Niedergang der osmanischen Macht im 17. Jahrhundert und von einer grossen Überschwemmung am Ende des 18. Jahrhunderts, die Christen, Muslime und Juden durch das gemeinsam erlittene Unglück vereint. «So lernte auf der ‹Kapija›», schreibt Andrić, «zwischen Himmel, Fluss und Erde, Generation auf Generation, nicht im Übermass zu beklagen, was das trübe Wasser forttrug. Dort nahmen sie die unbewusste Philosophie der Stadt auf: dass das Leben ein unfassbares Wunder ist, denn unaufhörlich zerrinnt und zerfliesst es und dennoch dauert es fort wie die Brücke über die Drina.»

Andrić berichtet weiter von den Aufständen der Serben gegen die türkische Herrschaft im 19. Jahrhundert, von den Rädelsführern, deren Köpfe man auf der Brücke auf Pfähle steckt, und von den fremden Besetzern, die in die Stadt einziehen. Niemand weiss, was von den Beamten und Militärs der österreichisch-ungarischen Monarchie, den Schwaben, wie man sie allgemein nennt, zu erwarten ist. Wieder verbindet das gemeinsame Unglück Christen, Muslime und Juden. «Die Gassen», schreibt Andrić, «verödet, Höfe und Gärten wie ausgestorben. In den türkischen Häusern Niedergeschlagenheit und Verwirrung, in den christlichen Vorsicht und Misstrauen. Überall aber und bei allen aber Angst. Die einrückenden Schwaben hatten Angst vor einem Hinterhalt. Die Türken hatten Angst vor den Schwaben, die Serben vor den Schwaben und den Türken. Die Juden hatten vor allem und vor jedem Angst; denn besonders in Kriegszeiten war jeder stärker als sie.»

Mit der Annexion durch Österreich-Ungarn kommt es nach der Jahrhundertwende zum Kulturzusammenstoss zwischen der fortschrittsgläubigen Moderne und einer Welt, die sich seit dem Mittelalter kaum gewandelt hat. Das vertraute Aussehen der Stadt verändert sich: die Karawanserei wird durch eine Kaserne ersetzt, die Häuser werden nummeriert, Strassenbeleuchtung und Wasserleitungen werden erstellt, ein Hotel wird eröffnet, eine Eisenbahnlinie gebaut. Am Beispiel plastisch gezeichneter Individuen zeigt Andrić die Auswirkung dieser Modernisierung auf die Lebensweise und Mentalität der Stadtbewohner. Eine merkwürdige Unruhe ergreift die Bevölkerung. Das Leben scheint sich zu beschleunigen. Die Kaufleute bringen Geld in die Stadt, neue Bedürfnisse und Sehnsüchte werden geweckt, eine Kluft zwischen Arm und Reich tut sich auf. Durch die Zeitungen und die Studenten, die in Graz und Wien studieren, gelangen aufregende neue Kenntnisse und Ideen in die Stadt, in neu gegründeten Vereinigungen wird über Freiheit und Gleichheit diskutiert.

Der Ausbruch des Ersten Weltkriegs trifft die Bevölkerung wie der Ausbruch einer Seuche, deren Ursache niemand kennt. Visegrad gerät zwischen die Fronten der Österreicher und der Serben. Die Häuser werden von der Artillerie beider Lager beschossen, Brände brechen aus, Menschen werden erschossen und erhängt, die Bewohner flüchten. Auch die Brücke nimmt Schaden. «Überall», schreibt der Autor, «suchten die Menschen in diesen Sommertagen im Schweisse ihres Angesichts den Tod, den eigenen und den anderer, und gleichzeitig flohen sie und verteidigten sich gegen ihn mit allen Mitteln und allen ihren Kräften. Dieses sonderbare menschliche Spiel, das sich Krieg nennt, griff immer mehr um sich, breitete sich aus und unterwarf alle Lebewesen und alle toten Dinge seiner Macht.»

Ivo Andrićs pessimistisch grundiertes Buch berichtet von schlimmen Dingen, und die Szene, die von der Hinrichtung eines serbischen Bauern durch die Türken handelt, gehört zum gräulichsten, was eine gepflegte Sprache sich zumuten mag. Doch *Die Brücke über die Drina* ist das Buch eines Humanisten. Der Autor kennt und liebt die Völker, ihre Traditionen, Gebräuche, Leidenschaften. Er weiss um ihre Verschiedenheiten, aber er weiss auch, dass sie durch ihr Schicksal untereinander verflochten und aufeinander angewiesen sind. Der Gedanke einer «ethnischen Säuberung» wäre für ihn undenkbar gewesen. Ihm schwebte ein Nationalstaat vor, in dem Reichtum und Vielfalt der Kulturen wie in einem grossen, schönen Gefäss bewahrt würden.

Wir wissen heute, dass es anders kam. In den Jahren 1991 bis 1995 brach über Jugoslawien eine Katastrophe herein, wie sie am Ende des 20. Jahrhunderts in Europa niemand mehr für möglich gehalten hätte. Nach Titos Tod und dem Zerfall des Kommunismus liess der grossserbische Nationalismus von Milošević das Verlangen der verschiedenen Ethnien nach Unabhängigkeit wieder aufleben. Auf den serbisch-slowenischen und den serbisch-kroatischen Konflikt folgte in Bosnien-Herzegowina die besonders grausame serbische Vernichtungs- und Säuberungspolitik, die sich vor allem gegen die muslimische Bevölkerung richtete. Achtzig Jahre nach dem Attentat auf Franz Ferdinand wurde das bosnische Sarajewo wieder zu einem Symbol menschlichen Leidens. Im Verlauf des Bürgerkriegs wurden über 200 000 Menschen getötet, Millionen wurden verwundet, vergewaltigt und vertrieben. In wenig anderen Orten war die Politik der «ethnischen Säuberungen» rücksichtsloser vorangetrieben worden als in Visegrad. Die Stadt zählte vor dem Bürgerkrieg etwas über 20 000 Einwohner und danach noch die Hälfte davon. Die bosnischen Muslime, die vor dem Krieg noch zwei Drittel der Bevölkerung ausgemacht hatten, wurden umgebracht oder vertrieben. Heute wird Visegrad fast ausschliesslich von Serben bewohnt.

«Alles im Leben», hatte Ivo Andrić geschrieben, «ist eine Brücke – ein Wort, ein Lächeln, das wir einem andern schenken. Ich wäre glücklich, könnte ich durch mein Buch ein Brückenbauer zwischen Ost und West sein.» Sein Buch konnte nicht verhindern, was geschah.

Das Andenken an den Nobelpreisträger hat man in neuester Zeit mit der Errichtung einer Stadt zu ehren gesucht, die seinen Namen trägt: Andrićgrad. Es steht zu hoffen, dass Ivo Andrić, der sich immer als Schriftsteller ganz Jugoslawiens betrachtet hat, auch als solcher erinnert wird.

9. Romain Rolland, «Au-dessus de la mêlée» (1914)
Deutsch: «Über dem Getümmel» (1919)

Am 15. September 1914 erschien im *Journal de Genève* ein Artikel, der grosses Aufsehen und heftigen Widerspruch erregte. Er trug den Titel «Au-dessus de la mêlée», und sein Verfasser war der französische Schriftsteller Romain Rolland, der durch den Roman *Jean-Christophe* berühmt geworden war. Im Mittelpunkt dieses lesenswerten, aber kaum mehr gelesenen Buchs steht die Geschichte der Freundschaft eines jungen deutschen Komponisten zu einem Franzosen, der sich zum Dichter berufen fühlt. Das umfangreiche Werk beeindruckt noch immer durch das tiefe Verständnis seines Autors für die deutsche und die französische Kultur. An der Wende zum 20. Jahrhundert verfasst, ist es der hervorragendste literarische Beitrag zur geistigen Annäherung zweier Nationen, deren Verhältnis seit dem Deutsch-Französischen Krieg von 1870/71 zerrüttet war. Rolland stellte, wie der Schweizer Romanist Joseph Jurt dies formuliert hat, «Europa als Synthese von Frankreich und Deutschland» dar und war damit seiner Zeit weit voraus.

Dass es gerade dieser Schriftsteller war, der sich im *Journal de Genève* zu Wort meldete, hatte seine innere Folgerichtigkeit. Die Hoffnung auf Aussöhnung, die der Roman *Jean-Christophe* weckte, hatte sich verflüchtigt, und wieder standen Frankreich und Deutschland im Krieg. Am 4. August 1914 hatten deutsche Truppen die belgische Grenze überschritten, die Festung Lüttich wurde zerstört, Brüssel wurde besetzt. Es kam, wie immer in Kriegen, zu Gräueltaten. In der Provinz Namur wurden die Bewohner eines kleinen Dorfes, Frauen, Kinder und Greise, von den Deutschen umgebracht, und überall kam es zu Repressalien. Auch die Kulturgüter wurden nicht verschont: Die berühmte Bibliothek der Universitätsstadt Löwen ging in Flammen auf, und die Kathedrale von Reims wurde von deutscher Artillerie beschossen. Zu dem Zeitpunkt, da Romain Rolland seinen Artikel veröffentlichte, tobte die Schlacht an der Marne.

Der Erste Weltkrieg war seit Beginn begleitet von einem in diesem Ausmass neuartigen Propagandakrieg. Die Intellektuellen der Krieg führenden Nationen meldeten sich in grosser Zahl zu Wort, um das eigene Land zu verteidigen und den Gegner zu beschuldigen, zu diskriminieren und zu beschimpfen. Die französische und die britische Kriegspropaganda zielten auf eine Dämonisierung der Deutschen ab, die man mit den Hunnen Attilas verglich, die im 5. Jahrhundert brandschatzend und mordend nach Westeuropa vorgestossen waren.

Der Philosoph Henri Bergson sprach aus, was viele Franzosen dachten, wenn er feststellte, dass Deutschland im Begriff sei, in die Barbarei zurückzufallen. Im Deutschen Reich vertrat der prominenteste unter den damaligen Schriftstellern, Gerhart Hauptmann, die These eines deutschen Verteidigungskriegs, der notwendig sei, um die Einkreisung des Landes zu sprengen: «Unsere geographische Lage und bedrohliche Mächte in Ost und West», stellte er fest, «zwangen uns, für die Sicherheit unseres Landes zu sorgen.» In einer an das Ausland gerichteten Erklärung von fast hundert prominenten deutschen Intellektuellen stand zu lesen: «Glaubt uns! Glaubt uns, dass wir diesen Kampf zu Ende kämpfen werden als ein Kulturvolk, dem das Vermächtnis eines Goethe, eines Beethoven und eines Kant ebenso heilig ist, wie sein Herd und seine Schwelle.»

In dieser vergifteten Atmosphäre gegenseitiger Anklage und Schuldzuweisung erschien der Artikel «Über dem Getümmel». Wir wissen aus den Tagebüchern Romain Rollands, dass der Kriegsausbruch den Schriftsteller zutiefst verstörte. «Ich bin verzweifelt», schrieb er, «am liebsten wäre ich tot. Es ist schrecklich, inmitten dieser geistesgestörten Menschheit leben und ohnmächtig dem Bankerott dieser Zivilisation beiwohnen zu müssen. Dieser europäische Krieg ist seit Jahrhunderten die grösste Katastrophe der Geschichte, das Ende der heiligsten Hoffnungen, die wir in die humane Zusammengehörigkeit der Menschen gesetzt haben.»

Es ist diese seelische Verstörung, die sich in jeder Zeile von Rollands Zeitungsartikel ausdrückt. Der Schriftsteller begreift den Krieg nicht als militärische Auseinandersetzung zwischen Konfliktparteien mit ihren mehr oder weniger begründbaren Interessen und Ansprüchen, sondern als eine Menschheitskatastrophe, welche die humanitären Werte europäischer Kultur zu zerstören und damit allen Beteiligten Schaden zuzufügen droht. Einleitend wendet sich Rolland an die jungen Menschen, die er begeistert in den Kampf ziehen sieht. Ihr Heroismus und ihre Tatkraft, stellt er fest, verlange nach edleren Aufgaben als derjenigen, ihre Mitmenschen umzubringen. Der Schriftsteller geisselt die allgemeine Kriegsbegeisterung der Grossmächte und den hasserfüllten Chauvinismus, der selbst die gesellschaftlichen Eliten in moralisch und staatsbürgerlich verantwortlicher Stellung erfasst habe. Wie eine Epidemie habe sich diese Kriegshysterie ausgebreitet, und niemand habe sich ihr im Namen des Glaubens oder der Vernunft entgegengestellt. Besonders zwei moralische Instanzen, Christentum und Sozialismus, hätten völlig versagt. «Die ansteckende Krankheit dieses Kriegs», schreibt Rolland, «hat die Schwäche des Christentums und des Sozialismus offenbart. Aus den Aposteln des christlichen und des sozialen Internationalismus sind mit einem Mal glühende Nationalisten geworden.» Den deutschen Sozialisten wirft Rolland vor, unglaubwürdig zu sein, weil sie im Reichstag für die Gewährung der Kriegskredite eingetreten seien und damit das undemokratische Regime des Kaisers unterstützt hätten. An den Geistlichen übt er scharfe Kritik, weil sie zu Tausenden ins Feld zögen und sich von Gott den Sieg ihrer Waffen erflehten.

Der wahre Feind, stellt Romain Rolland fest, stehe nicht ausserhalb der Grenzen, sondern lauere im Innern der Krieg führenden Staaten selbst, aber es fehle an der Courage, diesen Feind zu bekämpfen. «Dieses Monstrum mit hundert Köpfen», schreibt er, «nennt sich Imperialismus. Es ist dieser ehrgeizige Wille zur Herrschaft, der alles aufsaugen, sich unterwerfen oder zerbrechen will und keine freiheitliche Macht neben sich selbst duldet.»

Romain Rolland ist sich bewusst, dass mit dem Kriegsausbruch das Unheil schon eingetreten ist. «Der Sturzbach», schreibt er, «ist entfesselt worden, und wir allein werden ihn nicht in sein Bett zurückführen können. Zu grosse Verbrechen sind bereits begangen worden, Verbrechen gegen das Recht, Attentate gegen die Freiheit der Völker und ihr geistiges Erbe. Aber diese Schäden müssen und werden behoben werden.» Keinesfalls dürfe man sich, fährt der Schriftsteller fort, zur Rache am besiegten Gegner verleiten lassen: «Ein grosses Volk nimmt nicht Rache, sondern stellt die rechtliche Ordnung wieder her.» Romain Rolland tritt für die Schaffung eines «Tribunals des Gewissens» ein, das nach dem Krieg über die Einhaltung der Menschenrechte zu wachen habe und Verstösse, von welcher Seite sie auch kämen, strafrechtlich zu verfolgen habe; dazu eigne sich ein neutrales Land am besten. Zweifellos dachte der Schriftsteller, der sich zum Zeitpunkt, da sein Artikel erschien, in Genf aufhielt, an die Schweiz. Sein Gedanke sollte mit der Gründung des Völkerbundes, der 1920 seine Arbeit in Genf aufnahm, auch realisiert werden.

«Ich weiss», schloss Romain Rolland seine Ausführungen, «dass solchen Gedanken heute kaum Gehör geschenkt wird. Das junge Europa, von der Fieberhitze des Kampfes erfasst, wird mich bloss herablassend belächeln und seine jungen Wolfszähne zeigen.» Und in der Tat: Mit seinem Artikel für das *Journal de Genève* machte sich der Schriftsteller keine Freunde. Gut möglich, dass der Text, zwei Jahre später publiziert, eine ganz andere Wirkung gehabt hätte. Aber zum Zeitpunkt der frühen Kriegsbegeisterung und der ersten kriegerischen Zusammenstösse erschien Rollands Stellungnahme vielen Franzosen als Ausdruck des Defätismus, ja als Landesverrat. Auch in Deutschland war das Echo ablehnend, umso mehr, als der Zeitungsartikel den «preussischen Imperialismus» scharf angegriffen hatte. Einer von Rollands wenigen verbliebenen Freunden, Stefan Zweig, schreibt in seinen Erinnerungen *Die Welt von Gestern*: «Über Nacht war Rolland von seinen ältesten Freunden boykottiert, die Buchhändler wagten den *Jean-Christophe* nicht mehr in die Auslagen zu stellen, die Militärbehörden, die den Hass brauchten zur Stimulierung der Soldaten, erwogen bereits Massnahmen gegen ihn ...» Romain Rolland fühlte sich einsam und verlassen. «Ich fühle den Hass», notierte er im Tagebuch, «der sich in Frankreich gegen mich erhebt. Dabei habe ich nichts anderes getan, als humane Worte zu äussern und eine gemässigte Haltung ohne Lärm und Hass zu vertreten.»

An seiner Haltung, sich «Über das Getümmel» zu stellen, statt Hass zu predigen, hielt Romain Rolland, der während des Kriegs für das Rote Kreuz in Genf arbeitete, in weiteren Zeitungsartikeln fest. Teile dieser Artikel wurden in verschiedene Sprachen übersetzt und trotz Zensurmassnahmen auch in Frankreich verbreitet. Obwohl von der kleinen Minderheit von Pazifisten bewundert, war Rolland selbst kein radikaler Pazifist. Aus seinen Artikeln geht hervor, dass er die Hauptschuld am Kriegsausbruch beim Deutschen Reich sah und sich den Sieg der westlichen Alliierten wünschte. Die Kritik am Schriftsteller ging erst dann allmählich zurück, als Romain Rolland im Jahr 1915 der Literaturnobelpreis zuerkannt wurde und die anfängliche Kriegsbegeisterung der Kriegsmüdigkeit wich.

Ein Jahr nach Kriegsende rief Romain Rolland in der kommunistischen Zeitung *L'Humanité* die «Geistesarbeiter» zur Überwindung der nationalen Gegensätze auf. Im Namen des freien, unabhängigen Geistes sei es an der Zeit, den Wahnwitz der kriegerischen Leidenschaften zu überwinden. «Steht auf», rief er den europäischen Intellektuellen zu, «befreit den Geist von seinen Zugeständnissen, erniedrigenden Bündnissen und versteckten Dienstbarkeiten. Der Geist ist niemandem untertan; wir aber dienen dem Geist.» Der Aufruf trug die Unterschriften anderer französischer Intellektueller, darunter auch jene von Henri Barbusse.

Während des Kriegs und in der Zwischenkriegszeit lebte Romain Rolland, wie bereits erwähnt, meist in der Schweiz. Er war nun zur international geachteten Persönlichkeit geworden. Politisch näherte er sich dem Kommunismus und besuchte 1935 die Sowjetunion. Gemeinsam mit Henri Barbusse rief er, als sich in Deutschland Unheil anbahnte, zu einem Antikriegskongress auf, der 1932 in Amsterdam stattfand. Im Alter liess er sich in einem «haut lieu» der französischen Kulturgeschichte, in Vézelay, nieder und schrieb Biografien über Mahatma Gandhi und Beethoven. Hitler-Deutschland erkannte er frühzeitig als die Bedrohung, die es war. Er enttäuschte seine pazifistischen wie kommunistischen Freunde, als er das Münchner Abkommen von 1938 ebenso entschieden ablehnte wie den Hitler-Stalin-Pakt im selben Jahr. Über all die Jahre hin verfolgte er aufmerksam das Zeitgeschehen und führte ein Tagebuch – ein hochinteressantes Zeitdokument. Darin lässt sich unter dem 2. Januar 1944 etwa lesen: «Hitlers Deutschland betreibt mit kalter Grausamkeit die totale Zerstörung zweier Völker: des jüdischen und des deutschen Volkes.» Wie merkwürdig, dass man in dem kleinen burgundischen Dorf mit seiner grossen Kathederale wissen konnte, was vielen politischen Kommentatoren verborgen blieb.

Romain Rolland erlebte die Befreiung seines Landes von deutscher Fremdherrschaft noch, nicht aber das Ende des Kriegs. Er verstarb am 30. Dezember 1944 in Vézelay.

10. Thomas Mann, *Betrachtungen eines Unpolitischen* (1918)

Im Gesamtwerk des Schriftstellers Thomas Mann, dessen hoher literarischer Rang für alle Zeiten gesichert scheint, gibt es ein Buch von sehr befremdlichem Inhalt und zweifelhaftem Ruf. Zum Zeitpunkt seines Erscheinens fand es rühmende Kritiker und begeisterte Leser. Heutzutage aber sind die Leser selten geworden, und die Lobredner fehlen ganz. Ein guter Kenner Thomas Manns, der politische Publizist Klaus Harpprecht, nennt das Werk «das Produkt einer intellektuellen und moralischen Verkrampfung, die den Autor mitunter an den Rand des geistigen Infarkts gebracht hat». Und Harpprecht zögert nicht, darin «die Ankündigung des Aufstands der Irrationalität, der Deutschland und mit ihm Europa in den Abgrund reissen sollte», zu sehen. Noch schärfer urteilte Golo Mann, der Sohn des berühmten Schriftstellers. Das Buch habe eines mit Hitler gemeinsam, schrieb er dem französischen Soziologen Raymond Aron: «Beide hätten nicht passieren dürfen.»

Die Rede ist von den *Betrachtungen eines Unpolitischen*. Ihre Niederschrift beschäftigte Thomas Mann zwischen 1915 und 1918, ohne dass er zu Beginn schon klar gesehen hätte, wohin das Unternehmen ihn führte. Es ist ein Monstrum von einem Buch geworden: über 600 Seiten lang, ohne schlüssigen Aufbau und überzeugende Komposition, voller Polemik, aber auch voller Selbstzweifel. Der Autor selbst sprach von dem «künstlerisch heillosen Gedankentumult», der in dem Buch walte.

17 Jahre zuvor waren die *Buddenbrooks* erschienen, und der Verfasser war berühmt geworden. Vielen Lesern erschien er als neuer Nationaldichter, und der junge Autor bereitete sich vor, diese Rolle auch auszufüllen. Als 1914 der Erste Weltkrieg ausbrach, stellte er sich, insgeheim glücklich darüber, ausgemustert worden zu sein, in die grosse Schar begeisterter deutscher Patrioten. In der Schrift «Gedanken im Kriege» bezog Thomas Mann erstmals Stellung und griff in den Propagandakrieg ein, den französische und deutsche Schriftsteller entfesselt hatten. Unmissverständlich machte er klar, dass er den Krieg begrüsste und den deutschen Sieg wünschte. «Wie hätte der Künstler», schrieb er, «der Soldat im Künstler, nicht Gott loben sollen für den Zusammenbruch einer Friedenswelt, die er so satt, so übersatt hatte?» Von der geistigen Überlegenheit seines Landes war Thomas Mann überzeugt. Schon in «Gedanken im Kriege» konstruierte er einen Gegensatz zwischen «Zivilisation» und «Kultur» und liess

keinen Zweifel daran, dass die französische «Zivilisation» der deutschen «Kultur» unterlegen war.

Die *Betrachtungen eines Unpolitischen*, vom Autor als «Gedankendienst mit der Waffe» bezeichnet, erschienen, als die deutsche Niederlage schon besiegelt war. Das Werk ist zuerst Ausdruck eines persönlichen Konflikts mit dem vier Jahre älteren Bruder Heinrich. Dann weiten sich die *Betrachtungen* zur kulturpolitischen Stellungnahme aus, die scharf zwischen Freund und Feind unterscheidet. Und schliesslich handelt es sich um ein kompliziertes und widersprüchliches Zeugnis der Selbstreflexion, welches das eigene Künstlertum infrage stellt.

Heinrich Mann, von dessen *Professor Unrat* schon die Rede gewesen ist, war bereits als Schriftsteller hervorgetreten, bevor sein Bruder mit dem grossen Erfolg der *Buddenbrooks* in Führung ging. Das Konkurrenzverhältnis war vorprogrammiert. Heinrich Mann war frankophil und sah seine Vorbilder in den gesellschaftskritischen Romanciers Balzac, Flaubert und Zola. In den Jahren vor Kriegsbeginn arbeitete er an seinem grossen Roman *Der Untertan*, einer scharfen Kritik an der wilhelminischen Gesellschaft, die er von autoritärer Gewalt und serviler Unterwürfigkeit geprägt sah. Thomas Manns Vorbilder waren dagegen Schopenhauer, Nietzsche, Theodor Fontane und die russischen Schriftsteller. Er bekannte sich zum Obrigkeitsstaat Wilhelms II., den es gegen die französische Republik zu verteidigen galt. Sein Roman *Königliche Hoheit*, 1909 abgeschlossen, war eine ironisierende Verklärung deutschen Fürstentums.

Im November 1915 war Heinrich Manns Essay mit dem kurzen Titel «Zola» erschienen. Der französische Schriftsteller war, wie bereits erwähnt, mit dem Zeitungsartikel «Ich klage an» für den unschuldig wegen Spionage verurteilten Hauptmann Dreyfus eingetreten und hatte dem Recht zum Sieg verholfen. Heinrich Mann sah in Zola den Musterfall des politisch engagierten, fortschrittsgläubigen Gesellschaftskritikers. Er bewunderte am Franzosen, dass er in seinem Werk dem einfachen Volk seine Stimme lieh und für soziale Gerechtigkeit und Demokratisierung eintrat. Heinrich Manns Zola-Essay gipfelte im pathetischen Aufruf: «Geist ist Tat, die für den Menschen geschieht, und so sei der Politiker Geist, und der Geistige handle.»

In Heinrich Manns Essay finden sich einige Stellen, die der Bruder Thomas, ohne dass sein Name genannt wurde, als gegen sich gerichtet empfinden musste. Er war im Innersten getroffen und schwer gekränkt. Mit seinen *Betrachtungen* schlug er zurück; auf den Schuss aus dem Hinterhalt antwortete er mit der

Salve des Exekutionspelotons. Auch Thomas nannte seinen Bruder nicht beim Namen. Aber wenn er mit verächtlicher Herablassung vom «Zivilisationsliteraten» sprach, wusste jeder Leser, wen es anging. Mit dem Begriff des «Zivilisationsliteraten», wie er durch die *Betrachtungen* geistert, ist der Schriftsteller gemeint, der, wie Heinrich Mann es tat, in die Niederungen der Politik hinabsteigt, in der Hoffnung, den moralischen und demokratischen Fortschritt voranzutreiben. Dem Tagesgeschehen zugewandt, gehen dem «Zivilisationsliteraten» die Aura und höhere Weihe des Dichters ab. In der kritischen Einschätzung durch Thomas Mann ist er die fatale Figur, welche «die Literarisierung, Radikalisierung, Intellektualisierung, Politisierung, kurz: Demokratisierung Deutschlands betreibt». Dem «Zivilisationsliteraten» fehlt das Verständnis für das Geheimnis der schöpferischen Leistung, er verkennt die metaphysische Dimension des Menschen und reduziert diesen auf seine soziale Funktion. Auf den vielen Seiten seiner *Betrachtungen* sammelt Thomas Mann mit fleissiger Leidenschaft und hoher literarischer Begabung Attribute und Vokabeln, die er zur verbalen Steinigung seines Bruders benötigt. Gleichzeitig aber dient das Buch – und hier wird es politisch – der Zurückweisung des geistigen Dominanzanspruchs Frankreichs. Der «Zivilisationsliterat» ist, so Thomas Mann, «grossmäulig-demokratisch», «platt-human», «trivial-verderbt», «feminin-elegant», «zersetzend-analytisch»; er ist ein Schönredner, ein jakobinischer Schwätzer, ein heimatloser Kosmopolit.

Diesem flachen französischen Zivilisationsbegriff stellt nun Thomas Mann seine Vorstellung von deutscher Kultur entgegen. «Der Unterschied von Geist und Politik», schreibt er in den *Betrachtungen*, «enthält den von Kultur und Zivilisation, von Seele und Gesellschaft, von Freiheit und Stimmrecht, von Kunst und Literatur; und Deutschtum, das ist Kultur, Seele, Freiheit, Kunst und nicht Zivilisation, Gesellschaft, Stimmrecht, Literatur.» Am Typus des Bürgers verdeutlicht Thomas Mann seine Ansichten. Der französische Bürger, der «bourgeois», ist das Geschöpf der Revolution, ein Vernunftmensch, demokratisch, kosmopolitisch, profitorientiert und auf oberflächliche Weise liberal und menschenfreundlich. Der deutsche Bürger dagegen ist der Repräsentant wahrer Kultur. Er liebt die Ordnung, ist national gesinnt, ernst- und tugendhaft, individualistisch, nach innen gerichtet. Seinen schönsten Ausdruck findet die bürgerlich-deutsche Kultur in der Romantik. In der Novelle *Aus dem Leben eines Taugenichts* von Joseph von Eichendorff sieht Thomas Mann das sprechende Beispiel eines wahren deutschen Kunstwerks. Der Roman, stellt er fest, «entbehrt jedes soliden Schwergewichts, jedes psychologischen Ehrgeizes, jedes sozialkritischen Willens und jeder intellektuellen Zucht; er ist nichts als Traum, Musik, Gehenlassen, ziehender Posthornklang, Fernweh, Heimweh, Leuchtkugelfall auf nächtlichen Park, Seligkeit, so dass einem die Ohren klingen und der Kopf summt vor poetischer Verzauberung».

Als krasses Gegenbeispiel zu Eichendorffs absichtsloser, in sich ruhender deutscher Kulturleistung erwähnt Thomas Mann in den *Betrachtungen* den «lateinischen Dichter-Politiker» Gabriele D'Annunzio. D'Annunzio hatte zu Beginn des Kriegs das noch unschlüssige Italien mit glühenden Worten zum Kriegseintritt an der Seite Frankreichs aufgerufen. Diesem «Rhetor-Demagogen» tritt Thomas Mann mit zornigem Widerspruch entgegen. «Da habt ihr ihn», ruft er aus und denkt dabei zugleich an seinen Bruder, «den politisierten Ästheten, den poetischen Volksverführer, Volksschänder, den Wollüstling des rhetorischen Enthusiasmus, den belles-lettres-Politiker, den Katzelmacher des Geistes, den miles gloriosus demokratischer ‹Menschlichkeit›! Und das sollte heraufkommen bei uns? Das sollte Herr werden bei uns? Nie wird es das.»

Kaum weniger streng geht Thomas Mann mit Romain Rolland ins Gericht. Rolland hatte sich bereits zu den «Gedanken im Kriege» kritisch geäussert. Auf diese Kritik antworteten die *Betrachtungen* mit ätzender Ironie und wandten sich gegen das «unendlich wohlmeinende Kriegsbüchlein ‹Über dem Getümmel›». Thomas Mann sieht darin den verlogenen Versuch, der politischen Parteinahme auszuweichen. «Ist denn nicht auch dieses ‹Au-dessus›», schreibt er, «eine naive Überheblichkeit und Unmöglichkeit im Europa von heute?»

Es wäre freilich falsch, wollte man den Inhalt der *Betrachtungen eines Unpolitischen* auf die Darstellung des Gegensatzes zwischen «Zivilisation» und «Kultur», zwischen Französisch und Deutsch, reduzieren. Gerade das Beispiel D'Annunzios zeigt, dass die Dinge komplizierter liegen, war doch der Italiener ein ähnlich grosser Verehrer Nietzsches, Schopenhauers und Wagners wie Thomas Mann. In den *Betrachtungen* wird eine Unzahl künstlerischer Probleme, die mit der politischen Stellungnahme des Verfassers in keinem direkten Bezug stehen, abgehandelt. Auch besitzt der Autor ein viel zu feines Gespür für Schattierungen, Nuancen und geistreiche Paradoxien, als dass er der Gefahr erläge, zum «terrible simplificateur» und zum Ideologen zu werden. Thomas Mann war kein Deutschtümler, kein Hurrapatriot und kein Franzosenfresser. In den von heillosem Stimmengewirr erfüllten Raum der deutschen Nachkriegszeit hineingesprochen, wurde sein Bekenntnis zur Überlegenheit deutscher Kultur jedoch begierig aufgenommen. Und es war gerade jenes konservative Bildungsbürgertum, das sich der parlamentarischen Demokratie der Weimarer Republik widersetzte, das glaubte, in Thomas Mann seinen geistigen Repräsentanten gefunden zu haben.

Thomas Mann freilich ging einen anderen Weg, und er ging ihn mit Überzeugung. Er versöhnte sich mit seinem Bruder und bekannte sich im Oktober 1922 in einer aufsehenerregenden Rede im Berliner Beethovensaal zur neuen deutschen Republik. Wie war dieser Wandel möglich? Klaus Harpprecht spricht von einer «tiefen Zäsur» und «dramatischen Wendung» in Thomas Manns Leben. Hermann Kurzke, ebenfalls ein grosser Thomas-Mann-Kenner, ist davon überzeugt, dass sich im riesigen Gedankenarsenal der *Betrachtungen* bereits Ansätze zur politischen Kehrtwende finden. Die *Betrachtungen* seien, schreibt Kurzke mit subtiler Dialektik, «obwohl sie laut das Gegenteil wollen, leise auf dem Weg zur Republik».

Thomas Mann hat seine *Betrachtungen eines Unpolitischen* nie verleugnet. Kein Zweifel, dass von diesem problematischen Buch aus der Weg leicht zum Nationalsozialismus hätte hinführen können. Der Schriftsteller erkannte diese Gefahr. Sein entschiedener Widerstand gegen Hitler-Deutschland machte deutlich, dass er sich von den reaktionären Versuchungen seines fragwürdigsten Buchs ganz zu lösen vermochte.

11. Henri Barbusse, *Le Feu* (1916)
Deutsch: *Das Feuer* (1918)

Die Franzosen, wenn sie vom Ersten Weltkrieg sprechen, nennen ihn «La Grande Guerre». Es gibt in der französischen Geschichte kein kriegerisches Ereignis, das so viele Opfer gefordert und sich so tief ins kollektive Bewusstsein eingegraben hat. Man schätzt, dass Frankreich zwischen 1914 und 1918 an der Front andert- halb Millionen Menschen verlor, junge Menschen zumeist und solche im besten Mannesalter. Auch wurden in den Kolonien rund 175 000 afrikanische Soldaten ausgehoben, von denen gegen 100 000 ums Leben kamen. Zudem wurden die meisten Kampfhandlungen auf französischem Boden ausgetragen, im Norden und Nordosten des Landes. Riesige Flächen von Weide- und Ackerland konnten nicht bewirtschaftet werden, Strassen, Bahnlinien und Kanäle wurden zerstört, etwa 10 000 Industrieanlagen wurden in Mitleidenschaft gezogen.

Beim Ausbruch des Ersten Weltkriegs glaubten die Grossmächte, es würde sich um einen kurzen Konflikt handeln, und die Soldaten, die ins Feld zogen, san- gen patriotische Lieder und steckten Blumen in die Gewehrläufe. Aber es kam ganz anders. Wenn das Deutsche Reich gehofft hatte, im Westen einen raschen Sieg zu erzielen und sich dann mit voller Kraft gegen Russland zu wenden, sah es sich getäuscht. Einen Monat nach Kriegsbeginn, im September 1914, wurde der deutsche Vorstoss an der Marne zum Stillstand gebracht. Dann erstarrte das Kampfgeschehen. Die deutschen und französischen Truppen begannen sich auf einer Frontlinie, die von der Nordsee bis zur Schweizer Grenze reichte, einzu- graben. Im Jahr 1916 führten die Angriffe deutscher Truppen bei Verdun und die Angriffe französischer Truppen an der Somme zu einem beispiellosen Gemet- zel, ohne dass eine Entscheidung herbeigeführt werden konnte. Auch im nächs- ten Jahr, in dessen Verlauf es beidseits der Front zu rasch niedergeschlagenen Meutereien kam, blieb die Situation wenig verändert. Erst im September 1918 gelang es den Franzosen, den Engländern und den im Vorjahr in den Krieg ein- getretenen Amerikanern, den Rückzug des Feindes zu erzwingen. Am 11. No- vember 1918 unterzeichneten die Deutschen das Waffenstillstandsabkommen in Compiègne bei Paris.

Henri Barbusse, dem wir den bekanntesten französischen Bericht über das Kriegsgeschehen verdanken, wurde 1873 als Sohn einer protestantischen bür- gerlichen Familie in Asnières bei Paris geboren. Er meldete sich im Alter von vierzig Jahren als Kriegsfreiwilliger an die Front. Als einfacher Infanterist, als

«poilu», blieb er während fast zwei Jahren im Einsatz. Er überlebte den Nah-
kampf mit aufgepflanztem Bajonett und Handgranaten, das Trommelfeuer der
Artillerie, die Feuerstösse der Maschinengewehre, die Seuchen und das Elend
des Lebens im Morast der Schützengräben. Und er führte Tagebuch und beschloss, alles in seiner Macht Stehende zu tun, damit Ähnliches sich nie mehr
wiederholen würde.

In seinem Bericht *Das Feuer* schlüpft er in die Rolle des Erzählers, der den
Kriegsalltag seiner Korporalschaft an der Front irgendwo im Nordosten Frankreichs schildert. Seine Kameraden werden einzeln mit ihren Namen und Spitz-
namen vorgestellt: der Korporal Bernard, die Füsiliere Barque, Cocon, Tirette,
Marthereau, Lamuse, Tirloir, Eudore. Es sind einfache Menschen unterschiedlichen Alters und Berufs, die aus verschiedenen Teilen Frankreichs kommen
und doch die ähnliche einfache Sprache sprechen – eine Mischung aus Mundart,
Argot und Kasernenfranzösisch. «Wir sind», berichtet der Erzähler, «durch ein
unentrinnbares Schicksal miteinander verbunden, durch ein ungeheures Abenteuer wider Willen weggetragen und dazu gezwungen, uns während Wochen
und Monaten immer ähnlicher zu werden. Die schreckliche Enge des gemeinsamen Daseins bedrängt uns, gleicht uns einander an, lässt den einen im andern
aufgehen. Es ist wie eine Art von unausweichlicher Ansteckung.»

Die Darstellung von Barbusse folgt nicht einer zusammenhängenden
Handlung, sondern zerfällt in einzelne Episoden. Der Autor berichtet von der
Monotonie, den Ängsten und dem Schrecken des Grabenkriegs mit fotografischer Nüchternheit, ohne jedes patriotische Pathos, im leidenschaftslosen Tonfall des registrierenden Chronisten. Hass auf den deutschen Feind, die «Boches»,
ist nicht zu spüren. Doch die Grausamkeit, die Scheusslichkeit, die das Geschäft
des Tötens mit sich bringt, wird dem Leser mit grösster Eindringlichkeit geschildert. Man hört den Aufschrei der Getroffenen, das Stöhnen und das Wimmern
der Sterbenden, sieht, wie Leichen sich auftürmen und die Gesichter der Toten
sich zersetzen. Hier, als Textprobe, die Beschreibung eines Gefallenen: «Er ist
schrecklich anzusehen. Der Tod hat diesen sonst so schönen und ruhigen Menschen zu einer grotesken Erscheinung gemacht. Die Haare wirr über den Augen,
der Schnurrbart mit Speichel verschmiert im Mund, das Gesicht aufgedunsen;
und er lacht. Ein Auge ist weit geöffnet, das andere geschlossen, er zeigt seine
Zunge. Die Arme sind in Kreuzform ausgebreitet, die Hände geöffnet, die Finger
gespreizt. Sein rechtes Bein liegt auf der Seite, das linke ist von einem Granat-
splitter zerschmettert, welcher die todbringende Blutung verursacht hat, und

es liegt da, ausgerenkt, abgedreht, weich, ohne Beugung. Eine traurige Ironie hat dem Sterbenden in seinem Todeskampf das Ansehen eines gestikulierenden Hanswursts gegeben.»

Für die Soldaten in den Schützengräben macht dieser Krieg keinen Sinn. Es sind die Menschen hinter der Front, die Drückeberger in Uniform, die Zivilisten, Profiteure und Politiker, die daraus ihren Nutzen ziehen. Soldaten, die vom Urlaub in Paris zurückkehren, berichten davon, wie ihre Landsleute fortfahren, ein Leben in Saus und Braus zu führen, ihnen mit geheuchelter Teilnahme begegnen und von Heldentum faseln. Doch für den Frontkämpfer, wie Barbusse ihn sieht, gibt es kein Heldentum. «Lassen wir das doch», lässt er einen der Soldaten sagen, «die Helden, die Menschen von einer aussergewöhnlichen Art, die Idole. Wir sind Henker gewesen. In ehrenhafter Weise haben wir das Geschäft von Henkern besorgt ... Der Akt des Tötens ist immer niederträchtig. Ja, harte und unermüdliche Henker sind wir gewesen. Dass man mir nur nicht von militärischer Tugend spreche, weil ich Deutsche getötet habe.»

Nur in einer Hinsicht kann der Krieg zu einer wichtigen und wertvollen menschlichen Erfahrung werden. Im Krieg entfallen die Unterschiede der Herkunft, des Berufs und der sozialen Stellung; die Nähe des Todes tilgt solche Ungleichheit. Unter den Erniedrigten und Leidenden, den Sklaven, die in einen unsinnigen Krieg geführt worden sind, entsteht eine neuartige Solidarität. Diese Solidarität kennt keine Frontlinie; sie verbindet die Soldaten auf französischer wie auf deutscher Seite miteinander. «Aber die dreissig Millionen Sklaven», schreibt Barbusse einleitend, «in einem Dreckkrieg gegeneinander geworfen durch das Verbrechen und den Irrtum, erheben ihre menschlichen Gesichter, auf denen ein Wille sichtbar wird. Die Zukunft liegt in den Händen dieser Sklaven, und man wird sehen, wie die alte Welt sich verändern wird durch die Gemeinschaft derjenigen, deren Elend und deren Zahl ohne Grenzen sind.»

Gegen den Schluss gewinnt Barbusses Kriegsbericht eine explizite politische Dimension. Es ist der Korporal Bernard, der, nachdem er im Kampfgetümmel mehrere Deutsche umgebracht hat, spricht: «Mit welchen Augen werden jene, die nach uns kommen, diese Schlächtereien und diese Taten betrachten, wenn der Fortschritt, der unfehlbar kommen wird, das Gewissen der Menschen wieder beruhigt hat?» Und dann ruft Bernard den Namen eines Mannes aus, der sich durch seinen Mut weit über das Schlachtgetümmel erhoben habe. Und es ist der Name eines Deutschen, der 1914 als Sozialdemokrat und Mitglied des preussischen Abgeordnetenhauses gegen die Bewilligung von Kriegskrediten stimmte: Karl Liebknecht.

Der Kriegsbericht endet mit einer Kampfpause. Ein Gewitter zieht über der zerstörten Landschaft auf, ein Blitz erhellt das Dunkel, und ein Soldat murmelt: «Wenn dieser Krieg den Fortschritt nur um einen Schritt hat voranschreiten lassen, fallen sein Unglück und seine Schlächtereien wenig ins Gewicht.»

Die Weltliteratur kennt viele Schlachtbeschreibungen. Doch die Schilderungen von den napoleonischen Kriegen, wie wir sie von Stendhal oder Tolstoi besitzen, wirken fast idyllisch, wenn man sie mit der durch den technischen Fortschritt ermöglichten Massentötung des Ersten Weltkriegs vergleicht. Der drastische Realismus der Darstellung von Barbusse, die zuerst 1916, von der Zensur unbehelligt, als Feuilleton in einer Zeitung erschien, wühlte die Leser auf. Im nächsten Jahr erhielt das Buch den renommierten «Prix Goncourt». In der Folge wurde es in über sechzig Sprachen übersetzt; auch Lenin las das Buch und war davon begeistert. *Das Feuer* ist neben Erich Maria Remarques Roman *Im Westen nichts Neues* das verbreitetste literarische Zeugnis zum Ersten Weltkrieg geblieben.

Interessant ist der weitere Werdegang des Schriftstellers Henri Barbusse. Nach dem Ersten Weltkrieg wurden zahlreiche französische Intellektuelle zu Pazifisten, und viele von diesen sahen im Sozialismus die einzige Möglichkeit, künftige Kriege zu verhindern. Als sich 1920 die französische Linke durch die Gründung der Kommunistischen Partei spaltete, wurden aus ehemaligen Frontkämpfern nicht selten Klassenkämpfer. Auch Henri Barbusse ging diesen Weg, und er ging ihn mit äusserster Konsequenz. Er gründete die Zeitschrift *Clarté* in der Hoffnung, der Kommunistischen Internationalen eine «Internationale des Geistes» an die Seite zu stellen. Er bewunderte Lenin als eine Art von Heilsbringer und Messias. In Moskau sah er das «grosse Licht aus dem Osten» leuchten, dem die Menschheit zu folgen hatte. In einem seiner Werke mit dem Titel *Das Messer zwischen den Zähnen* schrieb er: «Immer, wenn die Männer in Moskau handelten, taten sie dies mit vorbildlicher Klugheit. Die Weite ihres Horizonts und ihr Realitätssinn schlossen den Irrtum aus. Die Intellektuellen, welche die Bewahrer der immanenten Logik sind, sollten sich nicht der Lächerlichkeit aussetzen, das Format dieser Männer zu verkennen.»

Im Jahr 1926 übernahm Barbusse die Leitung des literarischen Teils der kommunistischen Tageszeitung *L'Humanité*. Der russische Diktator Stalin empfing den Schriftsteller in Audienz, und dieser widmete «dem grössten und bedeutendsten unserer Zeitgenossen» eine rühmende Biografie, die den heutigen Leser, der *Das Feuer* noch immer als eindrückliche Leistung schätzt, nur peinlich berühren kann. Im Juni 1935, über zwei Jahre nach Hitlers Machtübernahme, fand in Paris ein denkwürdiger antifaschistischer Schriftstellerkongress zur «Verteidigung der Kultur» statt. Der Tagung wohnten zahlreiche europäische Intellektuelle, unter ihnen André Gide, André Malraux, Romain Rolland, Bert Brecht, Heinrich Mann und Aldous Huxley, bei. Henri Barbusse, bereits auf den Tod erkrankt, hielt eine Rede, die nicht enden wollte. Noch im selben Jahr verstarb der Schriftsteller in Moskau.

Einen überzeugten Gefolgsmann fand Henri Barbusse im deutschen Schriftsteller und Revolutionär Ernst Toller. Wie Barbusse meldete sich Toller als Kriegsfreiwilliger, und wie beim Franzosen entschied die Kriegserfahrung über sein Leben. Er wurde Kommunist, gehörte im Februar 1919 zu den Führern der Münchener Räterepublik und wurde nach deren Zerschlagung zu Festungshaft verurteilt. Im Jahr 1933 emigrierte er über die Schweiz, Frankreich und England in die USA und nahm sich in New York das Leben. In einer Rede, die er 1928 vor deutschen Arbeitern hielt, sagte Toller: «Barbusse ist wahrhaft ein revolutionärer Dichter; denn dies zeichnet den revolutionären Dichter aus: in jedem entscheidenden Augenblick vom Schreibtisch aufzustehen und sich einzusetzen mit der Stimme und mit der Tat gegen Unrecht und Vergewaltigung.»

Aus dem Grossen Krieg sind mehrere bedeutende Werke der französischen Literatur hervorgegangen. Hier seien nur die wichtigsten Autoren erwähnt: der rechtsreaktionäre Antisemit Pierre Drieu la Rochelle, der sich Vichy-Frankreich andiente und durch Selbstmord endete; Roland Dorgelès, der in seiner Haltung Barbusse besonders nahestand; der Infanteriehauptmann Maurice Genevoix, der nicht weniger als fünf Kriegsbücher verfasste; der Schweizer Blaise Cendrars, der als Fremdenlegionär mitkämpfte und seinen rechten Arm verlor. Erwähnt sei auch die literarisch wohl wertvollste Darstellung, die der üble Antisemit Louis-Ferdinand Céline verfasst hat. Sie ist unter dem Titel *Reise ans Ende der Nacht* 1933 in deutscher Sprache erschienen.

Noch immer ist die «Grande Guerre» nicht vergessen. Zum hundertjährigen Jubiläum des Kriegsbeginns erschienen in Frankreich wie in Deutschland zahlreiche historische Publikationen, und es fanden in beiden Ländern Gedenkveranstaltungen statt. Im September 1984 reichten sich der deutsche Bundeskanzler Kohl und der französische Staatspräsident Mitterrand auf dem Soldatenfriedhof von Verdun die Hand. Das Foto ging um die Welt und wurde fast so berühmt wie jenes vom Kniefall Willy Brandts im Jahr 1970 im Warschauer Ghetto.

12. Erich Maria Remarque, *Im Westen nichts Neues* (1929)

Erich Maria Remarque kam 1898 als Erich Paul Remark in Osnabrück zur Welt. Der Sohn eines Buchbinders wäre wohl Lehrer geblieben, hätte nicht der Krieg gewaltsam in sein Leben eingegriffen. Im Jahr 1916 wurde er eingezogen und kam nach halbjähriger militärischer Ausbildung an die Westfront. Nach kurzem Fronteinsatz hatte er das Glück, verwundet zu werden, und seine Heilung zog sich bis zum Kriegsende hin. In der Zwischenkriegszeit arbeitete Remarque kurze Zeit als Lehrer, übernahm dann verschiedene Gelegenheitsarbeiten, schrieb journalistische Texte und zwei misslungene Romane. Den Plan, sein Kriegserlebnis literarisch zu verarbeiten, fasste er bereits nach Kriegsschluss, doch erst zehn Jahre später lag der Roman mit dem weltberühmt gewordenen Titel *Im Westen nichts Neues* im Manuskript vor.

Bisher hatten sich in Deutschland vor allem Politiker und hohe Militärs in ihren Memoiren mit dem Krieg befasst. Es handelte sich dabei vornehmlich um Rechtfertigungsschriften, in denen die Schuld am Krieg bestritten und die Verantwortung für die Niederlage geleugnet wurde. Auch fehlte es nicht an Berichten von Kriegsteilnehmern, die den Heldenmut des deutschen Soldaten hervorhoben. Zu den bekanntesten dieser Erlebnisberichte gehört Ernst Jüngers Buch *In Stahlgewittern*, das bereits 1920 erschien und bis zum Tod des greisen Verfassers im Jahr 1998 immer wieder neu aufgelegt wurde. Ernst Jünger war nicht nur ein überzeugter Patriot; er sah im *Kampf als inneres Erlebnis* – so der Titel eines anderen Werks – auch eine erstrebenswerte Form von ins Heroische emporgesteigerter Existenz. Während sich bei den meisten Berichterstattern angesichts des mit maschineller Gründlichkeit betriebenen Tötens irgendwann die Sinnfrage stellte, verschloss sich Jünger solchen Zweifeln. Die Frage nach der Kriegsschuld beschäftigte ihn ebenso wenig wie die Frage nach den Gründen der Niederlage. Für ihn lag der Sinn des Kriegs im Krieg selbst. Der Auftrag des Kämpfers erfüllte sich im Akt des Tötens und im Opfer des Sterbens. Von Ernst Jünger wird im Zusammenhang mit dem Zweiten Weltkrieg noch die Rede sein.

In Remarques Roman *Im Westen nichts Neues* wird der Krieg weder gerechtfertigt noch hochstilisiert, sondern radikal abgelehnt. Es ist ein pazifistisches Buch, auch wenn sich sein Autor immer dagegen gewehrt hat, einer Ideologie oder Partei zugerechnet zu werden. An den Beginn seines Werks setzt Remarque eine Vorrede: «Dieses Buch soll weder eine Anklage noch ein Bekenntnis sein. Es soll nur den Versuch machen, über eine Generation zu berichten, die vom Kriege zerstört wurde – auch wenn sie seinen Granaten entkam.» Damit wendet sich der Autor mit Entschiedenheit gegen die bei der konservativen Rechten weitverbreitete Mystifikation, welche an der Kriegserfahrung den Aspekt heldenhafter patriotischer Bewährung hervorhob. Die Vorrede erinnert vielmehr an die berühmte Wendung von der «lost generation», die Hemingway für die amerikanischen Schriftsteller gebraucht hat, die nach Europa kamen, um sich am Krieg zu beteiligen. Für Remarque wie für Hemingway war der Erste Weltkrieg eine kulturelle Katastrophe, die den Glauben einer ganzen jüngeren Generation an die Zukunft zerstörte.

Vieles an *Im Westen nichts Neues* erinnert an den Roman *Das Feuer*, den Henri Barbusse bereits 1916 erscheinen liess. Auch Remarque berichtet über den Kriegsalltag aus der Sicht eines einfachen Soldaten in einer Abfolge von prägnant formulierten Episoden. Der Erzähler heisst Paul Bäumer, stammt wie seine Kameraden aus derselben Schulklasse und ist wie sie noch nicht zwanzig Jahre alt. Das Buch spielt auf drei Ebenen: in der Etappe, an der Front, im Heimaturlaub. Man hat zehn Wochen öden Kasernenhofdrill hinter sich gebracht und wird in den Aufmarschraum verfrachtet. Erste Kritik wird wach. Kritik am Klassenlehrer und seinem leeren heroischen Pathos, Kritik an den Politikern. «Wie wäre es denn», sagt einer von Bäumers Kameraden, «wenn die führenden Minister und Generäle mit Knüppeln auf einander losgingen?» Schon die ersten Kapitel handeln vom Zerfall der Illusionen, mit denen man ins Feld gezogen ist. «Das erste Trommelfeuer», schreibt Remarque, «zeigte uns unseren Irrtum, und unter ihm stürzte die Weltanschauung zusammen, die sie uns gelehrt hatten.»

Paul Bäumer und seine Kameraden werden zu Schanzarbeiten an die Front befohlen. Man rückt in der Abenddämmerung durch zerschossenes Gelände vor, gerät in einen Feuerüberfall, sucht auf einem Friedhof Deckung. Doch der Krieg macht selbst vor den Toten nicht Halt. «Der Friedhof», schreibt Remarque, «ist ein Trümmerfeld. Särge und Leichen liegen verstreut. Sie sind noch einmal getötet worden; aber jeder von ihnen, der zerfetzt wurde, hat einen von uns gerettet.» Ein paar Tage später kommt es zum gegnerischen Angriff. Eine merkwürdige Veränderung geht in den Soldaten vor: «Aus uns», heisst es da, «sind gefährliche Tiere geworden. Wir kämpfen nicht, wir verteidigen uns vor der Vernichtung … Wir haben das Gefühl füreinander verloren, wir kennen uns kaum noch, wenn das Bild des andern in unseren gejagten Blick fällt. Wir sind gefühllose Tote, die durch einen Trick, einen gefährlichen Zauber noch laufen und töten können.» Der Angriff wird abgeschlagen. Überall zeigen sich schreckliche Bilder der Vernichtung: Menschen, die das heraustretende Gedärm mit ihren Händen zurückhalten, andere, die mit zerschmetterten Gliedmassen davonzukriechen suchen. Der Kompanieführer, selbst verwundet, ruft zum Appell. Von den 150 Mann meldet sich nur noch ein kleines Grüppchen. «Wir sind», sinniert Paul Bäumer vor sich hin, «verlassen wie Kinder und erfahren wie alte Leute, wir sind roh und traurig und oberflächlich – ich glaube, wir sind verloren.»

Gewiss gibt es auch im Leben dieser Soldaten Augenblicke der Ruhe, der Entspannung und eines fragwürdigen Glücks; aber die Schrecken des Kriegs bleiben allgegenwärtig. Das einzig Positive am Krieg ist, ähnlich wie bei Barbusse, die Kameradschaft, die Solidarität, die im Angesicht des Todes entsteht. Man raucht, tauscht Erinnerungen aus, spielt Karten, trinkt requirierten Cognac oder isst eine gestohlene Gans. «Ich bin nicht mehr ein zitterndes Stück Dasein allein im Dunkel», sagt sich Bäumer, «ich gehöre zu ihnen und sie zu mir, wir haben alle die gleiche Angst und das gleiche Leben, wir sind verbunden auf eine einfache und schwere Art.»

Auch der Heimaturlaub ermöglicht kein Vergessen, verschafft keine Erleichterung. Paul Bäumer trifft in der Stadt seiner Kindheit ein, Erinnerungen werden wach, aber alles ist ihm merkwürdig fremd geworden. Er kommt heim zu seiner schwerkranken Mutter, die sein Lieblingsgericht auftischt, und sieht den Vater, der auf seinen Sohn stolz ist. Die alten Herren am Stammtisch empfangen Bäumer mit Applaus, spendieren Bier und Zigarren. Sie unterhalten sich darüber, welche Territorien im Fall des Sieges zu annektieren seien, und einer von ihnen, ein Direktor, ruft Bäumer zu: «Nun macht mal ein bisschen vorwärts da draussen mit eurem ewigen Stellungskrieg. Schmeisst die Kerle raus, dann gibt es auch Frieden.» Der Erzähler schweigt und denkt: «Ich finde mich hier nicht mehr zurecht, es ist eine fremde Welt.» Enttäuscht kehrt er an die Front zurück.

Die berühmteste Stelle in Remarques *Im Westen nichts Neues* ist die oft zitierte Duval-Episode. Auf einem Patrouillengang verliert Paul Bäumer den Kontakt mit seiner Gruppe, gerät in schweres Feuer und geht in einem Granattrichter in Deckung. Da rutscht ein fremder Körper in den Trichter herab, und Bäumer sticht zu. Es ist ein Franzose, und der Deutsche, Auge in Auge mit seinem sterbenden Feind, gibt sich zum ersten Mal Rechenschaft, dass er einen Menschen getötet hat. «Kamerad, ich wollte dich nicht töten», lässt Remarque seinen Erzähler sagen. «Sprängst du noch einmal hier hinein, ich täte es nicht, wenn auch du vernünftig wärest. Aber du warst mir vorher nur ein Gedanke, eine Kombination, die in meinem Gehirn lebte und einen Entschluss hervorrief – diese Kombination habe ich erstochen. Jetzt sehe ich erst, dass du ein Mensch bist wie ich. Ich habe gedacht an deine Handgranaten, an dein Bajonett und deine Waffen – jetzt sehe ich deine Frau und dein Kind und das Gemeinsame. Vergib mir, Kamerad.» Der Franzose stirbt. Bäumer durchsucht seine Brieftasche, findet ein Foto von seiner Frau und Tochter und ein Dienstbüchlein mit dem Namen: Gérard Duval, Typograf. Halb wahnsinnig vor Schmerz ruft der Erzähler aus: «Ich habe den Buchdrucker Gérard Duval getötet. Ich muss Buchdrucker werden, denke ich ganz verwirrt, Buchdrucker werden, Buchdrucker.»

Die Jahre vergehen, kein Friede ist in Sicht. Die Amerikaner treten in den Krieg ein, die feindliche Flugwaffe gewinnt die Übermacht, erstmals werden Tanks eingesetzt. Im Frühling 1918 misslingt ein letzter Versuch der Deutschen, mit einem Grossaufgebot von über einer Million Soldaten das Blatt zu wenden. Paul Bäumer kehrt nach einer Verwundung wieder an die Front zurück. Die letzten von seinen alten Kameraden sterben, sein bester Freund, der Landwehrmann Stanislas Kaczinsky, stirbt. Gerüchte von einem baldigen Kriegsende machen die Runde. Anfang Oktober 1918 ersucht Deutschland die Alliierten um einen Waffenstillstand. Doch Paul Bäumer erlebt diesen Waffenstillstand nicht mehr. Der Roman schliesst mit den Worten: «Er fiel im Oktober 1918, an einem Tage, der so ruhig und still war an der ganzen Front, dass der Heeresbericht sich nur auf den Satz beschränkte, im Westen sei nichts Neues zu melden. Er war vornüber gesunken und lag wie schlafend an der Erde. Als man ihn umdrehte, sah man, dass er sich nicht lange gequält haben konnte – sein Gesicht hatte einen so gefassten Ausdruck, als wäre er beinahe zufrieden damit, dass es so gekommen war.»

Im Westen nichts Neues erschien zuerst als Vorabdruck in der *Vossischen Zeitung*. Fünf Monate nach Erscheinen des Buchs waren bereits 640 000 Exemplare abgesetzt, nach einem Jahr war die Million überschritten. Heute ist das Buch in fünfzig Sprachen übersetzt und gilt mit über 20 Millionen verkauften Exemplaren als das erfolgreichste Buch eines deutschen Autors. Die zeitgenössischen Kritiken lauteten im Allgemeinen günstig. Carl Zuckmayer schrieb, das Buch gehöre «in die Schulstuben, die Lesehallen, die Universitäten, in alle Zeitungen, in alle Funksender ...». Ein Film, in Hollywood gedreht, erreichte hohe Zuschauerzahlen, obwohl die Regierungen einzelner Länder ihn wegen seines pazifistischen Inhalts verboten. Heftigen Widerspruch erfuhr das Buch bei der konservativen Rechten und den in Deutschland an die Macht drängenden Nationalsozialisten. In diesen Kreisen sah man im Roman ein Zeugnis des Defätismus, das der These, das heldenhafte deutsche Heer sei im Feld unbesiegt geblieben, widersprach. Der *Völkische Beobachter* befand, das «wahre Kriegserlebnis» sei hier gefälscht und ins Negative gezerrt worden, und bei den Bücherverbrennungen der Nazis im Frühling 1933 wurde das Buch dem Feuer überantwortet. Aber Kritik gab es auch von links, wo man dem Autor vorwarf, er gehe nicht auf die wahren Ursachen des Kriegs ein, die in den politisch-ökonomischen Voraussetzungen der bürgerlich-kapitalistischen Gesellschaftsordnung lägen.

Erich Maria Remarque war im Unterschied zu Barbusse keine politische Kämpfernatur. Mit den Einkünften seines Buchs finanzierte er den Kauf einer Villa in Porto Ronco im Tessin. Er emigrierte 1939 in die USA, hielt sich vorwiegend in Hollywood auf, verkehrte in der dortigen High Society und traf Filmstars wie Greta Garbo, Marlene Dietrich und Elisabeth Bergner. Weitere erfolgreiche Romane wie *Liebe deinen Nächsten* und *Arc de Triomphe* erlaubten ihm auch im Exil eine komfortable Existenz. Remarque verfasste diese Romane in deutscher Sprache, bezeichnete sich aber in Interviews gern als Amerikaner. «Ich bin kein Deutscher mehr», pflegte er etwa zu sagen, «ich denke nicht wie ein Deutscher und fühle nicht wie ein Deutscher, und selbst wenn ich träume und fluche, tue ich dies auf Amerikanisch.» Mit solchen Äusserungen erregte er Widerspruch. Ein anderer deutscher Schriftsteller und Emigrant, Ludwig Marcuse, schrieb in seinen Erinnerungen *Mein zwanzigstes Jahrhundert*: «Ein deutscher Schriftsteller sollte zu stolz sein, um sich vor dem besudelten deutschen Namen zu fürchten. Er sollte den Mut haben zu seiner lebenslänglichen Sprache.»

Erich Maria Remarques bewegtes Liebesleben beruhigte sich 1958 mit der Heirat von Paulette Goddard, der ehemaligen Frau von Charlie Chaplin. Der Schriftsteller starb 1970 in einer Klinik in Locarno.

13. Joseph Roth, *Radetzkymarsch* (1932)

Es gibt Schriftsteller, die in ihrem Leben vom Leiden nie wegkommen und die doch ein Werk hinterlassen, das vielen Lesern ungetrübte Freude macht. Zu diesen Schriftstellern gehört Joseph Roth, Verfasser des berühmten Romans *Radetzkymarsch*. Fast immer lebte Roth in prekären Verhältnissen. Als Journalist führte er ein unstetes Dasein, reiste kreuz und quer durch Europa und lebte in Hotels. Er schrieb die damals beliebten Feuilletons – kurze unterhaltende Beiträge über Gott und die Welt. Daneben verfasste er Romane und hatte 1930 mit *Hiob*, der Geschichte jüdischer Auswanderer, seinen ersten grossen Erfolg. Obwohl sein Name bekannt war und seine Arbeiten gut bezahlt wurden, litt er unter ständiger Geldnot. Er hatte für die Pflege und den Unterhalt seiner psychisch kranken Frau zu sorgen, und seine Neigungen zur Generosität und zur Trunksucht waren kostspielig. Obwohl die Verlage ihm Vorschuss, die Hoteliers Kredit und die Freunde Darlehen gewährten, geriet er immer wieder in finanzielle Bedrängnis; seine Korrespondenzen, seine Klage- und Bittschreiben geben davon bedrückendes Zeugnis.

Der Jude Joseph Roth wurde 1894 in Brody in Ostgalizien geboren, an der äussersten Peripherie der österreichisch-ungarischen Monarchie. Er durchlief Volksschule und Gymnasium mit Auszeichnung und studierte in Lemberg, dem heutigen Lwiw, und Wien Geisteswissenschaften. Das Kaiserreich begegnete den Juden damals mit Toleranz und ermöglichte ihnen innerhalb gewisser Grenzen den gesellschaftlichen Aufstieg. «Meine alte Heimat, die Monarchie», schrieb Joseph Roth später, «war ein grosses Haus mit vielen Türen und Zimmern für viele Arten von Menschen.»

Damit war es nach dem Ersten Weltkrieg und mit dem Zerfall des Kaiserreichs vorbei. Ostgalizien ging in polnischen Besitz über, und Roth verlor den einzigen Flecken Erde, den er je als seine Heimat betrachtete. In Wien wurde der Schriftsteller mit massivem Antisemitismus konfrontiert, der durch die Zuwanderung flüchtender Ostjuden noch verstärkt wurde. Auch war unter Wiener Intellektuellen der Geschichtspessimismus weitverbreitet: Die Monarchie war tot, ihre Paläste waren verwaist, ihre Feste verrauscht. Die neue Republik des Rumpfstaats Österreich genoss kein Vertrauen. Damals schrieb der Schweizer Diplomat Carl J. Burckhardt an seinen Freund, den Schriftsteller Hugo von Hofmannsthal: «Alles in unserer Generation ist Abschied. Die nächsten werden es schon leichter haben, das beste wird vergessen sein.» Ähnlich dachte Joseph Roth.

Im Jahr 1920 zog der Schriftsteller nach Berlin, in die Stadt, die damals mit Paris darin wetteiferte, als geistiges Zentrum Europas zu gelten. Als Mitarbeiter und Reiseberichterstatter der *Frankfurter Zeitung* berichtete er während fast zehn Jahren aus Österreich, der Tschechoslowakei, Polen, Russland, aber auch aus Südfrankreich, Italien und, immer wieder, aus Paris. Die französische Hauptstadt wurde zu seinem wichtigsten Stützpunkt und, nachdem Hitler 1933 in Deutschland die Macht übernommen hatte, zum Ort seines Exils. Er wohnte im Hotel Foyot beim Jardin du Luxembourg, in dem auch Rilke gelegentlich abstieg. Ein politisch militanter Schriftsteller wie Tucholsky oder Ossietzky war Roth nie, obwohl er sich denselben freiheitlichen Werten der französischen Aufklärung verpflichtet fühlte. Er verfolgte den Aufstieg des Faschismus und Nationalsozialismus aufmerksam und erkannte früher als die meisten anderen Schriftsteller die verhängnisvolle Rolle, die Hitler sich zu spielen anschickte. Im Februar 1933 schrieb er an den Kollegen Stefan Zweig: «Inzwischen wird es Ihnen klar sein, dass wir grossen Katastrophen zutreiben. Abgesehen von den privaten – unsere literarische und materielle Existenz ist ja vernichtet – führt das Ganze zum neuen Krieg. Ich gebe keinen Heller mehr für unser Leben. Es ist gelungen, die Barbarei regieren zu lassen.»

Auch als seine Bücher in Deutschland geächtet und von den Nazis verbrannt wurden, schrieb Joseph Roth weiter für Exilverlage in den Niederlanden. Aus der Hoffnungslosigkeit der Zukunftsaussichten und dem Elend des täglichen Existenzkampfs floh er immer mehr in die Vergangenheit und wurde zu einem entschiedenen Verherrlicher der entschwundenen Donaumonarchie und zu einem Bewunderer des Kaisers Franz Joseph. Die Nachricht vom «Anschluss» Österreichs im Frühling 1938 war für ihn ein schwerer Schlag. Gesundheitlich geschwächt und von der Trunksucht zerstört, wurde er zuletzt in ein Pariser Spital verbracht, wo er am 27. Mai 1939 an einer Lungenentzündung starb. Ludwig Marcuse, der ihn kurz vor dem Tod in einem Pariser Bistro traf, schrieb: «Von dem spärlichen blonden Schnauzbart, den er sich im letzten Jahrzehnt zugelegt hatte, tropfte es grünlich herab, als sei der Mann bereits ertrunken. Zwei Monate später war er es. Und noch ein paar Monate weiter: ganz Europa.»

An seinem Grab versammelten sich Menschen, die nur ihre Achtung vor dem Verstorbenen und ihr gemeinsames Emigrantenschicksal einte: Katholiken, Juden, Atheisten, Monarchisten, Sozialisten und Kommunisten. «Wie schade», soll einer der Anwesenden gesagt haben, «dass er dem hier nicht beiwohnen konnte! Genau so würde er es sich erträumt haben. Es fehlte nur der Radetzkymarsch.»

Joseph Roths Roman, erschienen 1932, gehört zu den bedeutendsten Monumenten, die je ein Schriftsteller dem Andenken an eine entschwundene Epoche errichtet hat. Der Roman spielt in der Zeit zwischen 1890 und dem Ausbruch des Ersten Weltkriegs. Im Zentrum steht die Figur des Offiziers der k.u.k. Armee Carl Joseph von Trotta. Der Grossvater dieses Mannes ist dadurch in die Geschichte eingegangen, dass er in der Schlacht bei Solferino (1859) dem Kaiser Franz Joseph das Leben rettete. Der Sohn dieses Helden, Franz Freiherr von Trotta, Bezirkshauptmann irgendwo in der mährischen Provinz, setzt alles daran, sich seines berühmten Vaters würdig zu erweisen. Er verkörpert den Typus des integren, etwas steifen Beamten der Monarchie, der sich bei allem, was er tut, bewusst bleibt, als Repräsentant Seiner Apostolischen Majestät des Kaisers zu handeln. Auch dessen Sohn, der Enkel des Helden von Solferino, Carl Joseph, fühlt sich der vorbildlichen Gestalt seines Grossvaters tief verpflichtet. Streng wacht der Bezirkshauptmann über die Ausbildung dieses Sohnes, der die Kavalleriekadettenschule besucht und eine Offizierslaufbahn antritt.

Der *Radetzkymarsch* ist, genau besehen, mehr Bildungs- als Gesellschaftsroman. Im Zentrum steht Carl Joseph, und die übrigen Figuren sind vor allem wichtig durch ihre Beziehung zu ihm. Der Autor schildert den Lebensweg seines Helden, indem er einzelne für dessen Schicksal bestimmende Episoden herausgreift. Wir erfahren, wie der junge Trotta von der Frau des Wachtmeisters Slama in die Liebe eingeführt wird. Wir folgen dem jungen Leutnant ins Kasino und lernen die Offiziere seines Regiments und den jüdischen Regimentsarzt Demant kennen, der zu seinem besten Freund wird. Trotta, der mehr und mehr am Sinn seiner Laufbahn zweifelt, lässt sich zu einem Jägerbataillon in einen kleinen, öden Ort an der russischen Grenze versetzen, wo sich die Offiziere dem Glücksspiel und der Trunksucht hingeben. Wir begleiten ihn auf seinen häufigen Reisen nach Wien, wo er sich dem kostspieligen Vergnügen hingibt, die schöne, nicht mehr ganz junge Frau von Taussig auszuführen. Wir leiden mit, wenn wir sehen, wie der Leutnant Trotta sich schwer verschuldet und in die Fänge des skrupellosen Wucherers Kapturak gerät, und wir atmen auf, wenn wir erfahren, dass die persönliche Intervention seines Vaters beim Kaiser den Sohn vor Armut und Schande bewahrt.

Gegen Schluss des Romans bricht die Geschichte jäh in das Alltagsgeschehen ein. Wir wohnen einem rauschenden Sommerfest bei, das der reiche polnische Gutsbesitzer Chojnicki geladenen Gästen und Offizieren gibt. Da trifft ein berittener Kurier mit der Schreckensnachricht ein, der Thronfolger Erzherzog

Franz Ferdinand sei in Sarajewo ermordet worden. Die Szene, von Joseph Roth meisterhaft dargestellt, gehört zu den unvergesslichsten des Romans: «Trotta wandte sich zur Tür. In diesem Augenblick wurde sie aufgestossen. Viele Gäste strömten herein, Konfetti und Papierschlangen auf Köpfen und Schultern. Die Tür blieb offen. Man hörte aus den andern Räumen die Frauen lachen und die Musik und die schleifenden Schritte der Tänzer. Jemand rief: ‹Der Thronfolger ist ermordet.›» Carl Joseph Trotta fasst den Entschluss, aus der Armee auszutreten, kehrt aber nach Kriegsausbruch wieder zu seinem Bataillon zurück und fällt beim ersten Gefecht.

Der *Radetzkymarsch* ist beides: der bunte Bilderbogen eines bewegten Lebens und die Chronik des Niedergangs einer Welt. Omnipräsent sind in diesem Roman die Zeichen, die auf Vergänglichkeit, Zerfall und Tod hindeuten. Dem Vater von Carl Joseph, dem Bezirkshauptmann, gelingt es noch einigermassen, dem Vorbild des Helden von Solferino nachzuleben. Er wird von Roth jedoch als eine Endfigur charakterisiert, welche ihren amtlichen Obliegenheiten zwar mit trockener Pedanterie nachkommt, aber ausserstande ist, in der sozialen Unrast der Massen etwas anderes als Unbotmässigkeit gegenüber der Obrigkeit zu sehen. Auch Kaiser Franz Joseph, gegen neunzig Jahre alt, ist eine Endfigur. Der Kaiser wird von Roth als liebenswürdiger und gütiger Patriarch geschildert, ganz der Tradition verhaftet, jeder Reform abhold. «Er sah die Sonne in seinem Reiche untergehen», schreibt Roth, «aber er sagte nichts. Er wusste, dass er vor ihrem Untergang noch sterben werde.» Carl Joseph von Trotta spürt sehr früh, dass er der Last seines Berufs nicht gewachsen ist. Mit seinem Freund, dem Regimentsarzt Demant, der in einem sinnlosen Duell stirbt, teilt er die Überzeugung, dass die Monarchie am Ende ist. Er weiss, dass er sie nicht retten kann, dass er vielmehr eine der vielen Ursachen ihres Niedergangs ist. «Es bedrängte ihn unsäglich», schreibt Roth, «dass er ein Werkzeug in der Hand des Unglücks war.» Am stärksten geprägt von solchem Endzeitbewusstsein ist der polnische Graf und Reichstagsabgeordnete Chojnicki, ein kluger Zyniker, der sich freundschaftlich zu Trotta hingezogen fühlt. «Dieses Reich muss untergehen», lässt ihn Joseph Roth sagen, «sobald unser Kaiser die Augen schliesst, zerfallen wir in hundert Stücke.»

Joseph Roths *Radetzkymarsch* muss zusammen mit Robert Musils *Mann ohne Eigenschaften* genannt werden. Beide Werke sind literarisch gültige Darstellungen des Niedergangs der österreichisch-ungarischen Monarchie, Fiktion gewiss, aber von der historischen Realität nicht ablösbar. Beide Werke erleichtern den Zugang zur Realität, erschweren ihn aber auch. Roths Roman schildert die Monarchie als wunderschöne Blume, die noch im Verwelken und gerade im Verwelken ihre Verführungskraft bewahrt. Musils Roman ist eine kulturkritische Gesellschaftssatire, die in subtiler, ironisch gefärbter Analyse das Auseinanderbrechen einer Welt verdeutlicht. Es hat seine innere Richtigkeit, dass beide Schriftsteller, so verschieden sie sind, im Exil verstarben. Einer anderen Welt als der untergegangenen hätten sie nicht angehören können.

Für Joseph Roth war der *Radetzkymarsch* die Geschichte einer für immer verlorenen Liebe, der nur durch die Kunst Dauer zu verleihen war. In dem Vorwort, das Joseph Roth dem Vorabdruck seines Romans in der *Frankfurter Zeitung* vorausschickte, schrieb er: «Ein grausamer Wille hat mein altes Vaterland, die österreichisch-ungarische Monarchie, zertrümmert. Ich habe es geliebt, dieses Vaterland, das mir erlaubte, ein Patriot und ein Weltbürger zugleich zu sein, ein Österreicher und ein Deutscher unter allen österreichischen Völkern.»

14. Meinrad Inglin, *Schweizerspiegel* (1938)

Auch die Schweizer Literatur verfügt über ein bedeutendes Werk, das ohne den Ersten Weltkrieg nie geschrieben worden wäre: Meinrad Inglins *Schweizerspiegel*. Der Roman erschien erst zwanzig Jahre nach Kriegsende und kurz vor Beginn des Zweiten Weltkriegs. Er setzt ein mit dem Manöverbesuch Kaiser Wilhelms II. vom September 1912 in der Schweiz, und er endet mit dem Abbruch des Landesstreiks in der Nacht auf den 14. November 1918. Als der *Schweizerspiegel* herauskam, war sein Verfasser 45 Jahre alt und hatte sich bereits mit Werken wie *Die Welt in Ingoldau* und *Grand Hotel Excelsior* auch in Deutschland einen Namen gemacht. Wie viele Bücher Inglins trägt auch der *Schweizerspiegel* deutlich autobiografische Züge und stützt sich im Besonderen auf die Erfahrungen, die der Autor im Aktivdienst zwischen 1914 und 1918 als Korporal und Leutnant machte.

Im Mittelpunkt der Handlung steht die angesehene Familie des Nationalrats und Obersten Alfred Ammann. Er repräsentiert das gehobene Zürcher Bürgertum und verfügt über beste, zum Teil verwandtschaftliche Beziehungen zu hochgestellten Politikern und Militärs. «Er war ein Mann seiner Zeit», schreibt Inglin, «ein Mann des Fortschritts, der Entwicklung, ein Demokrat.» Aber zugleich wird deutlich, dass der Liberalismus, den diese Figur verkörpert, im Grossbürgertum die politisch führende Schicht sieht und dem gesellschaftlichen Wandel wenig Verständnis entgegenbringt. Ammann ist, wie sich in der Rede zeigt, die er an einem Schützenfest hält, ein Patriot der alten Schule, fest entschlossen, die Neutralität des Vaterlands, aber auch die Vormachtstellung seiner gesellschaftlichen Klasse zu verteidigen. Doch der Fortbestand dieser bürgerlichen Welt ist gefährdet. Schon Ammanns Sohn Paul nimmt dem Vater das Pathos seiner Schützenfestrede nicht mehr ab. «Die bürgerliche Welt», stellt Paul fest, «und zwar nicht nur die schweizerische, ist heute eine unverschämt selbstsüchtige, materialistische, ungeistige Welt, und es ist widersinnig, wenn sich seine Träger als Idealisten gebärden.»

Die Figuren von Inglins Roman bewegen sich vor dem Hintergrundgeschehen ihrer Zeit. Der Autor hat die Geschichte aus zeitgenössischen Quellen, insbesondere aus alten Jahrgängen der *Neuen Zürcher Zeitung*, sorgfältig rekonstruiert. Die markantesten Ereignisse, das Attentat von Sarajewo, die deutsche Niederlage an der Marne, der Kriegseintritt der Vereinigten Staaten sowie die Russische Revolution werden kurz festgehalten und kommentiert; es sind Zäsuren, welche das historische Geschehen strukturieren.

Alle Schichten der damaligen Gesellschaft sind in Inglins Roman vertreten. Da sind zuerst die vier Kinder des Obersten Ammann und seiner Frau Barbara: Paul, Severin, Fred und die einzige Tochter Gertrud. Diese junge Generation tritt aus dem Schatten des Vaters heraus und sucht neue Wege der Selbstverwirklichung. Paul Ammann begrüsst den Kriegsausbruch als eine Möglichkeit, sich von erstarrten bürgerlichen Denk- und Verhaltensformen zu lösen. Im Verlauf seines Militärdienstes entwickelt er sich zum Pazifisten und nähert sich dem Ideengut eines radikalen Sozialismus. «Er war nun so weit», schreibt Inglin, «er hielt den Krieg für eine Schande der zivilisierten Menschheit und fand, dass er mit allen Mitteln verhindert werden müsste.» Severin, der älteste Sohn, Redaktor einer Lokalzeitung, ist von Kriegsbeginn weg wie die Mehrheit der damaligen Deutschschweizer Bevölkerung germanophil gesinnt. Er gelangt mehr und mehr zu einer rechtskonservativen Haltung, welche ihr Heil im totalitären Machtstaat sucht. «Ein Staat», schreibt er in einem seiner Zeitungsartikel, «kann sich in unserer eisernen Zeit, in der die Verträge Papierwische geworden sind, nicht mehr mit Worten verteidigen, er muss die Waffe in der Hand vorweisen.» Mit solchen Äusserungen bezieht Severin eine dem Nationalsozialismus nahestehende Position, wie sie ihren Ausdruck im schweizerischen Frontismus fand. Auch der dritte Sohn, Fred, geht eine andere Richtung, als der Vater sich wünscht. Er gibt sein Studium der Rechte auf und studiert Naturwissenschaften. Der Krieg lässt ihn an Staat und Politik zweifeln, ihn lockt das einfache Leben, und er sucht sich als Bauer zu verwirklichen. Die Tochter Gertrud Ammann schliesslich ist mit dem Instruktionsoffizier Hartmann verheiratet, einem Typ von «sportlicher Derbheit, herrischer Direktheit und männlicher Intelligenz», der ihren seelischen Bedürfnissen nicht entgegenkommt und ihre musischen Interessen nicht teilt. Sie trennt sich von ihm und verliebt sich in Armin, einen jungen mittellosen Dichter. Mit diesen Figuren hat Inglin bestimmte Typen geschaffen, wie sie in ihrer Ablehnung traditioneller Konventionen und ihrer Suche nach neuen Lebensformen für die europäische Nachkriegsgeneration charakteristisch waren.

Zum weiteren Verwandtenkreis der Familie Ammann gehören der Professor für romanische Philologie Gaston Junod und sein Sohn René, der als Bataillonsarzt Dienst leistet. Die beiden Welschschweizer stehen jenseits des tiefen Grabens, der die Schweiz während des Ersten Weltkriegs spaltete. Sie vertreten einen der Aufklärung verpflichteten republikanischen Humanismus und nehmen während des Kriegs Partei für die Entente. In den ausführlichen

Kapiteln, die Inglin dem Aktivdienst widmet, treten schliesslich auch Vertreter der Bauern- und Arbeiterschaft auf, die in der damaligen Milizarmee, welche die Strukturen der Zivilgesellschaft widerspiegelte, die Stellung von Soldaten und Unteroffizieren einnahmen.

Meinrad Inglin war ein Patriot, und er hat sich mit derselben Unbedingtheit in den Dienst des Vaterlands gestellt, die auch sein schriftstellerisches Engagement kennzeichnete. Als Innerschweizer sah er sich einer langen und ehrwürdigen Tradition der Wehrhaftigkeit verpflichtet, die mit Wilhelm Tell begann. Als Staatsbürger bekannte er sich zur allgemeinen Wehrpflicht und zur Verteidigung der Neutralität und Unabhängigkeit. Auch ist kein Zweifel, dass den Schriftsteller die militärische Lebensform anzog. Er bewegte sich gern in der freien Natur, war ein begeisterter Jäger und hervorragender Schütze, betrachtete die Selbstdisziplin als wichtige Mannestugend und war beeindruckt vom militärischen Zeremoniell, wie sich im *Schweizerspiegel* an seiner Schilderung der Fahnenübergabe, der Vereidigung und eines Defilees ablesen lässt. Doch das Militär war für Inglin nie Selbstzweck, und jener auch in der Schweiz verbreitete preussische Militarismus, der im bewaffneten Kampf einen Akt höchster Selbstbewährung sah, war ihm fremd. Die Offiziere und Soldaten, die der Autor des *Schweizerspiegels* schildert, sind für ihn Bürger in Uniform, Individuen, deren charakterliche Eigenart sich im Kollektiv der Truppe nicht auflöst. Inglins Sympathie gilt nicht Männern vom herrischen Schlag Hartmanns, sondern jenen Soldaten, die wie Paul Ammann unter den Strapazen der Gewaltmärsche und dem seelenlosen Drill leiden und dennoch durchhalten. Auch scheut sich der Verfasser des *Schweizerspiegels* nicht, Offiziere, die ihrer Verantwortung nicht gewachsen sind, kritisch darzustellen. «Dieser Mann», schreibt er etwa von einem untauglichen Hauptmann, «hatte mit dem höchsten Eifer dem Vaterlande zu dienen versucht, aber in merkwürdiger Verblendung das Menschentum seiner Untergebenen missachtet ...» Zur in Offizierskreisen damals wie später weitverbreiteten Neigung, Trinkfestigkeit und Tapferkeit zu verwechseln, findet sich im *Schweizerspiegel* die drastische Schilderung eines Saufgelages, die dem zeitgenössischen Leser als gewagt erscheinen musste. Kein Wunder, dass sich während des Zweiten Weltkriegs der *Schweizerspiegel* schlecht als Propagandaschrift für die «Geistige Landesverteidigung» einsetzen liess.

Zu der Zeit, da Inglin an seinem *Schweizerspiegel* schrieb, gab es auch in der Schweiz eine weitverbreitete «Heimatliteratur» im Stil Peter Roseggers, die nicht selten durch den irrationalen Rückgriff auf völkische Werte und traditionelle Mythen das Selbstbewusstsein der Nation zu bestärken und zu heben suchte. Es ist bemerkenswert, mit welcher Konsequenz und Stilsicherheit Inglin die Versuchung solcher Blut-und-Boden-Literatur von sich wies. Er schreibt ein sachliches, knappes, treffsicheres Deutsch; von Volkstum und Heldentum ist bei ihm nicht die Rede. Dennoch ist im *Schweizerspiegel* das Bekenntnis zu Freiheit und Demokratie unüberhörbar, das freilich nie laut und pathetisch hervortritt. Erwähnt seien hier als Beispiel die aufmunternden Worte, die der Truppenarzt und Professorensohn René Junod – ausgerechnet ein Welschschweizer – an den zweifelnden und verzagenden Fred Ammann richtet: «Ihr bekommt ein grossartiges Vermächtnis in die Wiege gelegt», sagt Junod, «aber ihr nehmt euch später nicht einmal die Mühe, es kennenzulernen und die Erbschaft richtig anzutreten. Dabei setzt unser Staatswesen geradezu voraus, dass die Bürger es in seiner wunderbaren Beschaffenheit erkennen und sich zu eigen machen. Es bleibt eine leere Maschine oder doch eine blosse schöne Möglichkeit, wenn es uns nicht in Geist und Blut übergeht. Aber dazu gehört der patriotische Übereifer ebenso wenig wie der ausschliessliche Wille zur materiellen Wohlfahrt. Dazu braucht es vielmehr Erkenntnis, Bewusstsein, Reife. Es ist eine bedeutsame Eigentümlichkeit unseres Staatsgedankens, dass er nicht auf die Leidenschaft wirkt, sondern auf die sittliche Vernunft ...»

Gewiss: Das ist ein patriotisches Bekenntnis zu einem Land, das 1938, als der Roman erschien, von drei Seiten her aufs Höchste bedroht war. Aber wir sind hier weit entfernt von der zuweilen sehr plakativen Kulturpropaganda der 1930er-Jahre, mit der die «Geistige Landesverteidigung» die demokratischen Wertvorstellungen zu stärken suchte. Und darin liegt der überdauernde historische Wert des *Schweizerspiegels* begründet: dass sein Autor seine schwierige Gratwanderung zwischen nationalistischem Blut-und-Boden-Ethos und sozialistischer Tendenzliteratur abschloss, ohne je abzustürzen. Nach dem Zweiten Weltkrieg, unter dem Eindruck einer erneut glücklich überstandenen kriegerischen Bedrohung, hat Inglin seinen Roman etwas überarbeitet und geglättet. Die Kontinuität des schweizerischen Sonderwegbewusstseins tritt dadurch deutlicher hervor. Dieses Bewusstsein setzte sich im Kalten Krieg fort.

Meinrad Inglin hatte, bevor er seinen Roman begann, Tolstois *Krieg und Frieden* gelesen, und zwischen dem *Schweizerspiegel* und dem gewaltigen Werk des Russen gibt es zahlreiche Parallelen. Tolstoi schilderte den Widerstand seines Landes gegen Napoleons Armeen in einem riesigen Schlacht- und Gesellschaftsgemälde und stiess dabei bis zu den letzten Fragen der Geschichtsphilosophie und der nationalen Identität vor. Meinrad Inglin dagegen wählte mit Bescheidenheit und klugem Kunstverstand ein wesentlich kleineres Format. Für ihn gab es kein Austerlitz und kein Borodino, keine Grossfürsten und Hofdamen zu schildern, sondern bloss die Geschichte eines kleinen Landes darzustellen, das sich unter dem Druck äusserer Bedrohung auf einen Ernstfall vorbereitete, der glücklicherweise nie eintrat. So gelang es Meinrad Inglin, ein kleines Meisterwerk zu schaffen, dessen Bedeutung für die Schweizer Geistesgeschichte derjenigen von Tolstois *Krieg und Frieden* für die russische nicht nachsteht.

III Kulturpessimismus

Wir sind es gewohnt, vom 18., 19. und 20. Jahrhundert, vom Zeitalter des Absolutismus, des Bürgertums und des Totalitarismus zu
sprechen. Leicht vergessen wir dabei, dass sich die Geschichte nicht
an einen Terminkalender hält. Schon Immanuel Kant forderte, die
Chronologie habe sich nach der Geschichte zu richten und nicht um-
gekehrt. In der Tat macht das historische Geschehen vor der runden
Zahl eines Jahrhundertwechsels nicht halt. Wer aus einer gewissen
Distanz urteilt, erkennt dies besser als der Zeitgenosse. Die Historiker haben sich darauf geeinigt, das 19. Jahrhundert mit der Französischen Revolution beginnen und mit dem Ausbruch des Ersten
Weltkriegs enden zu lassen. Sie bezeichnen den Zeitraum von 1789
bis 1914 als das «Lange 19. Jahrhundert». Die nachfolgende Zeit von
1918 bis zum Ende der Sowjetunion und dem Fall der Berliner Mauer
im Jahr 1989 wird dagegen als das «Kurze Jahrhundert» bezeichnet. Die entscheidende Zäsur war also nicht die Jahrhundertwende,
sondern der Grosse Krieg. Der Historiker Jürgen Kocka hat dies so
formuliert: «Der Erste Weltkrieg machte Epoche. Er verschlang das
19. Jahrhundert und brachte das 20. Jahrhundert hervor.»

Was die Menschen nach dem Kriegsende zuerst realisierten,
waren der Umfang der Zerstörung und die riesige Zahl der Todesopfer und der Verwundeten. Am stärksten betroffen waren Frankreich, Russland und Deutschland. Fast in jeder grösseren Familie
dieser Länder hatte der Krieg eines oder mehrere Opfer gefordert.
Erstmals gab es zahlreiche Opfer auch unter der Zivilbevölkerung.
Kriegsinvalide prägten nach 1918 in vielen europäischen Städten das
Strassenbild. Es waren mittellose, hungernde und verstörte Menschen, die leicht der Verführungskraft radikaler politischer Ideologien
erlagen. Der Schriftsteller Joseph Roth berichtete 1924 in einem Artikel
in der *Frankfurter Zeitung* von der Bestattung eines verzweifelten
kriegsinvaliden Selbstmörders, an der die Kriegskrüppel der Stadt
Lemberg (Lwiw) teilnahmen. «Man begrub ihn an einem jener trüben
Tage», schreibt Roth, «an denen der verhängte Himmel sehr nahe
über unseren Köpfen zu hangen scheint und der liebe Gott dennoch
ferner ist als je. Den Kondukt bildeten alle Invaliden der Stadt, alle
Fragmente, alle gewesenen Menschen, die Hinkenden, die Blinden,
die ohne Arme, die ohne Beine, die Gelähmten, die Zitternden, die

ohne Gesicht und die mit zerschossenem Rückgrat, die Skrofulösen, die von der Liebe Zerfressenen, die Verblödeten und die taubstumm Gewordenen, die das Gedächtnis verloren hatten und sich selbst nicht erkannten und alle, für deren Krankheiten die Gelehrten noch keinen Namen gefunden haben und die am Heldentum zugrunde gingen.»

In Frankreich verwüstete der Krieg weite Flächen fruchtbaren Landes. Ganze Dörfer wurden zerstört, und Zehntausende Kilometer von Strassen, Schienenwegen und Kanälen wurden unbrauchbar gemacht. Das deutsche Territorium blieb zwar vom Krieg verschont, doch die Umstellung auf Kriegswirtschaft führte zu völlig unzureichender Versorgung der Bevölkerung. Der Mangel an Brot und Kartoffeln löste im Winter 1916/17 eine Hungersnot aus; man sprach vom «Steckrübenwinter». Schrecklich wütete der Krieg auch im Osten. Hier blieb, anders als an der Westfront, die Frontlinie oft in Bewegung, und fruchtbare Gegenden wurden durch Eroberung und Rückeroberung verwüstet. In den besetzten Gebieten ging man mit grösster Härte vor. Im Balkan oder in Galizien genügte der leiseste Verdacht auf Unbotmässigkeit oder Partisanentätigkeit, dass Dörfer niedergebrannt, Geiseln genommen, unschuldige Bewohner gefoltert und standrechtlich exekutiert wurden. Der österreichische Dichter Georg Trakl, der bei der Sanitätstruppe in Galizien diente, ertrug das Grauen nicht länger. Er brachte sich um, und viele taten es ihm gleich. Andere verfielen der geistigen Umnachtung und mussten in Irrenhäuser eingeliefert werden. Italien, das erst im Mai 1915 an der Seite der Alliierten in den Krieg eingetreten war, erlitt hohe Verluste in ebenso mörderischen wie sinnlosen Schlachten gegen die k.u.k. Armee in den Alpen und am Isonzo.

Der Krieg forderte gegen 10 Millionen Todesopfer und die doppelte Zahl von Verwundeten. In allen Krieg führenden Ländern errichtete man nach 1918 Kriegerdenkmäler und Gedenkstätten. Man umgab die Gefallenen mit der Aura des Heldentums und suchte durch Gedenkrituale den Schmerz zu lindern und die Erinnerung zu verklären. In den französischen Dörfern hat man gegen 30 000 Kriegsdenkmäler gezählt. Das «Grab des unbekannten Soldaten» wurde zum traurigen Symbol des modernen Kriegs.

Auch in geistiger Hinsicht waren die Auswirkungen der Kriegskatastrophe verheerend. Man hat von einem eigentlichen «Kultur-schock» gesprochen. Das «goldene Zeitalter der Sicherheit», von dem Stefan Zweig in seinen Erinnerungen berichtet, war zu Ende. Wie stolz war man doch auf die modernen Errungenschaften der Wissenschaft und Technik gewesen! Nun hatte sich gezeigt, dass der moderne Krieg wissenschaftliche Erkenntnisse und Erfindungen ohne moralische Skrupel in seinen Dienst nahm. Traditionelle militä-rische Tugenden wie Tapferkeit und Mut wurden fragwürdig, wenn man mit einem Knopfdruck Dutzende von Mitmenschen umbringen konnte. Der um die Jahrhundertwende vorherrschende Fortschritts-glaube verlor seine Glaubwürdigkeit. Moralische und christliche Ge-wissheiten, die als unerschütterlich gegolten hatten, gerieten ins Wanken. «Eine Zeit bricht zusammen», schrieb der deutsche Schrift-steller Hugo Ball ein Jahr vor dem Kriegsende. «Es gibt keine Pfeiler und Stützen, keine Fundamente mehr, die nicht zersprengt worden wären.»

Die Menschen, die an der Front gestanden hatten, fanden sich nach 1918 mit einer ungewissen Zukunft konfrontiert. Sie hatten Mühe, sich in die zivile Gesellschaft zu integrieren und deren Wert-begriffe zu übernehmen. Das Bürgertum hatte zwar den Krieg, wenn man von der Revolution in Russland absieht, überdauert; aber die Führungsrolle der bürgerlichen Eliten war fragwürdig geworden. Die «lost generation» der jungen Kriegsteilnehmer, die den Krieg über-lebt hatten, begann, neue Fragen zu stellen. Hatte die Geschichte, die einem so übel mitgespielt hatte, überhaupt einen Sinn? Wie viel galten die moralischen und christlichen Werte der bürgerlichen Ge-sellschaft noch, wenn sie die Gräuel des Kriegs nicht hatten verhin-dern können? Was war von einer Kultur zu halten, die so leicht in die Barbarei hinüberwechselte? Ein Vergleich mit dem grossen Erd-beben, das 1755 die prachtvolle Hafenstadt Lissabon fast völlig zer-störte, drängt sich auf. Die damalige Katastrophe hatte Zeitgenos-sen wie Voltaire und Goethe an der Weisheit göttlicher Vorsehung zweifeln lassen. Nun, nach dem Grossen Krieg, stellte sich erneut die Frage, wie Gott hatte zulassen können, was geschehen war, und es lag der Schluss nahe, dass, wenn es einen Gott gab, dies alles nicht hätte geschehen dürfen.

Eine diffuse apokalyptische Stimmung war weitverbreitet. Neu war das nicht. Schon in den Jahren vor dem Kriegsausbruch hatte es neben den betont nationalistischen und fortschrittsgläubigen Schriftstellern und Künstlern immer auch die Kulturschaffenden gegeben, auf deren Werk der Schatten der Spätzeit fiel. In manchen Werken der Literatur und der bildenden Kunst verbanden sich Schönheit und Vergänglichkeit zu eigenartigem Reiz. Man denke nur an die melancholische Formensprache des Jugendstils. In den Werken von Wiener Autoren wie Hugo von Hofmannsthal oder Arthur Schnitzler wird oft gestorben, und drei Jahre vor Kriegsausbruch schrieb Thomas Mann die Erzählung *Der Tod in Venedig*.

Dieser Kulturpessimismus, welcher die dominante Fortschrittsgläubigkeit nach dem Fin de Siècle als leise und melancholische Nebenstimme begleitete, sah sich durch die Erfahrung des Kriegs voll bestätigt. Das Bewusstsein des Niedergangs fand seinen wirkungsvollsten Ausdruck in *Der Untergang des Abendlandes* (15) von **Oswald Spengler** (1880–1936), einer tragischen Kulturphilosophie, welche den Lebenszyklus von Aufstieg, Blüte und Niedergang in ihrer Gesetzmässigkeit zu erfassen suchte. Wenige Intellektuelle der Zwischenkriegszeit sind von Spenglers Einfluss nicht beeinflusst oder doch berührt worden. Von einem ähnlichen Krisenbewusstsein wie Spenglers monumentales Werk ist auch der kurze Essay geprägt, den **Paul Valéry** (1871–1945) unter dem Titel «Die Krise des Geistes» (16) erscheinen liess und in dem er aus der Katastrophe des Kriegs neue Kraft für eine gesamteuropäische Erneuerung zu gewinnen suchte. Wie verbreitet das Bewusstsein des kulturellen Niedergangs in Europa war, illustriert auch das Beispiel des spanischen Philosophen **José Ortega y Gasset** (1883–1955). Ortega legte mit dem Buch *Der Aufstand der Massen* (17) eine Zeitdiagnose vor, deren Pessimismus die Heraufkunft totalitärer Regimes vorausahnen liess.

Der Kulturpessimismus war in zweifacher Hinsicht politisch gefährlich. Er konnte den Staatsbürger zu einer Resignation verleiten, welche im Rückzug auf das private Leben und im Verzicht auf jedes politische Engagement eine glaubwürdige Existenzform sah. Er konnte aber auch irrationalen Sehnsüchten den Weg ebnen, Träumen von einem radikalen Neubeginn, von einem heroischen Menschentypus und von der Verwirklichung gesellschaftlicher Utopien. Im Jahr 1927 prägte der österreichische Schriftsteller Hugo von Hofmannsthal den Begriff der «Konservativen Revolution», der für viele Kulturpessimisten zum Leitbegriff werden sollte. Viele Anhänger der «Konservativen Revolution» verleugneten das Erbe der Aufklärung und die liberale Gesellschaftsordnung. Sie griffen auf einen irrationalen Volksbegriff zurück, aus dem sie die Kraft zu einer grundsätzlichen Erneuerung zu gewinnen hofften. Oft handelte es sich bei diesen Kulturpessimisten um realitätsfremde Idealisten und Romantiker, die der Verführungskraft rechtsextremer Ideologien des Nationalsozialismus und Faschismus nichts entgegenzusetzen hatten. Der deutsch-amerikanische Historiker Fritz Stern ist diesen Zusammenhängen in seinem Werk *Kulturpessimismus als politische Gefahr* nachgegangen. «Inzwischen hat man erkannt», schreibt er, «dass der Kulturpessimismus, den in der Gesellschaft zu verbreiten die völkischen Kritiker erheblich beigetragen haben, bei der Bekehrung der Deutschen zum Nationalsozialismus eine wesentliche Rolle gespielt hat.» Oswald Spengler, Paul Valéry und Ortega y Gasset waren humanistisch gebildete Denker von hohen ethischen Grundsätzen. Doch ihre Zeitdiagnosen konnten nicht verhindern, was kam.

15. Oswald Spengler, *Der Untergang des Abendlandes* (1918–1922)

Der Grundgedanke dieses Buchs ist leicht zu fassen; aber es ist so reich an ausgedehnten Kenntnissen, gewagten Behauptungen und verführerischen Einsichten, dass eine Zusammenfassung auf kurzem Raum schwierig ist. Gleich mit dem ersten Satz wird eine Erwartung erzeugt, die den Leser nicht mehr loslässt. «In diesem Buch», schreibt Oswald Spengler, «wird zum ersten Mal der Versuch gewagt, Geschichte vorauszubestimmen.»

Zum ersten Mal? Das ist freilich sehr anmassend und nicht zutreffend formuliert; denn lange vor Spengler hat man den Verlauf der Geschichte philosophisch zu deuten und vorauszusagen versucht. Schon das Christentum kennt den Begriff der Heilsgeschichte. Sie beginnt mit Christi Geburt, endet mit der Auferstehung der Toten und ist in ihrem Verlauf durch die göttliche Vorsehung bestimmt. Der Christ glaubt an einen sinnvollen Plan der Geschichte, auch wenn sich das historische Geschehen seinem rationalen Verständnis entzieht. Eine Geschichtsphilosophie ganz anderer Art hat Karl Marx, von seinem Lehrer Hegel ausgehend, entworfen. Marx sieht in der Historie eine Geschichte der Klassenkämpfe, die sich so lange fortsetzen werden, bis das Ziel der klassenlosen Gesellschaft erreicht ist. Auch der dialektische Materialismus der Marxisten ist ein Versuch, im Geschichtsverlauf eine Gesetzmässigkeit walten zu sehen und einen Plan zu erkennen, den der Mensch handelnd verwirklichen muss.

Oswald Spengler war weder Christ noch Marxist. Der christlichen und der kommunistischen Geschichtsphilosophie setzte er eine Theorie des Geschichtsverlaufs entgegen, die er als «biologisch» bezeichnete. Er ging davon aus, dass die Weltgeschichte von acht Hochkulturen bestimmt wurde, der ägyptischen, babylonischen, indischen, chinesischen, antiken, arabischen, altmexikanischen und abendländischen. In jeder dieser Kulturen sah er einen lebendigen Organismus, der wie die Erscheinungen der Natur als in sich geschlossenes, schicksalhaft gewachsenes Ganzes zu verstehen war. Spengler schwebte eine «Morphologie» der Weltgeschichte vor. Die Geschichte sollte nicht rational auf ihren kausalen Zusammenhang reduziert werden, wie die Fachhistoriker dies taten; sie konnte nur durch intuitive Anschauung wirklich verstanden werden. «Ich sehe in der Weltgeschichte», schreibt Spengler, «das Bild einer ewigen Gestaltung und Umgestaltung, eines wunderbaren Werdens und Vergehens organischer

Formen. Der zünftige Historiker aber sieht sie in der Gestalt eines Bandwurms, der unermüdlich Epochen ‹ansetzt›.»

Nach Spengler sind diese kulturellen Organismen, so verschieden sie sein mögen, dem biologischen Wandel des Werdens und Vergehens gleichermassen ausgesetzt. «Jede Kultur», schreibt er, «durchläuft die Altersstufen des einzelnen Menschen. Jede hat ihre Kindheit, ihre Jugend, ihre Männlichkeit und ihr Greisentum.» Hin und wieder zieht Spengler ein anderes Bild bei und spricht vom Frühling, dem Sommer, dem Herbst und dem Winter der Kulturen. Da alle Kulturen demselben Entwicklungsmuster unterworfen sind, wird es möglich, sie zu vergleichen. Es macht einen Teil der Faszination von Spenglers Werk aus, dass er das Feld der traditionellen Nationalgeschichte verlässt und in weltgeschichtliche Dimensionen vorstösst. Dabei setzt er den Analogieschluss als Erkenntnismittel ein. So stellt er etwa fest, dass der Frühling der indischen, der antiken, der arabischen und der abendländischen Kultur zwischen 1500 vor Christus und 1000 nach Christus unter vergleichbaren Entstehungsbedingungen einsetzte. Oder er sieht in Dionysios von Syrakus, Augustinus und Luther typische Vertreter des Sommers einer Kultur. Gestalten wie Buddha, Sokrates oder die Aufklärungsphilosophen Voltaire und Rousseau repräsentieren dagegen den Herbst, das einsetzende Greisenalter der Geschichte.

Spenglers Buch wurde, nachdem es 1922 in zwei Bänden abgeschlossen vorlag, zum Bestseller. Man hat diesen Erfolg mit demjenigen von Goethes *Die Leiden des jungen Werther* verglichen. Und in der Tat: Von beiden Werken liesse sich sagen, dass sie einem latenten Zeitgefühl zum Ausdruck verhalfen und es ins allgemeine Bewusstsein hoben. In Goethes *Werther* fand die Pathologie der zeitgenössischen Innerlichkeit ihren Ausdruck. *Der Untergang des Abendlandes* traf auf die Geistesverfassung einer besiegten Nation. Was die ersten Leser von Spengler fraglos am meisten interessierte, waren die Überlegungen des Autors zur abendländischen Kultur. Spengler stellt fest, dass sich diese Kultur, die er die «faustische» nennt, in einer Phase des Niedergangs befindet. In ihrer Blütezeit ist sie gekennzeichnet durch einen Entdeckungs- und Erkenntnisdrang, wie er anderen Kulturen, etwa jener der Antike, fehlt. Während der antike Mensch sich in Übereinstimmung mit der Natur befindet und in sich selber in einer Art zeitloser Gelassenheit ruht, zieht der abendländische Mensch aus, um in die Natur einzudringen, sie zu beherrschen und nach seinem Willen zu gestalten. Bedeutende Vertreter der Blütezeit dieser faustischen Kultur sind für Spengler Leonardo da Vinci und Christoph Kolumbus. Leonardos visionäre Erfindungen weisen bereits auf die technischen Leistungen späterer Jahrhunderte voraus, und Kolumbus steht mit seinen Entdeckungsreisen am Anfang der europäischen Weltbeherrschung. Als Symbol der faustischen Kultur bezeichnet Spengler die im 16. Jahrhundert entwickelte mechanische Uhr, welche die Zeit einteilt, dem Menschen unterwirft und dienstbar macht. «Der faustische Erfinder und Entdecker», schreibt er, «ist etwas Einziges. Die Urgewalt seines Wollens, die Leuchtkraft seiner Visionen, die stählerne Energie seines praktischen Nachdenkens müssen jedem, der aus fremden Kulturen herüberblickt, unheimlich und unverständlich sein, aber sie liegen uns allen im Blute.»

Gegen Ende des 18. und mit Beginn des 19. Jahrhunderts setzt, nach Spengler, der Niedergang der faustisch-abendländischen Kultur ein. Aus der Kultur wird das, was er die «Zivilisation» nennt. Die frühere Selbstverständlichkeit und Selbstgenügsamkeit des Daseins wird infrage gestellt, und der althergebrachte Einklang des Menschen mit Religion und staatlicher Ordnung geht verloren. Das Volk, das sich mit seiner Herkunft tief verwurzelt fühlte, wird durch den modernen Nomaden ersetzt, der in gesichtslosen Grossstädten haust und oft seinen Wohnsitz wechselt. Der Demokratisierungsprozess erzeugt keine freien Individuen, sondern eine Masse, die der Verführung durch Presse und Propaganda ausgesetzt ist. Das Geld löst sich vom Güteraustausch, wird zum Wert an sich und zum wichtigsten Merkmal des Erfolgs.

Der Diktatur des Geldes entspricht die Diktatur der Technik. Diese hört auf, Hilfsmittel des Menschen zu sein; sie unterwirft vielmehr den Menschen und macht ihn zu ihrem Sklaven. Die Maschine dominiert die Welt. «Der Bauer, der Handwerker, der Kaufmann», schreibt Spengler, «erscheinen plötzlich unwesentlich gegenüber den drei Gestalten, welche sich die Maschine auf dem Weg ihrer Entwicklung herangezüchtet hat: dem Unternehmer, dem Ingenieur, dem Fabrikarbeiter.»

Im Imperialismus sieht Spengler den reinsten Ausdruck der Spätzeit. Die Gestalt von Cecil Rhodes, dem britischen Kolonisator des heutigen Simbabwe, erscheint ihm als die reinste Inkarnation der Zeitperiode der Zivilisation. Durch die Industrialisierung wird der abendländische Mensch in die Lage versetzt, in die Weiten der vorindustriellen überseeischen Welt vorzudringen, um deren Reichtümer auszubeuten und eine politische Vormachtstellung zu gewinnen. «Die expansive Tendenz», schreibt Spengler, «ist ein Verhängnis, etwas Dämonisches und Ungeheures, das den späten Menschen des Weltstadiums packt, in seinen Dienst zwingt und verbraucht, ob er will oder nicht, ob er es weiss oder nicht.» Cecil Rhodes steht am Ende einer Kulturentwicklung, die mit einer Figur wie Napoleon begann und die – so die Prophezeiung Spenglers – mit dem «Cäsarismus» gewalttätiger Diktatoren abgeschlossen werden wird. Keine Kultur entgeht der Tragik dieser Endzeit, in der skrupellose Gewaltmenschen durch den Aufruhr entfesselter grossstädtischer Massen nach oben gespült werden und Furcht und Schrecken verbreiten.

Man kann sich leicht vorstellen, wie suggestiv Spenglers Visionen einer Endzeit auf die zeitgenössische deutsche Leserschaft gewirkt haben. Man hatte die Niederlage des Ersten Weltkriegs und den Untergang der Monarchie noch nicht verarbeitet. Zur neuen Republik hatte man noch kein Vertrauen gefasst. Die Zukunft war ungewiss und der Geschichtspessimismus weitverbreitet. Zwar betonte Spengler sowohl in seinem Hauptwerk wie in späteren Schriften, es gelte die Endphase der Zivilisation zu akzeptieren, ja sie zu lieben; sie böte noch genug Möglichkeiten zur schöpferischen Gestaltung. Aber die Fatalität des Niedergangs blieb dennoch unbestritten. Am Schluss des Buchs über den Untergang des Abendlandes stehen die folgenden Sätze: «Für uns aber, die ein Schicksal in diese Kultur und diesen Augenblick ihres Werdens gestellt hat, in welchem das Geld seine letzten Siege feiert und sein Erbe, der Cäsarismus, leise und unaufhaltsam naht, ist damit in einem eng umschriebenen Kreise die Richtung des Wollens und Müssens gegeben, ohne das es sich nicht zu leben lohnt. Wir haben nicht die Freiheit, dies oder jenes zu erreichen, aber die, das Notwendige zu tun oder nichts. Und eine Aufgabe, welche die Notwendigkeit der Geschichte gestellt hat, wird gelöst, mit dem einzelnen oder gegen ihn.»

Oswald Spengler wurde 1880 in Blankenburg am Harz als Sohn eines Postbeamten geboren. Er studierte in Halle, München und Berlin Naturwissenschaften und Philosophie und trat anschliessend in den Schuldienst. Seine Schüler scheint er durch die Kraft und Originalität seines Vortrags gefesselt zu haben. Ihm selbst behagte das Lehramt wenig. Eine Erbschaft ermöglichte es ihm, als freier Publizist tätig zu werden. Sein Hauptwerk verfasste Spengler während der Kriegsjahre. Nach 1918 wandte er sich in mehreren kürzeren Arbeiten gegen die Weimarer Republik. Im Jahr 1933 lehnte er einen Ruf an die Universität Leipzig ab, traf sich aber im selben Jahr zu einer Unterredung mit Hitler in Bayreuth.

Man hat oft darüber diskutiert, ob und inwieweit Spenglers *Untergang des Abendlandes* dem Nationalsozialismus den Weg geebnet habe. Unzweifelhaft ist, dass der Geschichtsphilosoph die Demokratie und den westlichen Parlamentarismus als Phänomene einer Endzeit betrachtet hat. Unzweifelhaft ist auch, dass er von den «grossen Persönlichkeiten in der Geschichte» fasziniert war und Deutschland eine weltgeschichtliche Führungsrolle zuwies. Wenige Monate nach Hitlers Aufstieg zur Macht konnte er schreiben: «Der nationale Umsturz von 1933 war etwas Gewaltiges und wird es in den Augen der Zukunft bleiben durch die elementare überpersönliche Wucht, mit der er sich vollzog und durch die seelische Disziplin, mit der er vollzogen wurde.» Aber er fügte sogleich hinzu: «Es ist keine Zeit und kein Anlass zu Rausch und Triumphgefühl. Wehe denen, welche die Mobilmachung mit dem Sieg verwechseln! Eine Bewegung hat eben erst begonnen, nicht etwa das Ziel erreicht, und die grossen Fragen der Zeit haben sich dadurch in nichts geändert.»

Im selben Jahr erschien Spenglers Buch *Jahre der Entscheidung*. Darin ging er unmissverständlich auf Distanz zum Hitlerregime. Das Buch wäre dem Verdammungsurteil der Nationalsozialisten anheimgefallen, hätte sich nicht Propagandaminister Goebbels für den Autor eingesetzt. Ein Nationalsozialist war Spengler sicherlich nicht. Aber die Faszination, die von seinem Hauptwerk auf die konservative Rechte ausging, war enorm. Thomas Mann lobte den Verfasser in seinen *Betrachtungen eines Unpolitischen* emphatisch und wandte sich erst in seiner Berliner Rede vom Jahr 1922 von ihm ab. Sein Sohn Golo schrieb in der *Deutschen Geschichte*: «Spengler war so deutsch wie Thomas Mann, aber auf eine ganz andere Weise. Er gehörte nicht zur Gattung der Suchenden, Zarten und Scheuen. Er wusste Bescheid ein für allemal, so wie vor ihm Karl Marx Bescheid gewusst hatte. Mit furchtbarem Ehrgeiz, mit gewaltiger Schriftstellerwillenskraft unternahm er, sich ein Alleswissen und mit ihm das Publikum zu erobern.»

Vehemente Kritik an Spenglers Hauptwerk kam vonseiten der Marxisten, nicht zuletzt darum, weil sie ihr Monopol als Geschichtsdeuter infrage gestellt sahen. Der ungarische Literaturhistoriker Georg Lukács bezeichnete den *Untergang des Abendlandes* als «unmittelbares Vorspiel zur Philosophie des Faschismus». «Er hat die Lebensphilosophie», schreibt Lukács, «zu einer Weltanschauung der militanten Reaktion umgebaut und damit die Wendung vollzogen, die, freilich nicht pfeilgerade, zum Faschismus geführt hat. Die Ideologen des Faschismus haben auch, ungeachtet ihrer Vorbehalte und polemischen Bemerkungen, diese Verdienste Spenglers stets anerkannt.»

Oswald Spengler starb, mit der Welt und sich selbst unzufrieden, im Jahr 1936 an Herzschwäche in München. Er hatte vorausgesehen, was kam, aber nichts unternommen, um es zu verhindern. In einer Zeit, da Hitlers Gegner selten eines natürlichen Todes starben, wurde gemunkelt, man habe ihn umgebracht.

16. Paul Valéry, «La crise de l'esprit» (1919)
Deutsch: «Die Krise des Geistes» (1956)

Wenige Sätze der Weltliteratur dürften häufiger zitiert worden sein als jener Satz, der am Anfang von Paul Valérys berühmtem Essay mit dem Titel «Die Krise des Geistes» steht. Der Essay, verfasst ein Jahr nach Kriegsende, beginnt so: «Wir Kulturvölker, wir wissen jetzt, dass wir sterblich sind.» Mit diesen lapidaren Worten wird ein Endzeitbewusstsein formuliert, das nach 1918 weitverbreitet war und seinen Ausdruck nicht nur in der Literatur, sondern auch in der Philosophie, der Musik und der bildenden Kunst gefunden hat. Valéry fährt fort: «Nicht genug, dass unsere Generation durch eigene Erfahrung hat lernen müssen, wie das Schönste und das Ehrwürdigste, das Gewaltigste und das Bestgeordnete durch blossen Zufall dem Untergang verfallen kann; sie hat auch gesehen, wie in der Welt des Denkens, des gesunden Menschenverstandes und des Gefühls das Unerwartetste in Erscheinung tritt, wie das Widersinnigste sich jäh verwirklicht, wie das Gewisseste zuschanden wird.»

Paul Valéry wurde 1871, im Jahr des Deutsch-Französischen Kriegs, in der südfranzösischen Hafenstadt Sète geboren. Er studierte in Montpellier die Rechte, sah sich aber stärker von der Literatur angezogen. Im Jahr 1894 liess er sich in Paris nieder, suchte den Umgang mit Schriftstellern und verkehrte in Künstlerkreisen. Besonders eng waren seine Beziehungen zu Stéphane Mallarmé und André Gide. In der Dreyfus-Affäre, die Frankreich um die Jahrhundertwende spaltete, bezog Valéry einen konservativen Standpunkt und nahm Partei gegen den der Spionage verdächtigten Hauptmann. Eine Stelle als Privatsekretär des Leiters der französischen Presseagentur Havas liess Valéry viel Freiheit und gab ihm die Möglichkeit, literarisch tätig zu bleiben.

Der Schriftsteller wurde nicht zum Kriegsdienst eingezogen, und die Fronterfahrung blieb ihm erspart. Er gehörte zu den wenigen, welche diesen Krieg richtig einschätzten: «Ich glaube übrigens», schrieb er einem Freund, «an die lange Dauer des Kriegs. Europa muss wieder ganz frei werden.» Die Katastrophe sensibilisierte Valérys Wahrnehmungsvermögen für das Zeitgeschehen. Nach dem Krieg publizierte er Gedichte und Essays, die im Kreis der Kenner geschätzt wurden. Sein berühmtestes Gedicht *Friedhof am Meer* entstand 1920 und wurde von Rainer Maria Rilke ins Deutsche übertragen. Seine Essays, blendend formulierte Texte von wenigen Seiten Umfang, ordnete er unter Titeln wie «Mélange», «Instants» oder «Variété». Daneben schrieb er Einfälle und Gedanken in über

200 Notizbüchern, den *Cahiers*, nieder, die erst posthum veröffentlicht wurden. Längere Abhandlungen hat Valéry selten, Romane hat er nie verfasst.

Literarische, philosophische und politische Themen lagen dem Schriftsteller besonders; hier konnte sich seine analytische Begabung am besten bewähren. Er war ein Meister der stilistischen Form; man hat von der «mediterranen Klarheit» seiner Sprache gesprochen. Vernunft und Geist, Skepsis und Toleranz bestimmten sein Urteil. Jeder Art der romantisierenden Mystik und des Obskurantismus begegnete er mit Misstrauen. Die künstlerische Avantgarde der Expressionisten und Surrealisten war ihm zuwider, und Sigmund Freuds psychologische Einsichten nahm er bloss zur Kenntnis, um sie zu verwerfen. Von Karl Marx, dessen Botschaft in Frankreich so eifrig aufgenommen wurde, scheint er nichts gelesen zu haben.

In der Zwischenkriegszeit stieg Valéry zur wichtigsten geistigen Instanz der Dritten Republik auf. Im Jahr 1927 wurde er in die Académie française aufgenommen, er wurde Ehrendoktor der Universität Oxford und erhielt die Goethe-Medaille der Stadt Frankfurt. Kaum ein europäischer Schriftsteller, vielleicht Stefan Zweig ausgenommen, ist so viel in Europa herumgereist wie Valéry, und ähnlich wie Zweig betrachtete er sich als Repräsentanten europäischer Geistigkeit. Er war ein begehrter Redner und ein charmanter Causeur, der sich ebenso gewandt in den Salons der Pariser Aristokratie wie in den Hörsälen ausländischer Universitäten bewegte. Als Mitglied einer Kommission des Völkerbundes setzte er sich für die Pflege internationaler Kulturbeziehungen ein. Er war mit wichtigen Politikern persönlich bekannt und unterstützte die Politik Aristide Briands zur deutsch-französischen Aussöhnung. Mehrmals weilte er auch in Zürich, wo er im Jahr 1922 den Essay «Die Krise des Geistes» vortrug.

Valérys erster zeitkritischer Aufsatz erschien 1897 unter dem Titel «Die deutsche Eroberung». Darin konstatierte er, halb bewundernd, halb besorgt, den raschen Aufstieg des Deutschen Reichs zur wirtschaftlichen und militärischen Grossmacht. Als Hauptgrund dieses Erfolgs erkannte er die Tugend der Disziplin, mit der Deutschland es im Unterschied zu Frankreich verstehe, die Leistung des Einzelnen in den Dienst des nationalen Wachstums zu stellen. «Eine natürliche Disziplin», schrieb er, «verbindet das individuelle deutsche Wirken mit dem des ganzen Landes und ordnet die Sonderinteressen derart, dass sie sich zusammenfügen und gegenseitig verstärken, anstatt sich gegenseitig zu vermindern und zu behindern.» Der Essay hatte in mancher Hinsicht prophetischen Charakter und wurde während des Kriegs neu aufgelegt.

Valérys zweiter politischer Aufsatz über «Die Krise des Geistes» ist zuerst im Jahr 1919 in England erschienen. An diesem Essay fällt zuerst auf, dass der Autor den nationalistischen Standort verlässt und Europa entschieden ins Zentrum seiner Betrachtungen stellt. «Ein Schauer ohnegleichen», heisst es da, «hat Europa bis ins Mark durchbebt. Es hat in allen seinen Nervenzentren empfunden, dass es aufgehört hat, sich selbst zu gleichen, dass es das Bewusstsein seiner selbst verliert ...» Dies ist, von heute aus gesehen, die wichtigste Einsicht von Valérys Essay: dass Frankreich und Deutschland Teile Europas sind und dass der Erste Weltkrieg darum keinen Sieger kennt, weil die europäische Kultur als Ganzes eine Niederlage erlitt. So zu denken war damals sehr ungewöhnlich, in Frankreich besonders. Hier blieb man dem traditionellen Nationalismus weiterhin verpflichtet, und es herrschte die Meinung vor, der besiegte Gegner sei so zu entmachten, dass er nie wieder gefährlich werden könne. Durch solche Unversöhnlichkeit vergab man die Chance eines stabilen Friedens.

In der «Krise des Geistes» wird der europäischen Kultur eine Sonderstellung zugeschrieben. «Die anderen Weltteile», schreibt Valéry, «hatten wohl bewundernswerte Kulturen, Dichter hohen Ranges, Baumeister und auch Gelehrte. Aber kein anderer Teil der Erde besass diese seltsame physische Eigenschaft: intensivste Ausstrahlungskraft, verbunden mit intensivstem Absorptionsvermögen. Alles kam nach Europa und alles kam von Europa. Oder doch fast alles.» Diese Sonderstellung, fährt er fort, sei umso erstaunlicher, als Europa, was seine Ausdehnung betreffe, nur ein «kleines Vorgebirge des asiatischen Festlandes» sei. Die natürlichen Reichtümer an Bodenschätzen und Naturprodukten seien nicht ausserordentlich und erklärten diese Vormachtstellung nicht. Also müsse es an den Bewohnern liegen, dass Europa «das Gesamtbild beherrsche». «Wir haben soeben angedeutet», schreibt Valéry, «dass die Art der Menschen bestimmend gewesen sein muss für den Vorrang Europas. Ich kann diese Art nicht im Einzelnen analysieren; aber ein rascher Überblick ergibt, dass unersättlicher Tätigkeitsdrang, glühende und rein sachliche Neugier, die glückliche Verbindung von Phantasie und logischer Strenge, Skepsis ohne Pessimismus, Mystik ohne Resignation die spezifisch wirksamen Kräfte der europäischen Psyche sind.»

Wie aber ist es zu dieser Überlegenheit des Europäers gekommen? Valéry sieht drei Faktoren, die im Lauf der Geschichte wirksam geworden seien. Zuerst weist er auf das Römische Reich hin, das als gut organisierter und stabiler Machtstaat eine Leitfunktion übernommen habe. Dann erwähnt er das Christentum, das den geistigen Bedürfnissen des Menschen entgegenkomme und der

«Einheit des römischen Rechts» eine «Einheit der Moral» zur Seite gestellt habe. Und schliesslich kommt er auf das antike Griechenland zu sprechen, dem Europa eine «Methode des Denkens» verdanke, dank der sich der Erkenntnisdrang der modernen Wissenschaften erst habe entwickeln können. «Auf dem Erdball existiert also ein Gebiet», schliesst Valéry seine historischen Ausführungen, «das sich von allen anderen unter humanitärem Gesichtspunkt tief unterscheidet. In allen Machtfragen und Fragen der wissenschaftlichen Erkenntnis wiegt Europa noch heute viel schwerer als die übrige Welt. Vielmehr nicht Europa, sondern der europäische Geist, dessen grossartige Schöpfung Amerika ist.»

Valérys Diagnose ist unmissverständlich: Der europäische Geist ist in eine tiefe Krise geraten. Der Krieg, der sich gerade wegen der technischen Fortschritte dieser Kultur zur Katastrophe auswachsen konnte, hat den Glauben der Europäer an die Sittlichkeit ihrer Werte und an die Realisierbarkeit ihrer Träume zerstört. «Das Schwanken des Schiffs war so stark», schreibt Valéry, «dass auch die am sichersten aufgehängten Lampen erloschen.» Eine Prognose will Valéry nicht aufstellen. Militärische und wirtschaftliche Einbussen, meint er, seien zu beheben; wie aber die Wunden, die dem europäischen Geist zugefügt wurden, zu heilen seien, sei ungewiss. Es sei durchaus möglich, dass die innovative Schaffenskraft des Europäers erlahme. Es sei aber auch möglich, dass dessen Leistungen von anderen Kulturen aufgenommen und nachgeahmt würden, sodass Europa aus seiner geistigen Vormachtstellung verdrängt würde. Allerdings sei zu bedenken, dass der Europäer auch schon aus Krisensituationen neue Kraft gewonnen habe: «Anstatt ins geistige Nichts zu versinken, schafft er aus seiner Verzweiflung noch ein Lied.»

Nach dem Erscheinen der «Krise des Geistes» äusserte sich Valéry in zahlreichen Betrachtungen zur kulturellen und politischen Lage. Sein Bestreben, das geistige Europa zu stärken und den Glauben an seine humanen Werte zu stützen, ist offensichtlich. Doch die *Betrachtungen über die Welt von heute*, eine Reihe von kurzen Essays, die 1931 erschienen, sind weit eher ein Dokument der Ratlosigkeit als der politischen Zuversicht. Im Grunde seines Wesens konservativ, begegnete Valéry den sozialistischen Heilsversprechungen mit Skepsis und misstraute dem Volk, dessen Verführbarkeit ihm stets bewusst blieb. Auch misstraute er der Geschichte, deren Gang, seiner Ansicht nach, schwer zu beeinflussen war und von der keine Lehren zu erwarten waren. Die Staatsmänner der innenpolitisch gespaltenen «Dritten Republik» waren ihm im Grunde fremd; ihre Interessen und ihr Ränkespiel hatten mit der Geistigkeit, die Europas Wesenskern ausmachte, wenig zu tun. Eine Zeit lang setzte Valéry seine Hoffnungen auf einen «despote éclairé», einen von humaner Vernunft geleiteten Herrscher, wie Voltaire ihn sich erträumt hatte. Ähnlich wie der konservative Schweizer Historiker Gonzague de Reynold sah er im autoritären portugiesischen Politiker Salazar ein mögliches Vorbild. Doch von Hitler und den Nationalsozialisten hielt er nichts, auch wenn er der deutschen Kultur weiterhin seinen Respekt nicht versagte.

Frankreichs Niederlage im «Blitzkrieg» traf Valéry tief. Das bekannte Wort seines Landsmanns Descartes abwandelnd, schrieb er: «Ich leide, also bin ich.» Als Philippe Pétain Frankreich an Deutschland auslieferte, kündigte Valéry dem Marschall die bisherige Freundschaft auf. Zum Vichy-Regime ging er sofort auf Distanz, lehnte jede Kollaboration ab und solidarisierte sich mit General de Gaulle, der aus dem Londoner Exil zum Widerstand aufgerufen hatte. Als der Philosoph Henri Bergson 1941 starb, hielt der Schriftsteller im besetzten Paris eine mutige Gedenkrede, in der er die Grösse von dessen Persönlichkeit einer Gegenwart gegenüberstellte, in der sich die Zivilisation immer mehr auf die blosse Erinnerung und auf die Überbleibsel ihres früheren Reichtums reduziere.

Auf die Befreiung von Paris im August 1944 reagierte er mit einem kurzen Artikel im *Figaro*, der mit den Sätzen begann: «Die Freiheit ist ein Gefühl. Das spürt man beim Atmen.» Als der Schriftsteller kurz nach Ende des Zweiten Weltkriegs starb, ordnete General de Gaulle ein Staatsbegräbnis an. Paul Valéry wurde in Sète begraben, auf dem Friedhof hoch über dem Meer, dem er sein berühmtestes Gedicht gewidmet hat.

17. José Ortega y Gasset, *La rebelión de las masas* (1929)
Deutsch: *Der Aufstand der Massen* (1931)

Dieses Buch war einst ein Bestseller und ist heute nahezu vergessen, obwohl sein Thema, möchte man meinen, aktuell geblieben ist. Es trägt den Titel *Der Aufstand der Massen* und ist 1929 erschienen. In den folgenden Jahren wurde es in viele Fremdsprachen übersetzt und immer wieder neu aufgelegt. Nach dem Zweiten Weltkrieg war das Werk erneut sehr erfolgreich, vor allem in Deutschland. Dann wurde es still um das Buch und seinen Autor, den spanischen Philosophen und politischen Publizisten José Ortega y Gasset.

Ortegas Leben ist geprägt von den Wechselfällen des Zeitgeschehens, in das er hineingeboren wurde. Er kam im Jahr 1883 in Madrid als Sohn eines Journalisten und Politikers zur Welt und wurde von den Jesuiten erzogen. Dann studierte er in Spanien und Deutschland, das zu seiner zweiten geistigen Heimat werden sollte. Bereits im Jahr 1910 wurde er auf den Lehrstuhl für Metaphysik der Universität Madrid berufen. Ortega hat keine tiefgründigen Abhandlungen und schwer verständlichen Untersuchungen verfasst, und seine Bücher wenden sich nicht bloss an den Kreis der Fachgelehrten. Er war, ähnlich wie Valéry, auch ein Meister der kleineren Form, des spontanen Kommentars, des literarisch ausgefeilten Essays, der wohlklingenden Rede. Jeder Dogmatismus lag ihm fern; er war ein liberaler Freigeist, der Anregungen vermittelte, Stichworte gab, die elegante stilistische Wendung, das Bonmot und das Paradoxon liebte. Auch besass er ein feines Sensorium für Zeittendenzen, aber wenig Begabung und Neigung, im politischen Kampf einen Parteistandpunkt zu vertreten. Weit eher war er bemüht, Widersprüche aufzuzeigen und Gegensätzliches klärend zu verbinden: Freiheit und Ordnung, Vitalität und Rationalität, Demokratie und Elitebewusstsein. Es war Ortega ein wichtiges Anliegen, sich für eine geistige Erneuerung Spaniens einzusetzen, und die von ihm 1923 gegründete Zeitschrift *Revista de Occidente* wurde zu einem international beachteten Instrument der Kulturvermittlung.

Berühmt wurde ein politischer Zeitungsartikel Ortegas vom November 1930, den er mit dem Pathos des römischen Senators Cato schloss: «Ceterum censeo delendam esse monarchiam.» Wenige Monate später war diese Forderung erfüllt: Der König ging ins Exil, Spanien wurde zur Republik. Am 14. April 1931 wurde die Zweite Spanische Republik ausgerufen. Doch die Lebensdauer der neuen Staatsform war kurz. Ortega gab sich als Abgeordneter davon Rechenschaft, dass die dringend notwendigen Reformen sich im wirren Gegeneinander der radikalen politischen Gruppierungen nicht verwirklichen liessen. Noch war der neue Staat kein halbes Jahr alt, als der politisierende Philosoph ausrief: «So haben wir es nicht gewollt.» Wenig später wurde das Scheitern der Republik offensichtlich. «Man hat erlebt», schrieb Ortega resigniert, «dass diese Männer, als sie sich mit dem Land in ihren Händen antrafen, nicht die geringste Vorstellung davon hatten, was sie mit diesem Land tun sollten.» In der politischen Polarisierung, die Spanien 1934 zu teilen begann, wandte sich Ortega von der Linken ab und näherte sich der Rechten, bei der er das geistige Erbe Spaniens besser aufgehoben glaubte. Nach Ausbruch des Bürgerkriegs wählte er die Emigration; seine Söhne schlossen sich General Franco an. Ortega ging zuerst nach Paris und Holland ins Exil, dann nach Portugal und Argentinien, wo er zwischen 1939 bis 1942 lebte. Im Jahr 1945 kehrte er in das Spanien des Generals Franco zurück, der den angesehenen Mahner zwar duldete, aber nicht liebte.

Ortega y Gasset sah den Intellektuellen als unbestechlich urteilenden Beobachter des Zeitgeschehens, der, den Werten der europäischen Aufklärung verpflichtet, in die öffentliche Debatte eingriff, wenn ideologische Voreingenommenheiten und Leidenschaften die Klarsicht trübten. «Ich war immer der Meinung», äusserte er sich einmal, «dass es die Mission des Schriftstellers sei, in Voraussicht für seine Leser zu erkennen, was Jahre später Problem sein wird, und ihnen beizeiten klare Ideen über die Streitfragen zu verschaffen, sodass sie in das Getöse des Kampfes mit dem heiteren Geiste dessen eintreten, der im Prinzip schon entschieden hat.»

Ortegas berühmtestes Werk *Der Aufstand der Massen* versucht, diese Aufgabe zu erfüllen. Das Buch ist zuerst eine Reaktion auf das Phänomen der Verstädterung und Bevölkerungsverdichtung, das bereits im Europa des ausgehenden 19. Jahrhunderts ins Bewusstsein der Menschen getreten war. Der medizinische Fortschritt und die verbesserten Existenzbedingungen hatten die Lebenserwartung erhöht. Der Industrialisierungsprozess hatte zur Zuwanderung in die Städte geführt und neue Arbeitersiedlungen in der Nähe der Produktionsstätten entstehen lassen. Der Grossstadtbewohner empfand sich mehr und mehr als anonymes Individuum in einer anonymen Menge. Die althergebrachten gesellschaftlichen Strukturen veränderten sich. Volksbildung und Erweiterung der bürgerlichen Rechte liessen die Masse als neuen politischen Faktor erscheinen.

Aufmerksame Beobachter hatten diese Entwicklung kommen sehen. Der Basler Historiker Jacob Burckhardt hatte bereits 1845 an seinen liberalen Jugendfreund Gottfried Kinkel geschrieben: «Das Wort Freiheit klingt schön und rund, aber nur der sollte darüber mitreden, der die Sklaverei unter der Brüllmasse, Volk genannt, mit Augen angesehen und in bürgerlichen Unruhen duldend und zuschauend mitgelebt hat ... Ich weiss zuviel, um von diesem Massendespotismus etwas anderes zu erwarten als künftige Gewaltherrschaft ...» Am Ende des Jahrhunderts war es der französische Sozialpsychologe Gustave Le Bon, der in seinem Buch über die *Psychologie der Massen* den elitären Führungsanspruch des französischen Bildungsbürgertums verteidigte und die Herrschaft der Masse bedrohlich am Horizont heraufkommen sah. «Nie haben die Massen», schrieb er, «nach Wahrheit gedürstet. Von den Tatsachen, die ihnen missfallen, wenden sie sich ab und ziehen es vor, den Irrtum zu vergöttern, wenn er sie zu verführen vermag. Wer sie zu täuschen versteht, wird leicht ihr Herr, wer sie aufzuklären sucht, wird stets ihr Opfer.» Gustave Le Bon, der 1931 starb, lebte lange genug, um sich in seinen Einsichten bestärkt zu sehen.

Das Thema der «Vermassung» war also nicht neu. Auch in Oswald Spenglers *Untergang des Abendlandes* finden sich zahlreiche Passagen, die auf die «Vermassung» des modernen Menschen anspielen. Ortega y Gasset hatte Spengler aufmerksam gelesen, setzte sich aber deutlich vom Geschichtsmodell des Deutschen ab, indem er die Idee der Zwangsläufigkeit des kulturellen Niedergangs nicht übernahm. Wenn aber Spengler vom «formlos durch alle Grossstädte flutenden Pöbel» und der «wurzellosen städtischen Masse» der Spätzeiten spricht, ist die Verwandtschaft beider Denker unverkennbar.

Ortega y Gassets *Der Aufstand der Massen* ist zuerst und vor allem eine Zeitdiagnose. Mit einer Art von Faszination umkreist der Autor, Wiederholungen nicht scheuend, den Typus des Massenmenschen, wie er, seiner Ansicht nach, für die Moderne charakteristisch ist. Hauptkennzeichen dieses Menschen ist seine Durchschnittlichkeit. Er verfügt über keinerlei herausragende Begabung oder Individualität, sonnt sich im Gefühl, gleich zu sein wie alle anderen, denkt nicht daran, sich vor anderen auszuzeichnen oder in den Dienst einer Sache zu stellen. Der Massenmensch empfindet wie die Mehrzahl, handelt instinktiv und kümmert sich nicht um gesetzliche Vorgaben und demokratisch erarbeitete Lösungen. «Heute wohnen wir einem Triumph der Überdemokratie bei», schreibt Ortega, «in dem die Masse direkt handelt, ohne Gesetz, und dem Gemeinwesen durch das Mittel sozialen Drucks ihre Wünsche und Geschmacksrichtungen aufzwingt.» Der Massenmensch bricht in eine technisch und kulturell hoch entwickelte Zivilisation ein, die er weder versteht noch zu meistern imstande ist. «Der Europäer, der jetzt zu herrschen beginnt», schreibt Ortega, «ist im Verhältnis zu der verwickelten Kultur, in die er hineingeborenen wird, ein Barbar, ein Wilder, der aus der Versenkung auftaucht, ein vertikaler Eindringling.»

Ortega y Gasset schliesst nicht aus, dass die Vitalität des neuen Menschen auch Gutes bewirken könne – hier denkt er weniger pessimistisch als Spengler. Die liberalen Errungenschaften der Aufklärung bleiben, davon ist der Autor überzeugt, wichtig und unverzichtbar; aber sie bedürfen einer Belebung und Erneuerung, die nur mit starker Hand herbeigeführt werden kann. Er wendet sich jedoch mit Entschiedenheit gegen Faschismus, Nationalsozialismus und Kommunismus. Solche Ideologien stehen für ihn ausserhalb der geschichtlichen Kontinuität Europas, sie sind «falsche Morgenröten» und «Rückfälle in die Barbarei».

Ortega y Gasset diagnostiziert den Krankheitszustand seiner Zeit wie ein fachkundiger und sensibler Arzt; aber eine Therapie schlägt er nicht vor. Er sieht viele Entwicklungen voraus, die uns noch heute zu denken geben. Er spricht von der Verhätschelung des Durchschnittsmenschen, der die Möglichkeiten der fortgeschrittenen Zivilisation wahrnehme, ohne einen Beitrag zum Wohl der Gesellschaft zu leisten. Er tadelt das Spezialistentum in den Wissenschaften und kritisiert «den gelehrten Ignoranten», der auch dort, wo er nichts verstehe, sein anmassendes Urteil abgebe. Er beklagt den Verlust des geschichtlichen Bewusstseins, in dem er eine Voraussetzung zur Gestaltung der Zukunft sieht. Er wendet sich gegen die Vorherrschaft des Staates und die Bürokratisierung des Lebens, was dazu führe, dass der Staat nicht mehr dem Bürger diene, sondern der Bürger dem Staat. Manche von Ortegas Urteilen sind, so pauschal sie oft wirken, für den besorgten Zeitgenossen von heute nachvollziehbar. So etwa, wenn er sagt: «Ein Wind allgemeiner, alles ergreifender Hanswursterei weht in Europa. Fast alle Stellungen, die man bezieht und zur Schau stellt, sind innerlich verlogen.» Wegweisend für die Zukunft sind Ortegas Verurteilung des Nationalismus und seine Forderung nach einem vereinigten Europa gewesen. «Einzig der Entschluss», schreibt er, «aus den Völkergruppen des Erdteils eine grosse Nation zu errichten, könnte den Puls Europas wieder befeuern. Unser Kontinent würde den Glauben an sich selbst zurückgewinnen und in natürlicher Folge wieder Grosses von sich fordern, sich in Zucht nehmen.» Mit der heutigen EU hätte sich Ortega y Gasset freilich kaum befreunden können. Eine Bürokratie, die den Geist verschlingt, sah er als Gefahr.

Nach dem Zweiten Weltkrieg wurde der Spanier in Deutschland zu einem gern gesehenen Gast. In Vorträgen betonte er die Kontinuität der deutschen Geistesgeschichte und neigte dazu, im Nationalsozialismus einen blossen Betriebsunfall zu sehen. «Kein Volk ist an seinen Katastrophen zugrunde gegangen», sagte er etwa, «höchstens an Verkalkung. Wir durchschreiten einen Übergang zu ganz neuen Verhältnissen. Die Deutschen werden ihn überleben.» Sein Misstrauen gegenüber dem Massenmenschen der Moderne konnte er auch im Alter nicht verbergen, wenn er über die Deutschen der Nachkriegszeit sagte: «Wenn man ihnen zusieht, mit welcher Energie und Zähigkeit sie schaffen, so hat man bisweilen das Gefühl, es seien nicht Menschen, welche arbeiten, sondern Ameisen.»

Der Aufstand der Massen erinnert in mancher Hinsicht an ein Buch, das nur zwei Jahre später in Deutschland erschien: *Die geistige Situation der Zeit* von Karl Jaspers. Auch in den Augen des deutschen Philosophen haben Technisierung und Modernisierung einen beängstigenden Prozess der Nivellierung ausgelöst. Das selbstverantwortliche Individuum wird durch einen Massenmenschen abgelöst, der desorientiert, manipulierbar und ohne klare Wertvorstellungen im Leben steht. Seine Existenz ist, wie Jaspers sich ausdrückt, nicht mehr Sein, sondern nur mehr noch Dasein. «Der Mensch bedarf», schreibt er, «um selbst zu sein, einer positiv erfüllten Welt. Wenn diese verfallen ist, die Ideen gestorben scheinen, so ist der Mensch so lange sich verborgen, als er nicht wieder im eigenen Hervorbringen die in der Welt ihm entsprechende Idee findet.» Auch Jaspers gelang es nicht, seine Anschauungen ins harte Element der politischen Verwirklichung überzuführen. Der neue Mensch, den er sich erhoffte, blieb ohne klares liberales Profil und konnte leicht mit dem Übermenschen verwechselt werden, der den Nationalsozialisten vorschwebte.

Im Jahr 1949 schrieb der bedeutende deutsche Romanist Ernst Robert Curtius einen Essay über den spanischen Philosophen. «Alles, was Ortega bisher geschrieben hat», heisst es am Schluss, «trägt den Charakter des Programms. Es ist stimulierend und vorläufig. Wird er die vielen angesponnenen Fäden zu einem Gewebe verknüpfen? Das ist unsere Frage an ihn.» José Ortega y Gasset starb sechs Jahre später. Der Teppich, an dem er wob, ist nie fertig geworden.

IV Ferne Welten

Nationalismus und Imperialismus sind miteinander nah verwandt. Wir verstehen unter Imperialismus den Willen einer Nation, die eigene politische und wirtschaftliche Machtstellung durch Aneignung, Ausbeutung oder Besiedlung meist überseeischer Gebiete zu verstärken. Solche Kolonisation hat es immer gegeben; sie lässt sich bis zu den Phöniziern und den Kreuzfahrern zurückverfolgen. Mit den Portugiesen und den Spaniern unter Christoph Kolumbus begann am Ende des 15. Jahrhunderts die Entdeckung und Unterwerfung weiter Teile der Erde durch Europa. Danach fassten die Holländer, Engländer und Franzosen in Übersee Fuss und gründeten ihrerseits Handelsstationen und Kolonien. Nicht immer war diese Kolonisierung von langer Dauer. In Nordamerika erhoben sich die Nachfahren der englischen Pioniersiedler in der zweiten Hälfte des 18. Jahrhunderts gegen ihr Mutterland und gründeten die Vereinigten Staaten. In Südamerika erlangten die ehemals spanischen und portugiesischen Kolonien in der ersten Hälfte des 19. Jahrhunderts ihre Unabhängigkeit. In den zwei Jahrzehnten nach dem Zweiten Weltkrieg wurden die meisten noch bestehenden Kolonien politisch unabhängig. Diese Entkolonialisierung vollzog sich mit der Schnelligkeit einer Kettenreaktion. Nicht immer bedeutete sie freilich das Ende imperialistischer Ausbeutung. Sie konnte sich in verdeckter Form fortsetzen und setzt sich noch immer fort. Man spricht in solchen Fällen von Neokolonialismus.

Das Voranschreiten der Industrialisierung verhalf der europäischen Übersee-Expansion gegen Ende des 19. Jahrhunderts zu einer unerhörten Dynamik. Die Akkumulation von Kapital und die gesteigerte industrielle Produktionskapazität liessen es für die europäischen Seemächte als verlockend erscheinen, in die Erschliessung neuer Märkte und Rohstoffquellen zu investieren. Schon Karl Marx hatte diese Entwicklung vorausgesehen – eine von vielen seiner Prophezeiungen, die sich als richtig erwiesen. Der technische Fortschritt ermöglichte zwischen 1880 und 1910 den Übergang vom Segelschiff- zum Dampfschiffverkehr, wodurch die Fahrtdauer deutlich herabgesetzt und die Sicherheit erhöht wurde. Fortschritte der Ingenieurskunst gestatteten es, durch Kanalbauten wie den Suez- und den Panamakanal die Transportwege erheblich zu verkürzen. Auch in den Überseekolonien gewann die Eisenbahn rasch an Bedeutung. Eisenbahnlinien erleichterten den Transport von Rohstoffen vom Hinterland an die Küste. Durch den rücksichtslosen Einsatz von eingeborenen Zwangsarbeitern konnten sie rasch und kostengünstig erstellt werden. Die militärische Überlegenheit der modernen Imperialisten ermöglichte die Beherrschung von Gebieten, die im 18. Jahrhundert noch ganz unzugänglich waren. Im Kampf gegen die mit Gewehren und Kanonen ausgerüsteten Eroberer war die ansässige Bevölkerung hoffnungslos im Nachteil. Oft zitiert wird das Beispiel der zahlenmässig weit überlegenen aufständischen Sudanesen, die 1898 gegen die Maschinengewehre der Engländer keine Chance hatten; Winston Churchill, der am Gemetzel teilnahm, hat stolz darüber berichtet. Im Subkontinent Indien mit seinen damals 300 Millionen Einwohnern stützte sich die englische Kolonialherrschaft auf etwa 6000 Beamte, Militärpersonen und Geschäftsleute. Diesen standen etwa 70 000 Mann Kolonialtruppen zur Verfügung, die zu einem grossen Teil aus Indern gebildet wurden. Dass es nur selten zu Aufständen kam, lag nicht nur an der militärischen Überlegenheit. Es lag auch an einer geschickten Kolonialpolitik, welche die einheimischen Lokalherrscher gegeneinander ausspielte und deren Privilegien wenig antastete.

Betrachtet man eine Weltkarte aus dem Jahr 1900, lässt sich erkennen, dass eine verschwindende Minderheit von weissen Erdbewohnern eine überwältigende Mehrheit von Überseebewohnern beherrschte oder doch in ein Abhängigkeitsverhältnis zu bringen suchte. England nahm mit dem Vizekönigreich Indien und den Siedlungskolonien Kanada, Australien und Neuseeland sowie zahlreichen maritimen Stützpunkten eine globale Vormachtstellung ein. Die Holländer hielten sich in der Inselwelt Indonesiens auf, die Portugiesen an den Küsten von Angola und Moçambique. Frankreich setzte sich in weiten Teilen Nord- und Westafrikas fest, fasste Fuss in Indochina und beanspruchte Madagaskar für sich. Hinzu trat die Binnenkolonisation. Die Vereinigten Staaten und Russland drangen im Verlauf des 18. Jahrhunderts nach Westen und nach Osten bis zur Pazifikküste vor und verdrängten oder vernichteten die Urbevölkerung.

Zwischen 1880 und 1900 kam es zur kolonialen «Aufteilung Afrikas» oder, wie die Engländer sagen, zum «Scramble of Africa». Das Innere des afrikanischen Kontinents war wegen seiner Wüsten-

und Urwaldregionen schwer zugänglich und wurde zuerst durch vereinzelte Entdeckungsreisende erkundet. Die abenteuerlichen Berichte dieser Reisenden füllten die Spalten der Tagespresse und wurden von der europäischen Öffentlichkeit mit Spannung verfolgt. Die Begegnung von Stanley und Livingstone am Tanganjika-See war, als sie 1872 bekannt wurde, eine Sensation. Gegen Ende des Jahrhunderts strebten England und Frankreich danach, sich in Afrika möglichst grosse Einflusszonen zu sichern. England suchte sich einen Korridor von Kolonien zwischen Kairo und dem Kap der Guten Hoffnung zu schaffen, und Frankreich stiess von der Westküste Afrikas quer durch den Kontinent vor. Bei Faschoda am Oberlauf des Nils trafen die Militärexpeditionen Kitchener und Marchand 1898 aufeinander, und ein schwerwiegender Konflikt konnte nur knapp vermieden werden. In der «Entente cordiale» vom Jahr 1904 gelang es den beiden Kolonialmächten, sich über ihre Interessensphären zu einigen. Auch das Deutsche Reich wollte nicht hintanstehen und proklamierte weite Gebiete im heutigen Namibia (Deutsch-Südwestafrika), in Tansania (Deutsch-Ostafrika), Kamerun und Togo zu «Schutzgebieten». Hinzu kamen Inseln in der Südsee, die wirtschaftlich zwar nichts eintrugen, aber das nationale Prestige steigerten. Eine Besonderheit unter den europäischen Niederlassungen stellte die Kolonie Belgisch-Kongo dar, die sich König Leopold II. als Privatbesitz sicherte.

Der Niedergang des Osmanischen Reichs, das zur Zeit seiner grössten Ausdehnung vom Balkan zur Arabischen Halbinsel und bis nach Nordafrika gereicht hatte, ermöglichte es den Kolonialmächten, in das Machtvakuum vorzustossen. Frankreich sicherte sich Algerien und Tunesien, England unterwarf Ägypten, und Italien stiess nach Libyen und Abessinien vor. Istanbul, das den wichtigen Zugang zum Schwarzen Meer kontrollierte, wurde von den imperialistischen Mächten bedrängt und umworben. Im Jahr 1898 stattete Wilhelm II. dem Sultan einen Besuch ab, der in Deutschland begeistert gefeiert, in Frankreich und England aber mit Sorge verfolgt wurde. Als Deutschland nach der Niederlage im Ersten Weltkrieg sämtliche Überseegebiete verlor, zögerten England und Frankreich nicht, diese als sogenannte Mandatsgebiete dem eigenen Einflussgebiet einzuverleiben.

Nach dem Ersten Weltkrieg, in dem noch Inder und Afrikaner aufseiten Englands und Frankreichs mitkämpften, schwächte sich der imperialistische Elan deutlich ab. Zwar waren die europäischen Mächte im Friedensvertrag von Versailles noch weit davon entfernt, eine Entkolonialisierung einzuleiten. Doch bei den europäischen Intellektuellen begann sich Kritik am Imperialismus zu regen, und auch unter europäisch gebildeten Vertretern kolonisierter Gebiete erhob sich erstmals der Ruf nach Unabhängigkeit.

Die Methoden der Bewirtschaftung und Ausbeutung der Kolonien waren sehr vielfältig und richteten sich nach den örtlichen Gegebenheiten und nach der Herrschaftsstruktur der eingeborenen Bevölkerung. Man kann, stark vereinfachend, zwischen direkter und indirekter Herrschaft unterscheiden. Die Franzosen neigten zu einer Kolonialpolitik der Assimilation, die den Eingeborenen durch Schulbildung auf das Niveau des Zivilisierten heben und schliesslich zum französischen Bürger machen sollte. Die Engländer gingen pragmatischer vor, respektierten die Herrschaftsstruktur der Kolonialbevölkerung besser und beteiligten die Vertreter traditioneller Macht stärker an der Verwaltung der Kolonie. Beide Kolonisationsmethoden stellten den Kolonisierten in Aussicht, dass die europäische Vormundschaft eines Tages enden würde – man verzichtete indes darauf, einen bestimmten Zeitpunkt zu nennen.

Über Nutzen und Nachteile des kolonialen Imperialismus in den betroffenen Ländern ist immer wieder diskutiert worden. Sicherlich stand der Status der Kolonisierten im Widerspruch zum modernen Völkerrecht, und die wirtschaftliche Ausbeutung lässt sich nicht bestreiten. Doch die europäischen «Schutzmächte» trugen auch dazu bei, ethnische Konflikte zu verhindern und Errungenschaften auf den Gebieten von Wissenschaft und Technik in Afrika einzuführen. Es gab durchaus Kolonisatoren, die von humanitären Vorsätzen geleitet waren, so etwa der englische Schriftsteller Rudyard Kipling, der von «the white man's burden» sprach, von der Last, die der weisse Mann dem Kolonisierten abzunehmen habe. Eine wichtige Rolle bei der «Zivilisierung» der Eingeborenen spielten auch die Missionsgesellschaften, deren Vertreter nicht selten in Konflikt mit den Vertretern der Kolonialverwaltung gerieten. In Schwarzafrika war das erste Buch, das in einer Eingeborenensprache gedruckt wurde, die Bibel.

Die Europäer, die sich als Militärs oder Beamte in den Kolonien aufhielten, waren Einflüssen ausgesetzt, die Psyche und Charakter in Mitleidenschaft ziehen konnten. Es konnte geschehen, dass der weisse Mann dem Druck der gesellschaftlichen Isolation, der oft auf ihm lastete, nicht standhalten konnte und dem Alkohol, dem Drogenkonsum und der Verwahrlosung verfiel. Auch kam es nicht selten vor, dass der Kolonialeuropäer sich durch den Umgang mit Eingeborenen oder durch die Beziehung zu einer farbigen Frau der Fremdkultur annäherte, ohne doch von dieser voll akzeptiert zu werden: «Going native» nannten dies die Engländer, «Vivre à l'indigène» nannten es die Franzosen. Es waren englische und französische Schriftsteller mit kolonialer Erfahrung, die in ihren Büchern zuerst auf die Problematik des Kulturkontakts hinwiesen. Zu ihnen gehörte der weit gereiste englische Seemann **Joseph Conrad** (1857–1924), der sich in seinem Roman *Herz der Finsternis* (18) früh mit diesem Thema befasste.

Die überseeische Welt eröffnete dem Europäer nicht nur die Aussicht auf Beschäftigung und materiellen Profit; sie war seit jeher auch eine Projektionsfläche für Sehnsüchte und Utopien. Dies lässt sich in der europäischen Geistesgeschichte seit dem Zeitalter der Aufklärung gut beobachten. Die Inselbewohner Tahitis erschienen den Seefahrern des 18. Jahrhunderts als «edle Wilde», die ihr Leben frei von den Zwängen der Zivilisation führen konnten. Der Kaiser von China war für den Philosophen Voltaire ein «despote éclairé», ein «aufgeklärter Despot», der Macht und Vernunft in sich vereinte. Die islamische Welt war für die Europäer nie nur eine feindliche Welt von Irrgläubigen; von ihr ging seit dem Zeitalter der Kreuzritter bis zur Gegenwart auch ein faszinierender Zauber aus. Zeugnis solcher Faszination ist das Werk des französischen Seemanns **Pierre Loti** (1850–1923). In seinem Buch *Die Entzauberten* (19) begeistert sich der Franzose für Istanbul und stellt sich die Frage, ob die türkische Kultur den Weg in die Moderne gehen könne, ohne ihren Zauber einzubüssen.

Zu den eindrücklichsten und schillerndsten Persönlichkeiten, die der Imperialismus hervorbrachte, gehört der Engländer **Thomas**

Edward Lawrence (1888–1935). Er wurde 1916 in die arabische Wüste entsandt, um die dortigen Aufstandsbewegungen gegen das Osmanische Reich zu koordinieren, und berichtete darüber im Klassiker *Die sieben Säulen der Weisheit* (20). Ein Land, das sich früh vom imperialistischen Zugriff zu befreien suchte, war China. Ein chinesischer Aufstand gegen die verhassten Ausländer wurde 1900 von einem europäischen Expeditionskorps niedergeschlagen. In der Zwischenkriegszeit wurde China zum Spielball imperialistischer und revolutionärer Kräfte, eine Auseinandersetzung, die der Franzose **André Malraux** (1901–1976) in seinem Roman *Die Eroberer* (21) eindrucksvoll dargestellt hat.

Das Deutsche Reich verlor, wie bereits erwähnt, nach dem Ersten Weltkrieg alle seine Kolonien. **Hans Grimm** (1875–1959), der während Jahren in Südafrika und in Namibia als Kaufmann und Journalist gearbeitet hatte, konnte sich mit diesem Verlust nicht abfinden und trat im Roman *Volk ohne Raum* (22) für die Expansion Deutschlands ein. Der Titel dieses Buchs wurde zu einem der wichtigsten Schlagwörter nationalsozialistischer Propaganda. Hitler war zwar an Überseegebieten nicht interessiert; aber sein Versuch, Europa der Herrschaft von Menschen germanischer Rasse zu unterwerfen, kann als besonders gewalttätiges Beispiel imperialistischer Binnenkolonisation verstanden werden.

18. Joseph Conrad, *Heart of Darkness* (1899)
Deutsch: *Herz der Finsternis* (1926)

Die Geschichte des europäischen Kolonialismus kennt viele Untaten und Verbrechen; aber selten ist ein Land in so kurzer Zeit so rücksichtslos ausgeraubt worden wie der «Freistaat» Belgisch-Kongo zwischen 1885 und 1908. Das riesige Gebiet im Herzen Afrikas war eine Privatkolonie des Königs Leopold II., des ehrgeizigsten und gierigsten Imperialisten seiner Zeit. Das Land lieferte zuerst Elfenbein, dann in grossen Mengen den begehrten Naturkautschuk, der für die Reifenherstellung verwendet wurde. Die einheimische Bevölkerung wurde zur Zwangsarbeit herangezogen, um Zugangswege durch den Urwald freizulegen, Bahnlinien zu bauen und Plantagen zu errichten. Wenn sich die Schwarzen den Anweisungen der weissen Handelsherren nicht fügten, wurden ihre Dörfer niedergebrannt; es wurden Geiseln genommen und Menschen gefoltert und massakriert. Man schätzt, dass zwischen 1885 und 1908 10 Millionen Afrikaner umgekommen sind – gleich viele Opfer, wie der Erste Weltkrieg sie forderte. Mit dem Erlös der Kolonie wurden die Prunkbauten des Fin de Siècle errichtet, die Brüssel heute schmücken. Der Rechtfertigung des brutalen Vorgehens diente eine Ideologie, welche philanthropische und wissenschaftliche Motive wie die Zivilisierung der «Wilden» und die Erkundung des Landes in den Vordergrund stellte. Lange blieb die Kolonialverwaltung rudimentär, da die weissen Händler und Söldner keine Lust verspürten, sich dauernd hier niederzulassen. Im Jahr 1904 wurden die gravierenden Missstände publik, als der englische Diplomat Roger Casement einen Rapport über den «Freistaat» Belgisch-Kongo veröffentlichte. Doch die Verhältnisse verbesserten sich erst dann etwas, als die Verwaltung der Kolonie durch den belgischen Staat übernommen wurde.

Im Jahr 1902 erschien Joseph Conrads Roman *Herz der Finsternis* in Buchform. Dessen Handlung spielt, ohne dass dies explizit gesagt wird, erkennbar in Belgisch-Kongo. Der Autor kannte diesen Teil Afrikas aus eigener Erfahrung, und er konnte sich bei der Niederschrift auf sein Reisetagebuch stützen. Der Roman gehört zu den bekanntesten und meistinterpretierten des Schriftstellers und zu den wichtigsten Zeugnissen, die wir zum Zeitalter des Imperialismus besitzen.

Joseph Conrad wurde 1857 als Józef Teodor Konrad Korzeniowski in Berdytschiw westlich von Kiew, im damaligen Polen, geboren. Sein Vater hatte in Petersburg studiert, arbeitete als Schriftsteller, Redaktor und Übersetzer und setzte sich für die Unabhängigkeit Polens von Russland ein, was ihm eine

Haftstrafe eintrug. Nach dem frühen Tod des Vaters kümmerte sich ein Onkel um die Erziehung des begabten Jungen. Trotz häufiger Ortswechsel und unterbrochener Schulbildung lernte Joseph Conrad rasch und las früh in polnischer und französischer Sprache klassische Literatur und Werke zu Geografie und Seefahrt. Er sei neunjährig gewesen, schreibt er in einer autobiografischen Skizze, als ihm bei der Betrachtung einer Afrika-Karte die weissen, unerforschten Flecken im Innern des Kontinents aufgefallen wären, und bereits damals habe er mit Bestimmtheit geäussert: «Wenn ich gross bin, gehe ich dorthin.» Im Alter von 17 Jahren unternahm er in Begleitung eines Tutors eine Reise in die Schweiz, von der wenig mehr bekannt ist, als dass er die Baustelle des Gotthardtunnels besichtigte.

Im Jahr 1874 reiste Conrad nach Marseille und unternahm, zuerst als Passagier, dann als Schiffsjunge und Steward, mehrere Reisen in die Karibik. In Marseille scheint er in schlechte Gesellschaft geraten zu sein und sich verschuldet zu haben. Er versuchte sich das Leben zu nehmen und trat dann in die englische Marine über. Seine erste grosse Reise führte ihn an Bord der «Duke of Sutherland» von London nach Sydney. In den folgenden Jahren bereiste er, die seemännische Karriereleiter bis zum Kapitän emporsteigend, vor allem den Malaiischen Archipel und den Indischen Ozean. Er überstand gefährliche Abenteuer und begegnete interessanten Menschen – Stoff genug für ein literarisches Œuvre, dessen Handlung meist in Übersee spielt. Joseph Conrads Romangestalten sind oft Aussenseiter oder werden es aus irgendeinem akzidentellen Anlass im Verlauf der Handlung. Sie haben die Wertvorstellungen der bürgerlichen Gesellschaft ihrer Zeit aufgegeben und sind zu Zivilisationsflüchtlingen geworden, die im Niemandsland zwischen angestammter und fremder Kultur leben. Dies gilt etwa von der Titelfigur von Conrads Erstlingsroman *Almayers Wahn*, einem holländischen Kaufmann, und es gilt auch vom Helden von Conrads bekanntestem Roman *Lord Jim*. Joseph Conrad zählt zu den wichtigsten Autoren der neueren englischen Literatur. Kenner stellen ihn neben D. H. Lawrence und James Joyce, was umso erstaunlicher ist, wenn man bedenkt, dass er sein Werk nicht in der Muttersprache verfasste.

Herz der Finsternis ist eine Rahmenerzählung. Es ist der erfahrene Kapitän Marlowe, der seinen Freunden an Bord einer Hochseejacht, die am Unterlauf der Themse ankert, die Geschichte seiner Kongoreise zum Besten gibt. Marlowe erzählt davon, wie er von der belgischen Handelskompanie den Auftrag bekommen hat, mit einem Dampfer den Kongo-Fluss hinaufzufahren und die unterbrochene Verbindung mit einem Agenten der Kompanie, dem geheimnisvollen Elfenbeinhändler Kurtz, wieder aufzunehmen. Über die Fragwürdigkeit des Kolonialismus und die Verlogenheit ihrer zivilisatorischen Begründung gibt sich Marlowe keinen Illusionen hin. «Die Eroberung der Erde», sagt er, «die meist nichts anderes bedeutet, als sie denen wegzunehmen, deren Haut eine andere Farbe hat oder deren Nase flacher ist als unsere eigene, ist keine schöne Sache, wenn man genau hinsieht.» Schon auf der Hinfahrt zur Kongomündung ereignet es sich, wie oft in diesem Roman, dass der Realität etwas Unwirkliches, Absurdes anhaftet. Man begegnet einem französischen Kriegsschiff, das seine Kanonen anscheinend grundlos gegen eine unbewohnte Küste abfeuert. «In der Unternehmung», schreibt Conrad, «lag eine Spur von Wahnsinn, in ihrem Anblick ein Hauch von kläglicher Komik, und diese Wahrnehmung wurde auch nicht zerstreut, als mir jemand an Bord ernsthaft versicherte, dort draussen gebe es ein Lager von Eingeborenen – er nannte sie Feinde! –, die sich irgendwo ausser Sichtweite verbargen.»

Auf der Reise flussaufwärts trifft Marlowe auf ausgezehrte und dem Tod geweihte schwarze Zwangsarbeiter, aber auch, mit diesem Bild grotesk kontrastierend, auf den Prokuristen der Handelsgesellschaft, einen elegant gekleideten Mann mit dem Federhalter hinter dem Ohr. Von ihm hört er zuerst vom Elfenbeinhändler Kurtz, einem sehr fähigen «Agenten Erster Klasse», der seinen Weg machen werde. Zu Land und zu Wasser stösst Marlowe landeinwärts vor, eskortiert von Eingeborenen, vorbei an Leichen und Spuren der Zerstörung, begleitet vom dumpfen Klang der Urwaldtrommeln. Durch die Angestellten der Handelskompagnie erfährt er immer wieder merkwürdig Unbestimmtes über Kurtz und sieht der Begegnung mit ihm voller Spannung entgegen. «Er ist», sagt ihm ein Angestellter, «ein Phänomen. Er ist der Sendbote der Menschenliebe, der Wissenschaft, des Fortschritts, und, weiss der Teufel, wovon noch.» Immer weiter dringt Marlowe ins Innere vor. Es wird eine Reise zurück in die Geschichte und zugleich zurück ins eigene Innere. «Den Fluss hinaufzufahren war», erzählt er seinen Freunden, «als reiste man zurück zu den frühesten Anfängen der Welt.»

Schliesslich trifft Marlowe auf den völlig entkräfteten, dem Tod geweihten Kurtz und vernimmt von einem russischen Händler Einzelheiten zu dessen Leben. Kurtz sei, erfährt er, voller Idealismus nach Afrika gezogen. Doch dann habe sich Ungeheuerliches ereignet. Kurtz sei, von der Gier nach Elfenbein getrieben, mordend und raubend durchs Land gezogen, er habe sich dunklen Leidenschaften ausgeliefert, sich an den orgiastischen Ritualen der Eingeborenen beteiligt und zu einem wie Gott verehrten Führer aufgeschwungen. Marlowe kann sich der Faszination, die Kurtz auf ihn ausübt, nicht entziehen und empfindet eine geheimnisvoll lockende innere Verwandtschaft zu jenen Wilden, denen Kurtz verfallen ist. Er gelangt bis an jene äusserste Grenze menschlicher Existenz, die Kurtz überschritten hat. Er erlebt, wie Kurtz stirbt und hört ihn seine letzten Worte sprechen: «Das Grauen! Das Grauen!» Krank kehrt Marlowe nach Europa zurück. Die europäischen Stadtbewohner, ihr Denken und Trachten, sind ihm fremd geworden. Er sucht die Verlobte von Kurtz auf, übergibt ihr ein Bündel mit Briefen aus dessen Nachlass. Auf die Frage der Frau, welches die letzten Worte von Kurtz gewesen seien, wagt Marlowe nicht, die Wahrheit zu sagen: «Das letzte Wort», lügt er, «das er aussprach, war Ihr Name.»

Hier endet der Erzähler. Marlowe hat nicht nur die Geschichte von Kurtz erzählt, sondern auch seine eigene. Wie oft in den Romanen von Joseph Conrad ist die Hauptfigur eine vielschichtige und widersprüchliche Persönlichkeit, die nicht in Schwarz-Weiss-Manier porträtiert werden kann – immer bleibt ein Rest von Geheimnis. Kein Wunder, dass der Roman, der zu der Zeit entstand, da Sigmund Freud in Wien seine Psychoanalyse entwickelte, immer wieder psychologisch gedeutet worden ist. Afrikanische Autoren haben sich von Conrad beeinflussen lassen, haben ihn aber auch kritisch gesehen und ihm, wie etwa der Nigerianer Chinua Achebe, sogar Rassismus vorgeworfen.

Joseph Conrads Roman steht am Anfang einer Reihe von kolonialkritischen Werken, die sich bis zu John le Carrés *Der ewige Gärtner* aus dem Jahr 2001 verlängern lässt. Ein Jahr vor Ausbruch des Ersten Weltkriegs reiste der Theologe und Arzt Albert Schweitzer an den Ogowe-Strom im damaligen Französisch-Äquatorialafrika, um in Lambarene sein berühmtes Spital zu gründen. Sein Entschluss entsprang einem ähnlichen Krisenbewusstsein, wie wir es bei Paul Valéry und Ortega y Gasset gefunden haben. Schweitzers Schilderung einer Flussfahrt landeinwärts erinnert an Conrads Roman. «Es ist uns», schreibt er, «als ob wir träumten. Vorsintflutliche Landschaften, die wir als Fantasiezeichnungen irgendwo gesehen haben, werden lebendig.» Im Jahr 1925 reiste der französische Schriftsteller André Gide in den Kongo. Sein Reisetagebuch ist kritisch, stellt aber die zivilisatorische Mission der Kolonialmacht Frankreich nicht infrage. Verschiedentlich bezieht sich Gide auf Joseph Conrads Roman. «Es ist ein bewunderungswürdiges Buch», schreibt er, «das auch heute noch gültig ist.» Noch im Jahr 1959 musste der englische Schriftsteller Graham Greene, ein guter

Kenner Westafrikas, wo mehrere seiner Romane spielen, feststellen, dass sich im Kongo seit den Zeiten Conrads wenig verändert habe.

Mehrmals haben sich Filmemacher von Conrad anregen lassen, so Francis Ford Coppola im Film *Apocalypse Now*, der zwar während des Vietnamkriegs spielt, aber das Thema von Conrads *Herz der Finsternis* abwandelt.

Für den Historiker bleibt *Herz der Finsternis* ein ausserordentliches Dokument. Als das Buch entstand, befand sich der Imperialismus in seiner Blüte. Kapital, Technik und Know-how strebten danach, in Übersee gewinnbringend eingesetzt zu werden: «Die Zivilisation», schrieb der englische Kolonialpropagandist James A. Froude damals, «schreitet voran mit der Geschwindigkeit der Eisenbahn.» Die Berichte von Reisenden aus Afrika stiessen auf breites Interesse, und Entdecker wie Stanley und Livingstone waren so bekannt wie die Astronauten Gagarin und Armstrong hundert Jahre später. Autoren, die damals nicht nur die Ausbeutung der Kolonien und die Fragwürdigkeit der Zivilisierungsideologie zu kritisieren wagten, sondern auch auf das Risiko hinwiesen, das der Kolonisator im Kontakt mit den Fremdkulturen einging, bildeten eine verschwindende Minderheit. Joseph Conrad ist einer von ihnen.

19. Pierre Loti, *Les Désenchantées* (1906)
Deutsch: *Die Entzauberten* (1912)

In den Bildergalerien, welche die Bürger der europäischen Kolonialmächte im 18. Jahrhundert in ihren Köpfen trugen, beanspruchte der Orient einen wichtigen Platz. Die Engländer blickten nach dem Vizekönigreich Indien, das sie ausbeuteten, dessen Faszinationskraft sie sich aber nicht entziehen konnten. Die Franzosen profitierten von ihren Handelsbeziehungen zur Levante, und der Zauber orientalischer Lebensform faszinierte auch sie. Im Zeitalter der Aufklärung kam der Orient recht eigentlich in Mode. Jean Chardin bereiste Persien, und Montesquieu verfasste, auf dessen Bericht gestützt, seine *Lettres persanes*. Lady Montagu, die Gattin eines britischen Botschafters, schrieb eine berühmte Schilderung über ihren Aufenthalt in Istanbul. Die französischen Maler porträtierten vornehme Pariserinnen in türkischer Kleidung und stellten deren Männer dar, wie sie auf geblümten Sofas sassen und ihre Wasserpfeifen rauchten. Auf dem Theater und in der Oper waren die «Turquerien» beliebt: Mozarts *Entführung aus dem Serail* spielt im Landhaus eines osmanischen Würdenträgers am Bosporus. Im 19. Jahrhundert war es der französische Maler Ingres, der diese Tradition mit den Bildnissen der Odalisken, nackter türkischer Haremsdamen, weiterführte, und Maler wie Delacroix, Manet oder Matisse wandten sich gern orientalischen Themen zu.

Soll man denjenigen unter den französischen Schriftstellern nennen, welcher diesen «Orientalismus» an der Wende zum 20. Jahrhunderts am überzeugendsten vertrat, muss man Pierre Loti nennen. Julien Viaud, wie er eigentlich hiess, wurde 1850 in Rochefort an der Atlantikküste geboren; sein Pseudonym wählte er nach dem Namen einer Blume, die sich auf Tahiti die Insulanerinnen ins Haar steckten. Die See lockte ihn, und er befuhr, vom Matrosen zum Kapitän aufsteigend, die Weltmeere. Die wichtigsten Stationen seiner Reisen waren Kleinasien und Nordafrika, der Senegal und Tahiti, China und Japan. Als groben Seebären darf man sich Loti nicht vorstellen, fiel er doch schon als Kind durch seine Sensibilität, eine Neigung zur Melancholie und ausgeprägte musische Begabung auf. Auf seinen Reisen führte er Tagebuch und hielt als talentierter Zeichner Land und Leute fest. Viele seiner Aufenthalte boten auch Stoff zu Büchern, die weite Verbreitung fanden. Deren Titel lassen erraten, wo die Handlung spielt: *Der Roman eines Spahis, Madame Chrysanthème, Islandfischer*. Pierre Loti war, nebenbei bemerkt, ein grosser Katzenliebhaber; das Kunsthaus

Zürich besitzt ein Porträt von ihm mit rotem Fez und Katze, das Henri Rousseau gemalt hat.

Das Land, das Pierre Loti am nächsten stand, war die Türkei, besonders Istanbul, wo er sich mehrmals und für längere Zeit aufhielt. Die Hauptstadt des Osmanischen Reichs und die Residenz des Sultans zählte damals gegen eine Million Einwohner, etwa 500 000 Türken, je 200 000 Armenier und Griechen, ferner Juden und eine stattliche Minderheit anderer Nationalitäten und Glaubensbekenntnisse. Dank ihrer beherrschenden Lage am Bosporus und ihrem vorzüglichen Hafen war und ist die Stadt von grosser strategischer und wirtschaftlicher Bedeutung, und viele europäische Länder unterhielten hier ihre diplomatischen Vertretungen. Doch das Osmanische Reich befand sich in einem Auflösungsprozess, und die europäischen Grossmächte waren begierig, den «alten Mann am Bosporus» zu beerben. Die türkischen Besitzungen auf der Balkanhalbinsel fielen ab, und im Innern wuchs die Opposition gegen Misswirtschaft und Korruption. Als Frankreich im Jahr 1877 ein Kriegsschiff zur Sicherung seiner Interessen am Bosporus stationierte, befand sich der Marineoffizier Pierre Loti an Bord.

Der Zauber des Orients scheint den Franzosen rasch erfasst zu haben. Er mietete eine Stadtwohnung, nahm Türkischstunden, kleidete sich türkisch, rauchte die Wasserpfeife und spielte mit dem Gedanken, Muslim zu werden. Ja, er ging noch einen Schritt weiter: Er verliebte sich in ein reizendes Mädchen, die Frau eines alten Geschäftsmannes. Doch das Ende der Liebesgeschichte war absehbar: Loti musste nach Frankreich zurückkehren, die Geliebte starb am gebrochenen Herzen. Es ist diese wahre Geschichte, die Pierre Loti in seinem ersten erfolgreichen Roman unter dem Titel *Aziyadé* erzählte. Das Buch ist eine Liebeserklärung an die Türkei. Das Bild, das der Autor von Istanbul und vom türkischen Alltag zeichnet, wirkt authentisch. Von der Schilderung des Frauenhauses, in dem seine Geliebte in strikter Abgeschlossenheit gehalten wird, geht ein melancholischer Zauber aus. Wenn Loti die Titelfigur beschreibt, die wenig sagt, aber gern lächelt, die sich elegant und lautlos bewegt, die sich in erlesene Stoffe kleidet und aufreizend parfümiert – dann gelingen ihm atmosphärisch dichte Schilderungen, in denen Erotik und Exotik sich verführerisch verbinden. Dabei spielt sich alles – hier wie in anderen von Lotis Romanen – vor einem dunklen Hintergrund des Geheimnisses, der Bedrohung und der Gefahr ab, und der Leser ahnt früh, dass diese Liebe keine Zukunft hat.

Der bedeutendste Türkei-Roman Pierre Lotis heisst *Les Désenchantées* und erschien 1906; eine deutsche Übersetzung, in der ganze Abschnitte einfach weggelassen wurden, kam unter dem Titel *Die Entzauberten* 1912 heraus. Die Handlung, inspiriert von einem späteren Istanbul-Aufenthalt Lotis vom Jahr 1903, ist rasch erzählt. Der erfolgreiche Schriftsteller André Lhéry, Lotis Alter Ego, erhält eines Tages an seinem Wohnsitz in Frankreich den Brief einer türkischen Verehrerin aus Istanbul, die seine Bücher gelesen hat. Die junge Dame heisst Djénane. Sie ist gebildet, schreibt perfekt Französisch, liest Baudelaire und spielt auf dem Klavier Chopin. Sie lebt in gehobenen Verhältnissen, aber in völliger Abgeschlossenheit, überwacht von schwarzen Dienern und Gouvernanten. Sie erhält Lhérys Antwortschreiben am Tag vor ihrer Verheiratung mit einem Mann, den sie weder kennt noch liebt.

Drei Jahre später, im Jahr 1904, erhält André Lhéry einen Posten als Attaché an der französischen Botschaft in Istanbul. Nicht seine berufliche Tätigkeit, sondern die Wiederbegegnung mit der geliebten Stadt, die er von einem früheren Aufenthalt her kennt, ist ihm wichtig. Die inzwischen verheiratete Djénane hat von seiner Ankunft erfahren, will ihn sehen und bittet um eine Zusammenkunft. Lhéry trifft Djénane, die zum heimlichen Rendezvous zwei ihrer Freundinnen, Zeyneb und Mélek, mitbringt. In den folgenden Monaten treffen sich Lhéry und die drei Damen immer wieder auf verschwiegenen Plätzen, auf Booten am Bosporus, in Parkanlagen. Allen diesen Begegnungen haftet der Reiz des Geheimnisvollen und Verbotenen an. Die Türkinnen, die in der strikten Isolation des Frauenhauses leben, überlisten ihre Wächter und treten immer in schwarzen Gewändern und verschleiert auf. Zuweilen wechselt man auch Briefe. In den Briefen und bei den Zusammenkünften ist vom Elend und der Verzweiflung der jungen Türkinnen die Rede, die in Unfreiheit existieren und die sich, da sie sich in der Liebe nicht verwirklichen können, in Traumwelten flüchten. «Man verheiratet uns ohne unser Einverständnis, so wie Schafe oder Stuten», heisst es in einem dieser Briefe. Lhéry und die drei Frauen kommen sich rasch näher. Djénane berichtet vom Unglück ihrer Ehe, und zwischen ihr und dem Attaché entsteht eine seltsame, melancholisch überschattete Vertrautheit, die nicht Liebe sein darf. Die drei Freundinnen bitten Lhéry, ein Buch zu schreiben und sich darin für die Emanzipation der türkischen Frau einzusetzen. Das Buch soll den Titel *Die Entzauberten* tragen.

Die Geschichte dieser Beziehung endet tragisch. Lhéry wird nach Frankreich zurückgerufen. Mélek stirbt vor einer Verheiratung, die sie nicht akzeptiert. Djénane enthüllt beim Abschied ihres französischen Geliebten erstmals ihr Antlitz und wirft ihm aus tränenfeuchten Augen einen letzten Blick zu.

Aus Frankreich übersendet der Schriftsteller Djénane einen ersten Teil seines Buchs. Ein Versuch Djénanes, sich von ihrem ungeliebten Mann zu trennen, schlägt fehl; sie nimmt Gift und stirbt. Es ist Zeyneb, die letzte der drei Türkinnen, die Lhéry den Brief nach Frankreich nachsendet, den Djénane sterbend an ihren Geliebten verfasst hat. Darin erinnert sie ihn an sein Versprechen, das Buch zu verfassen, und schreibt: «Sind Sie sich der Trostlosigkeit unseres Lebens wirklich bewusst geworden? Haben Sie begriffen, welches Verbrechen es ist, Frauen wie leblose Gegenstände zu behandeln und schlummernde Seelen aufzuwecken und dann zu zerbrechen, wenn sie auffliegen wollen? Sagen Sie es, dass unsere Existenzen wie im Sand versunken und einer langsamen Agonie ausgesetzt sind. Ja, sagen Sie das alles, damit wenigstens mein Tod meinen muslimischen Schwestern von Nutzen ist.»

Der heutige Leser mag Pierre Lotis Roman, einst ein Erfolgsbuch ersten Ranges, als sentimental oder gar als melodramatisch empfinden; doch das Buch bleibt glaubwürdig als psychologisch fein durchdachte Darstellung der tragischen Liebesbeziehung zwischen zwei Menschen verschiedener Kultur. André Lhéry, der elegante, etwas oberflächliche Vertreter der bürgerlich-europäischen Kultur, sucht in Istanbul das Abenteuer und die Wiederbelebung der Erinnerung an einen früheren Aufenthalt und an eine frühere Liebe. Er sucht beides vergebens, denn nicht nur er selbst, sondern auch Istanbul hat sich verändert und ist, wie der Autor schreibt, vom «bösen Hauch des Abendlandes» erfasst worden. Djénane ihrerseits, die westlich gebildete Frau, ahnt etwas von den Freiheiten, die der türkischen Frau versagt bleiben, kann sich aber zur resoluten Absage an ihre Kultur nicht entschliessen. Je mehr sie sich von ihren orientalischen Wurzeln zu emanzipieren sucht, desto mehr verliert sie den Reiz der Orientalin, den Lhéry bei ihr sucht.

War Pierre Loti ein Imperialist? Sicherlich freute er sich darüber, auf den Weltmeeren die Trikolore wehen zu sehen, und er war stolz auf das «Empire colonial», das ihm sein weltläufiges Leben ermöglicht hatte. Durch seine Bücher reich geworden, erweiterte er sein Haus in Rochefort um eine Moschee, eine japanische Pagode und einen türkischen Salon, wo er, exotisch kostümiert und an seiner Wasserpfeife saugend, Gäste empfing. Aber Pierre Loti war kein Hurra-Imperialist und keine Eroberernatur. Der französischen Kolonialdoktrin, die den unzivilisierten Eingeborenen zum freien französischen Citoyen emporzuheben

versprach, ohne je den Zeitpunkt zu nennen, an dem dieses Versprechen einge-
halten würde, misstraute er zutiefst. Mit Unbehagen und Skepsis verfolgte der
Zivilisationsflüchtling Loti, wie der europäische Industrialisierungsprozess auf
überseeische Kulturen übergriff und ihr historisches Erbe und ihren exotischen
Zauber zu zerstören begann. Dem Osmanischen Reich bewahrte Pierre Loti bis
zu dessen Ende seine unverbrüchliche Treue. Im Jahr 1910 hielt er sich wiederum in Istanbul auf, gab sich nachdenklichen Erinnerungen hin und schrieb ins
Tagebuch: «Ich sehe dem Ende des Sommers, dem Ende des Orients und meinem
eigenen Ende entgegen; so endet alles.»

20. Thomas Edward Lawrence, *The Seven Pillars of Wisdom* (1926)
Deutsch: *Die sieben Säulen der Weisheit* (1936)

Die Geschichte des britischen Empire ist reich an bedeutenden und eigenwilligen Persönlichkeiten. Eine der schillerndsten Figuren ist Thomas Edward Lawrence, der während des Ersten Weltkriegs im Vorderen Orient den Aufstand der Araber gegen das Osmanische Reich organisierte. Sein Buch *Die sieben Säulen der Weisheit*, ein literarisch wertvoller, historisch nicht immer zuverlässiger Bericht, machte ihn zu Lebzeiten in England bekannt. Weltweit berühmt wurde er durch den Film *Lawrence of Arabia* von David Lean mit Peter O'Toole in der Titelrolle. Der Film, der 1962 in die Kinos kam, zeichnet vor dem Hintergrund grossartiger Wüstenlandschaften das Bild eines exzentrischen Übermenschen, der sich mutig und selbstlos für die Freiheit der Araber einsetzt. Dieses Bild vereinfachte freilich sehr das Profil einer Persönlichkeit, deren Widersprüchlichkeit die Biografen bis heute beschäftigt und irritiert.

Zu Beginn des 20. Jahrhunderts befand sich das Osmanische Reich im Niedergang. Im 16. Jahrhundert hatte die Macht der Türken von Ungarn über den Balkan zum Persischen Golf und vom Vorderen Orient über Ägypten nach Tunesien gereicht. Drei Jahrhunderte später begann der Vielvölkerstaat zu zerfallen. Die imperialistischen Mächte England, Frankreich und Italien holten sich, was der Autorität des «kranken Mannes am Bosporus» entglitt: Ägypten, Tunesien, Libyen. England beherrschte Ägypten und den 1869 eröffneten Suezkanal. Die Kronkolonie Indien war nun auf dem Wasserweg rascher zu erreichen; zugleich aber trachtete man danach, den Landweg vom Vorderen Orient über den Irak und Persien zu kontrollieren. Im Juni 1916 rief Hussein, der Scherif von Mekka, zu einem Aufstand gegen die osmanische Oberhoheit auf. Dies kam den Engländern in doppelter Weise gelegen. Indem man Hussein im Freiheitskampf gegen die Türken unterstützte, erweiterte man den eigenen Einflussbereich nach Osten; zugleich eröffnete man eine zweite Front gegen Deutschland, das sich im Ersten Weltkrieg mit den Türken verbündet hatte.

Dies war die Stunde des T. E. Lawrence. Der junge Mann hatte in Oxford Geschichte und alte Sprachen studiert; dann hatte er bei archäologischen Grabungen am oberen Euphrat mitgewirkt. Dabei lernte er Arabisch und machte sich mit den Sitten und Gebräuchen der Wüstenbewohner vertraut. Nach Ausbruch des Ersten Weltkriegs wurde Lawrence als Nachrichtenoffizier zum Kommandostab der englischen Truppen in Kairo entsandt. Seine Aufgabe war es, das Gebiet östlich von Suez kartografisch aufzunehmen und Informationen über die türkische Besatzung in diesem Gebiet zu sammeln.

Im Oktober 1916 wurde Lawrence damit beauftragt, Verbindung zu den Anführern des arabischen Aufstands aufzunehmen. Er reiste auf die arabische Halbinsel und traf mit den Söhnen Husseins, Abdallah und Faisal, zusammen. In der Folge entwickelte er eine neuartige Taktik des Guerillakriegs. Die arabischen Aufständischen, wenig zuverlässige, schlecht ausgerüstete Stammeskrieger, waren nicht in der Lage, die Türken in offener Feldschlacht zu schlagen. Lawrence musste sich vielmehr damit begnügen, den Feind durch Überraschungsangriffe, bald da, bald dort, zu schädigen. Durch Überfälle und Sprengstoffattentate auf die Eisenbahn Damaskus–Medina versuchte er ferner, den feindlichen Nachschub lahmzulegen. Obwohl «Amir Dynamite», wie ihn die Araber nannten, über keine militärische Ausbildung verfügte, erwarb er sich den Respekt der Aufständischen. Er kleidete sich wie diese, passte sich ihrem Lebensstil an und zeigte einen Einsatz, der bis an die Grenzen menschlicher Leidensfähigkeit ging.

Im Juli 1917 fiel die türkische Hafenstadt Akaba. Lawrence hatte nun seine Guerilla-Aktionen mit einer gut ausgerüsteten Expeditionsarmee zu koordinieren, die unter dem Kommando von General Allenby stand und von Kairo aus nach Jerusalem vorstiess. Am 1. Oktober 1918 erreichte Lawrence mit seinen Beduinen Damaskus. Um sich gegenüber den Aufständischen für ihre im Grunde eher bescheidene Mithilfe erkenntlich zu zeigen, liess General Allenby die Araber vor den regulären britischen Truppen in die Stadt einmarschieren. Damit war der Aufstand in der Wüste abgeschlossen.

Schon jetzt zeigte sich freilich, dass die Freiheit, welche die Engländer den Arabern allenfalls zuzugestehen bereit waren, begrenzt war und deren Unabhängigkeit nicht einschloss. Bereits im Jahr 1916 hatten Franzosen und Engländer im Sykes-Picot-Geheimabkommen ihre gegenseitigen Interessensphären abgesprochen. Der Plan von Lawrence, unabhängige Königreiche unter der Herrschaft der Söhne von Hussein zu errichten, hatte in den Friedensverhandlungen von Versailles keine Chance. Es scheint auch, dass Lawrence für die Anliegen der Araber nicht so unmissverständlich eintrat, wie dies sein Bericht nahelegt.

Der Nahe Osten war nur ein Nebenschauplatz des Ersten Weltkriegs, und das Hauptverdienst am Sieg über die Türken fiel nicht Lawrence, sondern Allenby zu. Wenn man sich heute vor allem an Lawrence erinnert und wichtige weitere Akteure längst vergessen sind, so darum, weil sein Bericht *Die sieben*

Säulen der Weisheit gut geschrieben und spannend wie am ersten Tag zu lesen ist. Auf ähnliche Weise sicherte sich übrigens der junge Winston Churchill – ein Bewunderer von Lawrence – mit den Büchern über seine Beteiligung an Feldzügen in Indien und dem Sudan frühen Ruhm. Das Werk von Lawrence bezeugt jedoch nicht nur eine literarische Begabung, welche die Dramatik der Ereignisse wirkungsvoll zu inszenieren weiss. Zugleich schildert es die Leistung eines Tatmenschen, der in der Auseinandersetzung mit den Türken nicht nur seiner Nation dienen will, sondern sich durch den Kampf auch ein gesteigertes Bewusstsein seiner selbst zu verschaffen sucht. Schon das Vorwort des Buchs ist geprägt von einem heroisierenden Grundton. «Jahre hindurch», beginnt Lawrence, «lebten wir, aufeinander angewiesen, in der nackten Wüste unter einem mitleidlosen Himmel. Tagsüber brachte die brennende Sonne unser Blut in Gärung, und der peitschende Wind verwirrte unsere Sinne. Des Nachts durchnässte uns der Tau, und das Schweigen unzähliger Sterne liess uns erschauernd unsere Winzigkeit fühlen. Wir waren eine ganz auf uns selbst gestellte Truppe, ohne Geschlossenheit oder Schulung, ganz der Freiheit zugeschworen, dem zweiten der Glaubenssätze des Mannes – ein so verzehrendes Ziel, dass es alle unsere Kräfte verschlang, eine so erhabene Hoffnung, dass vor ihrem Glanz all unser früheres Trachten verblasste.»

Es ist oft gesagt worden, dass der Einsatz von Lawrence für die arabische Sache eine Neigung zum Masochismus verrät. Über einen Ritt in der Hochofenglut des Wüstenwindes Chamsin schreibt Lawrence: «Aber ich für mein Teil liebte diesen Chamsin fast, da seine Martern mit einer überlegten und wohl berechneten Tücke gegen den Menschen anzukämpfen schienen und es etwas Aufmunterndes hatte, ihm direkt entgegenzutreten, seine Kraft herauszufordern und seine Gewalt zu übertrumpfen.» Berühmt ist die Stelle, wo Lawrence die Geschichte seiner Gefangennahme, den Vergewaltigungsversuch durch einen Türken, die Folterung und seine Flucht beschreibt. Fast möchte man meinen, Lawrence berausche sich am Ungeheuerlichen des Erlebnisses, wenn er schreibt: «Dann beugte der Bej sich über mich, schlug seine Zähne in meinen Hals und biss, bis das Blut kam. Darauf küsste er mich. Dann liess er sich von einem der Leute ein Bajonett geben. Ich glaubte, dass er mich töten wollte und wurde sehr traurig.» Überhaupt neigt Lawrence zu martialischen Schilderungen, deren Glaubwürdigkeit durch andere Quellen nicht immer erhärtet ist. So berichtet er etwa, wie er, von Rachedurst getrieben, den Befehl gegeben habe, keine Gefangenen zu machen. «In blinder Raserei», schreibt er, «erweckt durch die Greuel von Tafas, töteten und töteten wir, zerschlugen selbst noch die Köpfe der Gefangenen, stachen Tiere nieder, als könnten nur Tod und rinnendes Blut unseren Schmerz lindern.»

Neben solchen Passagen finden sich in den *Sieben Säulen der Weisheit* auch detaillierte, wissenschaftlich genaue Beschreibungen von arabischen Sitten und Gebräuchen – man ist hier sehr weit vom aufgesetzten Exotismus von Karl Mays *Durch die Wüste* entfernt. Und es finden sich Textstellen, die zeigen, dass der Autor gelegentlich am Sinn seines Kampfes zweifelte und sein Engagement kritisch hinterfragte. So möchte Lawrence sein Verständnis der arabischen Fremdkultur so weit wie möglich vorantreiben, muss sich aber immer wieder eingestehen, dass ihm der Zugang zuletzt verwehrt bleibt. An seinem dreissigsten Geburtstag zweifelt er an sich selbst und gibt sich Rechenschaft von der Gespaltenheit seines Wesens. «Wenn ich mit Menschen zusammen war», schreibt er, «hatte ich immer das Gefühl, nicht ich selbst zu sein. Das führte zu einem Sichbemühen, der Untugend des Dilettanten, der um die Kunst herumtappt. So wie ich meinen Krieg übergenau ausgedacht hatte, weil ich kein Soldat war, so hatte ich meine Taten übergenau ausgearbeitet, weil ich kein Mann der Tat war. Es waren sehr bewusste Versuche, und mein Ich stand abseits als kritischer Zuschauer.» Selbstzweifel dieser Art befallen ihn immer wieder, und sein Ehrgeiz und seine Sehnsucht nach Ruhm erscheinen ihm dann als fragwürdige Triebkräfte des Handelns. «Aber mein Gefühl für die Verkehrtheit meiner und der arabischen Situation», schreibt er, «hatte mich von meinem unreifen Ehrgeiz geheilt, jedoch mir die Sehnsucht nach einem guten Ruf unter den Menschen belassen.»

Nach seinem Einsatz in den Reihen der arabischen Aufständischen war Lawrence noch kurze Zeit als Berater im Kolonialministerium tätig. Ein amerikanischer Journalist und ein englischer Impresario hatten dafür gesorgt, dass die Taten des Wüstenkämpfers bekannt wurden: Der Mythos des *Lawrence of Arabia* entstand. Doch Lawrence wollte nicht, wie er sich ausdrückte, zum Helden einer «Wildwestshow» werden. Ihn drängte es, seiner Existenz auf andere Weise Glaubwürdigkeit zu verschaffen. Unter falschem Namen diente er als gewöhnlicher Soldat einige Jahre bei der Flieger- und Panzertruppe. Während dieser Zeit verfasste er eine Übersetzung von Homers *Odyssee* und feilte an seinem Hauptwerk. Im Jahr 1926 erschien die erste Ausgabe der *Sieben Säulen der Weisheit* und kurz darauf eine sehr erfolgreiche Kurzfassung unter dem Titel *Der Aufstand in der Wüste*. Im Februar 1935 wurde Lawrence aus dem Militärdienst entlassen. Im Mai desselben Jahres verunglückte er mit seinem Motorrad tödlich. Er war 47 Jahre alt.

Thomas Edward Lawrence gehört zu jenen Gestalten der Geschichte, von denen sich mit Schiller sagen lässt: «Von der Parteien Gunst und Hass verwirrt / Schwankt sein Charakterbild in der Geschichte.» Der Schriftsteller George Bernard Shaw bewunderte ihn und verewigte ihn in einem seiner Theaterstücke; der Historiker Hugh Trevor-Roper nannte ihn fünfzig Jahre später einen «Scharlatan, Schwindler und Fantasten». *Die Sieben Säulen der Weisheit* stehen wie ein erratischer Block in der grossen Tradition englischer Kriegs- und Reiseberichterstattung. Mit dem chauvinistischen Hurra-Imperialismus, der die europäischen Grossmächte vor dem Ersten Weltkrieg heimsuchte, hat das Buch, schon seiner literarischen Bedeutung wegen, wenig zu schaffen. Weit eher erscheint das gewaltige Werk aus heutiger Sicht als Abgesang auf ein Britisches Empire, das seinen Zenit bereits überschritten hatte. Es bedurfte noch eines weiteren Weltkriegs, um dem Imperialismus den Todesstoss zu versetzen.

21. André Malraux, *Les Conquérants* (1928)
Deutsch: *Die Eroberer* (1929)

Das aktive Leben von André Malraux begann mit einem Tempelraub, und es endete mit einem Ministerposten. An vielen grossen Ereignissen der Geschichte seines Jahrhunderts war der Schriftsteller beteiligt. Er gehörte zu den Wegbereitern des Antikolonialismus in Asien. Er kämpfte im Spanischen Bürgerkrieg aufseiten der Republikaner gegen den Diktator Franco. Während der Besetzung Frankreichs durch Hitler-Deutschland ging er zur Résistance und übernahm das Kommando über den Widerstand im Zentralmassiv. Er war Kulturminister zwischen 1959 und 1969 und unterstützte den Staatspräsidenten de Gaulle bei der Lösung des Algerienproblems und während der Turbulenzen der Studentenrevolte von 1968. Die drei grossen Romane, die Malraux schrieb, *Die Eroberer*, *So lebt der Mensch* und *Die Hoffnung* sind wichtige, wenn auch historisch nicht immer zuverlässige Zeugnisse eines politisch engagierten Menschen. In seinen autobiografischen Schriften und persönlichen Verlautbarungen neigte Malraux dazu, seine geschichtliche Bedeutung mystisch zu überhöhen – so sehr, dass einer seiner Kritiker, Henning Ritter, maliziös meinte, mit jeder neuen Biografie, die über ihn publiziert würde, erscheine seine Persönlichkeit etwas kleiner. Die Neigung von Malraux, sich selbst zu Lebzeiten als historische Gestalt wahrzunehmen, erinnert an T. E. Lawrence, den der Franzose auch sehr bewunderte.

Im Jahr 1924 entging André Malraux nur dank der Fürsprache seiner Pariser Freunde einer Gefängnisstrafe. Er war in die französische Kolonie Indochina, die sich aus den heutigen Ländern Vietnam, Laos und Kambodscha zusammensetzte, gereist. Sein Plan war, Tempelreliefs der Khmer-Kultur zu stehlen und an Kunstliebhaber zu verkaufen. Doch dieses Abenteuer misslang, und Malraux machte unliebsame Bekanntschaft mit den Kolonialbehörden. Im folgenden Jahr kehrte er nach Saigon zurück und gründete mit Gleichgesinnten zwei Zeitungen, welche die Schwächen des französischen Kolonialsystems in Indochina kritisierten und für die Emanzipation der einheimischen Bevölkerung eintraten. Dabei kam er in Kontakt mit einheimischen Intellektuellen und gab sich Rechenschaft über den revolutionären Umbruch, der sich in Asien anbahnte.

In China hatte der letzte Kaiser der Mandschu-Dynastie 1912 abgedankt. Der Arzt Sun Yat-Sen, der in Hawaii und in der englischen Kronkolonie Hongkong studiert hatte und mit dem liberalen Ideengut Westeuropas bekannt geworden war, hatte die Kuomintang, die Nationale Volkspartei, gegründet. Mit dieser Partei suchte er die dringend notwendigen politischen und sozialen Reformen im Sinne einer Demokratisierung voranzutreiben. Nach dem Ersten Weltkrieg hatte China eine Delegation an die Pariser Friedensverhandlungen entsandt, in der Hoffnung, die Souveränität des Landes gegenüber den europäischen Handelsniederlassungen zurückzugewinnen. Diesem Anliegen waren die westlichen Siegermächte mit verletzender Indifferenz begegnet. China suchte und fand Unterstützung beim Nachbarn Russland. Hier war nach der Oktoberrevolution von 1917 ein kommunistisches Regime an die Macht gekommen, das den kolonialen Imperialismus zu bekämpfen versprach. In den 1920er-Jahren entsandte Moskau Politkommissare nach China, die den Aufbau der chinesischen kommunistischen Partei unterstützen sollten. Die Kuomintang und die Kommunistische Partei Chinas bildeten eine Einheitsfront, die ein doppeltes Ziel hatte: die innere Befriedung Chinas und dessen gesellschaftliche Reform sowie den Kampf gegen die Niederlassungen der europäischen Kolonialmächte längs der Küste.

Im Jahr 1925 starb Sun Yat-sen, und die Kuomintang spaltete sich in einen rechten und in einen linken Flügel. In Kanton wurde die Nationalregierung der Republik China gegründet. Man baute eine revolutionäre Armee auf, die unter dem Kommando von General Chiang Kai-shek stand. Im Jahr 1926 brach Chiang Kai-shek nach Nordchina auf, um die «War Lords», Gewaltherrscher, die weite Regionen des riesigen Reichs besetzt hielten, zu besiegen.

Die Vorgänge in China fanden in der französischen Kolonie Indochina ein starkes Echo. Der Vietnamese Ho Chi Minh war, ähnlich wie Sun Yat-Sen, mit liberalem westlichem Ideengut in Berührung gekommen. In Frankreich machte er die Erfahrung, dass die Grundsätze der Französischen Revolution ihre Gültigkeit verloren, sobald es um die koloniale Frage ging. Er schloss sich den Kommunisten an und reiste 1923 nach Moskau, um sich ideologisch weiterzubilden. Zwei Jahre später wurde er nach China entsandt, mit der Aufgabe, die Ausbreitung des Kommunismus in Südostasien voranzutreiben.

André Malraux kehrte 1926, nachdem er sich noch kurze Zeit in Südchina aufgehalten hatte, nach Frankreich zurück. Dass der Schriftsteller an der Seite der revolutionären Kräfte in China mitgekämpft habe, ist eine Legende, der sich Malraux im persönlichen Gespräch freilich nie widersetzte. Sicher war er über die Vorgänge in China durch Augenzeugen bestens informiert. Daraus erklärt sich der hohe Grad an Authentizität, den man Malraux' erstem Roman, *Die Eroberer*, zuerkennen muss.

Das Buch erschien im Jahr 1928. Es spielt in Kanton, dem heutigen Guangzhou, Chinas «Tor zum Süden». Streiks und Unruhen bestimmten zu dieser Zeit den chinesischen Alltag. Der Erzähler reist in die Hafenstadt und trifft dort auf die führenden Vertreter der revolutionären Bewegung. Es sind dies die folgenden Gestalten: Garin, der Propagandachef des linken Flügels der Kuomintang; Borodin, der Abgesandte der Kommunistischen Internationalen; der Polizeikommissar Nikolajeff; der einflussreiche Gelehrte Tscheng-Dai und der Terrorist Hong. Malraux' Roman gibt eine Art von Typenlehre des politischen Verhaltens, die zeigen soll, wie Individuen unterschiedlicher Art und Befähigung angesichts eines schicksalhaften geschichtlichen Geschehens reagieren. Der Terrorist Hong, aus einfachsten Verhältnissen stammend, tötet aus blindem, anarchistischem Hass auf die Gesellschaft und ohne ein weiterführendes Ziel. Borodin lässt ihn dann auch umbringen, sobald er nicht mehr von Nutzen ist. Tscheng-Dai repräsentiert den rechten Flügel der Kuomintang. Er ist ein alter Mann, der bei denen, die ihn kennen, wegen seiner Selbstlosigkeit hoch geachtet ist. Er verkennt nicht die Notwendigkeit von Reformen, beharrt aber darauf, dass sie sich an einem humanen Menschenbild orientieren und, ähnlich wie in Gandhis Indien, auf dem Weg der Gewaltlosigkeit verwirklicht werden. Nicolajeff, erst Agent der zaristischen, dann der sowjetischen Geheimpolizei, ist der Typus des gewissenlosen Funktionärs, geistig beschränkt, aber zuverlässig. Borodin, eine historische Figur, verkörpert den überzeugten Kommunisten, der in der Geschichte eine soziale Heilsgeschichte sieht und in sich selbst ein williges Instrument höherer Vernunft.

Am ausführlichsten hat sich André Malraux mit der Figur von Garin auseinandergesetzt, die ihm selbst fraglos am nächsten steht. Garin ist mütterlicherseits russischer Herkunft und in gutbürgerlichen Verhältnissen in Genf aufgewachsen. Dort ist er in einem Abtreibungsprozess schuldig gesprochen worden, hat den Glauben an die bürgerliche Gesellschaft verloren und ist Kommunist geworden. Der Erzähler ist in Europa mit Garin befreundet gewesen und begegnet ihm nun in Kanton wieder, wo er zum Propagandachef der revolutionären Kräfte ernannt worden ist. Garin ist, obwohl schwer erkrankt und dem Tode nahe, ein initiativer und erfolgreicher Propagandachef, der es verstanden hat, die fatalistische Passivität der chinesischen Arbeiterschaft zu überwinden und sie für die Revolution zu gewinnen. Er hat, wie Malraux es formuliert, dem «Kuli erstmals das Bewusstsein seiner Existenz» verschafft.

In mehreren Gesprächen mit seinem alten Freund macht der Propaganda-chef die Motive seines Handelns deutlich. Garin ist ein Mann der Tat. Er ge-niesst das Gefühl der eigenen Macht, sie gibt ihm das Bewusstsein einer Selbst-befreiung, und durch sie erhält die als absurd empfundene Welt einen Sinn. «Meine Aktion», sagt Garin, «macht mich gleichgültig gegen alles, was nicht sie selber ist.» Er gleicht dem Übermenschen Nietzsches, der sich von religiösen und ideologischen Motivationen und Zielen losgesagt hat. Sein Heroismus der Tat setzt sich nicht zum Ziel, die klassenlose Gesellschaft herbeizuführen, son-dern genügt im Grunde sich selbst. Daher ist er letztlich für den Kommunismus nicht zu gebrauchen. Nicolajeff und Borodin erkennen dies genau. «Seine Zeit», sagt Nicolajeff, «ist vorüber. Gewiss, Leute seines Schlages sind eine Weile lang nützlich. Jetzt aber steht die Rote Armee bereit, und in wenigen Tagen wird Hongkong besiegt sein. Wir brauchen Menschen, die sich besser vergessen kön-nen als er.» Und weiter: «Er ist kein Kommunist, das ist's. Mir persönlich ist das gleich, aber Borodin denkt nur logisch: Es gibt keinen Platz im Kommunismus für denjenigen, der zuerst sich selbst sein will, der losgelöst von den andern existieren will.» Auch wenn Garin in den Augen seiner Mitstreiter kein Kommu-nist ist, bezieht er doch Partei; denn er stellt sich auf die Seite der Erniedrigten und Beleidigten dieser Erde, deren Würde er wiederherzustellen sucht. Es ist diese Art von solidarischem Humanismus, die Garin von den Klassenkämpfern trennt, deren Zweck die Mittel heiligt. Der russische Revolutionsführer Leo Trotzki hat in seiner Kritik des Romans *Die Eroberer* dem Autor vorgeworfen, er stelle die historische Realität nicht im Sinne der marxistischen Dialektik dar. Worauf Malraux antwortete, er habe keine Revolutionschronik verfassen, son-dern sich seine schöpferische Freiheit bewahren wollen.

Die chinesische Revolution, man weiss es heute, verlief nicht mit so ziel-strebiger Logik, wie Malraux' Romangestalten es sich erhofften. Es gelang Chiang Kai-shek zwar, weite Teile des Landes zu befrieden und nach 1927 eine einigermassen stabile Zentralregierung mit Sitz in Nanking zu schaffen. Doch sein Regime verlor den revolutionären Schwung, wandte sich gegen die Kom-munisten und wurde mehr und mehr zu einer Militärdiktatur, die das Vertrauen der Bevölkerung verspielte. Die für das Schicksal des Landes entscheidende Landreform unterblieb. Dies war die Stunde des Mao Zedong. Ihm gelang es, 1934/35 im berühmten Langen Marsch aus der Defensive heraus eine Wende herbeizuführen. Noch hatte China einen Konflikt mit Japan und einen blutigen Bürgerkrieg zu überstehen. Im Oktober 1949 rief Mao auf dem Platz des Himmlischen Friedens die Volksrepublik China aus. Chiang Kai-shek floh wenig später mit seinen Gefolgsleuten auf die Insel Taiwan.

Vierzig Jahre nach den in *Die Eroberer* geschilderten Ereignissen traf André Malraux, nun französischer Kulturminister, in Peking mit Mao Zedong zusammen. Der Franzose hat das Gespräch, das er mit dem Chinesen führte, in seinen Memoiren, denen er den Titel *Antimémoires* gab, aufgezeichnet – ein Text, der dem Ereignis eine Bedeutung verleiht, die es für Mao kaum gehabt haben dürfte.

Die Figuren, die Malraux in seinen *Eroberern* auftreten lässt, sind uns heute, fast hundert Jahre später und nach dem Zerfall der Sowjetunion, merkwürdig fremd geworden. Der Roman aber behält seine Bedeutung als frühes Zeugnis eines Europäers, der seinen Blick über die Grenzen des eigenen Kontinents hinausgerichtet, sich ernsthaft für Asien interessiert und China als kommende Weltmacht wahrgenommen hat. «Es sind nicht mehr Europa und die Vergangenheit», schrieb Malraux im Jahr 1926, «die Frankreich zu Beginn dieses Jahrhunderts heimsuchen; es ist die Welt, die Europa heimsucht, die Welt mit ihrer ganzen Gegenwart und ihrer ganzen Vergangenheit.»

Nach dem Krieg wurde Malraux zum engen Weggefährten des Generals Charles de Gaulle. Der Sympathisant des Kommunismus wandelte sich zum Nationalisten. «Ich habe Frankreich geheiratet», berichtet er in seinen *Antimemoiren*, «wie man verschiedene Geliebte hat und sich dann für die Ehe entscheidet.» De Gaulle, der es liebte, Schriftsteller in seiner Nähe zu wissen, schreibt in seinen *Memoiren*: «Die Gegenwart dieses genialen Freundes und hochgestimmten Geistes an meiner Seite gibt mir das Gefühl, dass ich vor dem Gewöhnlichen geschützt bin. Die Vorstellung, die sich dieser unvergleichliche Zeitzeuge von mir macht, trägt dazu bei, mich zu stärken.»

Im Alter befasste sich Malraux mit Arbeiten zur Kunstgeschichte und Kunstphilosophie, die ein rasch verhallendes Echo fanden. Geschwächt durch Alter und Krankheit, aber im vollen Bewusstsein seiner historischen Bedeutung, starb 1976 mit André Malraux ein Schriftsteller, der von seinem Werk sagen konnte: «Die Geschichte ist im Begriff dem zu ähneln, was in meinen Büchern steht.»

22. Hans Grimm, *Volk ohne Raum* (1926)

Dies ist ein dicker Schmöker, den niemand mehr liest, und auch der Berichterstatter gesteht, ihn nur mit grosser Mühe gelesen zu haben. Doch als das Buch
erschien, wurde es rasch zum Bestseller und lieferte dem Nationalsozialismus
eines seiner gefährlichsten Schlagworte: *Volk ohne Raum*. Im Dritten Reich
wurden rund 600 000 Exemplare des Werks abgesetzt, und einer der damals
massgebenden Literaturkritiker, Paul Fechter, schrieb lapidar: «Ein Roman, nicht
sosehr des deutschen Lebens als des deutschen Schicksals, steht hier da.» Auch
im deutschsprachigen Ausland fand das Buch seine Leser. Im Jahr 1934 widmete
der später hochberühmte Germanist Emil Staiger dem Werk seine Probevorle-
sung an der Universität Zürich.

Hans Grimms Roman erzählt in vier Teilen und auf 1300 Seiten die Lebens-
geschichte des Cornelius Friebott in den Jahren zwischen 1887 und 1923. Das
Buch beginnt mit dem Geläut einer kleinen Klosterkirche in Hessen, wo der
Autor an seinem Buch arbeitet. Das Geläut, so stellt es sich der Autor vor, wider-
hallt im ganzen Deutschen Reich, «zwischen Maas und Memel und zwischen
Königsau und Etsch». Der gewaltige Glockenschall soll Deutschland aus langem
Schlaf erwecken zu einem neuen Leben; er soll den Deutschen bewusst machen,
welch grosses Schicksal auf sie wartet. «Der deutsche Mensch», schreibt Grimm,
indem er sich einleitend an seine Leser wendet, «braucht Raum um sich und
Sonne über sich und Freiheit in sich, um gut und schön zu werden. Soll er bald
zwei Jahrtausende umsonst darauf gehofft haben?» Und er fährt fort: «Es gibt
eine Sklavennot der Enge, daraus unverzwungene Leiber und Seelen nie mehr
wachsen können. Ich aber, mein Freund, ich weiss, dass meine Kinder und mein
Geschlecht und das deutsche Volk ein und dasselbe sind und ein Schicksal tragen müssen.» Das ist die mit viel Pathos vorgetragene Erweckungsbotschaft, die
der Schriftsteller seinem Roman voranstellt und die er sein ganzes Leben lang
zu verkünden nicht müde geworden ist. Das Buch erschien im Jahr 1926. Es war
dies eine günstige Zeit für solche Botschaften. Kurz zuvor war Adolf Hitler aus
seiner Festungshaft in Landsberg entlassen worden und hatte seine Partei neu
gegründet.

Hans Grimm erzählt die Geschichte von Cornelius Friebott, dem Sohn eines Kleinbauern aus dem Weserland, der nach einer Lehre als Schreiner der hei-
matlichen Enge entflieht. «Deutschland allein», sagt sich Friebott, «ist zu klein
geworden für uns, und dagegen ist die Welt gross genug für alle.» Der junge

Deutsche will durch sein Beispiel zeigen, was Deutschland draussen in der Welt leisten kann und zu leisten bereit ist. Er ist davon überzeugt, dass sein Vaterland hinter jener Weltgeltung zurückbleibt, die das Schicksal ihm vorbestimmt hat. Neidvoll blickt er auf England und dessen Empire und träumt von einem Deutschland, das sich eines Tages gleichwertig an die Seite der grossen Seemacht stellen werde.

Nach dem Militärdienst reist Cornelius Friebott nach Südafrika. Vergeblich sucht er nach Arbeit und muss feststellen, wie gering der Deutsche im Ausland geachtet ist. Er sieht sich in seinen Vorurteilen gegen die Engländer bestätigt und entschliesst sich, mit einem Kontingent von Landsleuten aufseiten der Buren gegen die Engländer in den Krieg zu ziehen. Der Burenkrieg, den die Nachfahren holländischer Pioniersiedler zwischen 1880 und 1902 gegen die Engländer führten, fand damals in Europa grosse Beachtung. In Deutschland ergriff man leidenschaftlich Partei für die Buren. Cornelius Friebott nimmt an einem Gefecht teil, gerät in englische Gefangenschaft und wird auf der Insel Sankt Helena interniert. Er sucht nach seiner Freilassung in Kapstadt Arbeit und sieht sich erneut Diskriminierungen ausgesetzt. Dann macht er sich auf nach Südwestafrika, dem heutigen Namibia, wo der Bremer Überseekaufmann Lüderitz 1883 Land gekauft und das Deutsche Reich die «Schutzherrschaft» übernommen hatte. Es war keine friedliche Kolonisation, was sich dort abspielte. Nach 1900 wurde gegen das einheimische Volk der Herero und seine Nachbarn ein gnadenloser Krieg geführt, der zuletzt den Charakter eines Genozids annahm.

Cornelius Friebott schliesst sich 1908 dem Feldzug des preussischen Hauptmanns Friedrich von Erckert gegen das Volk der Nami an. In mehreren Gesprächen zwischen Erckert und Friebott ist von der Rolle Deutschlands in der Welt die Rede. Friebott entwickelt seine Vision von Deutschlands Zukunft. Dabei wagt er Erckert vorzuwerfen, dass die deutsche Aristokratie es versäumt habe, die ihr zugedachte Führungsrolle zu übernehmen. Deutschland bedürfe nun einer neuen Führergestalt, die in der Lage sei, die Massen der unteren sozialen Schichten in die Zukunft zu führen. Friedrich von Erckert kommt beim Feldzug ums Leben und wird mit militärischen Ehren beigesetzt; von den getöteten Eingeborenen ist nicht weiter die Rede. Dagegen wird eine Denkschrift des Hauptmanns verlesen, in welcher der Idealtyp des deutschen Kolonisators so beschrieben wird: «In erster Linie die grösste Selbstachtung. Nichts Gemeines tun, Leib und Seele reinhalten. Sich stets beherrschen; selbstlos, heiter und mutig sein. Sich sagen, dass eine gerade aufrechte Haltung auch die Äusserung einer geraden, aufrechten Seele ist.»

Nach dem Ersten Weltkrieg gelangte Südwestafrika als Mandatsgebiet des Völkerbunds an England. Auch alle anderen Kolonien gingen verloren, auch solche, die bis zum Schluss Widerstand geleistet hatten. Friebott gelingt die Flucht, und er gelangt auf abenteuerlichen Wegen zurück nach Deutschland. Die Niederlage im Krieg und das erste Nachkriegsjahr mit den innenpolitischen Unruhen und dem als ungerecht empfundenen Versailler Frieden wird von Hans Grimm in düstersten Farben und in altertümelnder Sprache so geschildert: «Es ist jetzt das Jahr, in dem sich so Ungeheuerliches erfüllte, dass das schwere Weinen von Hunderttausenden von Menschen unbeachtlich wurde und dass das deutsche Leiden der Einzelnen in der Welt als ein völliges Nichts erschien, ein so gleichgültiges Nichts wie irgendeines Schmetterlinges Not. Es ist jetzt das Jahr, in dem die Ausführung des Friedensvertrages begann mit der Abtretung der altdeutschen Länder, mit der schwarzen Schmach, mit der Auslieferungsliste. Es ist jetzt das Jahr, in dem die lange Saat der marxistischen Lehre und der fremden geistigen Gängelung, die beide seit einem Menschenalter eine wirklich freiheitliche Bewegung im Deutschen Reiche verhindert hatten, aufging und der deutschen Arbeiterschaft und dem deutschen Volke furchtbares Unheil zu tragen begann, wenn sie es beide auch noch nicht begreifen wollten.»

In Deutschland heiratet Cornelius Friebott und zieht mit seiner Frau als Wanderprediger durchs Land. In seinen Reden spricht er von seinen enttäuschten Hoffnungen und Visionen, von der Enge Deutschlands, von der Grösse, die Deutschland zustehe, und von einem künftigen Führer, der diese Grösse verkörpern müsse. «Da die», sagt er, «die die Führerschaft jeweils hielten, sich immer wieder davon abbringen liessen, zu Deutschland zu führen, zum Deutschland für alle Deutschen, muss der neue Weg gefunden werden, darauf sich Führer und Volk begegnen können, und darauf kommt es zuerst an, dass er genannt ist.» Doch Friebott kann seine Mission nicht vollenden: Er wird bei einem Auftritt durch den Steinwurf eines politischen Gegners getroffen und stirbt.

Gegen Schluss des Buchs tritt der Autor Hans Grimm selbst auf. Er erzählt, wie er Cornelius Friebott vor vielen Jahren in Südwestafrika begegnet sei und sich entschlossen habe, dessen Lebensgeschichte aufzuzeichnen. Der Autor kannte Südafrika gut, war er doch zwischen 1897 und 1908 als Kaufmann dort tätig gewesen. Während des Ersten Weltkriegs wurde er wegen seiner Englischkenntnisse in der Auslandsabteilung der Obersten Heeresleitung beschäftigt.

Die deutsche Niederlage traf ihn tief, den Verlust der Kolonien konnte er nie verwinden, den Versailler Friedensvertrag lehnte er vehement ab. Er zog sich mit seiner Familie nach Lippoldsberg an der Weser zurück und verfasste dort neben seinem Hauptwerk *Volk ohne Raum* eine Reihe von sehr populären, nostalgisch verklärten Büchern mit Erzählungen, die in Deutsch-Südwestafrika spielen.

Volk ohne Raum, die «Bibel des Deutschtums», wie Kurt Tucholsky das Buch spöttisch genannt hat, ist ein langfädiges, sentimentales, pathetisches und wirres Machwerk. In ihm findet sich das ganze Arsenal von unausgegorenen und antidemokratischen Ideen versammelt, welche die Geisteshaltung bestimmten, auf denen Adolf Hitler seine Propaganda aufbauen konnte: die Ressentiments nach dem verlorenen Krieg, die Berufung auf deutsches Volkstum als Widerpart zum drohenden Sozialismus, der Glaube an die Überlegenheit der deutschen Rasse. Es gibt Passagen in diesem Buch, in denen der geifernde, apodiktische Tonfall der Führerrhetorik vorweggenommen wird. Gewiss stand Hans Grimm dem Nationalsozialismus sehr nahe; er war aber eher ein treuherzig-naiver Romantiker und irregeleiteter Patriot als ein militanter Nazi. Man weiss, dass er von Goebbels, der den populären Bestsellerautor nicht ignorieren konnte, wegen seiner Unbotmässigkeit gerügt wurde und dass er vom Regime verfolgte Schriftsteller in Schutz zu nehmen suchte.

Nach Kriegsende freilich exponierte sich der Schriftsteller Hans Grimm, indem er den Nationalsozialismus in mehreren Schriften verteidigte und ehemalige Parteigenossen zu entlasten suchte. Er sprach von einem «ursprünglichen Nationalsozialismus», der sich gegen die «Vermassung» und den «Verfall der europäischen Kultur» aufgelehnt habe, und relativierte die Judenverfolgung mit dem Hinweis auf die Vertreibung der Deutschen aus den Ostgebieten. «Ich kann von schlechthin Bösem», schrieb er, «in den Jahren 1933 bis zum Zweiten Weltkrieg ausser der Röhm-Angelegenheit und der qualvollen Judennacht innerhalb der eigenen Erfahrung nichts entdecken ... Aber wenn man absieht von diesem Schaden und der Judenangelegenheit, so geschah zwischen 1933 und 1939 im inneren Staatsleben mehr für die Gesundheit und mehr für Mutter und Kind und mehr für die gegenseitige Volkshilfe als jemals, ja – man darf sagen – als irgendwo.» Das waren uneinsichtige und verblendete Worte eines Mannes, der alle seine Hoffnungen verloren hatte und seine Ressentiments bis zu seinem Tod nicht loswerden konnte.

In der Geistesgeschichte des kolonialen Imperialismus kommt Hans Grimms

Volk ohne Raum eine Sonderrolle zu. Das Deutsche Reich hatte sich erst spät um Kolonien bemüht, und Bismarck hatte in dieser Hinsicht eine sehr zurückhaltende Aussenpolitik betrieben. Es waren Vereinigungen wie die «Deutsche Kolonialgesellschaft» und der «Alldeutsche Verband», die gegen Ende des Jahrhunderts die Forderung nach Kolonien aufstellten und sich die Unterstützung breiter Kreise der Öffentlichkeit zu sichern wussten. Aber man kam spät und musste sich nehmen, was die anderen Seemächte noch übrig gelassen hatten: einige Teile Afrikas, einige Inseln im Südpazifik, einen Stützpunkt in China. Hinzu kam, dass sich England und Frankreich in der «Entente cordiale» von 1904 über ihren gegenseitigen Kolonialbesitz geeinigt hatten, was den Aktionsbereich deutscher Überseepolitik weiter einschränkte. Dass sich die deutschen Kolonialpropagandisten genarrt fühlten, lässt sich nachvollziehen. Aber dass man nach 1900 unter Admiral Alfred von Tirpitz begann, die Kriegsmarine auszubauen, mit dem erklärten Ziel, mit England auf den Weltmeeren gleichzuziehen, war unsinnig und gefährlich. Nach Deutschlands Niederlage im Weltkrieg beeilten sich Frankreich und England, Deutschland im Friedensvertrag von Versailles seine Kolonien wegzunehmen. Die Blüte des Imperialismus war zwar überschritten, aber die imperialistischen Reflexe wirkten fort. Hans Grimms monumentaler Roman ist ein Abgesang auf den deutschen Imperialismus in Übersee. Zugleich ist er die Ouvertüre zum Binnenimperialismus, den Hitler in Europa betreiben sollte.

V Die zerrissenen Jahre

Der Versailler Vertrag vom Juni 1919, der den Grossen Krieg abschloss, schuf keinen dauerhaften Frieden, sondern trug den Keim
zu einem neuen Krieg bereits in sich. Der amerikanische Diplomat
George F. Kennan hat den Ersten Weltkrieg als die «Urkatastrophe
des 20. Jahrhunderts» bezeichnet. Er meinte damit, dass die Diktaturen, die dem 20. Jahrhundert in Europa ihren Stempel aufdrück-
ten, ursächlich auf den Ersten Weltkrieg und den verfehlten Frieden
zurückzuführen seien. Manche Historiker haben die Kontinuität des
Geschehens auf ähnliche Weise betont. Sie haben von einem neuen
«Dreissigjährigen Krieg» gesprochen, der vom Ausbruch des Ersten
Weltkriegs bis zum Ende des Dritten Reichs, von 1914 bis 1945, gedauert habe.

Eine Ursache für das Versagen des Versailler Vertrags lag darin,
dass er nicht auf eine Versöhnung zwischen den Krieg führenden
Parteien abzielte. Auch war man sich unter den Siegermächten über
die Nachkriegspolitik nicht einig. England verfolgte seine traditionelle
Politik des Gleichgewichts, welche die Entstehung einer Hegemonial-
macht auf dem Kontinent zu verhindern suchte. Frankreich trachtete
danach, Deutschland auf Dauer so zu schwächen, dass es nie wieder
gefährlich werden konnte. Im Wesentlichen setzte sich Frankreich
durch. Deutschland wurde durch Rüstungsbeschränkungen, Gebiets-
abtretungen, Reparationen und Schuldzuweisungen militärisch ent-
machtet, wirtschaftlich ruiniert und politisch gedemütigt. Die über-
wiegende Mehrheit der deutschen Bevölkerung sah in diesem Frieden ein Diktat. Gefährliche Ressentiments, die politisch ausgebeutet
werden konnten, wurden geweckt.

Mit Österreich-Ungarn verfuhr man ähnlich rücksichtslos. Im
Vertrag von Saint-Germain vom September 1919 wurde die Doppelmonarchie aufgelöst. Das Vielvölkerreich mit 50 Millionen Einwohnern schrumpfte zur Republik Österreich mit 6,5 Millionen zusammen. Der Bevölkerung fiel es schwer, den tiefen Fall vom Grossreich
zum Kleinstaat zu verarbeiten. Sehnsüchte nach früherer Grösse
blieben wach.

Der Erste Weltkrieg forderte nicht nur Millionen von Menschen-
leben – er hinterliess auch ein politisch zerrüttetes Europa. Der Nationalismus verschwand nicht, sondern lebte im Überlegenheitsge-

fühl der Sieger und in den Ressentiments der Unterlegenen fort. Die Donaumonarchie, das Zarenreich und das Osmanische Reich waren zerfallen. Neue Staaten entstanden, im Baltikum, in Mitteleuropa und auf dem Balkan. In vielen dieser Länder stellte sich das Problem der ethnischen Minderheiten, das Konfliktstoff für die Zukunft enthielt. Der demokratischen Regierungsform stand das konservative Bürgertum vielerorts ablehnend gegenüber. Die Parteien des liberalen Zentrums zerfielen fast überall in kleine Gruppierungen und blieben ohne staatstragenden Einfluss. Das Bürgertum, das bisher die politische Elite der europäischen Staaten gestellt hatte, war diskreditiert.

Mit dem Erfolg des Kommunismus in Russland schien sich eine glaubwürdige Alternative zum bürgerlichen Parlamentarismus anzubieten. Die «Diktatur des Proletariats» versprach, dem Volk endlich zu seinen Rechten zu verhelfen und den Nationalismus durch den Internationalismus einer grenzüberschreitenden Heilsbotschaft abzulösen. Überall wurden kommunistische Parteien gegründet oder spalteten sich Kommunisten von den Sozialisten ab. Zahlreiche westeuropäische Intellektuelle, die sogenannten Fellow Travellers, bereisten Russland, um sich ein Bild von der neuen Gesellschaftsordnung zu machen. Besonders gross war die Faszinationskraft des sowjetischen Modells in Frankreich. Hier hofften viele Intellektuelle, die Russische Revolution würde vollenden, was die Revolution von 1789 nicht hatte erreichen können. Der französische Historiker François Furet, viele Jahre lang ein überzeugter Kommunist, dann ein Renegat, hat vom «universellen Charme» des Kommunismus gesprochen.

Zusammenfassend muss gelten, dass die Zwischenkriegszeit fast überall in Europa als eine Periode verschärfter innenpolitischer Spannungen und wachsender Instabilität der Regierungen erscheint. Die politischen Debatten wurden mit Leidenschaft und oft mit Hass ausgefochten. In solch überhitzter politischer Atmosphäre veröffentlichte der französische Schriftsteller **Julien Benda** (1867–1956) sein viel beachtetes und viel diskutiertes Buch *Der Verrat der Intellektuellen* (23). Darin suchte er den Schriftstellern und Geistesarbeitern eine überparteiliche, ausgleichende, nur der Humanität verpflichtete Funktion zuzuweisen. Das Buch löste den heftigen Protest politisch engagierter Intellektueller aus.

In wirtschaftlicher Hinsicht verlor Europa in der Zwischenkriegszeit seine beherrschende Stellung in der Welt. Die traditionellen Handelsverbindungen waren unterbrochen und konnten nicht
oder nur mühsam wiederhergestellt werden. Der Krieg hatte den
Ausbau der Schwerindustrie begünstigt und zu einer Überprodukti-
on geführt, während andere Sektoren vernachlässigt worden waren.
Die Umstellung von Kriegs- auf Friedenswirtschaft erwies sich als
schwierig, und schwierig war es auch, die Kriegsheimkehrer wieder in den Produktionsprozess einzugliedern. Da die Krieg führenden
Länder ihre Kriegskosten durch die Erhöhung der Steuern und durch
Anleihen nicht decken konnten, sahen sie sich gezwungen, Papier-
geld zu drucken. Dies führte mancherorts zu einer inflationären Entwicklung. Auch war man genötigt, Kredite aufzunehmen und sich
massiv zu verschulden. Die USA wurden zum wichtigsten Geldgeber.
Als am 25. Oktober 1929 die Aktienkurse an der New Yorker Börse
stürzten, erfasste die Weltwirtschaftskrise weite Teile Europas.

Für Deutschland hatte die Krise wegen seiner ohnehin angespannten Wirtschaftslage besonders fatale Folgen. Der Rückzug
der Auslandskredite traf das Land schwer. Die Arbeitslosigkeit stieg
sprunghaft an. Um 1930 war jeder dritte Arbeitnehmer ohne Beschäftigung. Die psychologischen Auswirkungen der Krise auf die
Bevölkerung waren verheerend. Es verbreitete sich ein allgemeines
Gefühl der Verunsicherung, ja eine eigentliche Katastrophenstim-
mung. Die Wirtschaftskrise wuchs sich zur Staatskrise aus.

Von der Krise besonders betroffen war der «neue Mittelstand»,
nämlich die Schicht der Angestellten, die sich nach dem Krieg in
den Grossstädten stark vergrössert hatte. Arbeitsort dieser Schicht
war nicht mehr die Fabrik, sondern das Büro. Man bezog monatlich
seinen Lohn und suchte sich in seinem Lebensstil von den Arbeitern
abzugrenzen. Im Jahr 1930 wies der Journalist Siegfried Kracauer
auf diese «industrielle Reservearmee» der Angestellten hin, deren
Wachstum er in Berlin beobachtete. Er sah in den Angestellten, im
Gegensatz zu den klassenbewussten Proletariern, «geistig Obdach-
lose», die politisch leicht zu beeinflussen waren. Wie gefährdet die
materielle Sicherheit dieses «neuen Mittelstandes» in Zeiten wirtschaftlicher Krise war, zeigt beispielhaft *Kleiner Mann – was nun?* (24),

der Roman von **Hans Fallada** (1893–1947). Falladas Buch ist einer von vielen Grossstadtromanen, die nach dem Ersten Weltkrieg in Europa erschienen. Elend und Glanz der Moderne zeigen sich darin in ihrer ganzen faszinierenden Widersprüchlichkeit. Zwei Daseinswelten werden von Fallada meisterhaft geschildert: die ärmlichen und ungesicherten Lebensverhältnisse des kleinen Mannes und der Glamour der damaligen Kaufhäuser. Das Warenhaus, der Tempel der in Entstehung begriffenen Konsumgesellschaft, wird in der Zwischenkriegszeit zum Signet der Epoche. Es widerspiegelt den Reichtum der Erfolgreichen: Die Grundfläche des Wertheim'schen Kaufhauses in Berlin übertraf jene des Reichstagsgebäudes. Zugleich wird es zum Treffpunkt der grossstädtischen Masse, von Armen und Reichen, Schaulustigen und Käufern, Ganoven und Hochstaplern.

Neben die Kriegsfolgen auf politischem und wirtschaftlichem Gebiet trat der geistige Umbruch. Im Kapitel «Kulturpessimismus» ist bereits vom «Kulturschock» die Rede gewesen, den der Weltkrieg auslöste. Traditionelle Verhaltensformen verloren ihre Geltung, religiöse und moralische Gewissheiten wurden erschüttert, der Fortschrittsbegriff büsste seine Glaubwürdigkeit ein. Doch mit dem Begriff des «Kulturpessimismus» ist nur eine Facette der Zwischenkriegszeit erfasst. Kaum je in der europäischen Geschichte hat es eine Zeitspanne gegeben, die in ihrer kulturellen Produktion so fruchtbar, widersprüchlich, turbulent und überschwänglich erscheint wie die 1920er-Jahre. Und nie zuvor hat sich eine Kultur dank neuer Mittel der Kommunikation und Reproduktion in so kurzer Zeit ein so breites Publikum erobern können. Reichtum und Vielfalt des kulturellen Schaffens drücken sich allein schon in den verschiedenen Namen aus, mit denen die Historiker die Zwischenkriegszeit bezeichnet haben. In England hat man von den «Roaring Twenties», in Frankreich von den «Années folles» und in Deutschland von den «Goldenen Zwanzigerjahren» gesprochen. Ein guter Beobachter seiner Zeit, der Philosoph und Psychologe Manès Sperber, hat in seinen Erinnerungen den Begriff der «tollen Zeit» geprägt. «Man weiss», schreibt Sperber, «dass nach Kriegen, Katastrophen, Epidemien und anderen verheerenden Katastrophen eine tolle Zeit anbricht, weil eine delirierende Freude sich der Überlebenden bemächtigt, die die nahe Vergangenheit schnell in den tiefsten Abgrund ihres Vergessens versenken wollen.» Ein moderner deutscher Historiker, Philipp Blom, kommt vielleicht der Wahrheit am nächsten, wenn er von den «Zerrissenen Jahren» spricht.

In den Naturwissenschaften war die durch den Krieg verursachte Zäsur am wenigsten spürbar. Das Jahrhundert hatte mit dem Paukenschlag von Albert Einsteins Relativitätstheorie begonnen, die das physikalische Weltbild Newtons ablöste. Für das Gebiet der Medizin waren die Forschungen von Marie Curie und Alexander Fleming von bahnbrechender Bedeutung. In der Behandlung von Geisteskrankheiten gingen Sigmund Freud und Carl Gustav Jung neue Wege. Mit der gewaltigen Erweiterung des Wissenshorizonts, die hier nur angedeutet werden kann, verband sich eine Auffächerung der Wissensgebiete. An die Stelle des wissenschaftlichen Einzelkämpfers traten das Forschungsteam und der Spezialist, der sich international mit seinen Fachkollegen austauschte. Von der Fortschrittsskepsis der Nachkriegszeit war unter diesen Forschern wenig zu bemerken. Es dominierte vielmehr die Überzeugung, dass alle Probleme, die sich der Verbesserung menschlicher Lebensqualität entgegenstellten, früher oder später lösbar seien. Man verstieg sich sogar zur Vorstellung, es sei möglich, einen neuen, besseren, glücklicheren Menschen und mit ihm eine bessere Gesellschaft zu schaffen. Es war der englische Schriftsteller **Aldous Huxley** (1894–1963), Enkel eines berühmten Biologen, der in seinem utopischen Roman *Schöne neue Welt* (auch: *Welt – wohin?*) (25) die Utopie einer solchen Gesellschaft entwarf.

Im Unterschied zu den Naturwissenschaften wurde in den Künsten ein Kontinuitätsbruch deutlich sichtbar. Schon vor Ausbruch des Ersten Weltkriegs waren in der deutschen Literatur und Malerei die Expressionisten hervorgetreten. Der Expressionismus bezog seine schöpferische Kraft aus der Revolte gegen das Bürgertum, den Nationalismus, den Industrialismus und die Urbanisierung. Auf einen radikalen Neubeginn zielten auch der Dadaismus und der Surrealismus ab. Der Dadaismus erreichte, von Zürich ausgehend, nach Kriegsende Berlin und Paris. Seine Vertreter dokumentierten mit der Exzentrik ihrer künstlerischen Erzeugnisse die Absurdität der Welt.

Bald spalteten sich die Surrealisten von den Dadaisten ab. Auch sie stellten den bürgerlichen Kulturbegriff infrage, stützten sich dabei aber vor allem auf die neuen Erkenntnisse der Psychoanalyse. Auf Dadaismus und Surrealismus folgten weitere Stilrichtungen: Fauvismus, Kubismus, Verismus, Konstruktivismus. Sie alle verstanden sich als das radikal Neue, und der Begriff «Avantgarde» kam in Mode. Das Wort stammt aus dem militärischen Vokabular und bedeutet die Vorhut, welche der Hauptstreitmacht vorausgeht. Was den Avantgardisten der 1920er-Jahre folgen sollte, blieb allerdings oft unklar.

Zwei Kulturelemente seien hier herausgegriffen, weil sie besonders prägend auf den Zeitgeist der 1920er-Jahre einwirkten: der Jazz und der Film. In einer Gesellschaft, die nach den Schrecken und Entbehrungen des Kriegs ihr Glück in der Intensität des Erlebens suchte, fanden diese zwei Elemente einen fruchtbaren Boden. Der Jazz, ein Geschenk der afroamerikanischen Kultur an Europa, eroberte rasch und trotz der Ermahnungen besorgter Sittenwächter die Alte Welt. Die neue Musik liess die Kaffeehausmusik und den Gesellschaftstanz als bürgerlich und verstaubt erscheinen und übte eine elektrisierende Wirkung aus.

Auch der Film war ein Geschenk Amerikas. Nach dem Krieg stieg Hollywood zur Welthauptstadt dieser neuen Kunstform auf. Zwischen 1918 und 1925 wurde der alte Kontinent mit einer Flut von Stummfilmen überschwemmt. Die Faszination, die vom Film ausging, war enorm. Eintrittskarten waren billig, und das Lichtspielhaus wurde zum Theater des kleinen Mannes. Im Wandel der Bildungsbürgerkultur zur Massenkultur spielte das Kino eine ähnlich wichtige Rolle wie das Taschenbuch. Slapstickkomödien, sentimentale Liebesgeschichten und Historienfilme erlaubten es den Leuten, für eine Weile Elend und Sorgen zu vergessen. Der ehrgeizigste Film der Zwischenkriegszeit war der Science-Fiction-Streifen *Metropolis* von Fritz Lang. Der Film kam 1927 in die Kinos, kostete 5 Millionen Reichsmark und war ein Misserfolg. Als zeitgeschichtliches Dokument bleibt er wichtig. Fritz Lang projizierte ein Schreckensbild der künftigen urbanen Entwicklung auf die Leinwand. Den staunenden Zuschauern führte er die gigantische Maschinenwelt der Moderne vor Augen, welche die Arbeitermassen zu Sklaven von wenigen kapitalistischen Ausbeutern werden liess. Zehn Jahre später griff Charlie Chaplin dasselbe Thema in *Modern Times* auf und handelte es komödiantisch ab. Bereits während des Kriegs hatte man Dokumentarfilme gedreht. Schon damals erkannte man deren Bedeutung für die psychologische Kriegsführung und die politische Propaganda. Jazz und Film, von der bürgerlichen Elite lange Zeit verpönt, schufen eine Gegenwelt zum Alltag und trugen zur allgemeinen Liberalisierung bei.

Die Befreiung von herkömmlichen Denkhaltungen und Moralvorstellungen vollzog sich wohl nirgends so augenfällig wie im Wandel des Frauenbildes. Während des Kriegs, als die Männer im Feld standen, hatten die Frauen bewiesen, dass sie fähig waren, ausserhalb ihres traditionellen Wirkungskreises von Haus und Herd wertvolle Arbeit zu leisten. Ihr Selbstvertrauen ging aus dem Krieg gestärkt hervor. Überall in Europa traten Frauen für die Gleichberechtigung mit den Männern ein. Das bedeutete auch, dass das Recht zu sexuellen Beziehungen vor und neben der Ehe, das der Mann der bürgerlichen Gesellschaft ganz selbstverständlich in Anspruch nahm, auch der Frau zustand. Die Sexualmoral, welche bisher «Fehltritte» der Frau verurteilt und mit gesellschaftlicher Ächtung bestraft hatte, wurde als revisionsbedürftig erkannt. Sigmund Freud hatte dargelegt, dass der Geschlechtstrieb, die Libido, allen Lebensäusserungen zugrunde liegt, die auf Lustgewinn gerichtet sind. Auf Lustgewinn erhoben nun auch die Frauen Anspruch. Trotz des Einspruchs der Kirchen wurde es möglich, in der Öffentlichkeit über Sexualität und die Beziehung zwischen den Geschlechtern offen zu sprechen. Themen wie Geburtenregelung – Abtreibung, Gebrauch von Verhütungsmitteln –, Scheidung und freie Partnerschaft wurden kontrovers diskutiert. Im Jahr 1926 erschien das enorm erfolgreiche Buch des holländischen Frauenarztes Theodor Hendrik van de Velde *Die vollkommene Ehe*. Der Autor stellte die monogame Ehe nicht infrage, schilderte jedoch die Varianten des Geschlechtsverkehrs mit aller Anschaulichkeit, in der Absicht, Ehepaaren zum möglichst lustvollen Orgasmus zu verhelfen. Dass die anstössigen Passagen von van de Veldes Werk ins Lateinische übersetzt waren, konnte das Buch nicht davor bewahren, von der katholischen Kirche auf den «Index der verbotenen Bücher» gesetzt zu werden.

Die Freizügigkeit in sexueller Hinsicht kennzeichnete auch das Vergnügungsangebot der Grossstädte. Nachtlokale und Varietétheater schossen aus dem Boden. In Berlin und Wien erregte die Schauspielerin Anita Berber mit ihren gewagten Tanzvorführungen und ihrem ausschweifenden Lebenswandel Aufsehen und empörten Protest. Auf einem Bild des expressionistischen Malers Otto Dix erscheint sie als verführerischer, von Alkohol und Drogen zerrütteter Vamp im eng anliegenden Purpurgewand. In Paris wurde der «Bananentanz» der «schwarzen Perle» Josephine Baker zur Sensation. Der Diplomat Harry Graf Kessler liess es sich nicht nehmen, die Baker an einem Herrenabend in seiner Bibliothek auftreten zu lassen.

Es erstaunt nicht, dass auch in Kunst und Literatur die bürgerliche Tabuisierung der Sexualität bald unterlaufen wurde. Die Namen zweier Wiener Künstler, Gustav Klimt und Egon Schiele, bezeichnen die Eckpunkte von traumhafter Eleganz und provozierender Expressivität, zwischen denen sich die Aktmalerei bewegte. Die Frage, was Kitsch oder Kunst, Pornografie oder geniales Wagnis war, bewegte die Öffentlichkeit.

Auch die Literatur verschloss sich der allgemeinen Liberalisierung nicht. Billige pornografische Groschenromane hatte es immer gegeben. Neu war, dass nun auch anspruchsvolle Schriftsteller den nackten Körper der Frau entdeckten und das Liebesspiel schilderten. Das berühmteste und berüchtigtste Beispiel eines solchen literarischen Meisterwerks schuf der Engländer **David Herbert Lawrence** (1885–1930) mit seinem Roman *Lady Chatterleys Liebhaber* (26). Das Buch erregte einen Skandal, die Zensur und Justiz griffen ein, und neugierige Leser mussten dreissig Jahre warten, bis sie die Originalfassung lesen konnten.

Die 1920er-Jahre boten dem Menschen der Grossstadt neue und aufregende Möglichkeiten, alle seine Bedürfnisse zu befriedigen. Das Kaufhaus versorgte ihn mit Waren des täglichen Bedarfs, aber auch mit Luxusartikeln. Kulturelle Veranstaltungen erfüllten die banalsten und die anspruchsvollsten Erwartungen. Presse und Radio brachten Informationen aus den fernsten Weltgegenden ins Haus. Mit dem Auto, dem Tram und der Untergrundbahn, aber auch mit dem Telefon überwand man in kurzer Zeit grosse Distanzen. Der

Lärm der Grossstadt wurde von den Menschen als neuartiges Phänomen wahrgenommen und bald als berauschend, bald als störend empfunden. Der Schriftsteller Walter Hasenclever schrieb: «Aus dem goldenen, silbernen und eisernen Zeitalter sind wir unmerklich ins Lärmzeitalter übergegangen.»

Erstmals wurde die Freizeitgestaltung zum Thema. Sport wurde wichtig, und der Fussball begann seinen Aufstieg zum Hauptspektakel der Gegenwart. Die Befreiung des Körpers aus dem Korsett der Konventionen äusserte sich in den verschiedensten Erscheinungsformen: in der Wandervogelbewegung, im Körperkult der Nudisten, in der Eurythmie der Anthroposophen, in der paramilitärischen Ausbildung rechtsradikaler Organisationen.

Doch die Moderne machte die Intellektuellen nicht glücklich. In den Romanen der Zwischenkriegszeit ist der «Held» häufig ein Sonderling und Aussenseiter, sich selber fremd und fremd in seiner Umgebung. Dies gilt etwa von Harry Haller, der Hauptgestalt des *Steppenwolfs* (27) von **Hermann Hesse** (1877–1962). Haller leidet an seiner Zeit, deren Vertrautheit er entschwinden fühlt. Er leidet aber auch an der Zerrissenheit seines Wesens, das sich nach gutbürgerlicher Geborgenheit sehnt und doch der Verlockung durch die wölfische Ungebundenheit des Abenteuers ausgesetzt ist. Zehn Jahre nach Hesses Roman erschien ein Werk, in dem ähnliche Fragen wie in Hesses *Steppenwolf* auf ganz andere Art, man ist versucht zu sagen à la française, abgehandelt werden: *Der Ekel* (28) von **Jean-Paul Sartre** (1905–1980). Sartres Hauptfigur Antoine Roquentin geht, ähnlich wie Harry Haller, auf Distanz zur Gesellschaft; aber er findet in der philosophischen Analyse das Mittel, sich in einer unwirtlichen Welt einzurichten, ohne von ihr abhängig zu sein. Mit den Zwillingsromanen von Hesse und Sartre sind wir sehr weit entfernt von den Zeiten, da Schriftsteller wie Galsworthy und Thomas Mann sich als Repräsentanten ihrer bürgerlichen Gesellschaftsschicht verstehen konnten.

Die Grossstadt war der wichtigste Schauplatz im verwirrend vielfältigen Kulturbetrieb der sogenannten Goldenen Zwanziger. Sie umschwärmte die Erfolgreichen und liess die Gescheiterten fallen. «Berlin», schreibt Carl Zuckmayer in seinen Erinnerungen, «war mehr als eine Messe wert. Diese Stadt frass Talente und menschliche Energien mit beispiellosem Heisshunger, um sie ebenso rasch zu verdauen, kleinzumahlen und wieder auszuspucken. Was immer in Deutschland nach oben strebte, saugte sie mit Tornado-Kräften in sich hinein, die Echten wie die Falschen, die Nullen wie die Treffer ... Wer Berlin hatte, dem gehörte die Welt. Nur musste er – und dies war der treibende Sporn – alle Hürden immer wieder neu nehmen und immer wieder durchs Ziel gehen, um seine Stellung zu halten. Der tosende Jubel von heute war keine Gewähr gegen das klanglose Begräbnis von morgen.»

So faszinierend die Moderne war – sie hatte nach wie vor ihre erbitterten Gegner. Seit der Zeit Peter Roseggers hatte sich der Gegensatz zwischen städtischer und ländlicher Kultur vertieft. Die Gegner der Industrialisierung sahen in der Grossstadt einen Moloch, welcher die menschliche Gattung ihrer eigentlichen Bestimmung entfremdete, ihre gesunde Vitalität zerstörte und der Entartung und Korrumpierung Tor und Tür öffnete. So dachte der norwegische Schriftsteller **Knut Hamsun** (1859–1952). In seinem Roman *Das letzte Kapitel* (29), der wie Thomas Manns *Zauberberg* in einem Sanatorium spielt, lässt er an Leib und Seele schwer geschädigte Stadtbewohner auftreten. Sein Antimodernismus machte Hamsun für die Mystik des Nationalsozialismus empfänglich. Er bemerkte nicht, dass Hitler sich der technischen Errungenschaften der Moderne rückhaltlos bediente, wenn es um sein Machtstreben ging.

Erkannten die Schriftsteller und Geistesarbeiter, dass die Liberalität der Goldenen Zwanziger in der Unfreiheit der Diktatur enden würde? Der englische Historiker Walter Laqueur urteilt skeptisch: «Die Intellektuellen», schreibt er, «hatten nicht die Gnade seherischer Vorausschau, und so besuchten sie ihre Stammcafés, liessen kaum einen Boxkampf oder ein Pferderennen aus, gingen ins Kino, ins Variété und zu anderen Stätten von zweifelhaftem kulturellem Wert. Sie hätten vielleicht wissen sollen, dass sie am Rand eines Vulkans tanzten, aber sie wussten es eben nicht.»

23. Julien Benda, *La Trahison des clercs* (1927)
Deutsch: *Der Verrat der Intellektuellen* (1927)

Im Januar des Jahres 1898 hatte sich der Schriftsteller Émile Zola mit seinem berühmten Zeitungsartikel «J'accuse» für die Unschuld des der Spionage verdächtigten Hauptmanns Alfred Dreyfus eingesetzt. In der neueren französischen Geistesgeschichte gibt es kein wichtigeres Datum als dieses. Während über zehn Jahren bewegte die Dreyfus-Affäre ganz Frankreich. Es kam zu einer Polarisierung der öffentlichen Meinung, die das Land tiefer aufwühlte als die üblichen Auseinandersetzungen der politischen Parteien. In den Restaurants, in den Hörsälen und am Familientisch stritt man sich über Schuld und Unschuld des jüdischen Hauptmanns. Alte Freundschaften zerbrachen, neue bildeten sich. Erstmals kam der Begriff des «Intellektuellen» in Umlauf. Man meinte damit jene Schriftsteller, die das Ansehen, das ihnen ihr literarisches Schaffen eingebracht hatte, dazu benutzten, sich politisch zu engagieren.

Der Gegensatz zwischen «dreyfusards» und «antidreyfusards» setzte sich in der Zwischenkriegszeit im Gegensatz zwischen der politischen Linken und der politischen Rechten fort. Die Rechte sah ihre Leitfigur im Schriftsteller Charles Maurras, einem radikalen Nationalisten und Antirepublikaner, der das Land durch den zersetzenden Einfluss von Juden, Freimaurern und fremden Zuwanderern bedroht sah. Die «Action française» und verwandte paramilitärische Gruppierungen bildeten die Speerspitze dieser Gesinnung. Auf der Gegenseite standen die sozialistischen Intellektuellen. Hier könnte man als Leitfigur Henri Barbusse bezeichnen, der durch seinen Kriegsbericht *Das Feuer* bekannt geworden war. Barbusse verkörperte die radikale Linke und war Feuilletonchef der kommunistischen Zeitung *L'Humanité*. Er gehörte zu den Begründern der Intellektuellenbewegung «Clarté», in der nicht nur Kommunisten, sondern auch gemässigte Sozialisten und Pazifisten zu Wort kamen. Die Zeitschrift desselben Namens wandte sich auch an ein internationales Publikum und zählte ausländische Autoren wie Maxim Gorki, Albert Einstein und Ernst Toller zu ihren Mitarbeitern.

Die von den linken und rechten Intellektuellen in Presse, Publikationen und Manifesten leidenschaftlich und rücksichtslos geführte Auseinandersetzung erhielt ihre zusätzliche Brisanz durch die politischen Vorgänge ausserhalb Frankreichs. Von der Faszination, welche die Russische Revolution auf die französischen Intellektuellen ausübte, ist bereits die Rede gewesen. Der kommunistische Einfluss gefährdete die Einheit der französischen Sozialisten, und in der Tat kam es 1920 zur Abspaltung der Kommunisten. Kaum weniger stark war die Wirkung, die vom Aufstieg der italienischen Faschisten und der deutschen Nationalsozialisten ausging. Im Umfeld der Action française verfolgte man den Erfolg dieser totalitären Bewegungen aufmerksam und mit Sympathie. Dabei ergab sich freilich für manchen Rechtsintellektuellen die Schwierigkeit, die traditionelle Abneigung gegen Deutschland mit der Sympathie für Hitler-Deutschland in Einklang zu bringen. Als die deutsche Wehrmacht 1940 Frankreich besiegt hatte, stellten sich viele Vertreter der Rechten der Satellitenregierung des Marschalls Pétain in Vichy zur Verfügung.

Man muss den hier skizzierten Hintergrund kennen, um die Bedeutung des Buchs zu verstehen, das Julien Benda unter dem Titel *Der Verrat der Intellektuellen* 1927 veröffentlichte. Der Verfasser, 1867 in Paris geboren, stammte aus einer voll assimilierten jüdischen Familie des vermögenden Bürgertums. Er studierte Mathematik und Geschichte und verfolgte die Dreyfus-Affäre als Sympathisant des unschuldigen Hauptmanns mit grösster Aufmerksamkeit. Nach dem Ersten Weltkrieg verfasste er neben dem genannten Buch noch eine Reihe kulturpolitischer Schriften, die Zustimmung oder Widerspruch ernteten, heute aber vergessen sind. Julien Benda erlebte und überlebte noch den Zweiten Weltkrieg und die deutsche Besetzung; er starb 1956.

Der Titel von *Der Verrat der Intellektuellen* ist verschieden übersetzt worden. Der Begriff «clerc» stammt aus dem Mittelalter und bezeichnete damals den kirchlich geschulten Gelehrten, dessen klassische Bildung ihm gestattete, sich zu Gegenwartsfragen ein Urteil zu bilden, das über dem Hader der Parteien stand. Die vollständige deutsche Übersetzung von Bendas Werk erschien erst 1978.

Julien Benda unterscheidet drei Leidenschaften, die das politische Leben seiner Zeit bestimmen: die Leidenschaften der Rasse, der Klasse und des Nationalismus. Während in früheren Jahrhunderten, stellt er fest, diese politischen Leidenschaften nur eine beschränkte Wirkung gehabt hätten, erreichten sie nun dank Presse und moderner Kommunikationsmittel ein breites Publikum und erhielten eine starke emotionale Resonanz. Als besonders ausgeprägt und beunruhigend erscheint Benda die nationalistische Leidenschaft, wie sie sich seit dem Ende des 19. Jahrhunderts entwickelt habe. In früheren Zeiten hätten sich Intellektuelle wie Erasmus, Kant oder Goethe über die Politik und deren machtpolitische Interessen gestellt, oder sie seien, wie Voltaire, den politischen

Leidenschaften mit kritischem Widerspruch begegnet. Dagegen sei es geradezu ein Merkmal der Moderne, dass der geistige Mensch seine Distanz und Unabhängigkeit gegenüber den politischen Leidenschaften aufgebe. Statt als Wahrer der universellen Werte von Wahrheit, Freiheit, Gerechtigkeit und Vernunft aufzutreten, sei der Intellektuelle in die Rolle des Parteigängers und Interessenvertreters geschlüpft. Er begehe dadurch Verrat an den überzeitlichen Werten, die zu verkörpern eigentlich seine vornehmste Aufgabe sein müsste. «Der moderne ‹clerc›», schreibt Benda, «überlässt es nicht länger dem Laien, in die politische Arena hinabzusteigen. Er hat sich eine staatsbürgerliche Gesinnung zugelegt und lässt sie voll durchschlagen; er ist stolz auf diese Gesinnung, und sein Schrifttum strotzt von Verachtung für den, der sich ins künstlerische oder wissenschaftliche Schaffen zurückzieht und an den Leidenschaften der Polis kein Interesse findet.»

Bendas Kritik richtet sich im Besonderen gegen die konservative Rechte, die vehement für die Verurteilung von Dreyfus eingetreten war und sich zur militanten politischen Bewegung der Action française zusammengeschlossen hatte. Die Action française stand dem italienischen Faschismus nahe und vertrat neben nationalistischem auch antisemitisches Gedankengut. Es sind zwei Schriftsteller, die Bendas Kritik besonders herausfordern: Charles Maurras und der glühende Nationalist Maurice Barrès, dessen Romane vor dem Ersten Weltkrieg ein breites Publikum fanden. Beide Autoren stellten ihre literarische Begabung rückhaltlos in den Dienst des politischen Kampfes und waren, nach Benda, bereit, die humanen Werte von Wahrheit, Freiheit, Gerechtigkeit und Vernunft in den Dienst einer Partei oder Ideologie zu stellen und auf dem Altar der politischen Leidenschaften zu opfern.

Bendas Kritik beschränkt sich im Übrigen nicht auf die französischen Verhältnisse. Er wendet sich auch gegen einen Imperialisten wie Rudyard Kipling, einen Nationalisten wie Gabriele D'Annunzio oder gegen den deutschen Historiker Heinrich von Treitschke, dem er vorwirft, das Gebot der wissenschaftlichen Objektivität dem Ziel der nationalen Einigung Deutschlands unterworfen zu haben. Ebenso wenig verschont Benda die katholische Kirche, der viele Mitglieder der Action française nahestanden. Auch die Kirche verleugnet, seiner Meinung nach, ihren geistigen und humanen Auftrag, indem sie in die politische Arena herabsteigt. «Es ist ein bemerkenswertes Schauspiel zu sehen», schreibt er, «wie Männer, die jahrhundertelang ihre Mitmenschen zumindest auf theoretischer Ebene dazu angehalten haben, Empfindungen gegenseitiger Verschiedenheit abzubauen und sich stattdessen in der alles vereinenden göttlichen Essenz zu begreifen, jetzt drangehen, diese Mitmenschen – je nach Standort der Kanzel – für ihre ‹Treue› zum französischen ‹Volksgeist›, für die ‹eherne Festigkeit ihres Deutschtums› oder ‹das Feuer ihres italienischen Nationalgefühls› zu loben. Was dächte wohl jener, der durch den Mund des Apostels verkünden liess: ‹Da ist nicht Grieche, Jude, Skythe, sondern alles und in allen Christus.›»

Julien Benda befasst sich vor allem mit den Schriftstellern und Gelehrten, die sich zu Propagandisten des Nationalismus machten. Doch seine Kritik richtet sich auch gegen jene Intellektuellen, die sich für die politische Leidenschaft des Klassenkampfes einsetzen. Im Kommunismus sieht der Autor eine Ideologie, die in ihrer doktrinären Erklärung des Geschichtsverlaufs den humanen Prinzipien der Freiheit und Wahrheit zuwiderhandelt und den kritischen Geist knechtet. Im Besonderen wendet sich Benda gegen den «Linksfaschisten» Georges Sorel, der in seinen 1906 erschienenen *Réflexions sur la violence* marxistisches und rassistisch-nationalistisches Ideengut zu einem äusserst explosiven Gemisch politischen Denkens zu verbinden wusste.

Julien Benda wirft den Intellektuellen nicht nur vor, sich in den Dienst politischer Leidenschaften zu stellen und diese zu schüren. Er tadelt auch die Neigung, den politischen Kampf, losgelöst von moralischen und rechtlichen Überlegungen, als Wert an sich zu bezeichnen. Hier richtet sich seine Kritik gegen Nietzsche, dessen Werk einem Kult der Heldenverehrung und der Vergötzung von Härte und Rücksichtslosigkeit Vorschub geleistet habe. «Und in der Tat», schreibt Benda, «der moderne ‹clerc› lehrt die Menschen, der Krieg besitze moralischen Wert an sich und müsse ohne Frage nach dem Nutzen geführt werden.»

Die Bilanz, die Benda am Schluss seines Buchs zieht, ist überwiegend pessimistisch. Er verkennt nicht echte Fortschritte, die bei der Zivilisierung der menschlichen Gesellschaft, etwa in der Medizin und im Sozialwesen, gemacht worden seien. Zugleich ist er aber davon überzeugt, dass eine Menschheit, deren Intellektuelle ihre humanen Ideale verleugneten, keine Zukunft habe. «Eine solche Menschheit», schreibt Benda zwölf Jahre vor Ausbruch des Zweiten Weltkriegs, «treibt dem totalsten und perfektioniertesten Krieg entgegen, den die Welt je erlebt hat, gleichviel, ob er nun unter Nationen oder zwischen Klassen stattfinden wird.» Nach dem Ende des Zweiten Weltkriegs kam es zu einer Neuauflage von Bendas Buch, und der Autor hielt in einem ausführlichen Vorwort an seiner Kritik fest. Diese war durch die europäische Katastrophe eher bestätigt als widerlegt worden; auch verschärfte der Autor nun, angesichts des drohenden Kalten Kriegs, seine Kritik am Kommunismus.

Es ist Julien Bendas Verdienst, frühzeitig erkannt zu haben, welche Bedrohung von der reaktionären Rechten und der marxistischen Linken im 20. Jahrhundert für die Demokratie und die politische Ethik überhaupt ausging. Auch ist an der Lauterkeit seiner Gesinnung nicht zu zweifeln. Dennoch macht der *Verrat der Intellektuellen* einen zwiespältigen Eindruck. Einerseits schloss der Autor das politische Handeln des Intellektuellen keineswegs aus, solange es den ideellen Werten von Wahrheit, Freiheit, Gerechtigkeit und Vernunft verpflichtet blieb; zugleich entsteht bei der Lektüre des Buchs der Eindruck, Benda rede dem Rückzug des Intellektuellen in den Elfenbeinturm das Wort. Dies ist ihm denn auch von den politisch engagierten Schriftstellern der nächsten Generation, wie Malraux und Sartre, immer wieder vorgeworfen worden. Man weiss aus der Geistesgeschichte der Weimarer Republik, wie fatal sich die politische Abstinenz der Schriftsteller auswirken konnte, die es als ehrenrührig empfanden, in die Arena der öffentlichen Auseinandersetzung hinabzusteigen.

In seinem Buch verarbeitete Julien Benda die Erfahrung der Dreyfus-Affäre und gelangte zu Einsichten und Forderungen, die den Diskurs über die gesellschaftliche Funktion des Schriftstellers noch Jahrzehnte nach dem Ende des Zweiten Weltkriegs bestimmt haben. «Das Buch», schreibt der amerikanische Philosoph und Kulturkritiker Michael Walzer, «bleibt das beste Selbstzeugnis eines kritischen Intellektuellen und die lebendigste Darstellung der Versuchungen und Gefahren intellektueller Politik, die wir kennen.»

24. Hans Fallada, *Kleiner Mann – was nun?* (1932)

Ein Jahr vor Hitlers Aufstieg zur Macht erschien in Deutschland ein Buch, das den Zustand des Landes und das Schicksal armer Leute nach der Weltwirtschaftskrise anschaulicher darstellte als jede Statistik oder soziologische Untersuchung. Der Verfasser hiess Rudolf Ditzen und nannte sich Hans Fallada; der Titel des Buchs enthielt eine Frage, die sich damals Millionen von Deutschen stellten: *Kleiner Mann – was nun?*

Erzählt wird uns die Geschichte von Johannes Pinneberg und seiner Freundin Emma Mörschel, genannt Lämmchen. Die beiden lieben sich, erwarten ein Kind und wollen heiraten; doch ihnen fehlt das Geld. «Von weitem gesehen», heisst es zu Beginn des Romans, «sieht eine Ehe ausserordentlich einfach aus: Zweie heiraten, bekommen Kinder. Das lebt zusammen, ist möglichst nett zueinander und sucht vorwärtszukommen. Kameradschaft, Liebe, Freundlichkeit, Essen, Trinken, Schlafen, das Geschäft, der Haushalt, sonntags ein Ausflug, abends mal Kino! Fertig.»

Es ist dieses bescheidene Glück, das sich die beiden jungen Menschen ersehnen. Doch die Zeitumstände stehen solcher Hoffnung entgegen. Es herrschen Arbeitslosigkeit und Armut, Staat und Politiker sind unglaubwürdig geworden, die Zukunftsaussichten sind düster. Johannes Pinneberg verliert seine Stelle. Er zieht mit Lämmchen aus der Provinz nach Berlin, um dort Arbeit zu suchen. Er hängt traurigen Gedanken nach: «Ach, er ist ja nur einer von Millionen, Minister halten Reden an ihn, ermahnen ihn, Entbehrungen auf sich zu nehmen, Opfer zu bringen, deutsch zu fühlen, sein Geld auf die Sparkasse zu tragen und die staatserhaltende Partei zu wählen. Er tut es und er tut es nicht, je nachdem, aber er glaubt denen nichts. Gar nichts.»

Der Hochstapler Holger Jachmann, ein Freund von Pinnebergs Mutter, einer Bardame von zweifelhaftem Ruf, vermittelt dem jungen Mann eine Stelle. Er wird Verkäufer in der Herrenkonfektionsabteilung des Warenhauses Mandel. Pinneberg ist ein gutwilliger Angestellter. Er schliesst Freundschaft mit dem ersten Verkäufer Joachim Heilbutt. Aber die Arbeit ist miserabel bezahlt, und das Geschäft läuft schlecht. Jeden Abend wird abgerechnet und festgestellt, ob das Soll erreicht worden ist. Wer nicht genügt, wird entlassen. Auch hat die Firma einen «Organisator» angestellt, der untersucht, wo noch rationalisiert und gespart werden kann. Der «Organisator» ist mit Pinneberg nicht zufrieden: «Sie sehen so abgespannt aus, Herr», tadelt er ihn. «Ich empfehle Ihnen Ihre

Kollegen drüben in den States als Vorbild, die sehen abends genauso munter aus wie am Morgen. Keep smiling! Wissen Sie, was das heisst? Immer lächeln! Abgespanntheit gibt es nicht, ein abgespannt aussehender Verkäufer ist keine Empfehlung für ein Geschäft ...»

Pinnebergs finden eine billige Wohnung im Lagerschuppen eines Tischlermeisters, gleich neben einem Kino. Lämmchen, obwohl hochschwanger, richtet sich tatkräftig ein und besorgt den Haushalt. Das Kind wird geboren. Es ist ein Junge; er wird Murkel genannt. Die Eltern sind überglücklich. Aber man muss an allem sparen, und es gibt Scherereien mit den Behörden. Heilbutt verliert seine Stelle. Man hat erfahren, dass er sich einen Nebenverdienst sicherte, indem er von sich Aktfotos herstellte und diese im Strassenhandel vertrieb. Das Warenhaus Mandel entlässt weiteres Personal; auch Pinneberg muss gehen. Lämmchen übernimmt Näharbeiten und sichert so der kleinen Familie ein kümmerliches Überleben. Auch sie gibt sich düsteren Gedanken hin: «Wie kann man lachen, richtig lachen, in solcher Welt mit sanierten Wirtschaftsführern, die tausend Fehler gemacht haben, und kleinen entwürdigten, zertretenen Leuten, die stets ihr Bestes taten?»

Das Elend verführt zu unlauteren Machenschaften. Heilbutt hat sich selbstständig gemacht und verdient Geld mit Aktfotos. Jachmann ist beim Falschspiel erwischt und ins Gefängnis gesteckt worden. Lämmchen kann ihren Mann nur mit Mühe davon abhalten, mit einer Diebesbande zusammenzuarbeiten. Politisch will Pinneberg sich nicht engagieren. Weder Kommunisten noch Nationalsozialisten, die miteinander beständig im Streit liegen, können den weichherzigen jungen Mann für sich gewinnen. «Pinneberg hatte sich noch immer weder für das eine noch für das andere entscheiden können», schreibt Fallada in einem Kommentar zu seinem Roman, «er hatte gemeint, am leichtesten würde es sein, so durchzuschlüpfen, aber manchmal schien gerade das am schwersten.»

Ohne Arbeit und ohne Hoffnung, verwahrlost und verelendet, geht Pinneberg durch die Strassen. Sein Ehrgeiz war, ins Kleinbürgertum aufzusteigen; stattdessen ist er ins Lumpenproletariat abgesunken. Er drückt seine Nase am Schaufenster eines feinen Delikatessengeschäfts platt und wird von einem Polizisten weggewiesen. «Und plötzlich», schreibt Fallada, «begreift Pinneberg alles, angesichts dieses Schupo, dieser ordentlichen Leute, dieser blanken Scheibe begreift er, dass er draussen ist, dass er hier nicht mehr hergehört, dass man ihn zu Recht wegjagt: ausgerutscht, versunken, erledigt. Ordnung und Sauberkeit: Es war einmal. Arbeit und sicheres Brot: Es war einmal. Vorwärtskommen und

Hoffen: Es war einmal. Armut ist nicht nur elend, Armut ist auch strafwürdig. Armut ist Makel, Armut heisst Verdacht.»

Der Roman *Kleiner Mann – was nun?* kennt kein Happy End, das den Leser glücklich zu stimmen vermöchte. Pinneberg kommt eines Abends nach Hause, gedemütigt und verzweifelt. Es ist dunkel, die Sterne funkeln. Lämmchen erwartet ihn. Beiden bleibt zuletzt nur noch eine Hoffnung: ihre Liebe und ihr Kind, der Murkel. Der Roman schliesst mit den Worten: «Es ist das alte Glück, es ist die alte Liebe. Höher und höher, von der befleckten Erde zu den Sternen. Und dann gehen sie beide ins Haus, in dem der Murkel schläft.» In einem Brief an seinen Verleger Ernst Rowohlt hat Fallada den Inhalt seines Romans kurz und bündig so zusammengefasst: «Ehe und Wehe von Johannes Pinneberg, Angestellter, verliert seine Stellung, bekommt eine Stellung, wird endgültig arbeitslos. Einer von sechs Millionen, ein Garnichts, und was der Garnichts fühlt, denkt und erlebt.»

Hans Falladas Roman fand sofort reissenden Absatz. Innerhalb eines Jahres wurden 80 000 Exemplare verkauft und zahlreiche Übersetzungsrechte vergeben. Der Erfolg erstaunt nicht. Der Autor hatte den einfachen Leuten auf den Mund geschaut und ihre Sprache geschrieben. Er kannte ihren Alltag, kannte ihre Sorgen, war selbst einer von ihnen. Er hatte ein Schicksal beschrieben, das viele Menschen mit den beiden Hauptfiguren des Romans teilten. Der Roman wurde mehrfach verfilmt, zuerst in veränderter, durch den Eingriff der Nazizensur entstellter Form.

Hans Fallada ist kein politischer Autor. Die Wirtschaftskrise erscheint in seiner Darstellung nicht als Bankrott des kapitalistischen Systems und nicht als ein durch Menschen verursachtes, von ihnen zu verantwortendes Unglück. Sie erscheint weit mehr als Schicksal, dem man sich vergeblich entgegenstemmt und dem man sich schliesslich fügt. Wir sind hier weit von jenem sozialistischen Realismus entfernt, der in Gorkis *Die Mutter* darauf abzielte, den Weg zur politischen Tat zu ebnen. Die beiden Protagonisten des Romans, der gutwillige, aber weiche Johannes Pinneberg und seine lebenstüchtigere Frau Emma, denken nicht daran, die Welt zu verändern.

Am Schluss des Romans treten die beiden die Flucht in die Innerlichkeit ihrer gegenseitigen Zuneigung an. Die tröstliche Botschaft, die Fallada seinen Lesern anzubieten hat, besteht in der Hoffnung, dass da, wo zwei sich wirklich lieben, dem Unglück Grenzen gesetzt sind. Manche Rezensenten empfanden das Buch denn auch weniger als Sozialkritik denn als Trostbotschaft. So etwa

Jakob Wassermann, der feststellte, man habe nach der Lektüre den Eindruck, «ein Volksmärchen» gelesen zu haben.

Rechtsradikale und linksradikale Kritiker tadelten an Falladas Buch, dass die Pinnebergs nicht die Kraft fänden, sich gegen den Staat aufzulehnen. Hanns Johst, später der wichtigste Kulturfunktionär des NS-Staates, stellte fest: «Nicht dieses lasche Mitleid mit den wehrlosen Opfern ihrer Umwelt, sondern das Leiden wehrhafter Charaktere gilt es endlich wieder einmal zu gestalten.» Und eine sozialistische Kritikerin schrieb: «Wie wird dieser kleine Mann Johannes Pinneberg den rechten Weg finden? Wird er begreifen, dass der Boden schwankt, auf dem er steht, dass er sich einreihen muss in den Kampf der Millionen, die diese ungerechte Ordnung umgestalten wollen?» Fallada selbst gab auf die kritischen Leserstimmen, die ihn erreichten, eine unpolitische Antwort: «Nun schön, man hat mir nicht nur Lobendes gesagt, man hat mich vor allem in vielen Briefen gefragt: warum weisst du keine Antwort auf die Frage: Kleiner Mann – was nun? Ich weiss schon eine Antwort, und ich habe sie ja auch hingeschrieben, meine Antwort heisst Lämmchen.»

Hans Falladas Leben war ähnlich turbulent und wirr wie die Zeit, in der er lebte. Er wurde 1893 als Sohn des Landgerichtsrats Ditzen in Greifswald geboren. Kindheit und Jugend waren von gesundheitlichen Problemen überschattet. 1914 meldete er sich als Kriegsfreiwilliger, wurde aber nach kurzer Zeit entlassen. Dann wurde der junge Mann aus gutbürgerlicher Familie drogensüchtig und musste hospitalisiert werden. Er begann schriftstellerisch zu arbeiten und nahm das Pseudonym Hans Fallada an. Als Buchhalter arbeitete er auf verschiedenen Gutsbetrieben in Mecklenburg und Westpreussen, wurde aber wegen Unterschlagung zu Haftstrafen verurteilt. Einen ersten Erfolg hatte er mit dem Roman *Bauern, Bonzen und Bomben,* in dem es um Bauernunruhen in Schleswig-Holstein und einen korrupten Kommunalpolitiker geht. Im Jahr 1928 trat er der sozialistischen Partei bei und wurde 1933 vorübergehend von der SA verhaftet. In weiteren Romanen wie *Wer einmal aus dem Blechnapf frisst* und *Wolf unter Wölfen* konnte sich Fallada zwar die Gunst einer breiten Leserschaft erhalten, galt aber bei der Hitler-Partei als «unerwünschter Autor». Er lavierte zwischen Anpassung und Widerstand, fand sich zu Konzessionen bereit, bezog erhebliche Einkünfte vom Propagandaministerium, blieb aber ein sperriger und verdächtiger Autor. Den psychischen Belastungen hielt der labile Charakter nicht stand, Fallada musste immer wieder in Nervenheilanstalten eingeliefert werden.

Nach dem Krieg suchte der Präsident des Kulturbundes der DDR, Johannes R. Becher, Fallada in seine Dienste zu nehmen. Er liess ihm Gerichtsakten zum nationalsozialistischen Hochverratsprozess gegen zwei Gegner des Regimes aushändigen, und Fallada verfasste aufgrund dieses Materials den erneut erfolgreichen Roman *Jeder stirbt für sich allein*. Der Schriftsteller starb 1947 in Ostberlin.

Wer von Falladas Roman *Kleiner Mann – was nun?* spricht, sollte ein anderes Buch nicht unerwähnt lassen, das zur gleichen Zeit erschien und dessen Handlung ebenfalls in Berlin spielt: Alfred Döblins *Berlin Alexanderplatz*. In beiden Romanen wird Berlin aus der Perspektive des kleinen Mannes gesehen. Bei Fallada ist die Hauptstadt die Kulisse, vor der sich die Handlung abspielt. Bei Döblin erscheint das Pandämonium der Metropole als Hauptgestalt. Gezeigt wird, wie Franz Biberkopf, ein im Grunde gutartiger, aber schwacher Charakter, gegen die Versuchungen des Molochs Berlin ankämpft, unterliegt und sich immer wieder aufrappelt. Döblins Werk ist literarisch anspruchsvoller und formal weit innovativer als dasjenige Falladas. Es steht in Stil und Gestaltung dem Expressionismus nahe. Das Buch Falladas wird dagegen von den Germanisten als typisches Beispiel der «Neuen Sachlichkeit» bezeichnet, die versuchte, den Alltag mit fotografischer Objektivität zu dokumentieren. Mit Döblins Werk konnte sich Becher weniger befreunden als mit demjenigen Falladas. Er sah in *Berlin Alexanderplatz* ein «künstlich gepresstes Laboratoriumsprodukt». Beide Werke zeigen, was deutsche Sprache zu leisten vermochte, bevor die Nationalsozialisten sie in den Dienst ihrer Propaganda stellten.

25. Aldous Huxley, *Brave New World* (1932)
Deutsch: *Welt – wohin?* (später: *Schöne neue Welt*) (1932)

Zu der Zeit, als Martin Luther seine 95 Thesen verfasste, schrieb ein englischer Staatsbeamter, Gelehrter und Humanist ein merkwürdiges Buch. Der Verfasser hiess Thomas Morus, und sein Werk, das 1516 erschien, trug einen langen lateinischen Titel mit dem neuartigen Wort *Utopia*. Dieses Wort geht auf das Altgriechische zurück und heisst so viel wie «Nirgendsland». Thomas Morus unternahm es, die gesellschaftliche Realität seiner Zeit mit seinem Phantasiebild einer Gegenwelt zu konfrontieren, in der manches anders und nicht selten besser und vernünftiger geordnet war. In den folgenden Jahrhunderten entstand in Europa eine Utopienliteratur von variantenreicher Vielfalt. Sie erlaubte es ihren Autoren, indirekt Gesellschaftskritik zu üben, ohne vom Staat verfolgt oder von der Gesellschaft geächtet zu werden.

Im 20. Jahrhundert hat erneut ein Engländer, Aldous Huxley, eines der wichtigsten Werke dieser Gattung verfasst. Der ursprüngliche englische Originaltitel wurde zuerst mit *Welt – wohin?* übersetzt; heute hat man sich an den Titel *Schöne neue Welt* gewöhnt. Eine deutsche Übersetzung kam 1932 heraus, und der Übersetzer hatte die unglückliche Idee, den Schauplatz der Handlung nach Berlin zu verlegen. Huxley verpflanzt seine Utopie in das London der Zukunft. Die Handlung spielt im 7. Jahrhundert nach der Geburt des Automobilherstellers Henry Ford, der um 1915 seine Autos vom Fliessband rollen liess. Ford ist für Huxley, was Gott früher für die Menschheit war: der Allmächtige, dem kein Ding unmöglich ist. Konsequent ist daher, dass die christliche Zeitrechnung in seiner Utopie ausser Kraft gesetzt ist. Und konsequent ist auch, dass beim Gebet nicht «Our Lord», sondern «Our Ford» angerufen wird.

Wir befinden uns also im 7. Jahrhundert nach Ford, um das Jahr 2600 nach christlicher Zeitrechnung. Den Forschern ist es gelungen, künstlich Menschen zu erzeugen, welche in einer stabilen Gemeinschaft auf eine oberflächliche Weise glücklich dahinleben. Im «Brut- und Normierungscenter» werden in einem ausgeklügelten gentechnischen Verfahren, dem «Bokanovsky's Process», Säuglinge ausgebrütet. Diese sind genau auf ihre künftige Rolle in einer arbeitsteiligen, nach Kasten gegliederten Gemeinschaft vorprogrammiert. Die Alpha-Babys übernehmen später Führungsaufgaben; die unterste Kaste der Epsilon-Babys wird zu niedriger Sklavenarbeit eingesetzt. Jedermann arbeitet gern. Niemand verspürt Lust, den Wirkungsbereich seiner Kaste zu überschreiten. Man ist frei von Neid, Ehrgeiz und Missgunst. «Unser ganzes Normungsverfahren», sagt ein Abteilungsleiter des «Brut- und Normierungscenters», «verfolgt dieses Ziel: die Menschen zu lehren, ihre unumstössliche soziale Bestimmung zu lieben.»

Zahlreiche weitere Eingriffe erlauben es, die Entstehung und den Bestand dieser utopischen Idealgesellschaft sicherzustellen. Das Bevölkerungswachstum kann gefördert, Überbevölkerung kann vermieden werden. Wer für den Dienst in den Tropen vorgesehen ist, wird bereits im Kindesalter gegen Typhus und Schlafkrankheit geimpft. Wer in chemischen Betrieben arbeiten wird, kann frühzeitig gegen schädliche Einwirkungen immunisiert werden. Durch milde Elektroschocks kann Kindern eine instinktive Abneigung gegen die Natur und gegen Bücher beigebracht werden. Dies ermöglicht, dass sie später bei der für sie vorgesehenen Arbeit nicht abgelenkt werden. Ein wichtiges Programmierungsmittel ist die Hypnopädie, der Lernschlaf. Schlafenden Kindern werden über Kopfhörer in monotoner Wiederholung immer wieder elementare Regeln des Kastenbewusstseins oder Grundbegriffe des Geschlechtslebens eingetrichtert.

Die Sexualität dient in einer so programmierten Gesellschaft dem reinen Lustgewinn. Mutterschaft und familiäre Erziehung sind unnötig geworden. Christliche Religion und bürgerliche Moralvorstellungen haben ausgedient. Munterer Partnertausch ist die Regel. Die Geschichte hat ihren Erfahrungswert verloren, und Bücher, die darüber berichten, sind nicht zugänglich und werden sorgfältig verwahrt. Krankheiten sind unbekannt; der Mensch bleibt im Vollbesitz seiner Kräfte bis zum Tod. Die Arbeit verschafft solches Vergnügen, dass man der Musse und der Zeit zum Nachdenken nicht mehr bedarf. Will man sich unterhalten, betreibt man Liebesspiele und Sport, oder man begibt sich ins Fühlkino. Die Errungenschaften der Technik verkürzen den Angehörigen der oberen Kasten die Zeit; sie schwirren in Helikoptern und auf Raketen durch die Luft.

Doch auch dieser Idealgesellschaft gelingt es nicht immer, dauerndes Glück herzustellen. Wenn einmal wider Erwarten ein Augenblick innerer Leere und Grübelei eintritt, behilft man sich mit einer grösseren oder kleineren Portion der Wunderdroge Soma. Soma-Tabletten vermitteln Rauschzustände, in denen man Ford huldigt und fühlt, wie die eigene Individualität sich im Kollektiv auflöst. Huxley beschreibt diesen Vorgang so: «Die zu diesem Zweck geweihten Soma-Tabletten wurden in die Mitte des Tisches gelegt, der Eintrachtskelch, gefüllt mit Erdbeer-Eiscremesoda ging von Hand zu Hand und zwölfmal wurde mit dem Spruch ‹Ich trinke auf meine Auflösung› daraus getrunken. Dann sang man zu synthetischer Orchesterbegleitung die ‹First Solidarity Hymn›.»

Nicht alle Menschen dieser «schönen neuen Welt» vermögen sich voll in Huxleys utopische Gesellschaft zu integrieren. So hat Bernard Marx infolge eines Brutdefekts eine zu geringe Körpergrösse und eine Neigung zur Einsamkeit erhalten. Er muss allzu oft zu Soma greifen und fühlt sich unter den Menschen der Alpha-Kaste als Aussenseiter. Und Helmholtz Watson, ein hochbegabter Alpha-Plus-Mensch, der erfolgreicher Werbetexter und Verfasser von Fühlfilmdrehbüchern ist, vermag nicht ganz an den Sinn seiner Arbeit zu glauben. Auch lässt Huxley einen Wilden aus einem Indianerreservat auftreten, der die Unzulänglichkeiten dieser utopischen Gesellschaft schonungslos aufdeckt. Es ist dies ein altbekannter Kunstgriff der Gesellschaftskritik, hatte doch schon Voltaire in einer seiner Erzählungen einen Huronen in der Bretagne an Land gehen lassen und mit der französischen Gesellschaft konfrontiert. Huxleys Wilder fühlt sich in der «schönen neuen Welt» nicht wohl. Als das Personal des «Park Lane Hospital» zusammentrifft, um die tägliche Portion Soma in Empfang zu nehmen, stört der Wilde mit dem Ausruf «Ich bringe euch die Freiheit!» die Versammlung und wirft Packungen mit Soma-Tabletten aus dem Fenster. In einem Gespräch mit dem obersten Aufsichtsrat des «Brut- und Normierungscenters» Mustapha Mond tritt der Wilde für die Rechte des freien Individuums ein. «Ich brauche keine Bequemlichkeiten», sagt er. «Ich will Gott, ich will Poesie, ich will wirkliche Gefahren und Freiheit und Tugend. Ich will Sünde.» Tief verunsichert und dem Wahnsinn nahe, zieht sich der Wilde, von Reportern und einem Kamerateam verfolgt, auf einen Leuchtturm zurück. Dort erhängt er sich.

Während Thomas Morus sich vor 500 Jahren ein «Nirgendsland» ausdachte, das in vieler Hinsicht als wünschenswerte Alternative zur Daseinsrealität seiner Zeit gelten konnte, lässt Huxley keinen Zweifel daran, dass sein Gesellschaftsmodell der wahren Bestimmung des Menschen nicht entspricht. Diese Bestimmung sieht Huxley – ein Humanist wie Morus, aber unter anderen Zeitumständen – in der nur dem Menschen gebotenen Chance, seine Individualität in Freiheit auszubilden und in die demokratische Gesellschaft einzubringen. Eine Zukunft, welche dieses Ziel verfehlt, ist zwar jederzeit denkbar; Huxleys Utopie macht aber deutlich, dass sie weder erstrebens- noch lebenswert ist.

Dreissig Jahre nach dem Erscheinen seiner Utopie hat sich Huxley in der Schrift *Brave New World revisited*, in deutscher Übersetzung unter dem Titel *Dreissig Jahre danach* erschienen, die Frage gestellt, ob und inwieweit seine Utopie inzwischen von der Realität eingeholt worden sei. Er stellt fest, dass vieles, was er habe kommen sehen, rascher eingetreten sei, als er erwartet habe, wenn auch auf andere Art. «Der Albtraum totaler Organisierung», schreibt er, «den ich ins siebte Jahrhundert nach Ford verlegt hatte, ist aus der ungefährlich fernen Zukunft aufgetaucht und erwartet uns nun gleich um die nächste Ecke.» In den Diktaturen Hitlers und Stalins sieht Huxley vieles von dem verwirklicht, was er vorausgesehen hat. Er weist auf die rhetorische Suggestivkraft von Hitler hin, der es verstanden habe, die Instinkte der normierten Massenmenschen anzusprechen. Auf die Tierversuche des russischen Biologen Pawlow anspielend, zeigt Huxley, dass sich Menschen in extremen Stresssituationen in ihrem Verhalten widerstandslos beeinflussen lassen. «Überall in der kommunistischen Welt», schreibt er, «erzeugen Hunderte von Konditionierungszentralen Zehntausende von disziplinierten und hingebungsvollen jungen Leuten.» Aber auch in der modernen Demokratie sei der Mensch Manipulationsversuchen ausgesetzt, die ihn zum Herdenmenschen machten und ihn das lieben liessen, was politische und kommerzielle Propaganda ihm als glücksbringend suggerierten. Huxley zögert nicht, gesetzliche Massnahmen zum Schutz des Individuums vor solcher Vereinnahmung zu fordern, die freilich ihrerseits wieder utopisch wirken. So solle etwa die Fernsehwerbung und ihr schädlicher Einfluss auf das Unterbewusstsein überwacht werden, und die Grossstadtbewohner sollen angewiesen werden, in die überblickbare Gemeinschaft von Landgemeinden umzusiedeln.

Schöne neue Welt ist nicht Huxleys bestes literarisches Werk, wohl aber sein berühmtestes. In geistesgeschichtlicher Hinsicht ist die Bedeutung des Buchs im Zusammenhang mit der Diskussion von Fragen der Eugenik zu sehen. Diese wurden im Zuge der bahnbrechenden Erkenntnisse von Darwins Evolutionslehre in der Zwischenkriegszeit lebhaft diskutiert. War es möglich, so fragten sich die Naturwissenschaftler, durch medizinische, psychologische, soziale und andere Einwirkung auf die menschliche Erbmasse eine qualitative Verbesserung, eine Veredelung der Rasse zu erreichen? Eine wichtige Rolle in dieser Diskussion spielten Aldous Huxleys Grossvater, der bekannte Naturwissenschaftler T. H. Huxley, sowie Julian Huxley, der Bruder des Schriftstellers. Julian Huxley erkannte die Brisanz dieser Fragen und betonte die ethische Verantwortung der Forscher. Es blieb dem «Euthanasie-Programm» der Nationalsozialisten vorbehalten, durch die Ausmerzung «unwerten Lebens» eine «Entartung» der Rasse verhindern zu wollen.

Ein Buch, mit dem *Schöne neue Welt* oft verglichen wird, trägt den Titel *1984* und stammt von George Orwell, dem wir im Zusammenhang mit dem Spanischen Bürgerkrieg noch begegnen werden. Orwells Buch ist 1949 erschienen und widerspiegelt, ins Utopische gewendet, die Erfahrung der totalitären Diktaturen. Ein fiktives Ozeanien mit der Hauptstadt London wird von einer politischen Oligarchie beherrscht. Der Führer, der «Grosse Bruder», dessen Porträt von allen Wänden herabblickt, folgt der Existenz seiner Untertanen bis in die intimsten Winkel ihres Privatlebens. Eine riesige Propagandamaschinerie setzt die ideologische Doktrin an die Stelle des unabhängigen Gedankens und zwingt das Individuum unter das Joch des Kollektivs. Der verordneten Glückseligkeit von Huxley entspricht bei Orwell die verordnete Selbstaufgabe.

26. David Herbert Lawrence, *Lady Chatterley's Lover* (1928)

Deutsch: *Lady Chatterley und ihr Liebhaber* (später: *Lady Chatterleys Liebhaber*) (1930)

Wenige Bücher der Weltliteratur haben eine so komplizierte und folgenreiche Entstehungs- und Wirkungsgeschichte wie David Herbert Lawrences *Lady Chatterley's Lover*. Der Schriftsteller begann 1926 in Italien am Buch zu arbeiten und publizierte es zwei Jahre später als Privatdruck in Florenz. Das Werk wurde als sittlich anstössig empfunden und erregte fast einhellige Ablehnung. Nach dem Tod des Autors erschienen expurgierte Versionen des Romans in den USA und in England. Die für den heutigen Leser massgebliche und ungekürzte Ausgabe erschien 1960 beim Penguin-Verlag in London. Das Buch erregte Aufsehen und Empörung, Lobredner und Kritiker kreuzten die Klingen, gegen den Verlag wurde ein Prozess wegen Verbreitung obszöner Schriften angestrengt.

Das Werk von David Herbert Lawrence liegt wie ein erratischer Block in der literarischen Landschaft der englischen Zwischenkriegszeit. Die zeitgenössischen Schriftsteller entstammten in der Regel den gehobenen Gesellschaftsschichten, hatten an den Colleges der Universitäten Oxford und Cambridge studiert und schrieben ein gefälliges, geistreiches Englisch für die gebildeten Kreise. Lawrence dagegen, geboren im Jahr 1885 im Kohlen- und Erzrevier der Midlands westlich von Nottingham, kam aus ärmlichen Verhältnissen. Der Vater war ein Bergmann, der gern Geschichten erzählte und sein Bier trank. Die puritanisch sittenstrenge Mutter war kleinbürgerlicher Herkunft. Die Ehe war zerrüttet, und die fünf Kinder wurden zu stummen Zeugen gewalttätiger Zusammenstösse. Die tristen Wohnquartiere der Industriestädte, das Elend der Bergleute, der Lärm der Fördertürme und der Gestank der Hochöfen bestimmen das düstere Bild dieser Kindheit. Wenig erstaunlich, dass Lawrence als einer der ersten europäischen Schriftsteller den Gegensatz von Technik und Natur, von Masse und Individuum, von Reichtum und Armut thematisierte.

Nachdem er eine Stelle als Volksschullehrer aufgegeben hatte, entschloss Lawrence sich, Schriftsteller zu werden. Kurz vor Ausbruch des Ersten Weltkriegs brannte er mit Frieda von Richthofen, der Frau eines seiner früheren Professoren, durch und heiratete sie. Es war kein günstiger Zeitpunkt für die Ehe mit einer Deutschen, die aus preussischer Offiziersfamilie stammte. Das Unglück häufte sich und mit ihm die existenzielle Not. Der Krieg verstörte

Lawrence im Innersten, eines seiner Bücher wurde verboten, man beschuldigte das Ehepaar der Spionage für Deutschland. Sein Leben lang war Lawrence, wie man damals sagte, schwach auf der Brust, und die Kränklichkeit seines Körpers stand früh in qualvollem Widerspruch zur eruptiven Leidenschaft seiner Gefühle. Die Nachkriegsjahre verbrachten Lawrence und seine Frau in freiwilligem Exil meist in Italien, Australien, Nordamerika, Mexiko. Trotz fortschreitender Tuberkulose blieb Lawrence literarisch produktiv, und seine Bücher hatten zunehmend Erfolg. Er starb 1930 in einem Sanatorium in Vence bei Nizza.

Herbert David Lawrences letzter Roman *Lady Chatterleys Liebhaber* ist sein bekanntestes Buch, nicht wegen seiner literarischen Qualitäten, die es durchaus hat, sondern wegen der radikalen Rückhaltlosigkeit in der Darstellung des Sexualverkehrs seiner zwei Hauptfiguren. Der Inhalt ist rasch zusammengefasst. Clifford Chatterley, Aristokrat und Industrieller, ist schwer verwundet und sexuell impotent aus dem Krieg zurückgekehrt. Er schreibt gefällige, literarisch unbedeutende, aber erfolgreiche Erzählungen und vertreibt sich die Zeit mit oberflächlicher Konversation im Freundeskreis. Seine Frau Connie, aus gutbürgerlichem Intellektuellenmilieu stammend, wird sich immer stärker bewusst, wie wenig sie mit diesem Mann verbindet. Obwohl sexuell nicht unerfahren, hat sie noch nie leidenschaftliche Liebe erlebt. Da begegnet sie dem Wildhüter Oliver Mellors, der Frau und Kind verliess, zur Indien-Armee ging und sich nach der Rückkehr in den Midlands niedergelassen hat. Connie und Oliver treffen sich in einem kleinen Forsthaus, und es kommt rasch zu intimen Beziehungen. Obwohl Clifford Chatterley seiner Frau gegenüber gesprächsweise bemerkt hat, er würde es akzeptieren, wenn sie von einem anderen ein Kind bekäme, verweigert er Connie die Scheidung, als er erfährt, dass sie tatsächlich ein Kind erwartet – von seinem Wildhüter. Mellors wird gekündigt. Er findet Arbeit auf einem Bauernhof und hofft auf Connies Scheidung. Mit einem Brief, in dem Mellors seine Hoffnung auf eine glückliche gemeinsame Zukunft ausdrückt, endet der Roman.

Es ist offensichtlich, dass für den Autor von *Lady Chatterleys Liebhaber* nicht die Handlung, sondern die Schilderung der sexuellen Beziehung zwischen den Hauptpersonen im Vordergrund steht. In der lustvollen Vereinigung ihrer Körper erleben die Lady und der Wildhüter die Befreiung von all dem, was das Leben des zivilisierten Menschen unerträglich macht. Man hat von Lawrences «sexuellem Realismus» gesprochen und an Textpassagen wie die folgende gedacht: «‹Du hast'n schönen Hintern›, sagte er in kehliger, kosender Mundart. ‹Du hast den schönsten Arsch der Welt. Es ist der schönste, allerschönste Frauen-arsch! Und jedes bisschen davon ist Frau, das ist sicher.>» Doch wichtiger als solch kruder Realismus ist die hochgestimmte Tonlage dieser Beischlafschil-derungen. Lawrence singt das hohe Lied der zärtlichen Verschmelzung im Lie-besakt, der alle Tagesmüh und Vernunft hinter sich lässt, der bis zur Essenz des Daseins vordringt und zuletzt die Qualität religiöser Offenbarung gewinnt. Berühmt ist die folgende Passage, welche den gleichzeitigen Orgasmus von Connie und Oliver beschreibt: «Dann, als er sich zu bewegen begann, in der plötzlichen Hilflosigkeit des Orgasmus, erwachten in ihrem Innern ganz neue, fremde, sie durchflutende Schauer. Sie kamen Welle auf Welle, wie das flackern-de Überlappen sanfter Flammen, sanft wie Federn, sie liefen aus in leuchtenden Spitzen, köstlich, so köstlich, und ihr Inneres schmolz dahin, zerfloss. Es war wie Glockengeläut, das sich höher und höher bis zum Höhepunkt aufschwang.» Fast scheint es Connie, nicht ein Mann, sondern eine überirdische, anbetungs-würdige Kraft sei in sie eingedrungen: «Er war nur ein Tempeldiener, der Träger und Hüter des strahlenden Phallus, ihr Eigentum.»

Man wird in der anspruchsvollen deutschen Literatur der Zwischenkriegs-zeit nach solchen Stellen vergeblich suchen. In Thomas Manns *Bekenntnisse des Hochstaplers Felix Krull* gibt es die Stelle, wo sich Madame Houpflé mit dem hübschen Liftboy vergnügt: «‹Nenne mich du!›, stöhnte sie plötzlich, nahe dem Gipfel. ‹Duze mich derb zu meiner Erniedrigung.›» In Joseph Roths *Radetzky-marsch* raubt die Frau des Wachtmeisters Slama dem jungen Offiziersanwärter Carl Joseph von Trotta seine Unschuld: «Er empfing die Frau wie eine weiche, grosse Welle aus Wonne, Feuer und Wasser.» In Hermann Hesses *Narziss und Goldmund* wird Goldmund von der Zigeunerin Lise zum Mann gemacht: «Die holde kurze Seligkeit der Liebe wölbte sich über ihm, glühte golden und bren-nend auf, neigte sich und erlosch.» Doch solche Ironisierung und Sublimierung des Liebesspiels sind nicht Lawrences Sache. Er bekennt sich zur instinktiven Tiernatur des Menschen. Zugleich erhöhen das lyrische Pathos und der andäch-tige Ernst seiner Schilderungen, weit davon entfernt, Pornografie zu sein, den Menschen, statt ihn zu entwürdigen.

Der heutige Leser wird an Lawrences Darstellung der sexuellen Vereini-gung kaum mehr Anstoss nehmen. Wir leben in einer Zeit, da wenige Filme ohne Beischlafszenen auskommen, da die Anzeigen nicht nur der Boulevard-presse alle möglichen Varianten sexueller Befriedigung anbieten und in denen man entscheidet, in den Ausfallstrassen grosser Städte Freiern und Prostituierten «Verrichtungsboxen» zur Befriedigung sexueller Bedürfnisse zu errichten. Die Tabus, gegen die Lawrence mit heiligem Ernst ankämpfte, gibt es nicht mehr. Was heute bei Lawrence stört, sind jene Passagen, in denen das Erhabene ins Lächerliche umzukippen droht. Zum Beispiel, wenn er schreibt: «Mit ruhigen Fingern flocht er ein paar Vergissmeinnicht in das schöne braune Vlies ihres Venushügels. ‹So!›, sagte er. ‹Dort sind Vergissmeinnicht an der richtigen Stelle.›»

Im Oktober 1960 wurde vor dem Londoner Schwurgericht gegen den Penguin-Verlag, der die Publikation von *Lady Chatterleys Liebhaber* ankündigte, Anklage wegen der Verbreitung pornografischen Schrifttums erhoben. Die Kläger stützten sich auf ein Gesetz, das «moralisch verwerfliche und korrumpierende Literatur» verbieten konnte, mit der wichtigen Einschränkung freilich, dass es sich nicht um künstlerisch wertvolle Literatur handelte. Unanständige Wörter, sogenannte «four letter words», waren nun freilich in *Lady Chatterleys Liebhaber* leicht aufzufinden. Eine Expertise stellte fest: «Das Wort ‹fuck› oder ‹fucking› erscheint nicht weniger als 30 Mal, ‹cunt› 14 Mal, ‹balls› 13 Mal, ‹shit› und ‹arse› je 6 Mal, ‹cock› 4 Mal und ‹piss› 3 Mal.» Auch die Tatsache, dass sowohl Connie als Oliver ihre rechtsgültige Ehe brachen, war, den Klägern zufolge, verwerflich und nicht geeignet, die öffentliche Moral zu stärken. Wollte der Verlag die Publikation durchsetzen, so musste er die Geschworenen vom literarischen Wert des Buchs überzeugen. Das geschah, indem man eine grosse Zahl von prominenten Intellektuellen beizog, die für diesen Wert eintraten, unter ihnen die Schriftsteller Rebecca West und Edward Morgan Forster, den Bischof von Woolwich, Dr. John Robinson und den Soziologen Richard Hoggart. Ihren Plädoyers gelang es, die Jury vom literarischen Wert des Buchs zu überzeugen und damit den Vorwurf der Pornografie zu entkräften.

Der Ausgang des von der Öffentlichkeit mit Spannung verfolgten Prozesses führte zur posthumen Rehabilitation Lawrences. Richard Aldington, ein Freund und früher Biograf des Schriftstellers, hatte 1930 noch mit gutem Grund sagen können: «Zu seinen Lebzeiten wurde Lawrence von den Engländern gehasst.» Nach dem Gerichtsentscheid von 1960 wurden in drei Monaten 3 Millionen Exemplare des Romans verkauft, und David Herbert Lawrence wurde als das eigenwillige Genie erkannt, das er ist. Der Richtspruch hatte auch weitreichende sozialpolitische Folgen. Er leitete in England die sexuelle Emanzipation der 1960er-Jahre ein, Homosexualität und Abtreibung wurden entkriminalisiert, und das Scheidungsrecht wurde liberalisiert.

Bücher widerspiegeln ihre Entstehungszeit, nehmen aber nur selten erkennbaren Einfluss auf das Zeitgeschehen. Man hat gelegentlich dem 1852 erschienenen Roman *Onkel Toms Hütte* von Harriet Beecher-Stowe eine solche Wirkung zugeschrieben. Das Buch erreichte um die Mitte des 19. Jahrhunderts eine Auflage von 300 000 Exemplaren und spielte eine wichtige Rolle in der Bewegung zur Befreiung der schwarzen Sklaven. Auf ähnliche Weise ist David Herbert Lawrences Roman *Lady Chatterleys Liebhaber* für die englische Geschlechtergeschichte wichtig geworden.

27. Hermann Hesse, *Der Steppenwolf* (1927)

In den 1950er-Jahren waren die frühen Werke Hermann Hesses eine häufige Klassenlektüre an Schweizer Gymnasien. Besonderer Beliebtheit erfreute sich ein schmales Bändchen mit dem Titel *Knulp*. Es handelt sich um die Lebensgeschichte eines liebenswürdigen Vagabunden und Sonderlings, der in der geordneten bürgerlichen Gesellschaft keinen Platz findet und sich der modernen Leistungsgesellschaft verweigert. Knulp ist ein naher Verwandter von Eichendorffs Taugenichts, der auf langen Wanderungen durch unberührte Landschaften und hübsche Städtchen sein bescheidenes Glück findet. Das Buch erschien 1915 und wurde zum Erfolg, entwarf es doch das Bild einer heilen Welt, das den Schlachtenlärm der Kriegswirren für kurze Zeit vergessen liess. Ähnliches ereignete sich wieder, als der *Knulp* nach dem Zweiten Weltkrieg neu aufgelegt wurde. Gern griffen die Pädagogen zu dem kleinen und unschuldigen Werk, das nach der neuerlichen Kriegskatastrophe zur sittlichen Erziehung junger Menschen besonders geeignet schien. Dass diese jungen Menschen daheim in ihren Studierstuben Hermann Hesses *Narziss und Goldmund* und den *Steppenwolf* lasen, Werke, die damals als «sexuell gewagt» und «moralisch gefährlich» galten, wussten die Deutschlehrer nicht oder wollten es nicht wissen.

Hermann Hesse stammte aus Calw im nördlichen Schwarzwald und hätte nach dem Willen seiner pietistischen Eltern Theologe werden sollen. Er war ein begabter, aber schwieriger Schüler, machte eine Buchhändlerlehre und beschloss, Schriftsteller zu werden. Zwischen 1904 und 1912 lebte er mit seiner ersten Frau im idyllischen Gaienhofen am Bodensee. Mit Romanen wie *Peter Camenzind*, *Unterm Rad* und *Gertrud* hatte der feinsinnige Schilderer von Natur- und Seelenlandschaften früh beachtlichen Erfolg. Beim Ausbruch des Ersten Weltkriegs meldete sich Hesse in einem Anflug von Patriotismus als Freiwilliger, wurde aber wegen Kurzsichtigkeit zurückgestellt. Der militante Nationalismus eines Thomas Mann und der Mehrzahl damaliger deutscher Intellektueller blieb Hesse fremd. Schon im Oktober 1914 notierte er in sein Tagebuch: «Die anwachsende falsch-patriotische Psychose in Deutschland (in den feindlichen Ländern ist es ebenso) demütigt und verstimmt mich.» Im November desselben Jahres publizierte er in der *Neuen Zürcher Zeitung* einen Artikel unter dem Titel «O Freunde, nicht diese Töne». Darin versuchte er, mässigend auf die deutschen Intellektuellen einzuwirken. Damit vertrat er eine Haltung, wie sie einige Jahre später der Franzose Julien Benda empfahl. Ähnlich wie

Romain Rolland und Stefan Zweig suchte er die Werte der europäischen Zivilisation zu verteidigen, indem er sich über den hasserfüllten Kampf der Parteien und Ideologien erhob.

Bereits vor Ausbruch des Ersten Weltkriegs war Hermann Hesse in die Schweiz übersiedelt. Während des Kriegs arbeitete er bei der «Deutschen Gefangenenfürsorge» in Bern. Nach dem Krieg liess er sich in Montagnola im Tessin nieder, wo er sich, von kürzeren Unterbrüchen abgesehen, bis zu seinem Tod im Jahr 1962 aufhielt.

Den Nationalsozialismus lehnte Hesse mit Entschiedenheit ab, obwohl er sich mit der markant antimodernistischen Tendenz seines Werks bei Goebbels' Kulturpropagandisten durchaus hätte beliebt machen können. Bereits 1922 sprach der Schriftsteller in einem Essay unter dem Titel «Verrat an Deutschland» von der «blödsinnigen, pathologischen Judenfresserei der Hakenkreuzbarden». In der Folge hielt er sich jedoch mit Kritik zurück, ohne sich dem Hitler-Regime je anzudienen. Der Realität des deutschen Gewaltregimes trat er mit der Überzeugung entgegen, dass die unvergängliche Macht des Geistes zuletzt obsiegen würde. Diese Haltung prägt auch noch sein Hauptwerk, das *Glasperlenspiel*, das mitten im Krieg, im Jahr 1943, erschien.

Der nationalsozialistischen Kulturpropaganda blieb der Schriftsteller jedoch immer suspekt. Einer ihrer scharfzüngigsten Exponenten, Will Vesper, urteilte: «Er verrät die deutsche Dichtung der Gegenwart an die Feinde Deutschlands und an das Judentum.» Hermann Hesses Werke waren während des Kriegs dank amtlicher Verfügung in deutschen Buchhandlungen erhältlich, einige von ihnen jedoch, so *Der Steppenwolf*, nur in beschränkter Anzahl.

Hermann Hesse war, als 1927 *Der Steppenwolf* erschien, fünfzig Jahre alt. Er war Schweizer Bürger und ein angesehener Schriftsteller mit treuem Leserpublikum geworden. Doch sein Leben gestaltete sich schwierig und führte ihn immer wieder in die Nähe des Suizids. Er trennte sich von seiner ersten und bald auch von seiner zweiten Frau. Er empfand sich als Aussenseiter, mied nach Möglichkeit den Kulturbetrieb der Städte und zog sich in das versponnene Gehäuse seiner Egozentrik zurück. Perioden glücklichen Überschwangs wechselten mit depressiven Phasen. Immer wieder musste Hesse psychologisch betreut werden. Körperliche Leiden suchte er als Kurgast in Baden zu lindern.

Der Steppenwolf ist Ausdruck einer tiefen Lebenskrise und zugleich der Versuch eines Versinkenden, festes Land zu gewinnen. Der Inhalt des Romans ist nicht ganz leicht wiederzugeben. Hauptfigur ist ein gewisser Harry Haller, der sich für einige Monate in der Mansarde einer Kleinstadt einquartiert, um, wie er sagt, «die Bibliotheken zu benützen». Über Hallers Vorleben ist wenig bekannt. Er stammt aus bürgerlichem Haus, hat eine gute Ausbildung genossen, liebt Goethe und Mozart. Er hat sich weder beruflich festgelegt noch irgendwo dauernd niedergelassen; seine Frau hat ihn verlassen, eine ferne Geliebte sieht er selten. Durch sein politisches Engagement für den Frieden hat er sich exponiert und unbeliebt gemacht. «Berufslos, familienlos und heimatlos» treibt sich Harry Haller, der sich selbst als Steppenwolf bezeichnet, herum. Ein doppeltes Leiden lässt ihn nicht los: das Leiden an seiner Zeit und das Leiden an sich selbst. Ihn quält die Doppelnatur und Gespaltenheit seines Wesens, in dem das «Menschliche» und das «Wölfische» in tödlicher Feindschaft zerstritten sind. Und ihn quält die Welt der Moderne, die er dem Untergang geweiht sieht.

Haller findet schliesslich einen prekären Ausweg aus seiner Verzweiflung und Augenblicke befreienden Glücks, indem er den Umgang mit anderen Aussenseitern sucht: mit der androgynen Hermine, die seine Hemmungen löst und ihm den Foxtrott beibringt; mit der liebeserfahrenen Maria, die ihm das Reich des Eros erschliesst, mit dem schwarzäugigen Saxofonisten Pablo, der Hallers übersteigerter Geistigkeit seine spontane Vitalität entgegensetzt. Schliesslich taucht Harry Haller ein in die karnevaleske Traumwelt von Pablos «Magischem Theater», aus dem er gewandelt und neugeboren wieder auftaucht. Im «Magischen Theater» macht Harry Haller befreiende Erfahrungen, wie sie der Drogenrausch verschaffen mag. Hier begegnet er auch Mozart, der ihm rät, sein künftiges Leben mit Galgenhumor zu meistern. «Sie sollen», so lässt Hesse den Komponisten sprechen, «die verfluchte Radiomusik des Lebens anhören lernen, sollen den Geist hinter ihr verehren, sollen über den Klimbim in ihr lachen lernen. Fertig, mehr wird nicht von Ihnen verlangt.»

Der Steppenwolf ist nicht Hesses bestes Buch, wohl aber sein vieldeutigstes. Der Germanist, der den Roman liest, wird die Struktur des Romans, der sich aus dem Vorwort eines Herausgebers, aus den Tagebuchaufzeichnungen Hallers und aus einer Charakterstudie mit dem Titel «Tractat vom Steppenwolf» zusammengesetzt, zu deuten suchen. Er wird auf die Quellen hinweisen, aus denen Hesse geschöpft hat und die er dem Leser freimütig offenlegt: Nietzsche, Dostojewski, Burckhardt, Spengler. Er wird auch darzulegen suchen, wie Hesses Sprache den langen Weg zurücklegte, um vom liebenswürdig-harmlosen Sonderling Knulp zum höchst ungemütlichen Aussenseiter Steppenwolf zu gelangen. Wie, so wird sich der Germanist fragen, konnte aus dem Romantiker ein Nihilist werden? Der psychologisch geschulte Leser wird im *Steppenwolf* das Porträt eines Neurotikers sehen, der seinen Freud und seinen Jung gelesen hat und einen Psychiater zu seinen engsten Freunden zählt.

Der Historiker, der den *Steppenwolf* liest, lernt einen Menschen kennen, der ohne Hoffnung zwischen den Zeiten steht, zwischen einem Gestern, das sich überlebt hat, und einem Morgen, das nur erst in vagen und verwirrenden Umrissen sichtbar ist. «Haller gehört zu denen», schreibt Hesse, «die zwischen zwei Zeiten hineingeraten, die aus aller Geborgenheit und Unschuld herausgefallen sind, zu denen, deren Schicksal es ist, alle Fragwürdigkeit des Menschenlebens gesteigert als persönliche Qual und Hölle zu erleben.» Der Steppenwolf Haller wendet sich in ebenso verzweifelter wie radikaler Ablehnung gegen alles, was dem Geschehen Zusammenhang und Sinn geben könnte. Der Kontinuitätsbruch ist vollkommen, ein Weg zur Zukunft versperrt. «Ich war im Lauf der Jahre», lässt Hesse seinen Steppenwolf sagen, «beruflos, familienlos, heimatlos geworden, stand ausserhalb aller sozialen Gruppen, allein, von niemand geliebt, von vielen beargwöhnt, in ständigem, bitterem Konflikt mit der öffentlichen Meinung und Moral, und wenn ich auch noch im bürgerlichen Rahmen lebte, war ich doch inmitten dieser Welt mit meinem ganzen Fühlen und Denken ein Fremder. Religion und Vaterland, Familie, Staat waren mir entwertet und gingen mich nichts mehr an, die Wichtigtuerei der Wissenschaft, der Zünfte, der Künste ekelte mich an ...» Auch die Kultur bietet also keinen Halt. «Ein Friedhof war unsre Kulturwelt», lesen wir im *Steppenwolf,* «hier waren Jesus Christus und Sokrates, hier waren Mozart und Haydn, waren Dante und Goethe bloss noch erblindete Namen auf rostigen Blechtafeln, umstanden von verlegenen und verlogenen Trauernden ...» Hermann Hesse lässt keinen Zweifel daran, dass vom Aussenseiter Steppenwolf kein Weg zum politischen Engagement des demokratischen Staatsbürgers hinführt, der seine Verantwortung pflichtbewusst wahrnimmt.

Und das Individuum Haller? Lässt es sich noch retten? Lässt sich seine Neurose heilen? Hin und wieder macht es den Anschein, als setze Hesse kleine Zeichen der Hoffnung. «Ach, es ist schwer», heisst es einmal, «diese Gottespur zu finden inmitten dieses Lebens, das wir führen ...» «Und wer suchte über den Trümmern seines Lebens», heisst es an anderer Stelle, «den zerflatternden Sinn, litt das scheinbar Unsinnige, lebte das scheinbar Verrückte, hoffte heimlich im letzten irren Chaos noch Offenbarung und Gottesnähe?»

Die verzweifelte Ausweglosigkeit im öffentlichen wie im persönlichen Bereich, die in der Figur des Steppenwolfs zum Ausdruck kommt, scheint auch den Autor bedrückt zu haben. Im Jahr 1942, als Hesse seine persönliche Lebenskrise überwunden hatte und mit der Niederschrift des *Glasperlenspiels* beschäftigt war, verfasste er ein Nachwort zu seinem Roman. Darin stellte er die Krise des Steppenwolfs als Katharsis dar und hielt fest, dass sein Buch zwar eine Krankheit und Krise darstelle, «aber nicht eine, die zum Tode führt, nicht einen Untergang, sondern im Gegenteil eine Heilung». Man möchte es gern glauben.

Der überraschende Welterfolg des Schriftstellers Hesse und seines *Steppenwolfs* in den 1950er- und 1960er-Jahren zeigte, dass der Aussenseiter als Symptom der gesellschaftlichen Verfassung seine Rolle nicht ausgespielt hatte. Im Jahr 1956 gab der Engländer Colin Wilson sein international erfolgreiches, in dreissig Sprachen übersetztes Werk *The Outsider* heraus, das den Existenzialismus in der angelsächsischen Welt populär machte. Darin befasste er sich mit den Werken von Autoren wie Hermann Hesse, Jean-Paul Sartre, Albert Camus oder T. E. Lawrence, in denen er typische Vertreter eines Jahrhunderts der Aussenseiter sah.

In den 1960er-Jahren wurde Hesse zu einem der Vordenker der Hippie-Bewegung in den USA, die in ihrer Ablehnung des Establishments, der Technokratie und verlogener Moralbegriffe Themen aufgriff, die auch Hesse bewegt hatten. Manches am Hesse-Kult der «Blumenkinder» beruhte freilich auf einer Fehldeutung, so etwa, wenn der Psychologieprofessor Timothy Leary im Schriftsteller einen Befürworter bewusstseinsverändernder Drogen sah.

Heutzutage steht der Klassenlektüre von Hermann Hesses *Steppenwolf* an den Gymnasien nichts mehr entgegen, und die Schüler mögen sich darüber wundern, was an dem Buch vor sechzig Jahren so gefährlich schien.

28. Jean-Paul Sartre, *La Nausée* (1938)
Deutsch: *Der Ekel* (1949)

Gibt es einen europäischen Intellektuellen, der die Öffentlichkeit seines Landes so lange und so intensiv beschäftigt, angeregt und irritiert hat wie Jean-Paul Sartre? Während Jahrzehnten blieb der französische Philosoph und Schriftsteller im Geistesleben seines Landes omnipräsent. Überall, wo philosophische und politische Fragen diskutiert wurden, meldete sich Sartre zu Wort, schrieb Artikel, hielt Vorträge, gab Interviews, unterzeichnete Manifeste. Er tat dies mit einer Leidenschaftlichkeit, die keine Rücksichten kannte. Nicht immer war er im Recht, aber er liess niemanden gleichgültig. Er führte den deutschen Existenzialismus in Frankreich ein, erregte Aufsehen mit seinen Romanen und hatte Erfolg mit seinen Theaterstücken. Und er engagierte sich politisch. Nach dem Zweiten Weltkrieg war er das Sprachrohr der intellektuellen Linken, und zwischen 1952 und 1956 bekannte er sich ohne Vorbehalt zum Kommunismus. «Historisch ist die UdSSR», schrieb er damals, «die Chance des Proletariats, sein Vorbild und die Quelle der ‹revolutionären Wirkung›. Darüber hinaus ist sie an sich selbst ein zu verteidigender historischer Wert, der erste Staat, der, obwohl er den Sozialismus noch nicht verwirklicht hat, dessen Prämissen enthält.»

Als die Russen 1956 in Ungarn und 1968 in der Tschechoslowakei einfielen, ging Sartre auf Distanz zur KPF, blieb aber ein radikaler Linker mit einer Neigung zum Anarchismus. Im Algerienkrieg kritisierte er nach 1954 die Foltermethoden des französischen Militärs und trat für die Unabhängigkeit der französischen Kolonie ein. Zusammen mit dem englischen Philosophen Bertrand Russell wurde er zu einem der schärfsten Kritiker des amerikanischen Engagements im Vietnamkrieg. In den Pariser Mai-Unruhen des Jahres 1968 stellte Sartre sich an die Seite der revoltierenden Studenten und hielt eine flammende Rede im grossen Hörsaal der Sorbonne. In den 1970er-Jahren zeigte er Verständnis für die linksterroristische «Rote Armee Fraktion» in Deutschland und erregte Aufsehen, als er deren Gründer Andreas Baader im Gefängnis Stuttgart-Stammheim besuchte. Mit seiner langjährigen Lebensgefährtin Simone de Beauvoir, die er 1929 kennengelernt hatte, reiste Sartre durch die Welt, traf in Kuba Fidel Castro und Che Guevara, in Russland Chruschtschow, in China Mao Zedong. Seine beharrliche Abneigung galt dem General de Gaulle, den er beschuldigte, Frankreich in die Diktatur zu führen. Der Staatspräsident scheint den Schriftsteller trotz dessen erbitterter Gegnerschaft respektiert zu haben. Eine Anekdote will, dass de Gaulle, als man ihm riet, Sartre zu verhaften, entgegnete: «Man verhaftet nicht Voltaire.»

Das Leben des Philosophen und Schriftstellers, der 1905 in Paris geboren wurde und 1980 dort starb, ist in einem anderen Umfeld als im nervösen geistigen Klima der französischen Metropole nicht vorstellbar. Seine Kindheit und Jugend hat Sartre in seinem autobiografischen Werk *Die Wörter* dargestellt. Man kann dort nachlesen, dass die beiden Hauptbeschäftigungen in Sartres Leben das Lesen und das Schreiben waren. Der begabte junge Mann durchlief die Schulen ohne Schwierigkeit. An der renommierten «École normale supérieure» freundete er sich mit Raymond Aron an, dem späteren Soziologen und seinem schärfsten politischen Gegner. In ihren Memoiren äusserte sich Simone de Beauvoir so über ihren Lebenspartner: «Er hatte nicht vor, ein zurückgezogenes Leben zu führen. Er hasste die Routine, die Hierarchien, die Karrieren, die Gesetze und die Pflichten, alles Seriöse am Leben.»

Nachdem er seine Prüfung für das höhere Lehramt bestanden hatte, wurde Sartre 1931 Professor für Philosophie am Lycée von Le Havre. Die Schüler schätzten seine herzliche Autorität und seinen Nonkonformismus. In Le Havre begann Sartre mit den Vorarbeiten zu dem Roman, der schliesslich den Titel *Der Ekel* tragen sollte. Das Jahr, in dem Hitler an die Macht kam, verbrachte er am «Institut français» in Berlin und arbeitete an seinem Buch. Den Nationalsozialismus lehnte er ab und hielt ihn, wie viele andere zeitgenössische Betrachter, für ein vorübergehendes Phänomen. Nach Le Havre zurückgekehrt, reichte er das Manuskript seines Buchs unter dem Titel *Melancholia* im Gallimard-Verlag ein und erhielt eine Absage. Der zweite Versuch war erfolgreich; das Buch trug nun den Titel, unter dem es berühmt geworden ist.

Jean-Paul Sartres Roman hat die Form eines Tagebuchs. Verfasser des Tagebuchs und Hauptfigur ist der 35-jährige Historiker Antoine Roquentin. Er arbeitet in der städtischen Bibliothek der fiktiven Hafenstadt Bouville, in der man unschwer Le Havre erkennt. Seine Forschungen gelten einer Figur des 18. Jahrhunderts, dem Marquis de Rollebon. Roquentin lebt in einem kleinen Zimmer des Hotels «Printania» mit trostlosem Blick auf eine Tramhaltestelle, den Bahnhof und das Bahnhofsrestaurant. Er meidet den Umgang mit Menschen. Hin und wieder schläft er mit Françoise, der Wirtin des Bahnhofrestaurants. In der Bibliothek lernt er einen Sonderling kennen, den «Autodidakten», der sich zu bilden sucht, indem er in alphabetischer Reihenfolge die Werke wichtiger Autoren liest.

Der Ekel enthält die radikalste Absage an das Bürgertum und die bürgerliche Existenz mit ihren Glaubensformen, Wertvorstellungen und Konventionen, die sich denken lässt. Diese Absage geht weit über die Gesellschaftskritik hinaus, die zu den geistigen Grundtendenzen der Zwischenkriegszeit gehörte. Bei einem Besuch des Museums von Bouville betrachtet Roquentin die Porträts der Honoratioren, die sich um die Stadt verdient gemacht haben. Er gibt sich davon Rechenschaft, dass die durch Ordnung, Planbarkeit und Erfolg bestimmte Existenz dieser würdigen Herren sich von seiner eigenen Existenz grundsätzlich unterscheidet. «Ich war mir immer dessen bewusst gewesen», schreibt er ins Tagebuch, «ich hatte kein Recht zu existieren. Ich war zufällig erschienen, ich existierte wie ein Stein, eine Pflanze, eine Mikrobe. Mein Leben wuchs aufs Geratewohl und in alle Richtungen. Es gab mir manchmal unbestimmte Signale, dann fühlte ich nichts als ein Summen ohne Bedeutung.» Roquentin verlässt die Porträtgalerie mit dem Gefühl heftigsten Widerwillens. «Lebt wohl», notiert er ins Tagebuch, «ihr schönen Lilien, unser Stolz und unsere Daseinsberechtigung, lebt wohl ihr Schweine.»

Eines Tages treffen sich Roquentin und der «Autodidakt» zu einem Gespräch beim Mittagessen. Der Historiker betrachtet die anderen Gäste mit demselben Missfallen wie zuvor die Porträts im Museum. «Ich lasse meine Augen durch den Raum schweifen», notiert er sich, «es ist eine Farce! Alle diese Leute sitzen mit ernsten Mienen da, sie essen. Nein, sie essen nicht: sie stellen ihre Kräfte wieder her, um die Aufgabe auszuführen, die ihnen obliegt. Jeder von ihnen hat seinen persönlichen Starrsinn, der ihn hindert zu bemerken, dass er existiert; da ist nicht einer, der sich nicht für unentbehrlich hält, für irgendetwas oder für irgendjemand.» Der «Autodidakt» versucht, Roquentin von solchen düsteren Gedanken abzubringen. Er erzählt ihm aus seinem Leben und bekennt sich zum Humanismus. Im Krieg sei er gefangen genommen worden und habe in Gefangenschaft gelernt, an den Menschen zu glauben. Der «Autodidakt» ist Mitglied der sozialistischen Partei. Er liebt die Menschheit und gibt sich viel vergebliche Mühe, Roquentin zu erklären, dass man die Menschen lieben müsse. Da steigt im Historiker dieser Ekel auf, der dem Buch seinen Namen gegeben hat. Er erkennt, was seine Existenz von der Existenz der anderen trennt, er begreift seine eigene Unzugehörigkeit. Brüsk wendet er sich vom «Autodidakten» ab und verlässt das Lokal fluchtartig.

Im Stadtpark sinnt Roquentin über eine Welt nach, die er als absurd empfindet und über sein persönliches Schicksal, das er als zufällig und ohne vorgegebenen Sinn, als «kontingent», wahrnimmt. Er formuliert seine Einsichten, die zu einer Art von Credo der Existenzphilosophie geworden sind. «Das Wesentliche», schreibt Roquentin in sein Tagebuch, «ist die Kontingenz. Ich will sagen, dass die Existenz ihrer Definition nach nicht die Notwendigkeit ist. Existieren, das ist dasein, ganz einfach; die Existierenden erscheinen, lassen sich antreffen, aber man kann sie nicht ableiten. Es gibt Leute, glaube ich, die das begriffen haben. Nur haben sie versucht, diese Kontingenz zu überwinden, indem sie ein notwendiges und sich selbst begründendes Sein erfanden. Doch kein notwendiges Sein kann die Existenz erklären; die Kontingenz ist kein Trug, kein Schein, den man vertreiben kann; sie ist das Absolute, folglich die vollkommene Grundlosigkeit.»

Jean-Paul Sartres berühmtester Roman schildert wie Hesses *Steppenwolf* eine individuelle Befindlichkeit, aber er bietet keine Lösungen an. Der Leser erfährt, dass Roquentins Einsicht in das Wesen seiner Existenz einen Nullpunkt darstellt, von dem aus ein neues Leben anfangen muss und möglich wird. Wie dieses Leben aussehen könnte, erfährt der Leser nicht. Roquentin gibt die Arbeit an einer Biografie des Marquis de Rollebon auf, denn, so stellt er fest: «Nie kann die Existenz eines Existierenden die Existenz eines anderen Existierenden rechtfertigen.» Roquentin trifft auf seine frühere Freundin Annie, aber sie haben sich nichts mehr zu sagen. Zuweilen erfasst ihn ein neues Gefühl der Befreiung. «Ich bin frei», notiert er, «ich habe keinen einzigen Grund mehr zu leben, alle, die ich ausprobiert habe, haben versagt, und ich kann mir keine anderen mehr ausdenken.» Er verabschiedet sich von der Wirtin, die bereits einen neuen Beischläfer gefunden hat. Sie legt ihm zum Abschied seine Lieblingsplatte auf, einen amerikanischen Schlager, gesungen von einer schwarzen Sängerin: «Some of these days / You'll miss me, honey.» Eine leise Ahnung von Glück kommt auf, doch die Platte kratzt. Ganz am Schluss des Romans meldet sich die vage Hoffnung, Roquentin könnte seinem bisherigen Leben einen Sinn geben, indem er ein Buch schriebe: «Ein Buch. Ein Roman. Und es gäbe Leute, die diesen Roman läsen, und die sagen würden: ‹Antoine Roquentin hat ihn geschrieben, das war ein rothaariger Typ, der in den Cafés herumhing›...»

Als *Der Ekel* im Jahr 1938 erschien, wurde er von der Kritik allgemein gelobt. Man erkannte, dass hier neue Möglichkeiten literarischer Darstellung erprobt wurden, und verglich Sartre mit Kafka. Näher liegt der Vergleich mit Rilkes Tagebuchroman *Die Aufzeichnungen des Malte Laurids Brigge*, den Sartre in französischer Übersetzung gelesen hatte. Sein Roman war auch ein bemerkenswerter Publikumserfolg, doch die politische Lage verhinderte eine Wirkung über Frankreichs Grenzen hinaus. Dies änderte sich in der Nachkriegszeit. Nun entfaltete *Der Ekel*, begünstigt durch die Zeitumstände, eine Breitenwirkung, wie sie in der Geschichte der europäischen Literatur seit Goethes *Werther* wohl nie mehr erreicht worden ist. Während sich die Professoren der Sorbonne in gelehrten Streitgesprächen über das Wesen des Existenzialismus zu verständigen suchten, entwickelte sich die philosophische Botschaft, die Sartre in seinen Roman hatte einfliessen lassen, zur Lebensform. Überall in Westeuropa sah man in den 1950er-Jahren einsame und ungepflegte junge Männer mit schulterlangem Haar in Cafés und Kneipen sitzen, den leeren Blick auf ein halbleeres Bierglas gerichtet und den Ausdruck angeekelten Widerspruchs im bleichen Gesicht. Es ist gesagt worden, der Existenzialismus sei damals neben der Mode der wichtigste Exportartikel Frankreichs gewesen.

Nach dem Zweiten Weltkrieg setzte Jean-Paul Sartre seine schriftstellerische Laufbahn mit sehr erfolgreichen Theaterstücken fort und konnte es sich leisten, 1964 den Nobelpreis abzulehnen. Zugleich engagierte er sich politisch. Zuweilen vergaloppierte er sich, und seine Polemik stiess ins Leere. Am überzeugendsten war seine resolute Kritik am Kolonialismus und sein mutiges Eintreten für die Unabhängigkeit Algeriens. In diesem Punkt stimmte er auch mit dem entschiedenen Antikommunisten und einstigen Jugendfreund Raymond Aron überein. Berühmt wurde das Vorwort, das Sartre zum Buch *Die Verdammten dieser Erde* des aus Martinique stammenden Antikolonisten Frantz Fanon schrieb. Darin stehen die Worte: «Haut auf die Pranken ein, die Europa auf eure Kontinente gelegt hat, und zwar solange, bis es diese Pranken zurückzieht. Der Augenblick ist günstig: Nichts geschieht in Bizerta, in Elisabethville, im algerischen Hinterland, das nicht überall auf der Welt bekannt würde. Es gilt, von der Lähmung der Machtblöcke, die sich gegenseitig in Schach halten, zu profitieren. Es gilt, in die Geschichte einzutreten, die durch diesen Eintritt erstmals zur Universalgeschichte wird. Kämpfen wir; wenn andere Waffen fehlen, wird das Messer obsiegen.»

Jean-Paul Sartre und Raymond Aron hatten sich als Studenten versprochen, dass derjenige, der den anderen überleben würde, diesem den Nachruf schreiben würde. Dann trennten sich ihre Wege, und Aron verfasste 1955 unter dem Titel *Opium für Intellektuelle* eine vernichtende Kritik des Kommunismus, die auch auf Sartre abzielte. Noch einmal sah man in den Gazetten, wie sich die beiden Männer kurz vor ihrem Tod zu einem frostigen Händedruck trafen. Sartre starb

1980, sein Jugendfreund drei Jahre später. Aron schrieb zwar keinen Nachruf, aber er bezeugte in seinen *Mémoires* den Respekt gegenüber seinem langjährigen politischen Gegner. Niemand habe je die Grosszügigkeit und Selbstlosigkeit Sartres in Zweifel zu ziehen gewagt, schrieb Aron, auch wenn dieser sich mehr als einmal in fragwürdigen Auseinandersetzungen engagiert habe.

29. Knut Hamsun, *Siste Kapitel* (1923)
Deutsch: *Das letzte Kapitel* (1924)

Eines Tages, in den Jahren nach dem Ersten Weltkrieg, steigen zwei Männer, ein Rechtsanwalt und ein Arzt, zu einer Alp im gebirgigen Hinterland von Kristiania, dem heutigen Oslo, empor. Sie kaufen dort ein Grundstück und lassen einen weitläufigen Gebäudekomplex errichten: das Sanatorium «Torahus». Man hat in Europa genug von den Militärlazaretten. Nun sind Sanatorien Mode geworden, die Wellness-Hotels der Zwischenkriegszeit. Die Bauern von Torahus, welche seit unvordenklicher Zeit ihr Vieh zur Weide treiben, kommen aus dem Staunen nicht heraus: «Sie legten sich auf den Bauch unten im Grase und meinten, alles, was sie sähen, wäre nur ein Traum. Es war doch nicht möglich, dass diese Häuser so stehenbleiben würden?» Doch der Traum wird wahr. Der Direktor des Sanatoriums stellt Personal ein und rührt die Werbetrommel. Bald kommen die ersten Kurgäste.

Knut Hamsun war zu der Zeit, als er *Das letzte Kapitel* schrieb, 64 Jahre alt und weltberühmt. Im Jahr 1920 hatte er den Literaturnobelpreis erhalten, und so verschiedenartige Schriftsteller wie Maxim Gorki und Thomas Mann spendeten ihm hohes Lob. Dabei deutete nichts an Knut Hamsuns Herkunft und früher Jugend auf eine solch erfolgreiche Laufbahn hin. Als Sohn armer Bauern in Nordnorwegen aufgewachsen, verlebte Hamsun eine harte Kindheit, schlug sich mit Gelegenheitsarbeiten durch und schrieb Trivialromane. Zweimal reiste er in die USA, sammelte als Tagelöhner und Journalist Erfahrungen und suchte als Autodidakt seine Bildung zu erweitern und seinen Stil zu schärfen. Der literarische Durchbruch kam 1890 nach seiner Rückkehr mit dem Roman *Hunger*, dem genialen Bericht eines darbenden Schriftstellers. Mit weiteren Werken festigte Hamsun seinen Ruf als eigenwilliger, aber bedeutender Autor und gewann sich – ähnlich wie vor ihm Ibsen – auch in Deutschland einen grossen Leserkreis.

Im Jahr 1917 erschien Knut Hamsuns berühmtester Roman: *Segen der Erde*. Der Autor wendet sich darin einem Thema zu, das sechs Jahre später im *Letzten Kapitel* in abgewandelter Form wieder aufgegriffen wird: der Natur und ihrem Gegensatz, der Zivilisation. Der Pioniersiedler Isak macht mit seiner Frau ein Stück unbesiedeltes Land urbar und erfährt in seiner schlichten Alltagsarbeit die mystische Tiefe des einfachen Lebens. Es finden sich in *Segen der Erde* viele Passagen intensiv erlebter und dichterisch verklärter Naturverbundenheit. Der Lärm der städtischen Zivilisation liegt weitab vom Hinterland, wo das Leben seinem altgewohnten, ruhigen Rhythmus folgt. Doch eines Tages wird auf dem Grundstück Erz gefunden, und Begierden werden geweckt. Industrie und Kapital tasten sich wie die Saugarme eines bösartigen Kraken voran, zerstören die Idylle und ruinieren den Charakter der Menschen. Der Roman *Segen der Erde* erinnert von fern an die Geschichten Peter Roseggers aus der Steiermark. Aber in seiner resoluten Abkehr von der Moderne und seiner pathetischen Berufung auf die irrationalen Urkräfte menschlichen Seins nähert sich Hamsun der Blut-und-Boden-Literatur der Nationalsozialisten. Kein Wunder, wenn dieses Buch zur Lieblingslektüre führender Naziideologen wurde. So urteilte Alfred Rosenberg in seinem *Mythus des 20. Jahrhunderts*: «Der ‹Segen der Erde› ist das heutige grosse Epos des nordischen Willens in seiner ewigen Urform, heldisch auch hinterm Holzpflug, fruchtbringend in jeder Muskelregung, gradlinig bis ans unbekannte Ende.»

Doch kehren wir ins Sanatorium «Torahus» zurück, wo eben die ersten Kurgäste eingetroffen sind. Es sind höchst sonderbare Menschen, die dort ihr Unwesen treiben. Da ist zuerst die Bürolistin Julie d'Espard, ein hübsches und etwas verwirrtes Ding, das stolz ist auf seinen Namen und darauf, dass es Französisch kann. Das Fräulein geht hin und wieder mit dem lungenkranken und hohlbrüstigen Herrn Fleming spazieren, einem Mann mit seidenen Strümpfen und eleganten Manieren, dem man nachsagt, er sei ein finnischer Graf. Dann gibt es den Herrn Magnus, vom Verfasser meist als «der Selbstmörder» bezeichnet. Magnus ist ein unfroher und boshafter Mensch, der in der Welt keinen Sinn findet und mit sich Schluss machen möchte, aber dazu nie den geeigneten Augenblick findet. Der Selbstmörder steht in einem schwierigen Verhältnis zu Anton Moll, dessen Gesicht durch eine Schuppenflechte schrecklich entstellt ist und mit dem er sich meist streitet. Von den Damen wäre noch Frau Konsulin Ruben zu erwähnen, «unmenschlich dick und mit herrlichem dunklem Blick, die in Algier eine Schönheit gewesen wäre». Oder die Mylady aus England, eine vornehme und gemütskranke Dame, Gattin eines Ministers, die sich als Hochstaplerin erweist.

Alle diese Kurgäste begegnen und meiden sich, führen belanglose Gespräche, hegen unbestimmte Hoffnungen und öden sich gegenseitig an. Sie fühlen sich unwohl, aber weder die gute Bergluft noch die ärztliche Pflege lindert oder heilt ihr vermutetes oder tatsächliches Leiden. Es sind Karikaturen von Menschen, die Hamsun auftreten lässt, keine Persönlichkeiten, die sich ein Lebensziel gesetzt hätten. Ihre Individualität gewinnt keine plastische Präsenz, sie bleiben blosse Schemen, Masken in einem düsteren Totentanz. Sie alle sind dekadente Opfer der städtischen Zivilisation, und ihre Krankheiten sind das, was man heute Zivilisationskrankheiten nennt: Neurosen, Depressionen, Allergien, Übergewicht, Bluthochdruck. Der Tod ist omnipräsent, und er trifft nicht nur die kränkelnden Gäste. «Die Menschen wimmelten durcheinander», schreibt Hamsun, «und dann begann der Tod zu hausen. Er schlug willkürlich zu, ohne zu trachten, wohin er traf.» In kurzer Zeit sterben nicht weniger als sieben Menschen, deren Leichen, damit der Ruf des Sanatoriums nicht Schaden leidet, möglichst unauffällig weggeschafft werden. Der Konsul Ruben kommt ins Sanatorium, um seine Frau zu besuchen, und stirbt an einem Schlaganfall. Ein Ochse, der sich losgerissen hat, nimmt eine Dame auf die Hörner und wirft sie in einen Abgrund. Ein Mann verunglückt tödlich beim Schlitteln. Der Arzt fällt in ein Loch, das die Fischer ins Eis gebohrt haben. An Weihnachten hält der Selbstmörder dem Fräulein d'Espard einen langen Vortrag über die Sinnlosigkeit des Lebens und die Unausweichlichkeit des Todes: «Sehen Sie sich mal den Vollmond an. Wir finden ihn hübsch, aber er ist so unnütz und träge, er steht nur da und langweilt sich. So geht es mit allem und mit uns allen, wir kommen um, wie wir uns auch drehen und wenden. Aber nicht wahr: Euch ist heute Nacht ein Erlöser geboren.»

Ein Roman wie *Das letzte Kapitel*, in dem Kulturkritik laufend ins Groteske umschlägt, kann nur mit einer Katastrophe enden. In einer Sturmnacht bricht im Hauptgebäude des Sanatoriums ein Brand aus, dem die meisten Gäste zum Opfer fallen. Der Selbstmörder, ausgerechnet er, überlebt. Er will sich zwar erhängen, hat auch schon die Schlinge vorbereitet und den passenden Ast gefunden, aber zuletzt fehlt ihm der Mut.

Es gibt in dieser düsteren Versammlung zivilisationsgeschädigter Existenzen nur eine Figur, die sich als Lichtgestalt von den anderen abhebt: der Bauer Daniel. Er lebt mit einer Magd in seinem nahe beim Sanatorium gelegenen Bauernhaus. Er ist jung und gesund, genügsam und zuverlässig. «Er verkam nicht hier oben», schreibt Hamsun, «er lebte nach seinem Herzen. Hier war Einsamkeit, aber nicht Leere, die Aussicht war prachtvoll: meilenweit über die Berge und mit einer Fülle von Wald dazwischen. Er ging in seiner Arbeit auf; wurde er durstig, so schritt er mit seinem Blecheimer zum Bache, spülte ihn aus und nahm ihn gefüllt wieder mit. Hier war Stille, mit einem Hintergrund von Ewigkeitslauten ...» Zwischen Julie d'Espard und Daniel entwickelt sich ein Liebesverhältnis, was Julie nicht davon abhält, ihre Beziehung zu Herrn Fleming fortzuführen. Daniel klärt die Situation, indem er Fleming, der sich übrigens nicht als Graf, sondern als Betrüger erweist, mit einem Schuss aus seiner Jagdflinte erledigt. Dafür muss Daniel für sieben Jahre ins Gefängnis. Julie zieht in sein Bauernhaus, bringt ein Kind zur Welt, bewirtschaftet das Land und wartet auf ihren Geliebten.

Das Ende von Knut Hamsuns Roman vermag nicht zu überzeugen. Plötzlich muss alles sehr schnell gehen, und es sieht fast so aus, als sei dem Autor die Lust am Schreiben abhandengekommen. Die Lust am Schreiben? Weit eher will es scheinen, als sei dieses Buch mit grimmiger Unlust verfasst worden. Wir wissen von Hamsuns Biografen und seinem Sohn Tore, dass der Schriftsteller nach der Verleihung des Nobelpreises von einer schweren Lebenskrise heimgesucht wurde. Er hatte ein herrschaftliches Gut im Süden Norwegens erworben und sich mit seiner zweiten Frau Maria und den Kindern dort niedergelassen. Äusserlich gesund und rüstig, plagten ihn Unruhe, Niedergeschlagenheit und Todesahnungen. Er mied die verhasste städtische Gesellschaft, arbeitete in Hotelzimmern, gab seiner Verzweiflung in Briefen Ausdruck.

Im Roman *Segen der Erde* hatte Hamsun eine Art von Agrarutopie geschaffen und das Hohelied des Pionierbauern gesungen, der im Schweisse seines Angesichts den Boden bebaut. Mit *Das letzte Kapitel* schuf er das spiegelverkehrte Gegenbild: Hier steht die Zivilisation im Mittelpunkt und zeigt in den kränkelnden, moralisch unzuverlässigen Insassen eines Sanatoriums ihr hässlichstes Gesicht. Dass die Verweigerung der Moderne in gefährliche Nähe nationalsozialistischer Volkstumsideologie führen konnte, haben wir schon mehrmals festgestellt. Doch wenig Schriftsteller sind den fatalen Weg zum Bekenntnis für Hitler so rückhaltlos, konsequent und starrsinnig gegangen wie Knut Hamsun. Schon während des Ersten Weltkriegs hatte der Schriftsteller für das wilhelminische Deutschland Partei ergriffen und mit pathologischem Hass die Niederlage Englands gewünscht. Den Aufstieg Hitlers verfolgte er mit steigender Sympathie. Nachdem Hitler an die Macht gekommen war, stellte Hamsun sich mit mehreren öffentlichen Stellungnahmen hinter den Diktator, und die Kulturfunktionäre der Nazis vergalten es mit warmem Dank. Als der deutsche Pazifist und Publizist Carl von Ossietzky für den Friedensnobelpreis vorgeschlagen wurde, versuchte Hamsun, freilich vergeblich, diese Wahl zu hintertreiben. Er trat in Verbindung mit dem norwegischen Nazi Vidkun Quisling, und als die Deutschen im April 1940 Norwegen überfielen, hielt er an seiner politischen Haltung fest. Im Jahr 1943 suchte er Josef Goebbels, den grossen Verehrer seines Werks, in Berlin auf, und Adolf Hitler empfing ihn auf seiner Sommerresidenz, dem Berghof bei Berchtesgaden. Der Inhalt des Gesprächs mit dem «Führer» ist überliefert. Der greise, schwerhörige Schriftsteller suchte eine Lockerung des deutschen Besatzungsregimes in Norwegen zu erreichen und redete mit so lauter Stimme auf den monologisierenden Hitler ein, dass dieser das Gespräch wütend abbrach.

Nach Kriegsende wurde Knut Hamsun des Landesverrats angeklagt. Der Prozess zog sich über zwei Jahre hin; der dänische Schriftsteller Thorkild Hansen hat den Fall akribisch aufgearbeitet. Der rüstige Greis machte es den Psychiatern und Juristen nicht leicht, und die Verhörprotokolle sind nicht ohne den Reiz des Tragikomischen. Knut Hamsun wurde zu einer hohen Busse verurteilt; seine Frau und die Kinder, ebenfalls überzeugte Nationalsozialisten, wanderten ins Gefängnis.

Die Geistesgeschichte liebt zuweilen aufschlussreiche Koinzidenzien. Ein Jahr nach dem *Letzten Kapitel*, 1924, erschien Thomas Manns *Zauberberg*. Die beiden Romane sind völlig unabhängig voneinander entstanden, haben aber doch ihre Ähnlichkeiten. Gemeinsam ist ihnen Ort und Personal der Handlung: ein Sanatorium im Gebirge, die bürgerliche Herkunft der Kurgäste. Beide Autoren haben mit einem ausufernden Stoff zu kämpfen und neigen zu karikierender Personenbeschreibung. Und schliesslich: Beide Romane enden mit einem Paukenschlag: mit einem Hotelbrand im einen und einem Duell im anderen Fall.

Und doch gibt es einen entscheidenden Unterschied. Knut Hamsun nimmt Partei; alle seine Romanfiguren gehorchen dem Auftrag ihres Schöpfers, die These vom zersetzenden Einfluss der Zivilisation auf die Gesellschaft glaubhaft zu machen. Thomas Mann dagegen hält Distanz zu seinen Figuren. Auch bei ihm geht es im Grunde um den Gegensatz zwischen Zivilisation und Natur, wenn er seine beiden Protagonisten, den fortschrittsgläubigen Humanisten Settembrini und den dämonischen Reaktionär Naphta, ihren Streit um die Seele des jungen Hans Castorp austragen lässt. Aber der Autor versagt sich jede Stellungnahme, wenn er Castorp in eine unsichere Zukunft entlässt.

VI Aufziehendes Gewitter

Die Diktatur, so steht es in den politologischen Handbüchern, ist eine Herrschaftsform, die den Staatsbürger seiner demokratischen Rechte beraubt und die politische Macht einer Einzelperson, einer Einheitspartei oder einer Gesellschaftsklasse überantwortet. Die Erklärung der Menschenrechte, wie sie 1789 durch die französische Nationalversammlung und 1948 durch die Generalversammlung der Vereinten Nationen beschlossen wurde, ist in einer Diktatur ausser Kraft gesetzt. Freiheit, Gleichheit und Würde des Menschen sind nicht mehr gewährleistet. Der Diktator versucht vielmehr, sich das Individuum durch Propaganda, Zensur und polizeiliche Überwachung gefügig zu machen. Eine bestimmte Staatsdoktrin oder eine politische Ideologie wird dazu eingesetzt, auch die geistige Unabhängigkeit der Bürger auszulöschen. Tyrannei und Despotismus gab es schon immer in der Weltgeschichte; aber die moderne Diktatur erreicht mit ihren technischen und medialen Mitteln einen Grad der Gleichschaltung des Menschen, der weit über den Despotismus absolutistischer Monarchien früherer Jahrhunderte hinausgeht.

Diktaturen treten in vielfältigen Erscheinungsformen auf. Der deutsche Historiker Karl Dietrich Bracher hat zwischen autoritären und totalitären Diktaturen unterschieden; auch gibt es Verschiedenheiten der politischen Rahmenbedingungen und der Mentalität. Häufig beginnen Diktaturen mit einem Militärputsch. Das neue Regime stellt sich als Übergangsregierung bis zu den nächsten Wahlen dar, die dann nie stattfinden oder manipuliert werden. Eine «Machtergreifung» kann aber auch, wie im Fall der Hitler-Diktatur, über das Mittel von Notverordnungen den scheinbar legalen Charakter einer Machtübertragung annehmen.

Die Historiker haben das europäische 20. Jahrhundert nicht selten als das Zeitalter des Totalitarismus bezeichnet. In der Tat sah es nach Kriegsende in Europa für die Demokratie nicht gut aus. In Russland hatte die Oktoberrevolution gesiegt, und Lenins Diktatur war aus den Wirren eines zweijährigen Bürgerkriegs gestärkt hervorgegangen. Im Sonderfrieden von Brest-Litowsk hatte Sowjetrussland Polen und das Baltikum aufgeben und die Selbstständigkeit Finnlands und der Ukraine anerkennen müssen. Doch die Erlangung der Unabhängigkeit hatte diese Staaten nicht zu Demokratien werden lassen. Vielerorts kam es zu Bürgerkriegen und zur Einsetzung autoritärer Regimes. Dies galt auch von jenen Gebieten, die nach dem Zerfall der österreichisch-ungarischen Monarchie in die Unabhängigkeit entlassen wurden. Vergleichsweise ruhig verlief die Entwicklung nur in der Tschechoslowakei, wo sich zwischen 1920 und 1935 eine republikanische Regierung behaupten konnte. Das Königreich Jugoslawien entwickelte sich nach 1929 unter Alexander I. zu einem autoritär geführten Staat. Sowjetrussland nutzte seinerseits die instabilen Verhältnisse an seiner Westgrenze zur territorialen Machterweiterung aus.

In Westeuropa war es Italien, das zuerst der totalitären Versuchung erlag. Die faschistische Diktatur ist geprägt von der Figur Benito Mussolinis. Der «Duce» begann seine politische Laufbahn als radikaler Sozialist und Direktor der Parteizeitung *Avanti*. Dann wurde er zum Parteigänger und Sprachrohr des nationalistischen Schriftstellers D'Annunzio und gründete nach dem Krieg die «Fasci di combattimento». Es waren dies nationalistische Kampfverbände, denen meist ehemalige Frontsoldaten angehörten, die vom «Versailler Frieden» enttäuscht waren. Um 1920 kam es in Bologna und bald überall in Italien zu bürgerkriegsähnlichen Wirren. Demobilisierte Offiziere und Studenten griffen die sozialistischen Kommandozentralen und Redaktionen an, wiegelten die Landbevölkerung auf und verübten Attentate auf führende Sozialisten. Was die Aktionen solcher «Squadras» charakterisierte, war die rücksichtslose, disziplinierte und zielgerichtete Schnelligkeit des Handelns. Ihre Aktionen folgten einer dramatischen Regie, ihre Auftritte waren nicht frei von Theatralik. Diese Art von Terror ist vom sozialistischen Schriftsteller **Ignazio Silone** (1900–1978) im Roman *Fontamara* (30) eindrücklich beschrieben worden. Der italienische Filmemacher Federico Fellini hat 1973 in *Amarcord* von ähnlichen Vorfällen eine meisterliche, freilich verharmlosende Darstellung gegeben.

Der «Marsch auf Rom» vom Oktober 1922, dem Regierung und König nicht zu widerstehen wagten, steht am Anfang der italienischen Diktatur. Mussolini verfuhr bei der Regierungsbildung, die ihm übertragen wurde, zuerst vorsichtig. Sein «Kabinett der nationalen Konzentration» war keine Einparteienregierung. Optimisten mochten noch hoffen, das Regime würde erst autoritär regieren und im Land Ruhe und Ordnung wiederherstellen, sich dann aber liberalisieren. Doch Mussolini baute seine Machtstellung aus und schuf eine Partei- armee, die nur seine Befehle entgegennahm. Die Wahlen von 1924 brachten den Faschisten zwei Drittel aller Stimmen, aber sie waren keine freien Wahlen mehr. Mussolini reagierte geschickt, versicherte sich der Unterstützung durch den König und erliess eigenmächtig Gesetze, die dem Totalitarismus zum Durchbruch verhalfen. Einen bedeutenden Erfolg erreichte er mit den Lateranverträgen vom Fe- bruar 1929, die darauf hinausliefen, dass sich Kirche und Diktatur gegenseitig ihr Daseinsrecht bestätigten.

In den Jahren 1926 bis 1930 suchte Mussolini sein Ansehen in der Welt und beim eigenen Volk zu steigern, indem er mit Spanien, Rumänien, Albanien, Ungarn, der Türkei und Österreich Freund- schaftsverträge abschloss. In den Jahren 1935 und 1936 eroberte Italien ungeachtet der Sanktionen des Völkerbundes Abessinien. Der trotz grosser militärischer Überlegenheit nur mühsam errungene Sieg wurde als grosse Waffentat gefeiert.

Im Juli 1936 brach der Spanische Bürgerkrieg aus. Das faschis- tische Italien unterstützte frühzeitig und in grossem Umfang die Auf- ständischen unter General Franco. Hitler-Deutschland schloss sich dieser Unterstützung an. Einem Hilfeersuchen Francos entsprechend wurden Luft- und Bodenstreitkräfte der «Legion Condor» nach Spani- en entsandt. Im November 1936 erfolgte die diplomatische Anerken- nung des Franco-Regimes durch Italien und Deutschland. Die gemein- same italienisch-deutsche Unterstützung trug massgeblich zum Sieg Francos bei. Die Sowjetunion intervenierte mit Menschen und Kriegs- material auf der Gegenseite und bewahrte im Oktober 1936 die repu- blikanischen Truppen vor einem frühzeitigen Zusammenbruch. Neben die sowjetische Hilfe trat die Unterstützung durch die sogenannten Internationalen Brigaden. Während sich Frankreich und England für die Nichteinmischung entschieden, zog es über 50 000 Kommunis- ten und Sozialisten aus vielen Ländern als Freiwillige nach Spanien. Auffällig ist die hohe Zahl der Intellektuellen, die sich den Brigaden an- schlossen. Zu ihnen gehörte der englische Schriftsteller **George Orwell** (1903–1950), dem wir den Bericht *Mein Katalonien* (31) verdanken.

Die Beteiligung am Spanischen Bürgerkrieg führte zur Annäherung Italiens und Deutschlands. Hitler, ein sozialer Aufsteiger wie Mussolini, verehrte den «Duce». Schon in seinem politischen Bekenntniswerk *Mein Kampf* hatte er seine «tiefe Bewunderung für den grossen Mann südlich der Alpen» ausgedrückt und ihn als «Vernichter des Marxismus» gerühmt. Ende September 1937 reiste Mussolini zu einem Staatsbesuch nach Berlin und wurde mit grösstem Pomp empfangen. Hinfort verband ein Freundschaftsabkommen, die «Achse Berlin–Rom», die beiden Diktatoren auf Gedeih und Verderb. Als Hitler und Mussolini sich in Berlin trafen, war die Entwicklung, die in beiden Ländern zur Diktatur geführt hatte, bereits irreversibel geworden.

Im Unterschied zum sowjetischen Kommunismus verfügte der Faschismus über keine eindeutige politische Philosophie. Mussolini betonte gern diesen Umstand, indem er von der Priorität sprach, welche der Tat vor der Theorie zukomme. Unzweifelhaft ist eine Stärke der Diktatur ihre Effizienz; denn wer den Widerspruch und das zeitraubende Prozedere der Konsensfindung ausschliesst, gelangt schneller zum Ziel. So wurden bei der Reorganisation der öffentlichen Dienste in Italien zweifellos Verbesserungen erreicht: Auf den Ämtern arbeitete man fleissiger, die Züge hielten sich an den Fahrplan, die Post wurde zuverlässiger. In einem Staatswesen wie Italien, dessen Administration dringend der Erneuerung bedurfte, war es diese neue Dynamik, welche vor allem junge Menschen zu motivieren vermochte.

Der Faschismus lässt sich am besten fassen, wenn man seine Gegner benennt. Der Hauptgegner war der Kommunismus, wie er in Russland an die Macht gekommen war und internationale Geltung beanspruchte. Diesem Geltungsanspruch setzte sich der Faschismus mit einem emotionalen Nationalismus entgegen, der an die geschichtliche Grösse des Imperium Romanum anknüpfte. Mit Entschiedenheit wandte man sich auch gegen Parlamentarismus und Liberalismus. Nach Auffassung der Faschisten führte die Freiheit, welche die Demokratie versprach, zur Aufsplitterung und Schwächung der Gesellschaft. Freiheit, wie sie der Faschismus definierte, war die Identifikation des Einzelnen mit der Bewegung und ihrem Führer.

Die faschistische Revolution beschäftigte die zeitgenössischen Intellektuellen nicht weniger als die russische. Überhaupt war der Begriff «Revolution» das Modewort im politischen Diskurs der Zwischenkriegszeit. Dass die politischen Strukturen der europäischen Staaten einer grundlegenden Reform bedurften, bestritt kaum jemand. Wann aber war der Zeitpunkt eines erfolgreichen Umschwungs gekommen? Wie musste man vorgehen, um an die Macht zu gelangen? Heiligte der Zweck die Mittel? Auf welche Bevölkerungsschichten konnte man sich stützen? Sollte man, wie es in Russland geschehen war, die bisherige aristokratisch-bürgerliche Führungselite völlig ausschalten? Sollte man sich, wie Mussolini dies tat, auf alle Kreise stützen, deren unbedingte Loyalität dem «Duce» gegenüber glaubwürdig war? Oder sollte man, wie Hitler es forderte, dem mystischen Ruf des germanischen Volkes folgen, das sich im heroischen Kampf ums Dasein verwirklichte? Solche Fragen bewegten niemanden leidenschaftlicher als den italienischen Schriftsteller und Journalisten **Curzio Malaparte** (1898–1957), der im Jahr 1931 seine Überlegungen in einem Essayband unter dem Titel *Die Technik des Staatsstreichs* (32) darlegte.

Als der «Marsch auf Rom» die europäische Öffentlichkeit beschäftigte, war die in München gegründete «Nationalsozialistische Deutsche Arbeiterpartei» zwei Jahre alt, und niemand ausserhalb Bayerns sprach von ihr. Ein Staatsstreichversuch der Nazis in München misslang, und Hitler wanderte 1923 ins Gefängnis. Dort verfasste er *Mein Kampf*. Das Buch erschien kurz nach der vorzeitigen Haftentlassung und fand viele, die es kauften, und wenige, die es lasen und ernst nahmen. Der Ausbruch der Weltwirtschaftskrise trug Hitler und seine Partei nach oben. In den Reichstagswahlen vom 14. September 1930 erzielten die Nationalsozialisten einen sensationellen Erfolg. Am 30. Januar 1933 gelang Hitler jener Coup, den er, von den Umständen begünstigt und von der Republik nicht ernsthaft behindert, willensstark angestrebt hatte: die «Machtergreifung». Doch dies ist Hitlers Wort, und es trifft die Realität nicht ganz. Die Wahrheit ist, dass Hitler die Macht auf dem Servierbrett offeriert wurde. Es waren verantwortungslose konservative, monarchisch gesinnte Politiker, die Hitler an die Macht brachten, in der irrigen Meinung, sie könnten ihn zähmen. Man sollte deshalb besser von «Machtübernahme», oder, wie Heinrich August Winkler, von einer «Auslieferung des Staates» an Hitler sprechen.

Am 30. Januar 1933 wurde Hitler vom Reichspräsidenten Hindenburg zum Reichskanzler ernannt. Der Historiker Eberhard Jäckel hat, in Anlehnung an die Sprache der Kernphysiker, von einem GAU, einem «grössten anzunehmenden Unfall» gesprochen. Dieser tritt dann ein, wenn mehrere Ursachen gleichzeitig wirksam werden, ohne dass ein kausaler Zusammenhang zwischen ihnen besteht. In der Folge geschah alles ganz schnell. Der Reichstagsbrand vom Februar 1933 bot dem Regime den willkommenen Vorwand, eine «Verordnung zum Schutz von Volk und Staat» zu erlassen. Darin wurden die Grundrechte der Weimarer Verfassung ausser Kraft gesetzt. Auch wenn die Reichstagswahlen von Anfang März 1933, die in einem Klima der Einschüchterung und des Terrors stattfanden, noch keine nationalsozialistische Mehrheit brachten, konnte Hitler mit dem «Ermächtigungsgesetz» den Aufbau der totalitären Diktatur zielstrebig fortsetzen. Im selben Monat wurde zum Boykott jüdischer Geschäfte aufgerufen, wurden die Parteien aufgelöst und liberale und jüdische Beamte entlassen. Im nächsten Jahr schaltete Hitler in der mörderischen Nacht-und-Nebel-Aktion des Röhm-Putsches seinen schärfsten Rivalen aus und machte sich die Reichswehr botmässig. Wo Entlassungen, Berufsverbote und Diskriminierung nicht genügten, zeigte der Nationalsozialismus sein hässlichstes Gesicht. Verhaftungen missliebiger Personen, Folterungen und Einweisungen ins Konzentrationslager wurden, von SS und Gestapo routiniert betrieben, alltäglich. Mit den «Nürnberger Gesetzen» vom September 1935 erhielt die Diskriminierung und Verfolgung der Juden ihre juristische Grundlage. Auch das geistige Leben wurde geknechtet. Bücher wurden verbrannt, Universitätsdozenten entlassen und Künstler mit Arbeitsverboten belegt. Die von Joseph Goebbels 1933 geschaffene Reichskulturkammer lenkte das kulturelle Leben im Sinne der Partei. Zu Beginn der 1930er-Jahre lebte der englische Schriftsteller **Christopher Isherwood** (1904–1986) in Berlin. Seine Aufzeichnungen *Leb wohl, Berlin* (33) zeichnen ein anschauliches Bild der Grossstadt unmittelbar vor der Machtübernahme durch die Nationalsozialisten.

Der Gleichschaltung im Innern entsprach eine Aussenpolitik, die wenig Zweifel daran liess, dass Hitler eine Grossmachtpolitik auch mit dem Einsatz militärischer Mittel betreiben würde. Im Jahr 1935 besetzte die Wehrmacht das entmilitarisierte Rheinland, ohne anderes zu provozieren als die verbalen Proteste Englands und Frankreichs. Zur selben Zeit setzten die Vorbereitungen Hitlers zur Gewinnung von Lebensraum im Osten ein. Um 1937 mussten sich selbst nüchterne Betrachter der europäischen Lage eingestehen, dass die Kriegsgefahr erheblich war. Dies war auch die Auffassung des englischen Philosophen **Bertrand Russell** (1872–1970), der in seinem Buch *Which Way to Peace?* (34) Überlegungen darüber anstellte, wie der Frieden noch zu retten sei.

Ähnlich wie in Italien zeitigte auch die Diktatur in Deutschland beeindruckende Anfangserfolge. Die wirtschaftliche Lage verbesserte sich in den ersten drei Jahren nach dem Machtantritt spürbar: Im Jahr 1933 gab es in Deutschland 6 Millionen Arbeitslose, und vier Jahre später herrschte Vollbeschäftigung. Wer nicht als politisch unzuverlässig von Hitlers Zwangsmassnahmen betroffen war, konnte aufatmen. Mit einem gewissen Recht konnte der «Führer» in einer Rede vom April 1939 sagen: «Ich habe das Chaos in Deutschland überwunden, die Ordnung wiederhergestellt, die Produktion auf allen Gebieten unserer nationalen Wirtschaft ungeheuer gehoben ...»

Inhaltlich stimmten die Vorstellungen von Faschisten und Nationalsozialisten in mancher Hinsicht überein. Für Hitler wie für Mussolini war der sowjetische Kommunismus der Hauptgegner. Es war dieser militante Antibolschewismus der beiden Diktatoren, der ihnen die Sympathien des konservativen Bürgertums eintrug. Eine gewisse Übereinstimmung lässt sich auch in den Plänen der Diktatoren zur territorialen Machterweiterung feststellen. Mussolini, indem er die Errichtung eines Imperium Romanum im Mittelmeerraum plante, dachte historisch; Hitler, indem er mehr Lebensraum für die Menschen germanischer Rasse im Osten forderte, dachte biologisch. Die Rassenlehre der Nationalsozialisten, welche zwischen der nordischen «Herrenrasse» und «minderwertigen Rassen» wie den Juden unterschied, spielte im italienischen Faschismus keine dominante Rolle. Dementsprechend hat der Antisemitismus, den es in Italien auch gab und der dort auch seine Opfer forderte, nie das verheerende Ausmass der systematischen Ausrottung angenommen wie in Hitler-Deutschland und in den von Hitler besetzten Gebieten. Weniger deutlich ausgeprägt war in Italien auch der Sozialdarwinismus. Die Überzeugung, die im heldenhaften Kampf ums Dasein Sinn und Würde menschlicher Existenz sah, gab es in Italien zwar auch; sie erlangte aber dort eine geringere Breitenwirkung.

Faschismus und Nationalsozialismus breiteten sich in der Zwischenkriegszeit wie eine Seuche in Westeuropa aus. In England begeisterte sich Oswald Mosley für Mussolini und gründete 1932 die «British Union of Fascists». In Norwegen war es Vidkun Quisling, der 1933 eine Partei der nationalen Einheit, die «Nasjonal Samling», begründete und nach der Eroberung seines Landes mit den Nationalsozialisten kollaborierte. In Österreich vermischten sich faschistisch-sozialistische und monarchistisch-konservative Tendenzen zu einem Amalgam, dem man den umstrittenen Namen «Austrofaschismus» gegeben hat. In der Schweiz waren es die «Frontisten», die, wenn nicht einen Anschluss an die deutsche Diktatur, so doch eine nationale Erneuerung in deren Geist forderten. Besonders interessant ist das französische Beispiel. Hier gab es seit der Dreyfus-Affäre mit der «Action française» eine antidemokratische und antisemitische Bewegung, welche Elemente des faschistischen und nationalsozialistischen Totalitarismus vorwegnahm. Wenig hätte dazu gefehlt, dass auch hier ein autoritäres oder totalitäres Regime an die Macht gekommen wäre. Als sich Hitler 1940 Frankreich unterwarf, fehlte es nicht an Opportunisten, die der Action française nahestanden. Sie traten nun als Kollaborateure in den Dienst der Vichy-Regierung.

Die allgemeine politische Radikalisierung der 1930er-Jahre darf nicht vergessen lassen, dass überall in Europa ungezählte Menschen an ihrem Bekenntnis zur demokratischen Regierungsform und zum Liberalismus festhielten. Viele von ihnen überlebten den Terror der Diktaturen nicht. Sie starben den Märtyrertod für die Freiheit oder kamen in der Katastrophe des Zweiten Weltkriegs um. Anderen gelang die Emigration, die sie meist über die Grenzen des geknechteten Europa hinausführte. Wieder andere verleugneten ihre Überzeugung nicht, waren aber gezwungen, sich in die Intimität ihres privaten Lebens zurückzuziehen, um zu überleben. Zu ihnen gehörte der grosse niederländische Historiker und Humanist **Johan Huizinga** (1872–1945). Sein Buch *Im Schatten von morgen* (35) stellt eine bewegende Zeitdiagnose dar. Huizinga überlebte nach der deutschen Besetzung eine Haftstrafe; die völlige Befreiung seines Landes erlebte er nicht mehr.

30. Ignazio Silone, *Fontamara* (1947)
Deutsch: *Fontamara* (1933)

Jeder Italienreisende kennt die uralten Dörfer mit ihren engen Gassen, mit dem Dorfplatz und dem Kirchturm, die von felsigen Anhöhen emporstreben, als wollten sie dem Himmel näher sein als der Erde. In einem solchen Dorf spielt Ignazio Silones frühester und bekanntester Roman *Fontamara*. Schauplatz der Handlung ist die Gebirgsgegend der Abruzzen; wir befinden uns in den 1920er-Jahren. Der Autor, im Jahr 1900 in dieser Gegend als Secondino Tranquilli geboren, kannte das Land, und seine Schilderung zeugt von tiefer Vertrautheit mit seinen Bewohnern. Es sind arme Menschen, die in Fontamara, einer Örtlichkeit, die sich auf keiner Karte findet, leben. «Das Elend», schreibt Silone, «war in Fontamara so althergebracht und naturgegeben wie Regen, Wind und Schnee. Das Leben der Menschen, der Tiere und der Erde schien in einem unveränderlichen Kreise eingeschlossen zu sein wie in einem Gefängnis ... Ein Jahr war wie das andere, eine Generation wie die andere. Niemand konnte sich vorstellen, dass diese alte Art zu leben sich jemals ändern würde.»

Die Bauern von Fontamara, die Cafoni, bebauen entweder ein kleines Stück eigenes Land oder arbeiten als Tagelöhner bei den Grossgrundbesitzern unten in der fruchtbaren Ebene. Sie sprechen einen Dialekt und können die italienische Hochsprache nur mit Mühe lesen und schreiben. Man hört sie selten singen, wohl aber klagen und fluchen. In den Städten fühlen sie sich unwohl, und der industrielle Fortschritt erreicht sie nicht. Die Cafoni sind es seit jeher gewohnt, ihre Angelegenheiten selbst zu regeln. Von Regierung und staatlicher Verwaltung wissen sie nichts und wollen nichts davon wissen. Da sie keine Steuern zahlen, wird ihnen die Stromzufuhr abgeschnitten. Ihre Einkünfte sind so gering, dass für Vergnügungen nichts und zum Essen wenig bleibt: ein Stück Brot, etwas Käse, eine Zwiebel und ein Glas Wein.

Die eigentliche Geschichte beginnt damit, dass eines Tages Strassenarbeiter in Fontamara erscheinen, um einen Teil des Wassers umzuleiten, welches das Dorf seit alters her versorgt. Eine Gruppe von Frauen macht sich auf den Weg in die Kreisstadt, um beim Bürgermeister dagegen zu protestieren. Die Frauen erfahren, dass der bisherige Bürgermeister abgesetzt und durch einen Fremden, einen Unternehmer, ersetzt worden ist. Sie treffen den Unternehmer und die angetrunkenen Honoratioren der Kreisstadt nach einem Festbankett, können aber in ihrer Angelegenheit nichts erreichen. Die Strassenarbeiter fahren damit fort, von bewaffneten Wächtern geschützt, das Wasser abzugraben.

Doch die Dorfbewohner geben ihre Hoffnung nicht auf. Von den Respektspersonen der städtischen Gesellschaft erhalten sie keine Unterstützung. Der Geistliche Don Abbacchio weiss nur den einen Rat: «Verhaltet euch ruhig und betet zu Gott, das ist das einzige, was euch übrig bleibt.» Auch ein Anwalt, Don Circonstanza, der sich mit seiner verlogenen Jovialität den Ruf eines Volksfreundes erworben hat, hilft nicht weiter. Als sich das Gerücht verbreitet, an einer grossen Versammlung aller Cafoni in Avezzano könne man seine Wünsche vorbringen, begeben sich die Männer von Fontamara dorthin. Sie zählen auf die neue Regierung in Rom und hoffen, ein Teil des Landes, das durch die Trockenlegung des Sees von Fucino gewonnen worden ist, könne ihnen vielleicht zugesprochen werden. Doch darüber ist längst ganz anders entschieden worden, und das gewonnene Land ist dem neuen faschistischen Podestà zugeteilt worden. Die Dorfbewohner müssen erkennen, dass sie lediglich beigezogen worden sind, um Spalier zu bilden und beim Besuch eines Ministers als Jubelkulisse zu dienen.

Die Unbotmässigkeit der Dorfbewohner von Fontamara beunruhigt die Behörden. Eines Tages, als die Männer auf den Feldern arbeiten, überfällt ein motorisiertes Sonderkommando von 200 faschistischen Schwarzhemden das Dorf. Es handelt sich nicht um eine ideologisch geschulte und disziplinierte Truppe, sondern um Angehörige des städtischen Proletariats, die mit den Cafoni das Schicksal der Armut und existenziellen Auswegloigkeit teilen. «Manche sahen aus wie Cafoni», schreibt Silone, «aber keiner besass ein Stück Land. Es waren vor allem Diener, Makler, Barbiere, stellungslose Kellner und wandernde Musikanten, die wenig verdienten und meistens vom Diebstahl oder von Gefängniskost lebten: Menschen ohne Familie, ohne Ehre und ohne Glauben.» Diese Soldateska dringt in die Häuser ein und sucht nach Waffen. Man hört das Klirren von Fensterscheiben und die Schreie vergewaltigter Frauen. Als die Cafoni von ihrer Feldarbeit zurückkommen, werden sie, die von Politik kaum je gehört haben, einer Überprüfung ihrer politischen Gesinnung unterworfen. Die Szene, wie sie historisch vielfach verbürgt ist und wie sie Silone schildert, ist von kaum zu übertreffender Absurdität. Die Dorfbewohner, die nicht wissen, wie ihnen geschieht, werden dummdreisten Verhören unterzogen und entsprechend ihren konfusen Antworten in Kategorien eingeteilt: Reaktionäre, Anarchisten, Kommunisten, Sozialisten, Liberale. Doch das Sonderkommando kann seine Befragung nicht zu Ende führen. Als in der Glockenstube des Kirchturms die schmale Gestalt der jungen Frau Elvira erscheint, glauben die Schwarzhemden an eine Erscheinung der Madonna und ergreifen schreckerfüllt die Flucht. Der erste Teil von Silones Romans vermag noch heute durch die Nüchternheit und Strenge des Stils zu überzeugen. Wieder wird das Problem der Modernisierung thematisiert. Die traditionelle Gemeinschaft einer Dorfbevölkerung wird, anders als in den damals viel gelesenen Heimatromanen, in keiner Weise verklärt oder idealisiert. Einzelne Bewohner des Dorfes, von Arbeit und Entbehrung gezeichnete Männer und Frauen, werden knapp und treffsicher porträtiert. Der Leser spürt, dass diese Menschen nicht mehr über die Kraft verfügen, sich gegen ein Schicksal aufzulehnen, welches von den meisten als gottgewollt akzeptiert wird.

Weniger überzeugend ist die Liebesgeschichte, welche Silone in den Roman einbringen zu müssen glaubte. In Fontamara lebt ein junger, kräftig gebauter Mann, Berardo Viola, dem man zutraut, die Anliegen der Dorfbewohner durchsetzen zu können. Er liebt die schöne junge Frau Elvira, deren Erscheinung die Schwarzhemden in die Flucht schlug. Elvira liebt ihn. Doch Berardo besitzt kein Land, und sein Stolz verbietet ihm, um die Hand der jungen Frau anzuhalten, bevor er selbst Landbesitzer ist. Obwohl er wie ein Lasttier arbeitet, verdient er auf dem Land zu wenig. Er fährt mit einem anderen Dorfbewohner nach Rom, um Arbeit zu finden. Sie werden zusammen mit einem fremden Unbekannten, einem Kommunisten, der zu ihnen gestossen ist, bei einer Razzia verhaftet und ins Gefängnis gesteckt. Der Unbekannte erzählt Berardo, er sei derjenige, der in den Abruzzen antifaschistische Flugblätter verteilt habe und polizeilich gesucht werde. Da fasst Berardo den Entschluss, in die Rolle dieses Agenten zu schlüpfen. Die Nachricht von Elviras Tod bestärkt ihn darin, selbst den Opfertod zu sterben, damit der Kommunist freigelassen wird und seine subversive Tätigkeit fortsetzen kann. Berardo stirbt an den Folgen der Folter. Der Dorfbewohner, der ihn begleitet hat, muss unterschriftlich bezeugen, sein Freund habe Selbstmord begangen. Dann wird er freigelassen.

Berardo und Elvira erscheinen am Schluss des Romans als Märtyrer: christlicher Glaube und kommunistische Überzeugung verbinden sich in merkwürdiger Allianz. Der Gefolterte wird mit Christus am Kreuz verglichen: «Am Ende des Verhörs», schreibt Silone, «brachten sie ihn in die Zelle zurück, indem sie ihn an Armen und Beinen schleiften wie man es mit Christus getan hat, als er vom Kreuz genommen wurde.»

Am Schluss des Romans überfallen die Faschisten Fontamara und bringen die Bewohner, die nicht fliehen können, um. Der Roman endet mit den Worten: «Was tun?» Es sind dies dieselben Worte, die Wladimir Iljitsch Lenin 1902 als Titel über eine seiner wichtigsten Kampfschriften setzte.

Der Roman *Fontamara* ist im Jahr 1929 in einem Davoser Sanatorium, wo sich der exilierte Schriftsteller zur Behandlung einer Tuberkulose aufhielt, entstanden. Das Buch wurde ausserhalb Italiens in deutscher Sprache zum Erfolg, machte den Namen des Autors bekannt und schuf ihm eine materielle Lebensgrundlage. Schon in früher Jugend hatte sich Silone, aus bescheidenen Verhältnissen stammend, für die Landbevölkerung seiner Heimat eingesetzt. Bei einem Erdbeben hatte er seine Mutter und fünf Geschwister verloren. Gravierende Mängel bei der Behebung der Erdbebenschäden machten ihn auf die sozialen Missstände und die verbreitete Korruption aufmerksam. Mit 17 Jahren schrieb er seine ersten kritischen Artikel für die sozialistische Zeitung *Avanti*. Im Jahr 1921 gehörte Silone zu den Gründern der Kommunistischen Partei Italiens und nahm im Juni am III. Weltkongress der Kommunistischen Internationale in Moskau teil. Dann arbeitete er als Redaktor bei der kommunistischen Zeitung *Lavoratore* in Triest. Hier begegnete er seiner langjährigen Partnerin und Genossin Gabriella Seidenfeld.

Nach Mussolinis Machtergreifung verliess Silone Italien und erhielt den Auftrag, für die Jugendinternationale in Madrid zu wirken. Er wurde verhaftet, kam wieder frei, gelangte nach Barcelona, wurde erneut verhaftet, entfloh nach Paris und wurde von dort nach Italien abgeschoben. In den Jahren 1925 und 1926 arbeitete er, für Presse und Propaganda zuständig, im Untergrund. Nochmals fuhr er nach Moskau, und es meldeten sich bei ihm erste Zweifel an der Diktatur des Proletariats, wie sie Stalin nach Lenins Tod zu verwirklichen begann. Im November 1927 emigrierte Silone in die Schweiz; sein Bruder Romulo starb als politischer Häftling im Gefängnis. In den folgenden Jahren kam es zwischen dem Schriftsteller und der Parteiführung zu Differenzen, und Silone wurde 1931 aus der Partei ausgeschlossen. Jahre später hat er sich in seinem autobiografischen Bericht *Notausgang* dazu so geäussert: «Was mir bei den russischen Kommunisten auffiel, auch bei so aussergewöhnlichen Persönlichkeiten wie Lenin und Trotzki, war ihr absolutes Unvermögen, mit einem Minimum an Loyalität über Ansichten zu diskutieren, die nicht den ihrigen entsprachen. Durch die blosse Tatsache, dass man ihnen zu widersprechen wagte, war man zum Opportunisten oder zum Verräter gestempelt.»

In der Schweiz verkehrte Silone im Kreis der emigrierten Schriftsteller; Zürcher Literaten wie François Bondy und Rudolf Jakob Humm waren mit ihm befreundet. Zwischen 1931 und 1933 unterhielt er ein Liebesverhältnis mit der Schriftstellerin Aline Valangin, der Ehefrau des in moralischen Dingen grosszügigen jüdischen Anwalts Wladimir Rosenbaum. In ihren Erinnerungen äusserte sich die Schriftstellerin über Silone: «So gescheit er war, empfand er mich doch immer als Bourgeoise, als Feindin, jedenfalls als ein unwichtiges, wenn auch gefälliges Anhängsel.» Die Beziehung soll geendet haben, als Aline Valangin an der Fasnacht 1933 im ersten Stock des Zürcher Cafés Odeon mit Humm Küsse tauschte. Kein Zweifel: In Silones Leben behauptete die Politik immer den ersten Platz.

Im Jahr 1934, kurz nach Hitlers Machtergreifung, erschien im Zürcher Europa-Verlag Silones Werk *Der Fascismus*. Dieser Verlag, von Emil Oprecht geleitet, machte sich einen Namen mit der Edition von Büchern, die in Nazideutschland nicht oder nicht mehr erscheinen konnten; sein grösster Erfolg war Hermann Rauschnings *Die Revolution des Nihilismus*. Auch das von persönlichen Erfahrungen geprägte Sachbuch *Der Fascismus* war erfolgreich. In einem weiteren Werk unter dem Titel *Die Schule der Diktatoren* setzte Silone seine Kritik am italienischen und deutschen Totalitarismus auf geistreiche Art fort. Er kleidete seine Kritik in die Form von Gesprächen, die zwei seltsame Amerikaner, Mr. Döbbl Juh und Mr. Pickup, mit einem italienischen Emigranten führen – eine Form der Camouflage, die den Autor vor dem Vorwurf der Schweizer Behörden, er betätige sich politisch, schützen sollte. Neben diesen politischen Büchern schrieb Silone weitere Romane und Erzählungen, so den Roman *Brot und Wein,* der erneut in den Abruzzen spielt und unverkennbar autobiografische Züge trägt. Erzählt wird die Geschichte von Pietro Spino, der sich dem Kommunismus zuwendet und, um nicht erkannt zu werden, in die Rolle eines Priesters schlüpft. Der französische Schriftsteller Albert Camus, selbst überzeugter Antifaschist und Angehöriger der französischen Résistance im Zweiten Weltkrieg, sah in dieser Figur den klassischen Typus des «homme révolté» verwirklicht.

Nach dem Weltkrieg setzte Silone seine journalistische und politische Tätigkeit fort, in der Hoffnung, im Kalten Krieg beim Aufbau einer dritten Kraft zwischen den Machtblöcken des westlichen Kapitalismus und des östlichen Kommunismus mithelfen zu können. Im Jahr 1950 nahm er in Westberlin am Kongress für kulturelle Freiheit teil, der von Melvin Lasky, dem Chefredaktor

der Zeitschrift *Der Monat* veranstaltet wurde. Weitere prominente Teilneh-
mer waren der Historiker Benedetto Croce, die Philosophen Karl Jaspers und
Bertrand Russell sowie der Schriftsteller André Malraux. Der Kongress wurde
vom amerikanischen Nachrichtendienst, der CIA, finanziert, um dem Einfluss
der sowjetischen Kulturpropaganda auf die westeuropäischen Intellektuellen
entgegenzutreten. Im Jahr 1956 gründete Silone die Zeitschrift *Tempo presente*,
welche ebenfalls Zuwendungen von der CIA erhielt. Die Niederschlagung der
Freiheitsbewegungen in Budapest (1956) und Prag (1968) bestärkten Silone in
seinem Antikommunismus; zugleich war er davon überzeugt, dass der westliche Kapitalismus «kein Modell für den Postkommunismus» sein könne. In den
1960er-Jahren war Ignazio Silone als begehrter Vortragsreisender in Sachen
geistiger Freiheit tätig, als «Christ ohne Kirche und Sozialist ohne Parteilinie»,
wie er von sich sagte. Er starb 1978 in Genf.

31. George Orwell, *Homage to Catalonia* (1938)
Deutsch: *Mein Katalonien* (1964)

Wenige Ereignisse des 20. Jahrhunderts haben die europäischen Intellektuellen so in ihren Bann gezogen wie der Spanische Bürgerkrieg. Im Frühling des Jahres 1931 war König Alfons XIII. gestürzt und die Republik war ausgerufen worden. Die dringend notwendigen Reformen, die einen demokratischen Modernisierungsprozess hätten einleiten sollen, kamen jedoch nur mühsam voran. Streiks, Attentate und lokale Aufstände lähmten das Land. In den Parlamentswahlen von 1933 siegten die vereinigten Rechtsparteien; begonnene Reformen wurden rückgängig gemacht. Drei Jahre später schlossen sich die spanischen Linksparteien zum Bündnis einer «Volksfront» zusammen und gewannen die Wahlen ins Parlament. Ein Neubeginn schien möglich. Doch die militante Polarisierung zwischen Linken und Rechten war so vorangeschritten, dass weite Teile des Landes unregierbar wurden. Im Juli 1936 putschte sich General Franco an die Macht. Der nachfolgende Bürgerkrieg wurde mit der grössten Rücksichtslosigkeit geführt, verschonte auch die Zivilbevölkerung nicht und forderte eine halbe Million Opfer. Es ging in diesem Krieg bald nicht mehr um den Fortbestand der Republik, sondern um die Auseinandersetzung zwischen zwei einander entgegengesetzten Versuchen, die Diktatur zu errichten. Auf der einen Seite standen das Militär, konservative Kreise von Adel und Bürgertum und die Kirche. Ihr Ziel war eine Militärregierung, welche die frühere Ordnung wiederherstellen sollte. Auf der anderen Seite standen verschiedene Gruppierungen der Linken, Sozialisten, Kommunisten und Anarchisten. Ihr Ziel war die Errichtung einer Diktatur des Proletariats nach sowjetischem Vorbild.

Mit dem Putsch Francos erhielt die Auseinandersetzung ihren internationalen Charakter. Sie widerspiegelte den ideologischen Konflikt zwischen linken und rechten totalitären Bewegungen, der Europa in Atem hielt. Folgerichtig ergab sich, dass das faschistische Italien, das nationalsozialistische Deutschland und Sowjetrussland militärisch und propagandistisch in den Krieg eingriffen. Gleichzeitig strömten aus vielen westeuropäischen Ländern Tausende junger Sozialisten nach Spanien, um ihr Leben im Kampf gegen den Faschismus einzusetzen. Die meisten von ihnen schlossen sich den Internationalen Brigaden an, die Madrid verteidigten. Unter ihnen befanden sich zahlreiche Schriftsteller. Diese verfassten, wenn sie den Krieg überlebten, ihre Berichte oder setzten, was sie erlebt hatten, in Romanform um. Erwähnt seien hier die zwei grossen Romane von Hemingway und Malraux: *Wem die Stunde schlägt* und *Die Hoffnung,* oder die autobiografischen Berichte von Arthur Koestler, Georges Bernanos und Alfred Kantorowicz. Manche dieser Zeugnisse sind nicht frei von Voreingenommenheit oder verfälschender Parteinahme. Im Urteil der heutigen Historiker gilt der Bericht, den der englische Schriftsteller George Orwell unter dem Titel *Mein Katalonien* verfasste, als einer der zuverlässigsten.

George Orwell wurde als Eric Blair 1903 in Bengalen geboren. Ein Stipendium ermöglichte ihm die höhere Schulbildung im renommierten Eton College, wo er die «arrogante Sorglosigkeit» des Schulbetriebs dazu nutzte, sich mit Literatur zu beschäftigen. Darauf leistete er Kolonialdienst in Burma, verbrachte zwei Jahre in Paris und kehrte daraufhin nach England zurück. Hier arbeitete er als Lehrer und Buchhändler und war journalistisch tätig. Als in Spanien der Bürgerkrieg ausbrach, beschloss Orwell spontan, sich aufseiten der republikanischen Linken zu engagieren. Ende Dezember 1936 traf er in Barcelona ein. Er war bisher durch zwei grössere Publikationen hervorgetreten: *Tage in Burma* und *Der Weg nach Wigan Pier.* Das erste Buch beruhte auf Erfahrungen, die der Verfasser als Kolonialbeamter in Burma gemacht hatte, und übte scharfe Kritik am englischen Imperialismus. Im zweiten Buch verarbeitete Orwell Eindrücke, die er während eines längeren Aufenthalts unter nordenglischen Bergleuten gewonnen hatte. Das Leben der einfachen und armen Bevölkerungsschichten zog Orwell an und weckte sein soziales Bewusstsein.

Bei seiner Ankunft machte Barcelona auf den Schriftsteller einen überwältigenden Eindruck. Die Arbeiterschaft hatte die Macht übernommen, in den vornehmen Strassen drängte sich das einfache Volk, Fahnen flatterten. Die Menschen trugen Arbeitskleidung und duzten sich; die Läden waren kollektiviert, die Privatautos beschlagnahmt, die Trinkgelder abgeschafft. Orwell trat in die Miliz der P.O.U.M. (Partido Obrero de Unificación Marxista), einer kleinen linksmarxistischen Partei, ein. «Ich war nach Spanien gekommen», schreibt er in *Mein Katalonien,* «um Zeitungsartikel zu schreiben. Aber ich war fast sofort in die Miliz eingetreten, denn bei der damaligen Lage schien es das einzig Denkbare zu sein, was man tun konnte.» Die P.O.U.M. vertrat die These, dass der Bürgerkrieg nur auf dem Weg über eine Revolution gewonnen werden könne. Damit stellte sie sich in Gegensatz zu den moskauhörigen Kommunisten, die dem militärischen Sieg die Priorität einräumten und dabei auch auf die Unterstützung republikanisch-bürgerlicher Kräfte zählten. Erst in einer späteren Phase, so die linientreuen Kommunisten, sollte die Diktatur des Proletariats errichtet werden.

Die militärische Ausbildung der Miliz fand in der Lenin-Kaserne in Barcelona statt. Es fehlte an allem, an Waffen, Munition und Uniformen, an Nahrung, an Offizieren und geeigneten Instruktoren. Die Rekruten stammten aus den Elendsvierteln der Stadt, waren von den Gewerkschaften aufgestellt worden und meist noch keine zwanzig Jahre alt. «Aber man zeigte diesem Haufen eifriger Kinder», schreibt Orwell, «die in wenigen Tagen an die Front geworfen werden sollten, nicht einmal, wie man ein Gewehr abfeuert.» Obwohl er das Spanische und Katalanische nur sehr mangelhaft beherrschte, fühlte sich Orwell in der Miliz rasch freundlich aufgenommen und integriert. «Hier in Aragon», schreibt er, «lebte man unter Zehntausenden von Menschen, die hauptsächlich, wenn auch nicht vollständig, aus der Arbeiterklasse stammten. Sie lebten alle auf dem gleichen Niveau und verkehrten miteinander unter den Bedingungen der Gleichheit, und selbst in der Praxis war man nicht weit davon entfernt. Damit meine ich, dass die geistige Atmosphäre des Sozialismus vorherrschte.» Das Gefühl dieser Solidarität mit einer egalitären Gemeinschaft von Menschen anderer Sprache, Herkunft und Bildung wurde für den Schriftsteller zur wichtigsten Erfahrung seines Spanienaufenthalts.

Vom Januar bis Mai 1937 stand Orwell im Fronteinsatz. Man lag sich in notdürftig befestigten Stellungen gegenüber, wechselte Schüsse, entsandte Spähtrupps; aber zu eigentlichen Kampfhandlungen kam es selten. Der Schriftsteller zeichnet ein sachliches Bild vom Elend des Frontgeschehens, und der Wille zur wahrheitsgetreuen Darstellung wird in jedem seiner Sätze sichtbar. Die Rede ist nicht nur von der militärischen Bedrohung, sondern auch von Hunger und Kälte, von der Monotonie des Tageslaufs, von den erschreckenden hygienischen Bedingungen. Immer wieder kommt Orwell auf die Solidarität der zusammengewürfelten Truppen zu sprechen, welche mit dürftigsten Mitteln so lange standhalten sollten, bis eine gut ausgebildete Armee zur Verfügung stehen würde. Nie wird Orwell pathetisch, und er übt scharfe Kritik an jenen ausländischen Berichterstattern, die aus sicherer Distanz zum Kampfgeschehen heroisierende Schilderungen verbreiteten. Im Unterschied zu Hemingway und Malraux, welche die Romanform zur Überhöhung ihrer Figuren nutzten, gibt es bei Orwell keine Helden. Für ihn heiligt der Zweck nicht die Mittel, und auch der Krieg um eine gute Sache bleibt ein Krieg. «Eine Laus ist eine Laus, und eine Bombe ist eine Bombe», schreibt er, «auch wenn die Sache, für die man kämpft, zufällig die rechte ist.» Orwells Bericht *Mein Katalonien* ist zum Musterbeispiel einer Reportage geworden, in dem sich die Kunst der literarischen Darstellung ganz in den Dienst unbedingter Faktentreue stellt. Kommunistische Kritiker haben dem Schriftsteller später diese Art der Schilderung verübelt.

Als Orwell Ende April 1937 zu einem Urlaub nach Barcelona zurückkehrte, fand er die Stadt völlig verändert. Bei seiner Ankunft hatte er geglaubt, hier seine Idealvorstellung einer egalitären Gesellschaft verwirklicht zu sehen; nun schien die frühere Ordnung wiederhergestellt. In den ersten Maitagen war es zu blutigen Unruhen gekommen. Die linksradikale P.O.U.M., früher die Speerspitze der revolutionären Kräfte, wurde nun von Regierungstruppen und Polizei bekämpft. Schlimmer noch: Auch die Kommunisten, obwohl sie mit diesem Bruderkrieg dem Faschismus in die Hände arbeiteten, wandten sich in ideologischer Verblendung gegen die P.O.U.M. Die Idee des Sozialismus war, so sah es Orwell, verraten worden.

Kurze Zeit nach seinem Urlaub wurde Orwell an der Front schwer verletzt; er überlebte, doch der Kampf war für ihn zu Ende. Erneut nach Barcelona zurückgekehrt, war er als führender Vertreter der P.O.U.M. seines Lebens nicht mehr sicher. Menschen, die er kannte und schätzte, wurden von den Kommunisten als «Trotzkisten» und «faschistische Spione» diskriminiert, denunziert, verhaftet, gefoltert und umgebracht. Mit knapper Not gelang es Orwell und seiner Frau, nach Frankreich zu entkommen. Die Erfahrung des Bürgerkriegs hatte des Schriftstellers politischen Sinn sensibilisiert. Er erkannte, dass der Kommunismus ebenso wenig wie der Faschismus geeignet war, eine gerechtere Gesellschaft hervorzubringen, weil beide Ideologien das Individuum knechteten statt befreiten. Diese Einsicht ging in den Bericht *Mein Katalonien* ein, den Orwell wenige Monate nach seiner Rückkehr nach England abschloss.

Nach dem Ende des Zweiten Weltkriegs schrieb der Schriftsteller in einem Rückblick: «Der Spanische Bürgerkrieg und andere Ereignisse in den Jahren 1936–37 bewirkten den Umschwung. Ich wusste nun, wo ich stand. Jede Zeile der wesentlichen Arbeiten, die ich seit 1936 geschrieben habe, ist direkt oder indirekt gegen den Totalitarismus und für den demokratischen Sozialismus, wie ich ihn auffasse.» Zur gleichen Zeit erschien George Orwells bekanntestes, sein literarisch wohl vollkommenstes Werk: *Farm der Tiere*. Das Buch verhinderte Hitlers und Stalins Verbrechen nicht; aber seine Kritik, in die Form einer Fabel gefasst, trifft alle Formen totalitärer Machtausübung an einer besonders empfindlichen Stelle: Sie gibt sie der Lächerlichkeit preis. Auch der letzte Roman Orwells, *1984*, wurzelt in den Erfahrungen des Spanischen Bürgerkriegs. Es handelt sich um die schauerliche Zukunftsvision einer total überwachten Gesellschaft, die das Individuum zum gleichgeschalteten Befehlsempfänger erniedrigt. Natürlich ist es heute, im Jahr 2016, anders gekommen, als Orwell es für 1984 prophezeit hat. Aber man frohlocke nicht zu früh: Das Schicksal sucht sich seinen Weg manchmal durch Hintertüren.

George Orwell gilt nicht nur wegen seines Aussehens und seiner hageren hoch aufgeschossenen Gestalt, sondern auch wegen seiner Beobachtungsgabe, der Unbestechlichkeit seines Urteils und der Sorgfalt des sprachlichen Ausdrucks als Musterbeispiel des englischen Intellektuellen. Der Historiker Tony Judt hat ihn als die «wandelnde Anthologie des Englischseins» bezeichnet. «Die unvergessliche Orwell-Stimme», schreibt Judt, «ist von trotziger, unverblümter Ehrlichkeit; sie gehört einem Mann, der die Dinge beim Namen nennt.» Und ein anderer Orwell-Kenner, der Schriftsteller Julian Barnes, urteilt: «Er misstraut allen Theorien und pauschalen Schlussfolgerungen, die nicht von konkreten Erfahrungen ausgehen. Er ist ein Moralist und ein Puritaner, einer, der sich bei aller Verbundenheit mit dem Volk und der Arbeiterklasse vor Kot und schlechtem Körpergeruch ekelt.» George Orwell starb 1950, im Alter von nur 47 Jahren, in London an Tuberkulose.

32. Curzio Malaparte, *Technique du coup d'État* (1931)
Deutsch: *Die Technik des Staatsstreichs* (1931)

«Ich hasse dieses Buch», schrieb Curzio Malaparte 1948 im Vorwort der Neuauflage seiner Schrift über die *Technik des Staatsstreichs*. «Es hat mir Ruhm gebracht, aber auch viel Leid. Wegen dieses Buchs lernte ich Gefängnis und Verbannung kennen, Verrat durch Freunde, tückische Feindschaft, Egoismus und Bösartigkeit der Menschen.»

Kurt Erich Suckert, der sich später den klangvolleren Namen Curzio Malaparte zulegte, wurde 1898 als Sohn eines deutschen Textilkaufmanns und einer Mailänderin in Prato, nahe Florenz, geboren. Er trat ins Jesuitenkollegium ein, und seine literarische Begabung wurde rasch erkannt. Früh regte sich im Jüngling der Wille, etwas Ausserordentliches zu leisten, eine Persönlichkeit jenseits der bürgerlichen Normen zu werden: männlich, mächtig, unwiderstehlich. Im Ersten Weltkrieg kämpfte er in Frankreich und an der Isonzo-Front und wurde wegen Tapferkeit vor dem Feinde ausgezeichnet. Über seine Kriegserfahrungen schrieb er einen Bericht, der merkwürdig zwischen Pazifismus und Patriotismus oszilliert und auf Malapartes Neigung vorausweist, sich von Gegensätzen anziehen zu lassen. Im Jahr 1922 trat er der faschistischen Partei bei – einen Monat vor Mussolinis Marsch auf Rom. Dann wandte er sich dem Journalismus zu und machte sich einen Namen mit leidenschaftlich formulierten Artikeln. Mussolini feierte er mit Versen, die heute unfreiwillig komisch wirken: «Es kräht der Hahn, er weckt die Erde / Und Mussolini steigt zu Pferde …» Er traf auch mit dem Diktator zusammen, mit dem ihn eine Hassliebe verband. Zugleich interessierte ihn der Kommunismus, und er besuchte 1929 die Sowjetunion – damals das Reiseziel ungezählter neugieriger Intellektueller, die nach der Katastrophe des Weltkriegs auf eine gesellschaftliche Erneuerung hofften. Seine Berichte aus Russland waren brillant und nicht unkritisch; sie festigten den Ruf des Journalisten als eines engagierten Beobachters des Zeitgeschehens. Um 1930 begriff Malaparte, dass die Auseinandersetzung zwischen dem Kommunismus und dem Faschismus in seiner italienischen und deutschen Variante zum zentralen Thema des politischen 20. Jahrhunderts werden würde. Zugleich erkannte er, dass es sein Schicksal war, in diesem Spannungsfeld eine wichtige Rolle zu spielen. Malaparte war, nebenbei bemerkt, ein auffallend schöner Mann. Er bewegte sich gern in gehobener Gesellschaft und wirkte unwiderstehlich auf elegante Damen aus vornehmem Haus.

Aber er genoss seine Wirkung, so scheint es, mehr als den Reiz dieser Damen selbst.

Die Technik des Staatsreichs wurde 1930 in Turin verfasst und erschien ein Jahr später in französischer Sprache in Paris. Das Buch wurde zum internationalen Erfolg und bildete den Diskussionsstoff der europäischen Intellektuellen. Ja, es wirkte weit über seine Zeit hinaus. Man weiss, dass es vom jungen Revolutionär Che Guevara im bolivianischen Urwald gelesen wurde und von den griechischen Obristen, die sich 1967 an die Macht putschten. Wer von diesem Buch eine sorgfältige wissenschaftliche Studie oder ein Handbuch für angehende Terroristen erwartet, wird freilich enttäuscht. Malaparte behandelt, mehr skizzenhaft als eingehend, einige wichtige revolutionäre Bewegungen seiner Zeit: die gelungene russische Oktoberrevolution von 1917, den gescheiterten Putsch des deutschen Rechtsradikalen Wolfgang Kapp von 1920, den Staatsstreich Mussolinis, den Aufstieg Adolf Hitlers. Was die Leser an Malapartes Schrift bewunderten, war die Fähigkeit des Autors, dem, was er beschrieb, das Kolorit des Authentischen zu verleihen, ganz so, als sei er selbst dabei gewesen. Malaparte faszinierte die Macht, und es faszinierten ihn die Menschen, die Macht anstrebten oder ausübten. Er suchte deren Nähe und rühmte sich ihrer Bekanntschaft; doch hielt er sich dabei nicht immer an die Tatsachen und neigte dazu, den eigenen Anteil am Geschehen fabulierend zu übertreiben. Aber oft gelangen ihm Porträts von erstaunlicher Treffsicherheit, so etwa, wenn er Stalin und Trotzki charakterisiert: «Die Kraft Stalins ist Leidenschaftslosigkeit und Geduld. Er überwacht die Gesten Trotzkis, studiert seine Bewegungen, folgt dessen schnellen, entschlossenen Schritten mit seinem schweren, langsamen Bauernschritt. Stalin ist verschlossen, kalt, hartnäckig; Trotzki ist hochmütig, heftig, egoistisch, ungeduldig, beherrscht von seinem Ehrgeiz und seiner Einbildungskraft, eine feurige, kühne und aggressive Natur. ‹Miserabler Jude›, sagt Stalin von ihm. ‹Unseliger Goj›, sagt Trotzki von Stalin.» Auch besass Malaparte die Fähigkeit, geschichtliche Ereignisse spannend zu schildern. Die Stimmung in Sankt Petersburg vor dem Sturm auf das Winterpalais beschreibt er so: «Kerenski ist geflüchtet; es heisst, er ist an die Front gefahren, um Truppen zu sammeln und auf Petrograd zu marschieren. Die gesamte Bevölkerung ist in den Strassen, gierig nach Neuigkeiten. Die Geschäfte, Cafés, Restaurants, Kinos und Theater sind geöffnet, die Strassenbahnen mit bewaffneten Arbeitern überfüllt, eine gewaltige Menschenmenge flutet wie ein Strom dem Newski-Prospekt entlang. Alle reden, diskutieren, fluchen auf die Regierung oder die Bolschewisten.

Die unwahrscheinlichsten Gerüchte eilen von Mund zu Mund, von Gruppe zu Gruppe: Kerenski tot, die Führer der Menschewik-Fraktion vor dem Taurischen Palais erschossen, Lenin im Winterpalais in den Zimmern des Zaren …»

In seinem Buch über den Staatsstreich beschränkt sich Malaparte auf wenige, lapidar formulierte Feststellungen. Zuerst hält er fest, dass moralische Überlegungen und Bedenken ihn nicht interessierten. «Wie alle Mittel recht sind», schreibt er, «die Freiheit zu unterdrücken, sind auch alle Mittel recht, sie zu verteidigen.» Die russische Oktoberrevolution von 1917 dient Malaparte als das Musterbeispiel eines gelungenen Staatsstreichs. Um einen solchen Umsturz erfolgreich durchzuführen, braucht es nach seiner Ansicht nicht nur die Unzufriedenheit der Massen und eine starke Persönlichkeit mit ideologischen Visionen. Beide Voraussetzungen seien in Russland mit der Auflehnung gegen den Zaren Niklaus II. und mit Lenin vorhanden gewesen, ohne dass daraus notwendigerweise eine Revolution habe folgen müssen. Entscheidend für den Erfolg des Staatsstreichs sei eine Persönlichkeit wie Leo Trotzki gewesen. Dieser «Techniker des Staatsstreichs» habe begriffen, dass der moderne industrialisierte Staat durch kleine Stosstrupps von entschlossenen, technisch geschulten Kämpfern rasch aus den Fugen gehoben werden könne. Diese Stosstrupps hätten lebenswichtige Betriebe wie Bahnhöfe, Elektrizitätszentralen, Wasserwerke, Telefonzentralen, Gasometer, Versorgungszentren unter ihre Kontrolle zu bringen. In der entstehenden Unordnung und allgemeinen Verunsicherung seien die üblichen staatlichen Polizeimassnahmen wirkungslos. «Der Aufstand», schreibt Malaparte, «wird nicht mit Massen gemacht, sondern mit einer Handvoll Männer, die, zu allem bereit, in der Aufstandstaktik ausgebildet sind und trainiert, gegen die Lebenszentren der technischen Organisation des Staates schnell und hart zuzuschlagen.»

Im Kapitel, in dem sich Malaparte mit dem faschistischen Staatsstreich befasst, wird Mussolini als gelehriger Schüler Trotzkis dargestellt. Der Autor weist auf die sozialistische Periode im politischen Werdegang des italienischen Diktators hin und schreibt: «Die von Mussolini befolgte Taktik konnte nur von einem Marxisten konzipiert und durchgeführt werden. Man darf nie vergessen, dass Mussolinis Erziehung eine marxistische Erziehung ist.» Die Stosstrupps der «Schwarzhemden», stellt Malaparte fest, seien so gut vorbereitet gewesen und so geschickt an den lebenswichtigen Punkten eingesetzt worden, dass sie den schlimmsten Feind des Staatsstreichs, den von den Gewerkschaften proklamierten Generalstreik, nicht hätten fürchten müssen.

Malapartes Buch endet mit einer Skizze der politischen Verhältnisse im Deutschland der 1930er-Jahre. Im Urteil des Autors ist Adolf Hitler bloss ein «Zerrbild Mussolinis». Zwar seien die nationalsozialistischen Stosstrupps militärisch ausgebildet und gut organisiert; Hitler aber sei ein reaktionärer Opportunist, der auf legalem Weg zur Macht zu gelangen suche. Eine Gefahr für Europa bilde dieser «Caesar in Tirolertracht» nicht. «Ein Deutschland», prophezeit Malaparte, «das Hitlers Diktatur widerstandslos hinnähme, ein Deutschland, das von dieser mediokren Spielart Mussolinis versklavt würde, vermöchte sich den freien Völkern Westeuropas nicht aufzuzwingen.»

Seiner *Technik des Staatsstreichs* liess der Autor ein weiteres erfolgreiches Buch über Lenin folgen, in welchem sich erneut seine Faszination für «Männer, die Geschichte machen» ausdrückte. Diese Bewunderung historischer Grösse, wo immer sie sich zeigte, machte Malaparte dem Regime verdächtig; denn Diktatoren dulden keine anderen Götter neben sich. Der Schriftsteller wurde verhaftet, auf die Insel Lipari verbannt und dann unter Hausarrest gestellt – eine Behandlung, die er später, die Realität verfälschend, als Strafe für seinen entschiedenen Antifaschismus bezeichnete.

Am Zweiten Weltkrieg nahm Malaparte als Kriegsberichterstatter teil. In der Uniform eines Hauptmanns der Alpini reiste er durch Griechenland, Osteuropa und Finnland, mied jedoch das Kampfgeschehen und suchte den Umgang mit wichtigen politischen und militärischen Persönlichkeiten. Seine Hoffnung, grosse Reportagen über den Fall Moskaus und Leningrads schreiben zu können, erfüllte sich nicht, auch erregte er den Verdacht nationalsozialistischer Zensoren. Nach der Invasion alliierter Truppen in Süditalien schloss sich Malaparte als Verbindungsoffizier den Amerikanern an. Seine Kriegserfahrungen verarbeitete er in den beiden sehr erfolgreichen Romanen *Kaputt* und *Die Haut*. Es sind Werke von schonungsloser Drastik und entfesseltem Gestaltungswillen, deren literarische Qualität und historische Zuverlässigkeit zwar umstritten sind, die jedoch zu den wichtigen Zeitzeugnissen von Teilnehmern des Zweiten Weltkriegs gehören. Nach dem Krieg lebte Malaparte vorwiegend in Paris, wirkte an Filmen mit, die vergessen sind, und verfasste Bühnenstücke, die niemand mehr aufführt. Im Herbst 1956 brach er zu einer letzten grossen Reise in die Sowjetunion und nach China auf, denn es drängte ihn, den grossen Vorsitzenden der Volksrepublik, Mao Zedong, zu sehen. Auf dieser Reise erkrankte er schwer; chinesische Ärzte diagnostizierten Lungenkrebs.

Den Touristen, die heute Capri besuchen, zeigt der Reiseführer den Wohnsitz, den sich Malaparte zwischen 1938 und 1944 auf einem hohen Felsenkliff über dem Meer erbaute. Es ist eine Art von Adlerhorst, umstritten im Urteil der Architekten, aber unbestritten als Ausdruck eines masslosen Selbstwertgefühls und Geltungsdrangs. Viel Zeit, sein Haus zu bewohnen, blieb dem rastlosen Schriftsteller nicht. Er verstarb 1957 in Rom, nachdem er, ein letztes Mal radikale Gegenpositionen in seiner Persönlichkeit vereinigend, Mitglied der KPI geworden war und sich zum Katholizismus bekehrt hatte.

33. Christopher Isherwood, *Goodbye to Berlin* (1939)
Deutsch: *Leb wohl, Berlin* (1949)

Als sich das Unheil der Hitler-Diktatur über Deutschland zusammenbraute, in den Jahren 1929 bis 1933, befand sich ein junger, neugieriger Engländer aus gutem Haus in Berlin und gab Sprachstunden. Der junge Mann hiess Christopher Isherwood, und aus den Erfahrungen, die er während seines Auslandsaufenthalts machte, wurde sein bekanntestes Buch, das in seiner deutschen Übersetzung den Titel *Leb wohl, Berlin* trägt. Was in diesem Buch geschildert wird, ist nichts weniger als der Zerfall einer demokratischen Gesellschaft und deren Unterwanderung durch den Totalitarismus. Der Umstand, dass der Autor seine Zeitdiagnose humorvoll und leichtfüssig zu formulieren weiss, täuscht über den Ernst der politischen Lage nicht hinweg.

Über seine Lehr- und Studienjahre hat Isherwood in seinen autobiografischen Aufzeichnungen *Löwen und Schatten* berichtet. Sie zeigen einen literarisch hochbegabten, beruflich unschlüssigen Menschen, der nach mancherlei Beschäftigungen und nach einem abgebrochenen Medizinstudium England verlässt. Im Jahr 1929 wechselt Isherwood vom sittenstrengen London ins verführerische Berlin. Zusammen mit dem Dichterkollegen H. W. Auden taucht er in die Schwulenszene von Berlin-Kreuzberg ab, frequentiert übel beleumdete Bars und Kneipen, trifft sich mit Strichjungen, Transvestiten und Gigolos. Gemeinsam mit Auden bereist er 1938 das von Krieg und Bürgerkrieg gebeutelte China. Als der Zweite Weltkrieg ausbricht, verlassen Isherwood und Auden England, emigrieren nach den USA und ziehen sich die Kritik ihrer patriotisch gesinnten Landsleute zu.

Leb wohl, Berlin ist kein Roman im üblichen Sinne, sondern eine Sammlung von sechs Episoden, von denen fünf in Berlin spielen und eine auf Rügen angesiedelt ist. Auch diese Texte sind autobiografisch geprägt, sie erstreben und erreichen aber eine Wirkung, die über das Subjektive weit hinausgeht. Oft zitiert werden die Sätze, mit denen Isherwood im Vorwort sein Vorgehen erläutert: «Ich bin eine Kamera mit offenem Verschluss», schreibt er, «ganz passiv, ich nehme auf, ich denke nicht. Ich nehme den Mann auf, der sich gegenüber am Fenster rasiert, und die Frau im Kimono, die sich die Haare wäscht. Eines Tages muss das alles entwickelt werden, sorgfältig abgezogen, fixiert.»

Am bekanntesten ist jene Episode von Isherwoods Werk geworden, die den Titel «Sally Bowles» trägt. Sally ist Engländerin, hat die Schauspielschule vorzeitig verlassen und statt im Studentenheim in den verschiedensten Junggesellenwohnungen genächtigt. Sie ist ein munteres, lebenslustiges, etwas überdrehtes Wesen, ganz frei von den leisesten Anflügen moralischer Skrupel, kaum zwanzig Jahre alt. Zu dem Zeitpunkt, da Isherwood ihr begegnet, tritt sie in der Künstlerbar «Lady Windermere» als Sängerin auf. Weit weniger talentiert als Marlene Dietrich im *Blauen Engel*, hat Sally dieselbe tiefe, rauchige Stimme. Da sie selten über Geld verfügt, lässt sie sich von reichen Männern aushalten. Sie möchte zum Film; stattdessen wird sie schwanger, weiss nicht von wem und lässt ihr Kind abtreiben.

Sally Bowles verkörpert die helle, glanzvolle Seite der Goldenen Zwanziger. Am Horizont aber zieht bereits bedrohliches Gewölk auf: Banken gehen pleite, Menschenmassen demonstrieren in den Strassen, Notverordnungen werden erlassen. Als der Reichskanzler Hermann Müller 1931 stirbt, werden Sally, ein Freund und der Erzähler Isherwood Zeugen der Begräbnisfeierlichkeiten. «Sie trugen Hermann Müller zu Grabe», schreibt der Erzähler. «Blasse, standhafte Büroangestellte, Beamte, Gewerkschaftssekretäre – der ganze triste Mummenschanz der preussischen Sozialdemokratie – trotteten mit ihren Bannern auf die Silhouette des Brandenburger Tores zu.» Und weiter: «Mit den marschierenden Deutschen da unten hatten wir nichts zu schaffen, so wenig wie mit dem Toten im Sarg und den Losungen auf den Bannern.»

Berühmt wurde dieses Kapitel von Isherwoods Buch durch Musical und Film. Im Jahr 1972 kam der Film *Cabaret* von Bob Fosse in die Kinos. Die amerikanische Sängerin und Schauspielerin Liza Minnelli spielte die Sally Bowles mit einer Brillanz, welche der Romanfigur zwar wenig gerecht wurde, jedoch das Klischee vom den Goldenen Zwanzigern bestätigte. Es war Minnellis grösste Rolle.

In den anderen Episoden von Isherwoods Buch werden, pointiert und treffsicher, Personen porträtiert, mit denen der Autor während seines Berliner Aufenthalts in nähere Berührung kam. Da ist zuerst das Fräulein Schröder, welches Isherwood, den «Herrn Issiwu», ins Herz geschlossen hat. Fräulein Schröder hat vor der Inflation ein Dienstmädchen beschäftigt, ist im Urlaub jeweils an die Ostsee gefahren und hat einen Rittmeister und einen Professor als Zimmerherren gehabt. Nun ist ihre Pension heruntergekommen, und ihre Untermieter sind neben Isherwood der Barkeeper Bobby, eine Dirne und eine bayerische Jodlerin vom Varietétheater. Eine andere Vermieterin, bei der Isherwood später eine dürftige Unterkunft bezieht, ist Frau Nowak, die mit ihrer Familie, in der ständig gestritten wird, in ärmlichsten Verhältnissen am Halleschen Tor wohnt. Frau Nowak ist schwindsüchtig und spuckt Blut, ihr Mann, von Beruf Möbelpacker, ist Alkoholiker und kommt von seinen Kriegserinnerungen nicht mehr los. Der eine Sohn, Lothar, ein Nationalsozialist, ist arbeitslos und besucht eine Abendschule. Der andere Sohn, Otto, ebenfalls arbeitslos, ist bisexuell, macht einen Selbstmordversuch und glaubt an die Notwendigkeit einer kommunistischen Revolution.

Eine ganz andere gesellschaftliche Welt führt das Kapitel vor, das mit dem Titel «Die Landauers» überschrieben ist. Die Landauers repräsentieren das jüdische Grossbürgertum. Der Vater, ein freundlicher, gebildeter Herr, hat sich zum Mitbesitzer des grossen Kaufhauses emporgearbeitet, das seinen Namen trägt. Die Familie wohnt in grosszügigen und elegant möblierten Interieurs, verfügt über angenehme Umgangsformen und begegnet dem englischen Gast mit zuvorkommender Freundlichkeit. Die Tochter Natalie ist wohlerzogen und selbstbewusst. Ihr Cousin Bernhard ist ein blasser junger und wohlgekleideter Herr, der selbstsicher auftritt und im Gespräch zu herablassender Ironie neigt. Isherwood freundet sich mit Bernhard an. Er entdeckt in ihm einen sensiblen, von Selbstzweifeln umgetriebenen Menschen mit homoerotischer Veranlagung, der die menschliche Nähe sucht und ihr doch immer wieder ausweicht. Von Zeit zu Zeit erhält Bernhard Briefe, die so lauten: «Bernhard Landauer, pass bloss auf. Wir rechnen mit dir und deinem Onkel und allen Saujuden ab.»

Später, nach dem Reichstagsbrand und nach dem Boykott der jüdischen Geschäfte, verlässt Isherwood Berlin. In einem Prager Kellerrestaurant hört er, wie zwei Gäste sich auf Deutsch unterhalten. Er erfährt, dass die Zeitungen gemeldet haben, Bernhard Landauer sei überraschend an einem Herzschlag gestorben. Sagt der eine der beiden Gäste: «Herzschlag ist in Deutschland ganz schön häufig.» Darauf der andere: «Wenn Sie mich fragen, kriegt jeder einen Herzschlag, der eine Kugel im Herzen hat.»

Im Sommer 1931 verbringt Isherwood seine Ferien mit Otto Nowak und einem englischen Freund auf der Insel Rügen. Der Strand, schreibt er, gleiche mit seinen Sandburgen, Strandkörben und Flaggen einem Heerlager: «Viele Burgen sind mit einem Hakenkreuz dekoriert. Eines Tages sah ich ein splitternacktes, vielleicht fünfjähriges Kind, das ganz allein mit geschulterter Hakenkreuzflagge umhermarschierte und ‹Deutschland über alles› sang.» Auf Rügen begegnet der Erzähler einem Arzt, einem Anhänger der nationalsozialistischen Rassenlehre und überzeugten Antisemiten. «Neulich war ich», ärgert sich dieser, «auf

Hiddensee. Lauter Juden! Es tut mir wohl, wieder hier zu sein und den echten nordischen Typ zu sehen.» Die politischen Probleme, fährt der Arzt fort, liessen sich durch Disziplin leicht lösen. «Meine Arbeit im Krankenhaus», erzählt er, «hat mich davon überzeugt, dass der Kommunismus bloss eine Sinnestäuschung ist. Was die Leute brauchen, ist Zucht und Ordnung. Als Arzt kenne ich mich da aus.»

Christopher Isherwoods Roman ist nicht das einzige, wohl aber das aussergewöhnlichste und wohl wichtigste literarische Zeugnis, das wir von einem Engländer über Deutschland vor Hitlers Machtübernahme besitzen. Dass Engländer nach Deutschland reisten, als Touristen und Studenten, war damals nicht selten. Die Nationalsozialisten begrüssten diese Besucher sogar besonders zuvorkommend als Vertreter einer ebenbürtigen Herrenrasse. Manche Nazis, auch Hitler selbst, spielten damals noch mit dem Gedanken, das Land als Bündnispartner zu gewinnen. Viele Engländer waren fasziniert vom politischen Umsturz, dessen Zeugen sie wurden. Die meisten reagierten kritisch, einige verhielten sich abwartend, nur wenige waren begeistert. «Das heutige Deutschland», schrieb Harry Powys Greenwood 1934 in seinem Bericht über die «Deutsche Revolution», «ist wie ein siedender Kessel voll geschmolzenem Metall. In welche Form es gegossen wird, lässt sich zurzeit noch nicht absehen.»

Das Aussergewöhnliche an Isherwoods *Leb wohl, Berlin* ist, dass den Erzähler die mit pointierter Präzision dargestellte Realität emotional nicht zu berühren scheint. Er versagt sich nicht nur jedem Affekt, sondern auch jedem Kommentar und jeder persönlichen Stellungnahme. Er stellt bloss fest. Die Kamera, die er auf Berlin und die Berliner richtet, lässt keine Nähe, keine Vertrautheit zu, sondern schafft Distanz. Dadurch wirken Isherwoods Aufzeichnungen in hohem Grade authentisch.

Nach seiner Auswanderung in die USA im Jahr 1939 liess sich Christopher Isherwood in Santa Monica bei Los Angeles nieder, wurde nach dem Krieg amerikanischer Staatsbürger und schrieb Drehbücher für Hollywood. Er bekannte sich zum Pazifismus und zur Homosexualität, vertiefte sich in die indische Philosophie und wurde Anhänger der südkalifornischen Vedanta-Schule von Swami Prabhavananda. An der University of California in Santa Barbara hielt er Vorlesungen zur neueren englischen Literatur. In Santa Monica lebte er nach 1953 mit dem um dreissig Jahre jüngeren Maler Don Bachardy, einem Porträtisten der Hollywood-Prominenz, zusammen.

Isherwood schrieb weitere Bücher, darunter im Jahr 1964 einen wiederum stark autobiografisch gefärbten Roman, den Kenner für seinen besten halten:

Der Einzelgänger (*A Single Man*). Er handelt von einem Tag im Leben des homosexuellen 58-jährigen Literaturdozenten George, der seinen Freund Jim verloren hat. Eines Morgens stellt George vor dem Spiegel fest, wie alt er geworden ist. Abends begegnet er in einer Bar seinem Studenten Kenny Porter, und man betrinkt sich. Gemeinsam geht man hinab zum Strand des stürmisch bewegten Pazifiks. Aus dem gemeinsamen nächtlichen Bad mit Kenny geht George verjüngt hervor. Im Roman *Der Einzelgänger* wird der Alltag einer amerikanischen Universität mit derselben präzisen und heiteren Eindringlichkeit geschildert, die schon den Berliner Roman auszeichnete.

Die Beziehung zwischen Isherwood und Bachardy, der Öffentlichkeit ostentativ vorgelebt, erregte Aufsehen. Der Roman *Der Einzelgänger* wurde zu einem Kultbuch der amerikanischen Homosexuellen. Als der Schriftsteller schwer erkrankte, porträtierte ihn sein Freund mit derselben obsessiven Hingabe wie Ferdinand Hodler seine todkranke Freundin Valentine Godé-Darel. Christopher Isherwood starb im Januar des Jahres 1986.

34. Bertrand Russell, *Which Way to Peace?* (1936)
(Nicht übersetzt)

Von Jean-Paul Sartre ist bereits die Rede gewesen. Sartre war Philosoph und Schriftsteller, und sein Werk erreichte ein breites Publikum. Dasselbe gilt für den Engländer Bertrand Russell: Er verfügte über eine ähnliche Doppelbegabung und übte eine vergleichbare Wirkung aus. Die beiden Intellektuellen stehen wie Kastor und Pollux als Zwillingsgestirn am Firmament der Geistesgeschichte des europäischen 20. Jahrhunderts.

Bertrand Russell wurde im Jahr 1872 geboren und starb nach langem aktivem Leben 1970. Er entstammte dem englischen Hochadel. Seine Kindheit und Jugend waren geprägt von der Sittenstrenge und Doppelmoral des viktorianischen Zeitalters. Er befreite sich jedoch völlig von den Konventionen und Zwängen seiner Klasse und wurde zum unabhängigsten Denker seines Landes. Russells scharf geschnittene Physiognomie erinnert an Voltaire. Dem streitbaren Franzosen war der Engländer in der skeptischen Unabhängigkeit seines Urteils und im Engagement für Wahrheit und Gerechtigkeit nah verwandt; auch verstand er es, schwierige Themen mit stilistischer Eleganz verständlich zu machen.

Das Leben von Bertrand Russell, wie es in seiner dreibändigen Autobiografie geschildert wird, lässt sich in zwei Schaffensphasen einteilen. Bis zum Alter von vierzig Jahren befasste sich der junge Mann, der an den wichtigsten Schulen und von den besten Lehrern ausgebildet wurde, vor allem mit Mathematik und Philosophie und publizierte Werke, die von Fachleuten noch heute geschätzt werden. Seine weitverbreitete *Philosophie des Abendlandes*, verfasst, um Finanznöten zu entgehen, bietet eine blendend formulierte und leicht verständliche Einführung in die Geschichte der abendländischen Philosophie. «Ich betrachte es als ein Glück», schrieb Albert Einstein nach der Lektüre dieses Buchs an Russell, «dass unsere so trockene und zugleich brutale Generation einen so weisen, ehrlichen, tapferen und dabei humorvollen Mann aufzuweisen hat.»

Russells Entschluss, sein engeres Fachgebiet zu verlassen, entsprang einer Art von Erweckungserlebnis. «Nachdem ich jahrelang für nichts Sinn gehabt hatte als für exakte Wissenschaft und Analyse», schreibt er in seiner Autobiografie, «war ich jetzt auf einmal erfüllt von halbmystischen Gefühlen über Schönheit, einem heftigen Interesse für Kinder, von einem Verlangen, fast so tief wie das des Buddha, eine Weltanschauung zu finden, die das menschliche Leben erträglich machen würde.»

Als der Erste Weltkrieg ausbrach, trat Russell für die Neutralität seines Landes ein und wurde zum Pazifisten. Wegen Wehrkraftzersetzung wurde er zu sechs Monaten Gefängnis verurteilt. In den Jahren 1920 und 1921 bereiste er Russland und China und berichtete darüber in kritischen Büchern. Sechs Jahre später gründete er mit seiner zweiten Frau eine reformpädagogisch orientierte Privatschule südwestlich von London.

Den faschistischen und nationalsozialistischen Strömungen trat Russell mit unmissverständlicher Entschiedenheit entgegen. «Der Hitlersche Wahnsinn unserer Zeit», schrieb er 1935, «ist ein aus Götter- und Heldensagen gewobener Teppich, in den sich das deutsche Ich hüllt, um nicht im eisigen Wind von Versailles zu erstarren. Wer in seiner Selbstachtung tödlich getroffen ist, denkt nicht mehr wie ein geistig gesunder, vernünftiger Mensch, und diejenigen, die eine Nation vorsätzlich demütigen, haben es sich selbst zuzuschreiben, wenn daraus eine Nation von Irren wird.»

Im Jahr 1936 erschien Bertrand Russells Buch *Which Way to Peace?* Es beginnt mit der lapidaren Feststellung: «Die europäischen Regierungen sind in vieler Hinsicht unterschiedlicher Meinung; in einem Punkt aber stimmen sie vollkommen überein, darin nämlich, dass ein grosser Krieg unmittelbar bevorsteht.» Der drohende Krieg, fährt er fort, werde als Folge der enormen technischen Fortschritte ein besonders zerstörerischer und mörderischer Krieg sein. Erstmals werde dieser Krieg auch eine grosse Zahl von Opfern unter der Zivilbevölkerung fordern. Der Flugwaffe und den Bombardierungen aus der Luft, möglicherweise aber auch dem Gaskrieg, komme dabei eine ausschlaggebende Bedeutung zu. Durch die Bombardierungen könne das gesamte zivile Leben eines Landes lahmgelegt und die Zivilisation überhaupt vernichtet werden. Es sei auch denkbar, dass die staatlichen Institutionen ganz verschwänden und nur noch Militärherrscher regierten oder Bürgerkriege ausbrächen.

Den Versuch des Völkerbundes, die kollektive Sicherheit zu gewährleisten und den Frieden zu sichern, hält Russell aus zwei Gründen für gescheitert: weil er die nationale Unabhängigkeit der Mitgliedsstaaten zu wenig einschränke und weil, aus unterschiedlichen Gründen, Russland, die USA und Deutschland nicht unter den Gründungsmitgliedern figurierten. Aber auch der Weg, den Frieden durch Allianzen zwischen den einzelnen Ländern zu sichern, führe nicht zum Erfolg. Dies umso weniger, als es im drohenden Krieg nicht nur um Landgewinn, sondern auch um einen Konflikt der Ideologien, nämlich zwischen Faschismus und Kommunismus, gehe. Beide Ideologien hielten den Krieg für unausweichlich und seien allein schon deshalb abzulehnen. Man riskiere aber, indem man gegen eine von ihnen militärisch vorgehe, eigenes und fremdes Land zu zerstören, nicht aber die Ideologie zu treffen.

Den einzig gangbaren Weg zum Frieden sieht Bertrand Russell in der Abrüstung. Er stellt sich ein Land vor, das mit der Abrüstung vorangehe und durch sein Beispiel andere Länder ermuntere, denselben Weg einzuschlagen. Russell erkennt klar, dass pazifistische Gesinnung allein nicht genügt, den Frieden zu sichern. Grosse gesellschaftliche Reformen seien nötig, stellt er fest, um die Hauptursache von Konflikten, die soziale Ungerechtigkeit, zu beseitigen. Kriegswichtige Rohstoffe müssten, um nicht für militärische Zwecke eingesetzt zu werden, einer internationalen Kontrolle unterstellt werden; hier berührt sich Russell mit den Überlegungen seines Landsmanns Norman Angell. Die Grenzen müssten geöffnet, die internationalen Kontakte müssten erleichtert werden, um nationale und rassistische Vorurteile abzubauen. Schule und Erziehung müssten reformiert werden, Disziplinierung und Bestrafung verschwinden und die jungen Menschen zur Weltoffenheit erzogen werden.

Entscheidend bleiben für Russell das persönliche Bekenntnis zum Pazifismus und die tätige Verweigerung des Kriegsdienstes. «Der Mensch, der glaubt», schreibt er im letzten Kapitel seines Buchs, «dass vom Krieg nichts Gutes kommen kann, sollte nicht nur versuchen, sein Land am Krieg zu hindern, er sollte auch den Kriegsdienst verweigern, wenn ihn seine Regierung dazu auffordert.» Vom persönlichen Beispiel könnte, hofft Russell, eine Wirkung auf die Öffentlichkeit ausgehen, der sich die Politik stellen müsse. Ähnliches habe sich etwa bei der Abschaffung der Sklaverei in den USA ereignet.

Russells Pazifismus war nicht absolut. Er räumte ein, dass Fälle denkbar seien, in denen ein Krieg unumgänglich oder angezeigt sein könne. «Ich gehe davon aus», schreibt er, «dass ein Krieg dann zu rechtfertigen ist, wenn er der Glückseligkeit und der Zivilisation dient.» Nur: Wie konnte man zum Voraus und mit Sicherheit wissen, dass ein Krieg dieses Gute bewirkte?

Seine pazifistische Haltung verführte Russell dazu, der Appeasement-Politik, mit der Neville Chamberlain Hitlers Expansionsdrang zu befriedigen suchte, zuzustimmen. Das Münchener Abkommen vom September 1938, in Wahrheit eine schmähliche Kapitulation vor dem Diktator, empfand er als staatsmännische Leistung. Nach dem Kriegsausbruch freilich erkannte und gestand er seinen Irrtum.

Im Jahr 1939 reiste Russell zu Gastvorlesungen nach den USA und kehrte erst 1944 nach England zurück. Mit seinen kritischen Ansichten erregte er jenseits des Atlantiks Anstoss, liegt doch den Amerikanern, wie schon Tocqueville feststellte, viel daran, gelobt zu werden. «Es kam», schreibt Russell, «zu einer typisch amerikanischen Hetzjagd gegen mich.» Sein Verhältnis zu den USA war, ähnlich wie bei seinem Landsmann Graham Greene, dauerhaft gestört.

Nach England zurückgekehrt, befasste sich Russell mit der internationalen Politik, die durch den Kalten Krieg und die Entwicklung der Atombombe eine neue und bedrohliche Wendung genommen hatte. Durch Radiovorträge wurde er in England, durch die Verleihung des Nobelpreises für Literatur im Jahr 1950 wurde er weltweit bekannt. Grosses Aufsehen erregte seine an Weihnachten 1954 von BBC ausgestrahlte Rede «Man's Peril», in der er die amerikanischen Tests der Wasserstoffbombe im Pazifik scharf verurteilte. In der Folge gründete Russell zusammen mit Einstein die nach dem ersten Konferenzort in Kanada sogenannte Pugwash-Bewegung. Es war dies eine Vereinigung führender Wissenschaftler aus der ganzen Welt, die sich mit der Bedrohung durch die Massenvernichtungswaffen befasste. In hohem Alter organisierte Russell in England den Widerstand der Massen gegen die Nuklearpolitik der Regierung und rief, Mahatma Gandhis Beispiel vor Augen, zum «zivilen Ungehorsam» auf.

Im Jahr 1966 gründete Russell zusammen mit Jean-Paul Sartre, dessen philosophische Anschauungen er nicht teilte, dessen Mut er aber bewunderte, das «Vietnam War Crimes Tribunal». Diese Vereinigung, der prominente Intellektuelle aus der ganzen Welt angehörten, setzte sich zum Ziel, die amerikanischen Kriegsverbrechen in Vietnam zu dokumentieren. In den 1960er-Jahren übten die Bücher und Manifestationen Russells bei den Jugendlichen seines Landes, vor allem bei den Studenten, eine Wirkung aus, die sich mit derjenigen Sartres in Frankreich durchaus vergleichen lässt.

Bertrand Russells privates Leben war nicht weniger bewegt als sein öffentliches. Er war vielfach verliebt und mehrmals verheiratet. Er liebte seine Kinder und entwickelte ein wenn nicht antiautoritäres, so doch neuartig liberales Erziehungskonzept. Die Darstellung, die Russell in seinem Lebensbericht von seinen Beziehungen zum anderen Geschlecht gibt, beeindruckt durch ihren Willen zu rückhaltloser Offenheit und durch das Bestreben, die jeweilige Lebenspartnerin als Persönlichkeit ernst zu nehmen. In seinem Leben wie in seinen Schriften wandte sich Russell gegen die durch einen strikten Moralkodex bestimmte Institution der herkömmlichen Ehe und die Verteufelung der Sexualität. Die Ehe war seiner Auffassung nach eine auf gegenseitiger Liebe beruhende Beziehung gleichberechtigter Partner, die, falls die Zuneigung erlosch, aufgelöst werden konnte. Auch schloss eine Partnerschaft dieser Art eine weitere Liebesbeziehung nicht notwendig aus.

In der Einleitung zu seinem Lebensbericht schreibt Bertrand Russell: «Drei einfache, doch übermächtige Leidenschaften haben mein Leben bestimmt: das Verlangen nach Liebe, der Drang nach Erkenntnis und ein unerträgliches Mitgefühl für die Leiden der Menschheit.»

35. Johan Huizinga, *In de schaduwen van morgen* (1935)
Deutsch: *Im Schatten von morgen* (1935)

Dem holländischen Historiker Johan Huizinga verdanken wir das vielleicht schönste Buch, welches die europäische Geschichtswissenschaft im 20. Jahrhundert hervorgebracht hat. Es trägt den Titel *Herbst des Mittelalters* und beschäftigt sich mit den Lebens- und Denkformen im Burgund des 15. Jahrhunderts. Die Kultur des burgundischen Adels erlebte damals eine Hochblüte von seltener Ausstrahlungskraft, und es bedurfte der rohen Gewalt der Eidgenossen, um ihren Niedergang einzuleiten. Johan Huizinga war musisch vielseitig begabt und verstand es, seine Einsichten stilistisch wirkungsvoll zu präsentieren. Auch ging er methodisch in origineller Weise vor. Fünfzig Jahre bevor französische Historiker von Mentalitätsgeschichte sprachen, suchte er aufgrund eingehenden Quellenstudiums zu erfassen, welche Vorstellungen die gebildete Elite des Spätmittelalters mit wichtigen Lebensthemen wie der Liebe, der Religion und dem Tod verband. Der *Herbst des Mittelalters* erschien im Jahr 1919, zur selben Zeit wie Oswald Spenglers *Untergang des Abendlandes*. In beiden Werken geht es um das Thema des kulturellen Niedergangs, und beide Bücher zeigen, dass ein solches Thema nach der Erfahrung des Ersten Weltkriegs gleichsam in der Luft lag. Doch hier hört die Übereinstimmung bereits auf. Oswald Spengler schloss vom Allgemeinen auf das Besondere und glaubte, im Prinzip der Morphologie ein geschichtsphilosophisches Grundmuster entdeckt zu haben, das sich auf die verschiedensten Weltkulturen anwenden liess. Johan Huizinga dagegen ging vom Einzelfall der burgundischen Kultur aus, in deren schriftlichen Zeugnissen er Merkmale eines kulturellen Niedergangs wahrnahm. Aus seinen Erkenntnissen eine Geschichtsphilosophie zu machen lag ihm fern.

Noch ein anderer Vergleich, nämlich derjenige zwischen Jacob Burckhardts *Kultur der Renaissance in Italien* und Johan Huizingas *Herbst des Mittelalters*, drängt sich auf. Burckhardt, den Huizinga sehr bewunderte, war musisch ähnlich begabt, und auch er verstand es, seine Erkenntnisse anschaulich zu machen. Der Schweizer stellte ähnliche Fragen an die Geschichte wie der Holländer, befasste sich aber nicht mit dem Niedergang, sondern mit dem Aufstieg einer Kultur. Während Huizinga bei der Kultur des Burgunds auf Anzeichen der Ermattung und des Verfalls achtete, konzentrierte sich Burckhardt in seiner *Kultur der Renaissance in Italien* auf den Ausdruck kultureller Vitalität, und er schilderte die Renaissance umso glanzvoller, als er vom Niedergang seiner eigenen Epoche überzeugt war.

Johan Huizinga wurde 1872 in Groningen geboren; sein Vater lehrte an der dortigen Universität Naturwissenschaften. Der Sohn zeigte früh ein ausgeprägtes Interesse für Sprachwissenschaft und Geschichte, studierte in Groningen und Leipzig und schloss mit einer Dissertation zur altindischen Literaturgeschichte ab. Im Jahr 1903 habilitierte sich Huizinga für das Fach der Altindischen Kulturgeschichte, wandte sich dann aber ganz der europäischen Geschichte zu. An der Universität Groningen lehrte er während zehn Jahren allgemeine und niederländische Geschichte und wurde dann an die Universität Leiden, die bedeutendste Hochschule des Landes, berufen. Hier schrieb er während des Ersten Weltkriegs das Buch, das ihn weltberühmt machte. Daneben verfasste er während der Zwischenkriegszeit mehrere weitere Werke, von denen einige noch immer im Handel erhältlich sind. Seine Erasmus-Biografie sollte man heutigen Europa Politikern als Pflichtlektüre vorschreiben; dies könnte dazu beitragen, das Projekt EU mit kultureller Substanz zu erfüllen.

Doch Johan Huizinga war immer auch zeitgeschichtlich interessiert. Der Erste Weltkrieg hatte die neutralen Niederlande zwar verschont, doch man hatte mit Entsetzen den brutalen deutschen Einmarsch ins neutrale Belgien verfolgt. Die Mehrheit der Bevölkerung, auch Huizinga, stellte sich gesinnungsmässig auf die Seite der Westmächte. Nach Kriegsende verfolgte der Historiker mit Besorgnis den Aufstieg des Faschismus und Nationalsozialismus in Italien, Spanien und Deutschland. Überall in Europa hatte Huizinga prominente Freunde, die seine Besorgnis teilten: die Historiker Henri Pirenne und Friedrich Meinecke in Belgien und Deutschland, den Philosophen Ortega y Gasset in Spanien. In mehreren kulturkritischen Schriften suchte er dem Übel auf die Spur zu kommen, das von der Errungenschaft der liberalen Demokratie in die Abgründe der nationalistischen Diktaturen führte. Die wichtigste und verbreitetste dieser Schriften erschien 1935 und wurde vom Basler Geschichtsprofessor Werner Kaegi unter dem Titel *Im Schatten von morgen* ins Deutsche übertragen. Die Übersetzung konnte im selben Jahr im Gotthelf-Verlag in Bern und Leipzig herauskommen. Dann aber tauchte der Name Johan Huizinga auf den Listen des «unerwünschten und schädlichen Schrifttums» der Nationalsozialisten auf, und seine Bücher wurden öffentlich verbrannt.

Im Schatten von morgen beginnt mit einer Zeitdiagnose. «Wir leben in einer besessenen Welt», schreibt Huizinga. «Und wir wissen es. Es käme für niemanden unerwartet, wenn der Wahnsinn eines Tages plötzlich ausbräche in einer Raserei, aus der diese arme europäische Menschheit zurücksänke, stumpf und irr, indes die Motoren noch surren und die Fahnen noch flattern, der Geist aber ist entwichen.» Dann gibt der Historiker eine Definition seines Kulturbegriffs. «Kultur als gerichtete Haltung einer Gemeinschaft liegt vor», schreibt er, «wenn die Beherrschung von Natur auf materiellem, moralischem und geistigem Gebiet einen Zustand aufrecht erhält, der höher und besser ist, als es die gegebenen natürlichen Verhältnisse mit sich bringen.» Der Autor stellt fest, dass die «Beherrschung der Natur» auf den Gebieten der Wissenschaften und der Technik in rapidem Fortschritt begriffen sei. Zugleich weist er auf die Ambivalenz des Fortschrittsbegriffs hin. Es sei offensichtlich, schreibt er, dass die geistigen und ethischen Kräfte, welche den Fortschritt verantwortungsbewusst lenken sollten, dieser Entwicklung hinterherhinkten. Die Dynamik werde zum Wert an sich, der Wille zur Verherrlichung des Seins und des Lebens sei wichtiger geworden als der Wille zur Wahrheitsfindung und kritischen Selbsterkenntnis.

Hier wendet sich Huizinga gegen die sogenannte Lebensphilosophie, wie sie im damaligen Deutschland vom Juristen Carl Schmitt und dem Soziologen Hans Freyer wirkungsvoll vertreten wurde. Diese beiden Denker und ihre Gefolgsleute sympathisierten mit nationalsozialistischen und faschistischen Ideologen, die im Streben nach Macht und Vormacht nicht nur ein Mittel der Politik, sondern die eigentliche Essenz des Politischen sahen. Nicht im geistigen Austausch und in der Suche nach dem Konsens glaubten die Lebensphilosophen den Sinn des Lebens sehen zu müssen, sondern im Kampf, in der Intensität der Tat, im Mythos. «Die Kultur, die heute den Ton angeben will», schreibt Huizinga, «sieht nicht allein von der Vernunft ab, sondern auch vom Intelligiblen, und dies zugunsten des Unvernünftigen, der Triebe und Instinkte.» Zudem führe die «Lebensphilosophie» dazu, die Interessen des Staates absolut zu setzen, den Staat aus der Bindung an sittliche Normen herauszulösen und die Verantwortung an charismatische Führergestalten abzutreten. Am Beispiel der Rassenlehre macht der Historiker deutlich, wie das Fach der wissenschaftlichen Anthropologie von irrationalen und romantischen Vorstellungen unterwandert worden sei, die darauf abzielten, aus der Reinheit des Blutes eine Bürgertugend zu machen.

Der Schluss von Huizingas Buch gibt geringen Anlass zur Zuversicht. Der Historiker weiss zwar, dass Prognosen immer Elemente des Unvorhersehbaren und Zufälligen enthalten; dennoch ist er davon überzeugt, dass sich die europäische Kultur in einem Prozess der zunehmenden «Barbarisierung» befindet. Auch die modernen Leistungen auf wissenschaftlichem und technischem Gebiet, stellt er fest, könnten den Menschen vor dieser Barbarisierung nicht bewahren. Das Radio, der Film und die Werbung trügen sogar dazu bei, den fatalen Prozess zu beschleunigen und die kritische Urteilskraft des Individuums zu schwächen. Auf die politische Entwicklung in Deutschland anspielend, schreibt Huizinga: «Barbarisierung tritt ein, wenn in einer alten Kultur, die sich im Lauf von vielen Jahrhunderten zu Klarheit und Sauberkeit von Denken und Begriff erhoben hat, das Magische und Phantastische in einem Qualm von heissen Trieben aufsteigt und den Begriff verdunkelt. Wenn der Mythos den Logos verdrängt!»

Huizinga wendet sich mit Entschiedenheit gegen den Fatalismus von Spenglers Untergangsphilosophie. Die abendländische Kultur, stellt er fest, habe schon im Übergang von der Antike zum Feudalismus und vom Feudalismus zum Kapitalismus ihre Kraft zur inneren Erneuerung bewiesen, und Ähnliches sei noch immer möglich. Allerdings sei nun eine tief greifende «inwendige Läuterung», eine Katharsis, vonnöten. Diese könne nicht durch einen Staat, ein Volk, eine Rasse oder eine Klasse verordnet und durchgesetzt werden, sie müsse vielmehr aus der Besinnung des Individuums hervorgehen. Wie er sich diese Besinnung vorstellt, vermag Huizinga nicht näher auszuführen. Und der pathetische Appell an die Jugend, mit dem der Historiker sein Buch beschliesst, tönt wie der fromme Wunsch eines alten Mannes, der seine Hoffnung längst verloren hat. «Diesem jungen Geschlecht», schreibt er, «stellt sich die Aufgabe, diese Welt von neuem zu beherrschen, so, wie sie beherrscht sein will, sie nicht untergehen zu lassen in ihrem Übermut und ihrer Betörung, sie wieder zu durchdringen mit Geist.»

Im Mai 1940 fielen die Heere Hitler-Deutschlands in den Niederlanden ein. Das Land wurde besetzt, die Universitäten wurden gleichgeschaltet. Auch in Holland gab es Mitläufer und Kollaborateure. Johan Huizinga, der Nachkomme mennonitischer Prediger, verbarg und verleugnete seine Gesinnung nicht. In einem Brief schrieb er damals: «Wenn es denn nun darauf ankommen soll, unsere Universität und die Freiheit der Wissenschaft in den Niederlanden zu verteidigen, dann müssen wir dafür alles opfern, unser Gut, unsere Freiheit und selbst unser Leben.» Im Jahr 1942 wurde Huizinga verhaftet und als Geisel in ein Lager überführt. Nach dreimonatiger Haft wurde er entlassen. Die Rückkehr nach Leiden wurde ihm verwehrt, und er liess sich in der Nähe von Arnhem nieder. Den missglückten alliierten Fallschirmangriff auf Arnhem im September 1944 überstand er noch, aber den berüchtigten Hungerwinter 1944/45, dem

18 000 Holländer zum Opfer fielen, überlebte er nicht. Das Ende des Kriegs erlebte er nicht mehr. Am 1. Februar 1945 verstarb in De Steeg bei Arnhem ein grosser Europäer, der die Geschichte als Aufforderung zur Menschlichkeit und nicht als Rechtfertigung von Untaten begriff.

VII Nochmals Krieg

Darüber, wer den Ersten Weltkrieg zu verantworten habe, ist unter Historikern hundert Jahre lang gestritten worden, und noch immer weichen die Urteile der Kenner in Nuancen voneinander ab. Zum Ausbruch des Zweiten Weltkriegs hat es solche Debatten nie gegeben; denn der Fall liegt klar. Schon in seinem Bekenntnisbuch *Mein Kampf* hat Adolf Hitler von der «Eroberung neuen Lebensraums» und von der «Ausrottung des Marxismus mit Stumpf und Stiel» gesprochen. Nach Antritt seiner Kanzlerschaft Ende Januar 1933 legte er das Hauptziel seiner Aussenpolitik unmissverständlich fest: die Errichtung eines europäischen Grossreichs unter Führung der germanischen Herrenrasse. Die Innenpolitik wurde konsequent in den Dienst der Aussenpolitik gestellt. Wirtschaft und Industrie hatten die Aufgabe, die Aufrüstung voranzutreiben und, wie man es formulierte, den «Krieg im Frieden» vorzubereiten. Die Militarisierung der Gesellschaft schritt rasch voran, und alle Lebensbereiche hatten der Kriegsertüchtigung zu dienen. In einer Ansprache vor den Spitzen der Wehrmacht verkündete Hitler 1937 seinen «unabänderlichen Entschluss», die «deutsche Frage» mit Gewalt zu lösen. Solange als möglich sollte die Machterweiterung mit den Mitteln der Diplomatie erreicht werden. Dann aber würden die Waffen sprechen. Kein Zweifel: Der Zweite Weltkrieg ist von Hitler von langer Hand vorbereitet worden. Man wird, dies bedenkend, zögern, von einem «Kriegsausbruch» zu sprechen. Zutreffender ist der Begriff der «Entfesselung» des Zweiten Weltkriegs, wie ihn der Schweizer Historiker Walther Hofer gebraucht hat.

Die Übernahme der Macht durch Hitler ist von den zeitgenössischen Schriftstellern unterschiedlich wahrgenommen worden. Geht man den reichen Bestand an Memoirenliteratur durch, wird man zu dem Schluss kommen, dass die Intellektuellen die Figur des Diktators und deren Wirkungsmacht fast durchwegs unterschätzt haben. Dass ein Mensch von so dürftiger geistiger Bildung in ein so hohes Amt aufsteigen konnte, erschien den meisten Kommentatoren als unvorstellbar – daher auch die weitverbreitete Meinung, der Mensch würde sich nicht lange halten können. «Und selbst als er an jenem Januartag 1933 Kanzler geworden war», schreibt Stefan Zweig, «betrachteten die grosse Menge und selbst diejenigen, die ihn an diesen

Posten geschoben, ihn nur als provisorischen Platzhalter und die nationalsozialistische Herrschaft als Episode.» In seinen Erinnerungen *Das Augenspiel* schreibt Elias Canetti: «Was geschah, war in jeder Einzelheit unerwartet und neu. Die Geringfügigkeit des gedanklichen Gehalts, der als Antrieb diente, stand in einem unbegreiflichen Gegensatz zu seiner Wirkung. Eines aber wusste man bei aller Unbegreiflichkeit wohl: dass es nur in Krieg münden könne, nicht einen verschämten und seiner selbst unsicheren Krieg, sondern einen, der mit stolzem und gefrässigem Anspruch auftrat, wie die biblischen Kriege der Assyrer.»

Wusste man dies wirklich? Während mehreren Jahren erfüllte sich Hitlers Hoffnung, seinem Ziel ohne kriegerische Verwicklung näher zu kommen. Durch eine Volksabstimmung wurde 1935 das Saargebiet «heim ins Reich» geholt. In frechem Widerspruch zum Versailler Vertrag proklamierte Hitler ein Aufrüstungsprogramm und die Wiedereinführung der allgemeinen Wehrpflicht. Im März 1936 besetzte die Wehrmacht unter Bruch des Locarno-Vertrags das entmilitarisierte Rheinland. Es blieb bei englischen und französischen Protesten – dies zu einem Zeitpunkt, da Hitler noch hätte gestoppt werden können. Im selben Jahr wurde das Bündnis mit Mussolini besiegelt und die Achse Berlin–Rom begründet. Mit Japan wurde der «Antikominternpakt» abgeschlossen, um der Ausweitung des sowjetischen Einflusses im Fernen Osten entgegentreten. Gleichzeitig bot die deutsche Intervention im Spanischen Bürgerkrieg Gelegenheit, Kriegserfahrung zu sammeln.

Am 13. März 1938 marschierte die deutsche Wehrmacht in Österreich ein und vollzog unter dem Jubel der Bevölkerung den «Anschluss». Auf der Münchener Konferenz vom 29. September 1938 kam es zur schmählichen Kapitulation von England und Frankreich vor dem Expansionsdrang des «Führers». Deutschland erhielt, um den angedrohten Krieg zu vermeiden, das Sudetengebiet zugesprochen. Ein deutsch-britischer Nichtangriffspakt war nicht das Papier wert, auf dem er festgehalten wurde. Doch der englische Premier Chamberlain und der französische Ministerpräsident Daladier hielten den Frieden nun für längerfristig gesichert. Man glaubte aufatmen zu können. «In München», schreibt der britische Historiker A. J. P. Taylor, «erscheint Europa zum letzten Mal als das Zentrum der Welt. Wie im fünften Akt einer Shakespear'schen Tragödie hatten die Hauptgestalten nochmals ihren letzten stolzen Auftritt, ohne zu ahnen, dass die Hand des Todes sich über sie gelegt hatte.»

In der Folge ging alles sehr schnell. Am 1. Oktober 1938 marschierten deutsche Truppen in die sudetendeutschen Gebiete ein. Im März des folgenden Jahres erfolgte der Einmarsch in die «Rest-Tschechei» und die Einverleibung des «Reichsprotektorats Böhmen-Mähren» ins Deutsche Reich. Im August 1939 schlossen der deutsche Aussenminister Ribbentrop und der russische Aussenminister Molotow einen deutsch-sowjetischen Nichtangriffspakt ab. In einem geheimen Zusatzvertrag legten die beiden Länder ihre Interessensphären in Osteuropa fest und sahen die faktische Teilung Polens vor. Es ist nachzufühlen, mit welcher Konsternation die westeuropäischen Kommunisten die Nachricht von diesem Abkommen aufnahmen. Die beiden ideologischen Erzfeinde, die sich gegenseitig den Tod geschworen hatten, reichten sich die Hand!

Am 1. September 1939 marschierte die deutsche Wehrmacht in Polen ein. Frankreich und England erklärten Deutschland zwei Tage später den Krieg, ohne freilich wirksam eingreifen zu können. In fünf Wochen war Polen erobert. Man hat, um die neue Form der Kriegsführung zu bezeichnen, von «Blitzkrieg» gesprochen. Durch überraschenden Einsatz der massiv überlegenen Luftstreitkräfte wurde die gegnerische Luftwaffe frühzeitig ausgeschaltet, und militärische Einrichtungen wurden zerstört. Gleichzeitig stiessen starke Panzereinheiten und motorisierte Verbände rasch landeinwärts vor und suchten den Feind zu umfassen. Mit einem «Blitzkrieg» dieser Art wurde ein langwieriger und verlustreicher Stellungskrieg vermieden. Der Feind sollte zwar besiegt und gedemütigt, aber nicht vernichtet werden.

Das von Deutschland eroberte und besetzte Polen wurde zum «Generalgouvernement» erklärt; Teile Ostpolens gingen an die Sowjetunion. Unter der obersten Führung Heinrich Himmlers wurde eine brutale Germanisierungspolitik durchgeführt. Die Polen wurden ihrer bürgerlichen Rechte beraubt. Es kam zu «ethnischen Säuberungen». Die politische und intellektuelle Elite des Volkes wurde verfolgt und ermordet. Die Juden wurden in Ghettos zusammengezogen und dann in Konzentrationslager überführt und umgebracht. An den Verfolgungen und Mordtaten waren vor allem die Einheiten der Waffen-SS und die Einsatzgruppen der Sicherheitspolizei beteiligt, die im rechtsfreien Raum mit äusserster Brutalität vorgingen. Die Wehrmacht hat bei diesen Aktionen mehr oder weniger bereitwillig kooperiert. Nach Hitlers Überfall auf die Sowjetunion wurde Himmlers «Volkstumspolitik» gegen den «slawischen Untermenschen» in den neu eroberten Gebieten mit womöglich noch gesteigerter Härte fortgesetzt.

Nach dem Sieg über Polen verschob Hitler seine kriegserprobten Truppen nach Westen, um den Einfall in Frankreich vorzubereiten. Anfang April eroberten deutsche Truppen Dänemark und Norwegen, um die deutsche Nordflanke zu schützen und die kriegswichtige Erzzufuhr zu sichern. An der deutsch-französischen Grenze standen sich die feindlichen Heere abwartend gegenüber: Man hat von «Drôle de guerre», einer «sonderbaren Art von Krieg», gesprochen. Frankreich verfolgte eine Defensivstrategie. Dabei zählte man auf die Schutzwirkung der nach dem Grossen Krieg erstellten Maginot-Linie.

Hitler aber setzte auf den Überraschungseffekt und die bewährte Methode des «Blitzkriegs». Am 10. Mai 1940 begann der deutsche Angriff auf die Niederlande, Belgien und Frankreich. Starke deutsche Panzerverbände stiessen völlig unerwartet durch die Ardennen westwärts vor und trieben einen Keil zwischen die alliierten Truppen im Norden und die französischen Truppen im Süden. Während sich Teile der Nordarmee von Dünkirchen nach England absetzen konnten, gelang es der französischen Heeresführung nicht, rechtzeitig Reserven herbeizuschaffen und neue Verteidigungslinien zu bilden. Die überlegene deutsche Luftwaffe, die eng mit den motorisierten Verbänden zusammenarbeitete, verbreitete Furcht und Schrecken. Am 14. Juni 1940 zogen die deutschen Truppen kampflos in Paris ein, und die Regierung flüchtete nach Bordeaux. Am 22. Juni wurde ein Waffenstillstand abgeschlossen. «Die Franzosen», schreibt der englische Historiker John Keegan, «von der Katastrophe betäubt, nahmen gegenüber den Soldaten der Wehrmacht eine Haltung von fast dankbarer Gefügigkeit ein.»

Frankreich wurde nördlich einer Demarkationslinie, die von Genf über Tours zur spanischen Grenze reichte, von deutschen Truppen besetzt. Der restliche Teil des Landes blieb vorläufig unbesetzt. Hier wurde unter Marschall Pétain eine Satellitenregierung mit Sitz in Vichy errichtet, die mit Hitler-Deutschland zusammenarbeitete. Am 18. Juni 1940 hatte ein kaum bekannter französischer Oberst, Charles de Gaulle, über Radio London zur Fortführung des Kampfes aufgerufen. Doch die Pétain-Regierung genoss das Vertrauen weiter Teile der französischen Bevölkerung, und es dauerte über zwei Jahre, bis der Widerstand gegen die Fremdherrschaft, die Résistance, als militärischer Faktor wirksam wurde.

Die vernichtende und demütigende Niederlage Frankreichs ist als «Débâcle» in die französischen Geschichtsbücher eingegangen. Frankreich war gut gerüstet gewesen, seine Truppen hatten tapfer gekämpft und in kurzer Zeit hohe Verluste erlitten. Es ist offensichtlich, dass der «Blitzkrieg» die Armeeführung völlig unvorbereitet traf. Der französische Historiker Marc Bloch, der den Krieg als Nachrichtenoffizier erlebte, hat wie folgt geurteilt: «Was die französische Armee ins Verderben führte, war die kumulative Wirkung einer grossen Zahl verschiedener Fehler. Einer dieser Fehler aber tritt grell hervor. Unsere Führer oder jene, die an ihrer Stelle handelten, waren unfähig, in den Begriffen eines ‹neuen Krieges› zu denken. Mit anderen Worten ausgedrückt: Der deutsche Triumph war in erster Linie ein Triumph des Intellekts. Und dies ist es, was ihm seinen besonders schwerwiegenden Charakter verleiht.»

Zum deutschen Frankreichfeldzug von 1940, der nur einen Monat dauerte, gibt es wenig literarische Zeugnisse. Der wichtigste Text stammt vom deutschen Hauptmann **Ernst Jünger** (1895–1998), der bereits nach dem Ersten Weltkrieg als Verfasser des Erlebnisberichts *In Stahlgewittern* hervorgetreten war. Jünger nahm am Feldzug teil und hielt sich nach 1941 als Besatzungsoffizier in Paris auf. Über seine Pariser Erfahrungen berichtete er in umfangreichen Tagebuchaufzeichnungen unter dem Titel *Strahlungen* (36). Ein interessantes Gegenstück zu Jüngers Tagebuch bildet der französische Roman *Das Schweigen des Meeres* (37). Der Verfasser dieses Buchs hiess Jean Marcel Bruller und schrieb unter dem Pseudonym **Vercors**

(1902–1991). Er gehörte der Résistance an und gründete den Pariser Untergrundverlag Éditions de Minuit; sein Buch wurde heimlich in Frankreich verbreitet.

Der glänzende Sieg über Frankreich verschaffte Hitler die Zustimmung weiter Teile der deutschen Bevölkerung. Widerstand gegen den Diktator war nun innenpolitisch sehr schwierig geworden. Die Identifikation des Volks mit seinem «Führer» liess das Machtpotenzial der Diktatur bedrohlich anwachsen. Es blieb das Problem England. Hitler hatte gehofft, sich nach der französischen Niederlage mit Grossbritannien über eine Art von Weltteilung einigen zu können. Deutschland sollte die Germanisierung des europäischen Kontinents ungehindert vorantreiben können, während Grossbritannien die ungeschmälerte Nutzniessung seines kolonialen Empires zugestanden würde. Doch der deutsche Diktator hatte nicht mit Winston Churchill gerechnet. Der englische Premierminister, der nach dem Mai 1940 an der Spitze einer Koalitionsregierung stand, war fest entschlossen, den Krieg gegen Deutschland fortzusetzen. In der «Luftschlacht um England», die im August ihren Höhepunkt erreichte, zeigte sich die Royal Air Force der deutschen Luftwaffe überlegen. Hitler sah sich genötigt, die Pläne zur Invasion der Insel zurückzustellen.

Der Widerstand Englands hinderte Hitler nicht, an seinen lange gehegten Plänen zur Eroberung der Sowjetunion festzuhalten. Nach den Erfolgen über Polen und Frankreich hoffte er, Russland in wenigen Wochen besiegen zu können. In einer Weisung vom 18. Dezember 1940 befahl er, den Angriff auf die Sowjetunion zu planen: «Die deutsche Wehrmacht muss darauf vorbereitet sein», hielt er fest, «auch vor Beendigung des Krieges gegen England Sowjetrussland in einem schnellen Feldzug niederzuwerfen.» Nach der Eroberung des «Lebensraums im Osten» gedachte Hitler, im Zuge eines «Weltblitzkriegs» über Europa hinauszugreifen, England zu besetzen und vereint mit Japan die Auseinandersetzung mit den USA in Angriff zu nehmen. «Das war Wahnsinn», schreibt der englische Historiker Ian Kershaw, «aber es hatte Methode».

Am 22. Juni 1941 begann das «Unternehmen Barbarossa», der Krieg gegen Russland. Wiederum setzte Hitler auf das Überraschungsmoment. Die Anfangserfolge waren überwältigend: In grossen Kesselschlachten wurden über 3 Millionen russischer Gefangener gemacht. Doch im Herbst 1941 verlangsamte sich der deutsche Vorstoss. Es wurde klar, dass das deutsche Ostheer für einen Winterkrieg schlecht gerüstet war. Zu diesem Zeitpunkt begann Hitler als Oberkommandierender ins Schlachtgeschehen einzugreifen. Auch äusserte er den vulgärdarwinistischen Gedanken, dass das deutsche Volk, wenn es in diesem Kampf nicht siege, nichts Besseres verdient habe, als unterzugehen. In der ersten Hälfte des Jahres 1942 schien sich das Blatt nochmals zu wenden: In Russland stiessen die Truppen bis zum Kaukasus vor, und im Afrikafeldzug erreichten deutsch-italienische Einheiten unter Generalfeldmarschall Rommel das etwa 100 Kilometer von Alexandria entfernte El Alamein. Das von der deutschen Wehrmacht besetzte Gebiet hatte seine grösste Ausdehnung erreicht. Die USA, denen Hitler im Dezember 1941, kurz nach dem japanischen Überfall auf Pearl Harbour, den Krieg erklärt hatte, waren im Pazifik gebunden. Noch waren sie nicht in der Lage, in den europäischen Krieg einzugreifen. Hitler konnte wieder hoffen.

Die grosse Wende trat bekanntlich Anfang Februar 1943 mit der Einkesselung der Sechsten Deutschen Armee unter General Paulus im Raum Stalingrad ein. Nun ging die Initiative an die numerisch überlegene Rote Armee über, die sich trotz starker deutscher Gegenstösse immer weiter nach Westen vorschob. Daran vermochte auch die Proklamation des «totalen Kriegs» durch Joseph Goebbels am 18. Februar 1943 im Berliner Sportpalast nichts zu verändern.

Der deutsche Krieg im Osten war deshalb so mörderisch, weil er, im Unterschied zum Frankreichfeldzug, als ideologischer Krieg geführt wurde. Es ging nicht nur um Sieg oder Niederlage, sondern auch um die Unterjochung und Versklavung der minderwertigen slawischen Rasse, um die Beseitigung eines politischen Systems und um die Liquidation seiner Funktionäre. Hinzu kam die systematische Verfolgung der Juden, die entweder an Ort und Stelle erschossen oder in die Konzentrationslager deportiert und dort umgebracht wurden. Die vorrückende Rote Armee stiess nicht nur auf Konzentrations- und Vernichtungslager, sondern auch auf ganze Dörfer, in denen niemand mehr lebte. Ein schlimmes Los erwartete auch die

Kriegsgefangenen auf beiden Seiten. Sie wurden in Arbeitslager verschleppt, und viele von ihnen überlebten den Transport nicht. Der amerikanische Historiker Timothy Snyder hat sich unter dem Titel *Bloodlands* mit den Vernichtungsaktionen befasst, die das nationalsozialistische, aber auch das sowjetrussische Regime zwischen 1933 und 1945 in einem Gebiet durchführte, das vom Baltikum über Polen bis in die Ukraine reichte. Snyder schätzt, dass in diesem Zeitraum eine Zivilbevölkerung von 14 Millionen Menschen ermordet oder in den Hungertod getrieben wurde. Den fraglos wichtigsten Text, den wir zum deutsch-russischen Krieg besitzen, verdanken wir **Wassili Grossman** (1905–1964). Das Buch konnte unter dem Titel *Leben und Schicksal* (38) 1980 erstmals in französischer Sprache erscheinen. Der Autor, der als Dissident in Ungnade fiel, hat den Druck in russischer Sprache nicht mehr erlebt.

Mit der Erinnerung an den Russlandfeldzug zu leben war nicht einfach. Wer von den bösen Bildern, die sich ihm eingeprägt hatten, nicht loskam, nahm leicht psychischen Schaden. Es lag nahe, sich eine verharmlosende oder beschönigende Erinnerung zu konstruieren, mit der sich weiterleben liess. In zahllosen weitverbreiteten Landser-Romanen der deutschen Nachkriegszeit wurde der einfache Frontsoldat als Opfer hassenswerter militärischer Vorgesetzter dargestellt, deren Befehlsgewalt nicht zu entkommen war. Auch neigte man dazu, den Krieg gegen den Bolschewismus als «gerechten Krieg» anzusehen und die eingesetzten Mittel zwar als brutal, aber unerlässlich zu betrachten. Indem man die «saubere Wehrmacht» von den Untaten der Waffen-SS und der Einsatzgruppen abgrenzte, versuchte man, eigene Schuld zu verringern und erträglicher zu gestalten. Ein Buch, das solche «Vergangenheitsbewältigung» auf literarisch hohem Niveau erleichterte, war das Werk des Sanitätsoffiziers **Peter Bamm** (1897–1975), das unter dem Titel *Die unsichtbare Flagge* (39) 1952 erschien und sehr erfolgreich war.

Der Zweite Weltkrieg unterschied sich nicht nur als Bewegungskrieg vom Ersten, sondern auch dadurch, dass die Zivilbevölkerung hohe Opferzahlen zu verzeichnen hatte. Erstmals kam es in grossem Umfang zu Luftangriffen auf städtische Siedlungen, zu sogenannten Flächenbombardements. Den Anfang machten die Bombardierungen

Warschaus und Rotterdams im September 1939 und im Mai 1940. Es folgten die verheerenden Flugzeugangriffe auf London und Coventry. Nach der «Luftschlacht um England» richteten sich die Bombardements vor allem gegen deutsche Ziele. Das britische Bomber Command hoffte vergeblich, dadurch die Moral und Widerstandskraft der Zivilbevölkerung zu brechen. Im Juli und August 1943 fanden mehrere Nachtangriffe auf Hamburg statt, die einen Feuersturm auslösten. Das Zentrum der Hafenstadt, aber auch Arbeiterquartiere wurden in Schutt und Asche gelegt, und über 30 000 Menschen, vor allem Frauen und Kinder, verloren ihr Leben. Diese Katastrophe ist von einem Überlebenden, von **Hans Erich Nossack** (1901–1977), in der Erzählung *Der Untergang* (40) eindrücklich geschildert worden. Die Flächenbombardements wurden bis zum Kriegsende fortgesetzt und fanden ihren unsinnigen Höhepunkt mit der Zerstörung Dresdens am 14. Februar 1945. Selbst in England, das früh Opfer solcher Bombardierungen geworden war, blieb diese Strategie nicht unbestritten. «Natürlich haben die Deutschen», sagte ein führender konservativer Politiker, «damit angefangen; aber wir nehmen uns nicht den Teufel zum Vorbild.» Den alliierten Luftangriffen auf Deutschland fielen nach Schätzungen gegen eine halbe Million Zivilisten zum Opfer; die Verluste der alliierten Flugzeugbesatzungen beliefen sich auf etwa 55 000 Mann.

Dem Vorstoss der Roten Armee nach dem Sieg von Stalingrad entsprach im Westen die Rückeroberung der vom deutschen und italienischen Diktator besetzten Gebiete in Westeuropa und im Mittelmeerraum. Im Mai 1943 kapitulierten die deutsch-italienischen Truppen der «Heeresgruppe Afrika». Im Juli landeten britische und amerikanische Truppen im Südosten Siziliens, und Anfang September desselben Jahres ging die Fünfte Amerikanische Armee bei Salerno an Land. Am 6. Juni 1944 begann die Invasion alliierter Truppen in der Normandie zwischen Caen und Cherbourg. Zwei Monate später landeten amerikanisch-französische Einheiten zwischen Cannes und Toulon. An allen Fronten rückten die alliierten Truppen, zunehmend unterstützt von lokalen Widerstandsbewegungen, voran. Ende August 1944 wurde Paris befreit, und Anfang März 1945 überschritten amerikanische Truppen bei Remagen den Rhein. Einen Monat später kapitulierten die deutschen Truppen in Italien. Mussolini wurde von Partisanen festgenommen und erschossen. Zur selben Zeit stiess die Rote Armee nach Berlin vor. Hitler richtete sich im Führerbunker selbst. Am 7. und 9. Mai wurde in Reims und Berlin die Kapitulations-urkunde unterzeichnet.

Eines der bewegendsten literarischen Zeugnisse vom Kriegs-ende, die wir von deutscher Seite besitzen, stammt von **Wolfgang Borchert** (1921–1947). In seinem Drama *Draussen vor der Tür* (41) schildert Borchert die Rückkehr eines Soldaten in eine zerstörte Hei-mat, die nichts von ihm wissen will und in der er sich nicht mehr zurechtfindet.

In mehreren Konferenzen regelten die Regierungschefs der Alliierten zwischen 1943 und 1945 die europäische Nachkriegsord-nung. In Casablanca einigten sich Churchill und Roosevelt auf die bedingungslose Kapitulation Deutschlands. In Teheran beschlossen die «Grossen Drei» Roosevelt, Churchill und Stalin die Verschiebung Polens nach Westen und die Abtretung ehemals ostpreussischer Gebiete an Polen und Russland. In Jalta verfügte man die Auftei-lung Deutschlands und Österreichs unter Beizug Frankreichs in Be-satzungszonen. Die Sowjetunion war der Hauptgewinner des Kriegs. Sie erreichte eine erhebliche Machterweiterung in Osteuropa, da, wo sich Hitler seinen «Lebensraum» hatte sichern wollen. Deutsch-land, das Kernland der germanischen «Herrenrasse», wurde faktisch zweigeteilt. Italien konnte zwar seine nationale Einheit bewahren, aber Mussolinis Mittelmeer-Imperium erwies sich als Fata Morgana. Die von Hitler verachteten USA und die verhasste Sowjetunion wur-den zu Supermächten und standen sich während der nachfolgenden vierzig Jahre im Kalten Krieg in Lauerstellung gegenüber. Schlimmer hätten die Pläne des deutschen und des italienischen Diktators nicht scheitern können.

Der Zweite Weltkrieg übertraf, was den Einsatz von Material und Menschen, die Grausamkeit der Kriegsführung und der Besatzungs-politik betraf, alle bisher bekannten Kriege der Weltgeschichte. Die Zahlen der Opfer lassen sich nicht genau bestimmen und sind zum Teil umstritten. Man nimmt an, dass im europäischen Krieg 40 Mil-lionen Soldaten und Zivilisten umgekommen sind. Davon entfallen auf die Sowjetunion über 20 Millionen und auf Deutschland gegen 6 Millionen. Polen verlor 4,5 Millionen Menschen, fast gleich viel Soldaten wie Zivilisten. England hatte 300 000 Opfer zu beklagen, in Frankreich kamen 360 000 und in Italien 330 000 Menschen ums Leben. Die Zahl der Juden, die aus Deutschland, Italien und den von Deutschland besetzten Ländern in den Tod geschickt wurden, wird auf 6 Millionen geschätzt.

Der Schluss des Kriegs bedeutete noch nicht das Ende des Elends. In den von der Roten Armee besetzten Gebieten kam es zu schweren Übergriffen gegen Zivilpersonen; Vergewaltigungen waren an der Tagesordnung. Viele der Menschen, die man aus den Lagern befreit hatte, konnten nicht mehr gerettet werden und starben an Krankheiten und den Folgen ungenügender Ernährung. Andere Lagerinsassen kamen bei den «Todesmärschen» um, auf denen sie von den Nationalsozialisten westwärts evakuiert wurden. In manchen ehemals besetzten Ländern kam es zu Vergeltungsaktionen gegenüber Menschen, denen vorgeworfen wurde, mit dem Feind kollaboriert zu haben. Flüchtlinge und befreite Zwangsarbeiter irrten als sogenannte «displaced persons» durch Europa und mussten sich irgendwo mühsam ein neues Leben aufbauen. Im zerstörten Deutschland musste nicht nur die eigene Bevölkerung versorgt werden; auch heimkehrende Kriegsgefangene und über 10 Millionen Flüchtlinge aus Mittel- und Osteuropa waren gesellschaftlich einzugliedern. Der englische Historiker Keith Lowe, der die Nachkriegszeit eingehend erforscht hat, schreibt: «Die Geschichte Europas in den ersten Nachkriegsjahren war daher nicht in erster Linie eine Geschichte des Wiederaufbaus. Zunächst war es eine Geschichte des Abstiegs in die Anarchie.»

Das Problem, wie die faschistische Ideologie in den Köpfen der Parteigänger, Kollaborateure und Mitläufer getilgt werden sollte, war schwierig zu lösen. Es wurde im Westen und im Osten Deutschlands verschieden angegangen; aber weder «Entnazifizierung» noch sozialistische Umerziehung erbrachten überzeugende Resultate. Auch war zu beobachten, dass hochgestellte Nazis im neuen Staat Karriere machten, während Menschen, die sich gegen das Regime gestellt hatten, erst spät oder nie für die erlittene Unbill entschädigt wurden.

Zu den ersten ausländischen Besuchern, die nach 1945 durch Deutschland reisten, gehörte der Schriftsteller **Max Frisch** (1911–1991) aus der kriegsverschonten Schweiz. Frischs *Tagebuch 1946–1949* (42) vermittelt ein bemerkenswert unvoreingenommenes Stimmungsbild.

Der europäische Krieg war im Mai 1945 zu Ende; doch der Krieg, den die USA gegen die Japaner ausfochten, dauerte an. Der hartnäckige Widerstand gegen die im Pazifik vordringenden Amerikaner konnte erst mit dem Abwurf der Atombomben am 6. und 9. August 1945 gebrochen werden. Mit der Atombombe, die bald auch von der Sowjetunion entwickelt wurde, kam ein neues Element in die Weltgeschichte. Die atomare Bedrohung rückte die Schreckensvision einer Selbstzerstörung der Menschheit erstmals in den Bereich des Möglichen.

Die welthistorisch wichtigste Folge des Zweiten Weltkriegs war die Auflösung der europäischen Kolonialreiche. Während des Kriegs hatten aufseiten Englands und Frankreichs noch Truppen aus den Kolonien gekämpft. Doch schon vor dem Krieg wurde unter der gebildeten Elite der Kolonisierten der Ruf nach Selbstverwaltung und Unabhängigkeit laut. Im Jahr 1955 trafen sich auf der Konferenz von Bandung die Delegationen von über dreissig asiatischen und afrikanischen Staaten und forderten, gestützt auf die UN-Charta, die rasche Dekolonisierung. Solche Forderungen wurden zuerst ignoriert, dann hinhaltend behandelt und unterdrückt. Nur selten gelang es den Kolonialherren, den Dekolonisationsprozess zu akzeptieren und konfliktfrei in ein partnerschaftliches Verhältnis zwischen Mutterland und ehemaliger Kolonie zu überführen. England trennte sich überstürzt von seinen Kolonien, und in Frankreich kam es in zwei Fällen, in Algerien und Indochina, zu schweren kriegerischen Auseinandersetzungen. Die Niederlande entliessen Indonesien erst nach längerem Widerstreben in die Unabhängigkeit, und Portugal trennte sich erst nach unsinnigen Kriegen von Angola und Moçambique.

Am schwierigsten gestaltete sich die Dekolonisation in Algerien. Diese Kolonie galt rechtlich als Teil Frankreichs. Es lebten hier etwa eine Million Franzosen, und viele von ihnen, die sogenannten «pieds noirs», waren im Land geboren und aufgewachsen. Während des Zweiten Weltkriegs hatten über 120 000 muslimische Algerier aufseiten Frankreichs gekämpft. Nach einer überraschend ruhigen Nachkriegsperiode brachen im Land 1954 erste Unruhen aus. Zwischen 1954 und 1958 bemühte sich Frankreich zuerst mit Reformvorschlägen, dann mit der Entsendung von Truppen darum, die Ordnung wiederherzustellen. Dann kam es zu einem Krieg, der auf afrikanischem Boden nicht entschieden werden konnte und der das Mutterland an den Rand eines Bürgerkriegs führte. Schliesslich gelang es 1962 dem französischen Staatspräsidenten Charles de Gaulle in den Verträgen von Évian-les-Bains, eine friedliche Lösung auszuhandeln.

In der algerischen Hafenstadt Oran spielt der Roman *Die Pest* (43) des in Algerien geborenen Schriftstellers **Albert Camus** (1913–1960). Zwar stimmt das mediterran maghrebinische Lokalkolorit, doch sind wir weit von Pierre Lotis Exotismus entfernt. Camus stand der Résistance nahe und hat dieses Werk zum grössten Teil im von Deutschen besetzten Paris geschrieben. Es ist die Erfahrung des Lebens in einer vom Feind besetzten Stadt, die in den Roman eingegangen ist. Um seinem Thema eine allgemeinere Bedeutung zu geben, hat Camus sich des Stilmittels der Verfremdung bedient und einen fremden Schauplatz und eine andere Art der Bedrohung gewählt.

In der früheren französischen Kolonie Indochina hatten sich im Zweiten Weltkrieg die Japaner festgesetzt. Als diese im Sommer 1945 abziehen mussten, versuchten die Franzosen, die Kolonie wieder in ihren Besitz zu bringen. Dagegen wehrte sich eine nationale kommunistische Befreiungsbewegung unter ihrem Führer Ho Chi Minh. Frankreich verstrickte sich in einen ruinösen Krieg, der nicht zu gewinnen war. Im April 1954 erlitt die Kolonialarmee bei Dien Bien Phu eine vernichtende Niederlage, und Frankreich zog sich aus Indochina zurück. In der Folge liessen sich die USA verleiten, die Sache Frankreichs zur eigenen zu machen und den Kampf gegen Ho Chi Minh weiterzuführen. Diese Entscheidung erfolgte im Rahmen der amerikanischen Containment-Strategie, die das Vordringen des Kommunismus überall in der Welt zu stoppen suchte. Der Vietnamkrieg der Amerikaner wurde zu einem schmählichen Misserfolg. Zur Zeit der französischen Kolonialherrschaft spielt der Roman *Der stille Amerikaner* (44) von **Graham Greene** (1904–1991). Selten hat ein literarisches

Werk die politische Situation mit solch prophetischer Hellsicht dargestellt wie dieser Roman.

Die Periode des europäischen Imperialismus ging mit den Verträgen von Évian im Jahr 1962 ihrem Ende entgegen. Kluge Kommentatoren begriffen, dass Europa seine Weltmachtstellung eingebüsst hatte. Der englische Historiker Geoffrey Barraclough stellte diese Diagnose 1964 in seinem sehr erfolgreichen Werk *An Introduction to Contemporary History* dar und prägte das Wort von der «Verzwergung Europas» («the dwarfing of Europe»). Das Zeitalter der Globalisierung kündigte sich an.

36. Ernst Jünger, *Strahlungen* (1949)

Das lange Leben des Schriftstellers Ernst Jünger, geboren 1895 und gestorben 1998, überspannt ein volles Jahrhundert. Bekannt geworden ist Jünger vor allem durch seine Tagebücher, insbesondere durch jene, die er während der beiden Weltkriege geführt hat. Am Ersten Weltkrieg nahm er als Freiwilliger teil, stand fast immer im Fronteinsatz, wurde mehrmals schwer verletzt und für Tapferkeit vor dem Feinde mit den höchsten Orden ausgezeichnet, die das wilhelminische Deutschland zu vergeben hatte. Die Tagebücher zum Ersten Weltkrieg sind, wie bereits erwähnt, 1920 unter dem Titel *In Stahlgewittern* herausgekommen und immer wieder neu aufgelegt worden. Schon an diesem ersten Buch schieden sich die Geister. Manche Leser bewunderten es als glaubwürdiges Zeugnis von Vaterlandsliebe und Mannesmut. Einer der schärfsten Kritiker Jüngers jedoch, Klaus Mann, der Sohn des grossen Schriftstellers Thomas Mann, schrieb: «Kennen wir ihn nun ein wenig, diesen Taschenspieler, der uns die Barbarei als neue Gesinnung vorgaukelt und mit seiner Blutromantik die Knaben verführt? Dass er schreiben kann, erst das macht ihn gefährlich.»

Ernst Jüngers Tagebücher zum Zweiten Weltkrieg tragen den Titel *Strahlungen* und befassen sich vor allem mit der Zeit, da Jünger als Besatzungsoffizier dem deutschen Militärbefehlshaber in Paris unterstellt war. Die *Strahlungen* erschienen im Jahr 1949; auch diese Tagebuchaufzeichnungen sind wiederholt neu aufgelegt und in französischer Übersetzung vor wenigen Jahren in die renommierte Bibliothèque de la Pléiade aufgenommen worden.

Über den Ersten Weltkrieg, der mit modernstem Kriegsmaterial und brutaler Unerbittlichkeit geführt wurde, haben viele Schriftsteller berichtet, unter ihnen Erich Maria Remarque in seinem Weltbestseller *Im Westen nichts Neues* und Henri Barbusse in seinem Bericht *Le Feu*; von beiden Werken ist bereits die Rede gewesen. Jüngers Aufzeichnungen *In Stahlgewittern* beeindrucken durch den unterkühlten Realismus der Darstellung, der Anteilnahme oder Mitgefühl nicht zulässt. Während sich bei den meisten Berichterstattern angesichts der maschinellen Gründlichkeit des Tötens irgendeinmal die politische oder moralische Schuldfrage stellte, verschloss sich Jünger solchen Zweifeln ganz. Die Frage nach der Kriegsschuld beschäftigte ihn ebenso wenig wie die Frage nach den Gründen der Niederlage. Für ihn lag der Sinn des Kriegs im Krieg selbst. Im Krieg sah Jünger eine gesteigerte Form des Kampfes ums Dasein, in dem sich die künftige Elite einer Nation heranbildete. Von dieser Grundhaltung ist Jünger nie abgewichen. Im Gegensatz zu Thomas Mann, der sich, von ähnlichen nationalkonservativen Vorstellungen ausgehend, zum Bekenntnis zur Weimarer Republik durchzuringen vermochte, blieb Jünger sich selber treu. Er bekämpfte die Weimarer Republik und verfasste eine Reihe weiterer Schriften, in denen er vom militanten Nationalismus der *Stahlgewitter* nicht abwich.

Als der Zweite Weltkrieg ausbrach, hätte sich der hochdekorierte Offizier Jünger vom Dienst befreien oder in die Etappe versetzen lassen können; aber ihn drängte es, ganz vorne mit dabei zu sein. Als Hauptmann und Kommandant einer Infanteriekompanie der Reserve nahm er 1940 am «Blitzkrieg» teil, der in wenigen Wochen zur völligen Niederlage Frankreichs führte. Bereits zu Beginn der eigentlichen Kampfhandlungen, als sich die Armeen abwartend gegenüberlagen, vollbrachte der 45-jährige Jünger eine Heldentat, die ihm einen weiteren Orden sicherte. Mutig setzte er sich dem feindlichen Feuer aus, um einen verletzten Kameraden zu retten. Jüngers Kampfesmut spricht auch aus folgendem Erlebnis, von dem zu Beginn der *Strahlungen* berichtet wird. «Nicht fern vom berühmten Häuschen», schreibt Jünger, «stand der General am Wege, grüsste die Kompanie und fragte, während ich im Vorübergehen meldete, nach meinem Wohlergehen. ‹Danke gut, Herr General. Darf man denn hoffen, dass man noch ins Feuer kommt?› ‹Sie kommen, Sie kommen – bei Saint-Quentin.›»

Ins Feuer sollte Ernst Jünger nicht mehr kommen, aber sein Leben blieb auf andere Art riskant. Am 22. Juni 1940 kam es zum Abschluss des deutsch-französischen Waffenstillstands; in der Folge wurden Nord- und Westfrankreich der deutschen Besatzung unterstellt, während das Zentrum und der Süden der Vichy-Regierung des Marschall Pétain unterstanden, die in immer stärkere Abhängigkeit von Hitler-Deutschland geriet. Im Hauptquartier des deutschen Militärbefehlshabers in Paris war Ernst Jünger damit beauftragt, die Briefpost der deutschen Soldaten zu kontrollieren und die Korrespondenz zum Tod Verurteilter zu lesen. In seiner grosszügig bemessenen Freizeit besichtigte er die Sehenswürdigkeiten der französischen Hauptstadt, spazierte im Jardin des Plantes oder machte Ausritte im Bois de Boulogne. Da ihm das Privileg gewährt worden war, in Zivilkleidung auszugehen, kam er in engeren Kontakt zur Pariser Bevölkerung. Er verkehrte mit Intellektuellen im Dunstkreis der Vichy-Regierung, pflegte lebhafte Beziehungen zum weiblichen Geschlecht, speiste in den elegantesten Restaurants und suchte in den Antiquariaten nach schön gebundenen Büchern. Auch hatte er Umgang mit der deutschen Botschaft und mit hohen Offizieren, von denen einige, wie der spätere

General der Bundeswehr Hans Speidel, dem Widerstand gegen Hitler nahestanden.

Von allen diesen Erlebnissen und Begegnungen berichtet Jünger in den *Strahlungen*, die eine wichtige Quelle zum kulturellen Leben von Paris während der Okkupation darstellen. Wer unter den damaligen Umständen ein Tagebuch führte, setzte sich grösster Gefahr aus. Zwar wählte Jünger für viele der Personen, die er im Tagebuch erwähnte, Decknamen und äusserte sich in verschlüsselten Andeutungen; aber im Fall einer Entdeckung seiner Aufzeichnungen wäre er wohl verloren gewesen, sind doch seine Vorbehalte gegenüber dem Unrechtsregime zu offensichtlich.

Die Pariser Tagebücher der *Strahlungen* sind nicht nur ein wichtiges, sondern auch ein sehr umstrittenes Dokument. Nicht dass man den Wahrheitsgehalt der Aufzeichnungen bezweifelte; es ist vielmehr, ähnlich wie bei den *Stahlgewittern*, die Art der Schilderung, die schockiert. Jünger führte ein überaus privilegiertes Leben in einer Stadt, deren Bewohner in ihren Freiheiten stark eingeschränkt waren und unter Hunger und Unannehmlichkeiten aller Art litten. Man konnte auf den geringsten Verdacht der Unbotmässigkeit hin verhaftet, gefangen gehalten und exekutiert werden. War man Jude, war die Gefahr gross, in ein Vernichtungslager deportiert zu werden. Jünger war hervorragend informiert: Er wusste von der Judenverfolgung, von den Geiselerschiessungen, von den Euthanasieverbrechen, von den Gräueln hinter der Front in Russland. Er beobachtete genau, hörte aufmerksam zu, registrierte sachlich – aber seine Tagebuchaufzeichnungen zeigen geringes Verständnis für die Leiden der unterdrückten Bevölkerung und wirken in ihrer kühlen Distanz und Abgehobenheit nicht selten herzlos oder arrogant.

Bezeichnend für Jüngers unterkühlten Realismus ist die Schilderung einer Exekution, welcher er als Offizier beiwohnen muss. Hier ein Ausschnitt: «Der Getroffene steht noch am Baum; in seinen Zügen drückt sich eine ungeheure Überraschung aus. Ich sehe den Mund sich öffnen und schliessen, als wollte er Vokale formulieren und mit grosser Mühe noch etwas aussprechen. Der Umstand hat etwas Verwirrendes, und wieder wird die Zeit sehr lang. Auch scheint es, dass der Mann jetzt sehr gefährlich wird. Endlich geben die Knie nach. Die Stricke werden gelöst, und nun erst überzieht die Totenblässe das Gesicht, jäh, als ob ein Eimer von Kalkwasser sich darüber ausgösse. Der Arzt tritt flüchtig hinzu und meldet: ‹Der Mann ist tot.› Der eine der beiden Wächter löst die Handschellen und wischt ihr blitzendes Metall mit einem Lappen vom Blute rein. Man bettet den Leichnam in den Sarg; es ist mir, als spielte die kleine Fliege in einem Sonnenstrahl darüber hin.»

Berühmt und berüchtigt ist ein Tagebucheintrag der *Strahlungen* vom 27. Mai 1944, kurz vor der Invasion in der Normandie, zur Zeit, als die alliierte Luftwaffe wiederholt Industrieanlagen, Bahnhöfe und Brücken in und um Paris bombardierte. Ernst Jünger pflegte dann auf das Dach seines Hotels zu steigen, um sich das Schauspiel anzusehen. Er schreibt: «Überfliegungen. Vom Dache des ‹Raphael› sah ich zweimal in Richtung von Saint-Germain gewaltige Sprengwolken aufsteigen, während Geschwader in grosser Höhe davonflogen. Ihr Angriffsziel waren die Flussbrücken. Art und Aufeinanderfolge der gegen den Nachschub gerichteten Massnahmen deuten auf einen feinen Kopf. Beim zweiten Mal, bei Sonnenuntergang, hielt ich ein Glas Burgunder, in dem Erdbeeren schwammen, in der Hand. Die Stadt mit ihren roten Türmen und Kuppeln lag in gewaltiger Schönheit, glich einem Kelche, der zu tödlicher Befruchtung überflogen wird. Alles war Schauspiel, war reine, von Schmerz bejahte und erhöhte Macht.»

Man muss vielleicht, um das Schockierende solcher Passagen der *Strahlungen* ganz zu begreifen, die Aufzeichnungen eines Pariser Schriftstellers aus derselben Zeit zum Vergleich beiziehen. Jean Guéhenno, Lehrer an einem Pariser Lycée und feinsinniger Kenner der deutschen Literatur, litt zutiefst unter der Niederlage und unter der deutschen Besatzung. In seinem *Journal des années noires* schrieb er unter dem Datum des 24. März 1944: «Man vernimmt jeden Tag neue Schreckensmeldungen. Junge Regimegegner sind in Nîmes und in verschiedenen Dörfern des Midi erhängt worden. Bauern, die verdächtigt wurden, die Maquisarden verpflegt zu haben, sind erschossen und ihre Höfe sind angezündet worden. In Paris sind grausame Razzien durchgeführt worden.» Und unmittelbar nach der Invasion in der Normandie schrieb Guéhenno: «Eines steht fest: Frankreich war ausserstande, sich allein von seinem Elend zu befreien, und wir werden unsere Freiheit und wiedergewonnene Ehre jenen jungen Männern verdanken, die aus England, aus Amerika, aus Kanada, vom Ende der Welt hierher gekommen sind, um sich zu schlagen und um ihr Blut mit demjenigen jener jungen Franzosen zu vermischen, die sich nicht verknechten liessen. So entsteht Geschichte, und so entsteht jener Mensch der Zukunft, dem die Freiheit aller Menschen auf Erden ein gemeinsames Anliegen ist.»

Die Kriegstagebücher Ernst Jüngers und die Persönlichkeit ihres Autors sind, wie erwähnt, bis heute sehr umstritten. Thomas Mann, der die Vertreter der

«Inneren Emigration» ebenso wenig liebte wie diese ihn, nannte Jünger «einen eiskalten Genüssling des Barbarismus», und der Kritiker Marcel Reich-Ranicki meinte: «Ein Schriftsteller von Rang ist der Jünger, aber ein barbarischer Schriftsteller.» In Deutschland ist die Kritik an Jünger dominant geblieben, während man in Frankreich dazu tendiert, im Schriftsteller einen «Ausnahmedeutschen», «un bon Allemand» zu sehen. Aber auch in Frankreich gibt es Kritik. Als Jüngers Tagebuch in die Bibliothèque de la Pléiade aufgenommen wurde, konnte der Übersetzer und Literaturkritiker Georges-Arthur Goldschmidt nicht verstehen, dass einem «ein wenig faschistoiden, grosstuerischen Mystagogen» solche Ehre zufalle.

Das hohe Alter indessen brachte Ernst Jünger Ehrenbezeugungen genug, und er wurde zu einer Symbolfigur der deutsch-französischen Versöhnung hochstilisiert. Im April 1993 wurde er im Élysée-Palast vom französischen Staatspräsidenten Mitterrand empfangen. An der Feier zum 100. Geburtstag, 1995, nahmen 160 geladene Gäste, darunter Bundespräsident Roman Herzog und Bundeskanzler Helmut Kohl, teil. Aus der Schweiz reisten Dino Larese und François Bondy an. Ernst Jüngers Tod drei Jahre später wurde zu einem in ganz Europa beachteten Ereignis. Der Dramatiker Rolf Hochhuth schrieb: «Er war der letzte lebende Deutschschreibende, der noch zur Weltliteratur gehörte. Mit ihm geht eine Ära auch der deutschen Geistesgeschichte zu Ende, die nie zu schreiben ist, ohne auch Jüngers exemplarische Existenz darzustellen.»

37. Vercors, *Le Silence de la mer* (1942)
Deutsch: *Das Schweigen des Meeres* (1945)

Hätte Jean Marcel Bruller, alias Vercors, der Verfasser von *Das Schweigen des Meeres*, nicht dieses Buch geschrieben, wäre sein Name heute vergessen. Der Sohn eines Ungarn und einer Französin arbeitete, bevor Hitler im Mai 1940 Frankreich angriff, in Paris als begabter Karikaturist und Illustrator, der auch kleinere Texte humoristischen Inhalts schrieb. Unter dem Einfluss des Grossen Kriegs war er wie andere französische Intellektuelle zum Pazifisten mit kommunistischen Neigungen geworden. Mit dieser Haltung stand er dem Schriftsteller Romain Rolland nahe, der sich, wie wir wissen, vor dem Ersten Weltkrieg im Schweizer Exil für Humanität und Frieden einsetzte. Das Münchner Abkommen von 1938, das Vercors als Kapitulation empfand und zutiefst enttäuschte, liess ihn vom Pazifismus abrücken. Nachdem Hitlers Truppen den Norden Frankreichs besetzt hatten und sich in Vichy die Marionettenregierung des Marschalls Pétain installiert hatte, ging er einer unauffälligen Tätigkeit als Tischler in einem Pariser Vorort nach und entschloss sich zum Widerstand. Nach der demütigenden militärischen Niederlage, stellte er fest, gehe es darum, das geistige Überleben der Nation sicherzustellen. Im Jahr 1941 verfasste er sein berühmtes Werk, einen Text von kaum fünfzig Seiten, mehr Erzählung als Roman. Das Buch erschien im nächsten Jahr als erster Titel im Untergrundverlag Éditions de Minuit unter dem Pseudonym Vercors. Der Name war mit Bedacht gewählt: Vercors heisst ein schwer zugängliches Gebirgsplateau der französischen Alpen südlich von Grenoble. Dieses Gebiet wurde zu einem der wichtigsten Zentren der Résistance und war gegen Ende des Kriegs der Schauplatz brutaler Repressalien der deutschen Besatzungstruppen.

Die Handlung des Buchs, wenn überhaupt von Handlung die Rede sein kann, spielt in einem kleinen französischen Dorf, das von der deutschen Wehrmacht eingenommen worden ist. Ein Offizier, Werner von Ebrennac, wird in einem Haus einquartiert, das von einem älteren Mann und seiner Nichte bewohnt wird. Es ist dieser ältere Mann, der die Geschichte erzählt. An einem Abend im November des Jahres 1941 tritt der Offizier in die Stube der Franzosen und stellt sich in fast akzentfreiem Französisch vor: «Ich bedaure ... Es musste natürlich sein. Ich hätte es vermieden, wenn das möglich gewesen wäre. Ich denke, meine Ordonnanz wird alles tun, um Ihre Ordnung nicht zu stören.» Der alte Mann und seine Nichte erwidern nichts. «Das Schweigen», heisst es im Roman, «brei-

tete sich aus. Es wurde immer dichter, wie Morgennebel. Dicht und reglos. Die
Reglosigkeit meiner Nichte und zweifellos auch meine eigene liessen dieses
Schweigen zu einer bleiernen Last werden.»

Vercors' Buch erzählt nun die Geschichte dieses Schweigens, das zwei Menschen der besiegten Nation, um ihre Würde zu wahren, jedem Versuch des Offiziers der feindlichen Macht, ein Gespräch zu eröffnen, entgegensetzen. Werner
von Ebrennac ist ein gut aussehender Mann von hohem Wuchs und mit blon-
dem Haar, Abkömmling französischer Hugenotten, die im 17. Jahrhundert nach
Deutschland emigriert sind. Im zivilen Beruf ist er Komponist; er ist literarisch
gebildet und ein grosser Freund der französischen Kultur. In der Eroberung
Frankreichs sieht er die Möglichkeit einer endgültigen Aussöhnung zwischen
den beiden Nationen und der Schaffung eines neuen geistigen Europas. «Ich
komponiere Musik», sagt er eines Abends zum alten Mann, der seine Pfeife
raucht, und zur Nichte, die sich in eine Strickarbeit vertieft. «Ich komme mir als
Krieger auch reichlich sonderbar vor. Trotzdem bedaure ich diesen Krieg nicht.
Nein. Ich glaube, dass Grosses daraus hervorgehen wird ...» Die beiden Franzosen schweigen. Der Offizier verabschiedet sich mit den Worten: «Ich wünsche
Ihnen eine gute Nacht.»

Diese Szene wiederholt sich während Monaten. Der Offizier tritt in die
gute Stube, wärmt sich bisweilen am offenen Feuer, sagt einige Sätze, auf die
niemand antwortet, und geht auf sein Zimmer mit dem Satz: «Ich wünsche
Ihnen eine gute Nacht.» Eines Abends setzt sich Ebrennac an das Harmonium,
das in der Stube steht, und spielt ein Präludium von Bach, das die Nichte zuvor
geübt hat. Die beiden hören schweigend zu. Der Deutsche sagt: «Jetzt brauche
ich Frankreich. Doch ich verlange viel: Ich verlange, dass es mich empfängt ...
Man wird die Hindernisse überwinden. Aufrichtigkeit überwindet alle Hindernisse. Ich wünsche Ihnen eine gute Nacht.»

Dann verabschiedet sich Ebrennac für längere Zeit. Er habe einen Urlaub,
sagt er, und er freue sich darauf, diesen in Paris zu verbringen. «In Paris», sagt er,
«werde ich vermutlich meine Freunde treffen, von denen viele an den Verhand-
lungen teilnehmen, die wir mit euren Politikern führen, um die wunderbare
Vereinigung unserer beiden Völker vorzubereiten. So werde ich gewissermas-
sen Zeuge dieser Trauung sein ... Ich möchte Ihnen sagen, dass ich mich für
Frankreich freue, dessen Wunden auf diesem Wege alsbald vernarben werden,
aber viel mehr noch freue ich mich für Deutschland und für mich selbst! Nie
wird jemand von seiner guten Tat in so hohem Masse profitieren wie Deutsch-

land, wenn es Frankreich seine Grösse und seine Freiheit wiedergibt. Ich wünsche Ihnen eine gute Nacht.»

Als Ebrennac wieder in das französische Dorf zu seinen schweigenden Gastgebern zurückkehrt, ist mit ihm eine tief greifende Veränderung vorgegangen. Seine Hoffnung auf eine geistige Aussöhnung zwischen Deutschland und Frankreich hat sich als Trugbild erwiesen. In Paris, erzählt er erschüttert dem alten Mann und seiner Nichte, habe er sich mit anderen deutschen Offizieren ausgesprochen. Er habe dabei feststellen müssen, dass diese Frankreich als minderwertiges Untertanenland betrachteten, dessen Seele auszulöschen sei. Er sei wegen seiner Illusionen verlacht worden und habe feststellen müssen, dass sein bester Jugendfreund zum radikalen Nazi geworden sei. Da habe er darum gebeten, zu einer Frontdivision im Osten versetzt zu werden. Dies sei ihm gewährt worden, und am nächsten Tag werde er abreisen.

Nachdem er dies in äusserster Erregung und bitter enttäuscht gesagt hat, wendet sich Ebrennac unter der Tür nochmals dem alten Mann und seiner Nichte zu. «Ich glaubte», berichtet der Erzähler, «er würde die Tür schliessen und gehen. Doch nein. Er blickte zu meiner Nichte. Er sah sie an. Er sagte – er murmelte: – ‹Adieu.› Er rührte sich nicht. Er blieb völlig reglos, und in seinem reglosen gespannten Gesicht lagen seine noch regloseren, noch gespannteren Augen auf den – allzu grossen und allzu hellen Augen – meiner Nichte. Das dauerte, dauerte – wie lange? – dauerte, bis endlich das junge Mädchen seine Lippen bewegte. Werners Augen glänzten. Ich hörte: ‹Adieu›.»

Mit diesem ‹Adieu› endet der Roman. Nun, beim Abschied, antwortet die junge Französin erstmals auf ein Wort des Fremden. Und der Leser spürt, dass sich die Qualität des Schweigens verändert hat. Aus dem Schweigen, das zuvor Ausdruck der Distanzierung und Ablehnung war, ist nun ein Schweigen des Einverständnisses geworden, des Einverständnisses zwischen Menschen verfeindeter Nationen, für die es das Wort «Krieg» nicht mehr gibt.

Zu der Zeit, da Vercors sein Buch schrieb, stand er unter dem Schock des militärischen Debakels. Eine Armee, stolz auf ihre ruhmvolle Tradition, zureichend gerüstet, war der neuartigen mobilen Kriegsführung und den Panzerverbänden des Gegners nicht gewachsen gewesen. Nicht minder verstörend wirkte auf Vercors das Verhalten seiner Landsleute. Da gab es die Rechtskonservativen, die französischen Royalisten und Faschisten, die sich Pétain anschlossen und mit den Nationalsozialisten gemeinsame Sache machten. Da gab es die Opportunisten, die sich anpassten und irgendwie durchzuschlängeln suchten. Und es gab die Resignierten und Verzweifelten, die nicht mehr daran glaubten, dass Frankreich sich je von dieser Niederlage würde erholen können. Für diese Resignierten schrieb Vercors sein Buch, in der Hoffnung, dazu beizutragen, dass Frankreich den Glauben an sich selbst wiedergewinne. Es ist ein Buch des gewaltlosen Widerstands, erwachsen aus dem unerschütterlichen Glauben, dass der Krieg «Frankreichs Seele» nichts anhaben könne.

Das Schweigen des Meeres erschien gedruckt im Februar 1942. Während die deutschen Offiziere und Soldaten bei der Besetzung Frankreichs angewiesen worden waren, mit der Bevölkerung höflich und korrekt umzugehen, zeigte die Besatzung nun ein anderes Gesicht. Erste Attentate auf die Vertreter der Besatzungsmacht waren erfolgt, und diese antwortete mit Geiselerschiessungen. Das Buch erschien zuerst in wenigen Hundert und dann in 1500 Exemplaren, die unter der Hand verteilt wurden, «sous le manteau», wie die Franzosen sagen. Ein Schweizer Verlag publizierte weitere Exemplare und schmuggelte sie über die Grenze; in London ordnete General de Gaulle, Chef des «Freien Frankreichs», einen Druck an. Im Jahr 1949 liess Vercors eine leicht veränderte Theaterfassung seiner Erzählung erscheinen. Darin deutet die Französin an, dass sie nun bereit ist, sich aktiv der Résistance anzuschliessen.

Das *Schweigen des Meeres* blieb nicht Vercors' einziges, wohl aber sein erfolgreichstes und wichtigstes Buch. Viele seiner späteren Werke sind geprägt von der Erfahrung von Krieg und Fremdherrschaft. Doch der Schriftsteller blieb auch politisch aktiv. Als der mühsam erkämpfte Frieden in den Kalten Krieg überging, trat er für die Versöhnung der Völker ein. Als Mitglied einer grossen französischen Delegation, der auch die Physikerin Irène Joliot-Curie, die Schriftsteller Julien Benda und Louis Aragon sowie die Maler Pablo Picasso und Fernand Léger angehörten, nahm er im August 1948 am grossen Weltkongress der Intellektuellen zur Verteidigung des Friedens in Breslau, dem heutigen Wroclaw, teil. Nachdem die Sowjetunion 1956 den Ungarnaufstand niedergeschlagen hatte, ging Vercors zum Kommunismus auf Distanz. Später setzte er sich für die Unabhängigkeit Algeriens ein. Im Jahr 1960 gehörte er zu den Mitunterzeichnern eines Manifests von Linksintellektuellen, die dafür eintraten, dass den Franzosen das Recht zugestanden werden sollte, den Militärdienst in Algerien zu verweigern.

Vercors' Buch ist das seltene Zeugnis einer Humanität, die sich auch in schwieriger Zeit nicht verleugnet. Man könnte ihm die *Briefe an einen Deutschen* zur Seite stellen, die zur selben Zeit von einem anderen Schriftsteller, von

Albert Camus, in französischen Untergrundzeitungen publiziert wurden. Beide Texte sind sich darin verwandt, dass sie einer Idee vom Menschen verpflichtet sind, die sich nicht im Kampf ums Dasein zu verwirklichen sucht.

38. Wassili Grossman, *Zhizn' i sud'ba* (1988)

Französisch: *Vie et Destin* (1980)
Deutsch: *Leben und Schicksal* (1984)

Eines der wichtigsten literarischen Werke zum Zweiten Weltkrieg stammt vom russisch-jüdischen Autor Wassili Semjonowitsch Grossman. Die Entstehungsgeschichte dieses Buchs ist nicht weniger spannend als das Buch selbst. Grossman wurde 1905 in der ukrainischen Stadt Berditschew geboren. Er stammte aus einer jüdischen Familie des städtischen Bildungsbürgertums und studierte Chemie an der Moskauer Universität. Nach Abschluss seines Studiums ging er als Bergwerksingenieur in die Ostukraine, beschloss dann aber, Schriftsteller zu werden. Er verfasste erfolgreiche Romane und Erzählungen; seine Vorbilder waren Tolstoi und Tschechow. Maxim Gorki, der grosse alte Mann der Sowjetliteratur, erkannte Grossmans Begabung, bemängelte aber, dass sich sein Stil nicht an die Regeln des Sozialistischen Realismus halte.

Im Jahr 1937 wurde Grossman Mitglied des Sowjetischen Schriftstellerverbands. Es war die Zeit der «Grossen Säuberungen», wie sie von Arthur Koestler in seinem berühmten Roman *Sonnenfinsternis* dargestellt worden sind. Auch Wassili Grossman, obwohl überzeugter Kommunist, wurde Verhören unterzogen. Er begann jedoch erst Jahre später, sich kritische Fragen zum Regime und zur Glaubwürdigkeit der kommunistischen Ideologie zu stellen.

Als Hitler im Juni 1941 das Unternehmen Barbarossa auslöste und die Sowjetunion überfiel, meldete sich Grossman freiwillig zur Roten Armee. Als Berichterstatter des *Roten Sterns*, der offiziellen russischen Armeezeitung, folgte er während drei Jahren dem Kriegsgeschehen. Meist befand er sich an vorderster Front und hatte engen Kontakt mit den Mannschaften. In einem Tagebuch hielt er seine Eindrücke fest. Diese Notizen waren das Rohmaterial für seine Artikel, die, nachdem sie die Zensur passiert hatten, im *Roten Stern* abgedruckt wurden.

Den deutschen Anfangserfolgen zum Trotz zweifelte Grossman nie am russischen Endsieg und glaubte, wie er im Tagebuch schreibt, an den «eisernen Charakter des sowjetischen Menschen». Die Schlacht um Stalingrad verfolgte er aus nächster Nähe bis kurz vor der Kapitulation der Sechsten Armee des Generalfeldmarschalls Paulus. Dann folgte er dem Vormarsch der Roten Armee westwärts, nahm an der Panzerschlacht von Kursk teil und gelangte in seine ukrainische Geburtsstadt Berditschew. Hier erfuhr er, dass die gesamte jüdische

Bevölkerung, auch seine Mutter, nach dem Einmarsch der Deutschen umgebracht worden war. In Polen stiessen die Russen im Sommer 1944 auf die Konzentrationslager der Nazis. In Treblinka, wo von den über 700 000 deportierten Juden noch etwa deren hundert überlebt hatten, führte Grossman Gespräche mit Überlebenden. Er verfasste unter dem Titel *Eine Hölle namens Treblinka* einen detaillierten Bericht, der in den Nürnberger Kriegsverbrecherprozessen als Quelle genutzt wurde.

Grossman nahm auch am Endkampf um Berlin teil. Sein Tagebuch schildert die Ruinenlandschaften, das Elend und die Angst der Bevölkerung, aber auch die blühenden Gärten in den Vorstädten und die zwischen den Trümmern spielenden Kinder. Geradezu gespenstisch wirkt sein Bericht da, wo er beschreibt, wie er zur Reichskanzlei vordrang: «Hitlers Sessel und Schreibtisch», lesen wir, «ein riesiger metallener Globus, umgestürzt und verbeult, herabgefallener Stuck, Wandtäfelung und Teppiche – alles liegt durcheinander. Das reine Chaos. Geschenke, Bücher mit Widmungen an den ‹Führer›, Stempel und vieles andere.»

Nach Kriegsende erlitt Grossman einen Nervenzusammenbruch und zog sich auf seine Datscha bei Moskau zurück. Während längerer Zeit konnte er kein Wort mehr zu Papier bringen. Langsam reifte in ihm der Plan, seine Erfahrung des deutsch-russischen Ringens in ein grosses literarisches Epos umzusetzen. Als Stalin 1953 starb und Nikita Chruschtschow drei Jahre später das Ende des Personenkults ankündigte, hoffte Grossman vergeblich auf eine Liberalisierung.

Im Jahr 1960 schloss der Schriftsteller die Arbeit an seinem Hauptwerk ab. Er hatte mit der Niederschrift noch während des Kriegs begonnen und konnte einen ersten Teil, freilich stark zensuriert, im Druck erscheinen lassen. Das Hauptwerk wuchs in fast zwanzig Jahren auf über tausend Seiten an und trug schliesslich den lapidaren Titel *Leben und Schicksal*. Damit stellte sich Grossman selbstbewusst an die Seite von Leo Tolstois *Krieg und Frieden*. Tolstoi hatte ein grossartiges Sittengemälde der russischen Gesellschaft zur Zeit der Napoleonischen Kriege geschaffen. Grossman, vom Meister sichtlich inspiriert, versuchte es ihm gleichzutun und schuf das bedeutendste literarische Werk der russischen Literatur zum Zweiten Weltkrieg.

Doch wer sollte dieses monumentale Lebenswerk drucken? Im Jahr 1960 legte Grossman das Typoskript dem Redaktor einer Literaturzeitschrift vor, der sofort erkannte, dass dieses Buch so nicht gedruckt werden konnte. Zwar stand der Patriotismus seines Autors ausser Frage, und man konnte seinen Roman durchaus als sowjetisches Heldenepos lesen. Zugleich aber war Grossman ein kritischer Autor, der in Form und Inhalt von den Leitlinien des Sozialistischen Realismus deutlich abwich. Auch brachte das Buch Themen wie dasjenige der Judenverfolgung oder der Funktion der Politkommissare bei der kämpfenden Truppe zur Sprache, deren Behandlung dem Regime unwillkommen war. In einem persönlichen Schreiben an den Ersten Sekretär des Zentralkomitees der Kommunistischen Partei, Nikita Chruschtschow, ersuchte Grossman um die Druckerlaubnis. «Meine heutige Lage, meine physische Freiheit hat keinen Sinn», schreibt er, «wenn sich das Buch, für das ich mein Leben gegeben habe, im Gefängnis befindet. Denn ich habe es geschrieben, ich habe mich nicht von ihm losgesagt und sage mich nicht von ihm los.» Daraufhin wurde Grossman vom Chefideologen der Partei, Michail Suslow, empfangen, der ihm eröffnete, sein ideologisch schädlicher Roman würde frühestens in 200 Jahren gelesen werden können. Eine von vielen verfehlten Prophezeiungen der sowjetischen Führung.

Die Verweigerung der Druckerlaubnis kam nicht überraschend. Man erinnerte sich zuständigen Orts an den Roman *Doktor Schiwago*, der im Ausland publiziert worden war und dessen Verfasser, Boris Pasternak, 1958 mit dem Literaturnobelpreis ausgezeichnet wurde. Eine Wiederholung dieses Zwischenfalls, der dem Ansehen der Sowjetunion erheblich geschadet hatte, sollte unbedingt vermieden werden. In der Moskauer Wohnung Grossmans erschienen eines Tages Beamte des Geheimdienstes KGB und konfiszierten die Reinschrift von *Leben und Schicksal*. Zwar gelang es auf abenteuerliche Weise, Mikrofilmkopien des Buchs in den Westen zu schmuggeln; doch dort fand sich kein Verleger. Erst im Jahr 1977 überwand eine weitere Filmkopie des Werks den Eisernen Vorhang. Das Buch wurde ins Französische übersetzt und im Schweizer Verlag L'Âge d'Homme herausgegeben. Das war im Jahr 1980. Der Verfasser war zu diesem Zeitpunkt seit fast zwei Jahrzehnten tot.

Der Roman *Leben und Schicksal* schildert das Schicksal der Familie Schaposchnikow und ihrer Verwandten und Bekannten. Über siebzig Personen treten auf, und die Handlung spielt an verschiedenen Orten: an der Front und im Hinterland, in deutschen und in russischen Kommandozentralen, in Konzentrationslagern. Doch Stalingrad bleibt der Mittelpunkt des Geschehens, um den sich alles dreht und wo alles sich zuletzt entscheidet. Der Leser folgt der Handlung aus der wechselnden Sicht der Figuren. Freund und Feind kommen zur Sprache, Mächtige und Ohnmächtige, aber vor allem die Opfer, die ohne Schuld in den Strudel der Ereignisse hineingerissen worden sind. Das Tempo des Geschehens wechselt ständig; der Hektik der Kampfhandlungen folgen ruhigere Phasen der Besinnung und der Reflexion. Auch die Beleuchtung der Szenerie verändert sich; meist wirkt sie bedrohlich wie unter einem schweren Gewitterhimmel. Zuweilen durchdringt ein zaghafter Lichtschein das Gewölk, der eine Ahnung von Hoffnung und Zuversicht aufkommen lässt. Unerschütterlich aber bleibt, was immer auch an Schrecklichem sich ereignen mag, der Glaube des Autors an die Möglichkeit eines höheren Menschentums, das sich nicht im Sieg einer Ideologie oder im Recht des Stärkeren verwirklicht, sondern in der Liebe zwischen den Menschen.

Es muss hier genügen, ein paar Figuren des Romans hervorzuheben. Die Hauptfigur ist der jüdische Physiker Viktor Pawlowitsch Strum, der mit einem Team von Gelehrten an einem kriegswichtigen Forschungsprojekt arbeitet. Strum ist ein unpolitischer, weltfremder Mensch. Dass wissenschaftliche Forschung nationale und ideologische Grenzen überschreitet, versteht sich für ihn von selbst: Er misst seine Erkenntnisse an denen Galileis, Newtons und Einsteins. Damit gerät er in Konflikt mit dem marxistisch-leninistischen Wissenschaftsbegriff, der die Forschung ganz in den Dienst der Doktrin stellte. Strum droht in Ungnade zu fallen und Opfer einer perfiden Denunziation zu werden. Schutzlos fühlt er sich der Allmacht des Staates ausgeliefert. Ein telefonischer Anruf von Stalin persönlich festigt zwar seine Stellung am Forschungsinstitut, befreit ihn aber nicht von seiner inneren Unsicherheit. Seine Frau Ljudmila Nikolajewna ist ebenfalls Naturwissenschaftlerin. Sie verliert im Krieg Tolja, ihren Sohn aus erster Ehe, und das Kapitel, das schildert, wie sie an die Front reist und sich zum Grab ihres Kindes durchfragt, gehört zu den berührendsten des Buchs. Ljudmila Nikolajewna kommt von diesem Verlust nie mehr los und leidet an der Egozentrik ihres Mannes. Tief bewegend ist auch das bis ins schmerzliche Detail geschilderte Schicksal der jüdischen Feldärztin Sofja Ossipowna Lewinton. Sie wird von den Deutschen festgenommen und deportiert. Bei der Selektion an der Rampe des Vernichtungslagers gibt sie sich nicht als Ärztin zu erkennen, sondern gesellt sich zu den anderen Deportierten auf den Weg in die Gaskammer. Mit ihr geht ein Kind in den Tod, das seine Eltern verloren hat, David, der in der Hand eine Streichholzschachtel mit einer Raupe mit sich trägt, die er vor der Kälte zu schützen sucht. Eindrücklich auf ganz andere Art ist auch das Schicksal des altgedienten Politkommissars Nikolai Grigorjewitsch Krymow. Solche ideologisch geschulten Politkommissare begleiteten die kämpfende Truppe und suchten deren Moral durch Referate zu stärken; fielen sie den Deutschen in die Hände, wurden sie, einem Führerbefehl entsprechend, umgebracht. Krymow wird, obwohl er sich keines Fehlverhaltens bewusst ist, denunziert und als «Abweichler» verhaftet. Er wird in das berüchtigte Lubjanka-Gefängnis in Moskau überführt, wo ihm vorgeworfen wird, er habe das politische Bewusstsein der Frontkämpfer «zersetzt» und damit Landesverrat begangen. Auf der anderen Seite der Front, in einem deutschen Konzentrationslager, widerfährt dem überzeugten Kommunisten Michail Sidorowitsch Mostowski ein ähnliches Schicksal. Er wird vom deutschen Lagerkommandanten perfiden Verhören unterzogen, bleibt seinen Anschauungen aber treu und wird hingerichtet. Noch eine Vielzahl anderer Figuren treten auf. Besonders eindrücklich wirken die Porträts einzelner Soldaten und Kommandanten, von Menschen, die Grossman aus eigener Erfahrung schildern konnte.

Hin und wieder hält Grossman den Gang seiner Erzählung an und fügt Abschnitte der Betrachtung und Reflexion ein. So äussert er sich etwa zur Weltpolitik der Grossen Drei, Stalin, Roosevelt und Churchill, zum deutschen und russischen Antisemitismus, zur Rolle des Menschen in der Weltgeschichte. «Der natürliche Freiheitsdrang des Menschen», schreibt er etwa, «ist unauslöschlich; man kann ihn unterdrücken, doch ausmerzen kann man ihn nicht. Der Totalitarismus kann nicht auf Gewalt verzichten. Verzichtet er auf Gewalt, so bedeutet das seinen Untergang. Immerwährender, nie endender, offener oder getarnter Terror ist die Basis des Totalitarismus. Freiwillig verzichtet der Mensch nicht auf Freiheit. In dieser Kenntnis leuchtet ein Licht für unsere Zeit, ein Licht für die Zukunft.» Diese Worte bezeichnen genau das Kernthema des Romans, das in vielen Variationen durchgespielt und abgewandelt wird.

Wassili Grossmans Roman *Leben und Schicksal*, der erst vor wenigen Jahren in deutscher Übersetzung erschien, wendet sich nicht an ein Publikum, das bloss unterhalten werden will. Das Buch verlangt den ernsthaften und geduldigen Leser, der nicht davon loskommt, dem Rätsel nachzusinnen, warum Menschen, dazu befähigt, zwischen Gut und Böse zu unterscheiden, unter bestimmten Umständen immer wieder das Böse wählen. Weit bekannter als Grossmans Werk wurde ein Buch wie Heinz G. Konsaliks *Der Arzt von Stalingrad*. Die Handlung von Konsaliks Roman spielt einige Jahre nach der grossen Kesselschlacht in einem Arbeitslager mit deutschen Kriegsgefangenen. Im Mittelpunkt steht ein deutscher Arzt, der, von den Russen wegen seiner Tüchtigkeit bewundert, das Ethos seines Berufs unter schwierigsten Bedingungen hochhält. Von den Verbrechen der deutschen Einsatzgruppen hinter der Front und von den Konzentrationslagern ist bei Konsalik nicht die Rede, wohl aber davon, dass der deutsche Soldat «nur seine Pflicht getan» habe. Konsaliks Roman erreichte eine Auflage von nahezu 80 Millionen Exemplaren und wurde in etwa vierzig Sprachen übersetzt. Das Buch erleichterte es der deutschen Kriegsgeneration, mit ihren Erfahrungen besser fertig zu werden. Wassili Grossmans Werk dagegen stellt sich der Geschichte; es verdrängt sie nicht.

39. Peter Bamm, *Die unsichtbare Flagge* (1952)

In den Jahren nach dem Zweiten Weltkrieg gab es in Deutschland eine Literatur-
gattung, die man Landserromane nannte. Diese Romane erschienen im Taschenbuch oder in mehreren Folgen in den Illustrierten. Sie erfreuten sich grosser
Beliebtheit. Ihre Hauptfiguren waren deutsche Frontsoldaten. Es waren biedere
und brave Kerle, die, so wollten es die Verfasser, ohne eigenes Verschulden in
einen grauenvollen Krieg hineingeraten waren. Die Romane handelten von den
Abenteuern und Gefahren, welche die Landser zu bestehen hatten, und von den
Glücksmomenten der Kameradschaft, die sie miteinander verband. Nicht selten
kamen auch Frauen ins Spiel, hübsche Krankenschwestern zumeist, die heil-
ten, Trost spendeten und in den harten Kämpfern zarte Empfindungen weck-
ten. Diese Landserromane erlaubten es den Lesern in Nachkriegsdeutschland,
sich mit den Soldaten zu identifizieren und einer vertieften Auseinandersetzung mit dem Nationalsozialismus auszuweichen. Die Psychologen Alexander
und Margarete Mitscherlich haben später diese Unfähigkeit, sich der eigenen
Vergangenheit zu stellen, auch positiv gesehen und als Voraussetzung für den
langsamen seelischen Gesundungsprozess einer in die Irre geführten Nation
betrachtet.

Auf literarisch deutlich höherem Niveau, aber mit ähnlicher Wirkung steht
ein Roman, der im Jahr 1952 in München unter dem Titel *Die unsichtbare Flagge*
erschien. Es handelte sich um einen der ersten Bestseller in Nachkriegsdeutschland. Wer heute über siebzig Jahre alt ist, dürfte diesen Roman als junger Mensch
gelesen haben; mittlerweile liest ihn, vielleicht zu Unrecht, niemand mehr. Der
Verfasser des Buchs, Curt Emmrich, der sich das Pseudonym Peter Bamm zulegte, hatte als Freiwilliger am Ersten Weltkrieg teilgenommen und war wegen
Tapferkeit vor dem Feinde ausgezeichnet worden. In der Zwischenkriegszeit
studierte er Medizin und Sinologie an verschiedenen deutschen Universitäten.
Daneben publizierte er kleinere literarische Arbeiten für nationalliberale Zeitungen. Zwischen 1926 und 1934 reiste Bamm als Schiffsarzt nach China, Westafrika und Südamerika; danach eröffnete er eine Praxis in Berlin.

Bamm war kein erklärter Nationalsozialist. Aber er beurteilte die Weimarer
Republik kritisch und träumte von einer elitären Gesellschaft, wenn er schrieb:
«Wir haben soeben diejenige Epoche hinter uns, in der die Normen aus der
Quantität abgeleitet wurden. Der Unsinn, das Leben zu quantifizieren, ist offen-
bar geworden. Die Demokratie hat sich selber gefressen ... Bei den Bemühungen

um die Schaffung neuer Normen sehen wir nun mit grossem Vergnügen die Jugend in der vordersten Kampffront. Und es hat etwas ungemein Beruhigendes im Hinblick auf die Gesundheit dieser Jugend, dass ihre Dummheiten von der gleichen bezaubernden Verve sind wie ihre Begeisterung, ihre Tapferkeit, ihre Opferfreudigkeit.»

Höheren Ortes wurde man auf das literarische Talent Peter Bamms aufmerksam. Im Jahr 1940 erhielt er von Goebbels das Angebot, bei der Zeitung *Das Reich* mitzuarbeiten. Wie hätte er wohl geantwortet, wenn nicht seine militärische Einberufung als Truppenarzt an die Ostfront ihm eine Antwort erspart hätte? Wir können es nicht wissen. Wir wissen aber recht genau, was Peter Bamm als Truppenarzt im Felde zwischen 1940 und 1945 erlebt hat; denn er hat seine Erfahrungen in seinem erfolgreichsten Buch *Die unsichtbare Flagge* beschrieben. Sein Bericht enthält wertvolle Informationen über die Tätigkeit eines Truppenarztes im Krieg, über die Arbeit an den Operationstischen der Lazarette und die Versorgung der Kriegsverwundeten.

Bamm geht in seinem Bericht chronologisch vor. Wir folgen dem raschen Vormarsch der deutschen Truppen im Sommer 1941 zum Schwarzen Meer. Der Gegner leistet geringen Widerstand, in der Ukraine werden die deutschen Divisionen als Befreier begrüsst. Die Moral der Truppe ist intakt. Im November wird die Halbinsel Krim eingenommen. Peter Bamm unterlässt es nicht, seine Leser an die Belagerung von Sewastopol im Krimkrieg von 1835 bis 1856 zu erinnern, als französische und britische Truppen vor der Stadt standen und Florence Nightingale die Kriegsverwundeten pflegte. Im Juni 1942 dringen die Deutschen bis in den Kaukasus vor; doch es gelingt nicht, die Erdölfelder von Baku in Besitz zu nehmen. Die Kämpfe werden härter, es kommt zu Rückschlägen, die Stimmung in der Truppe verschlechtert sich. Aus dem Norden treffen die schlimmen Nachrichten vom Kampf der Sechsten Deutschen Armee um Stalingrad ein. Dem geordneten, von häufigen Kampfpausen unterbrochenen Vormarsch folgt der zunehmend überstürzte und chaotische Rückzug durch Russland, Polen und Ostpreussen. In höchster Gefahr gelingt Bamm die Flucht zur See aus der Danziger Bucht nach Kopenhagen. «Als die Türme der Stadt am Horizont auftauchten», schreibt der Autor am Schluss seines Buchs, «wusste ich, dass ich zu denen gehörte, die davongekommen waren. Ich nahm mir vor, später einmal über das, was ich gesehen hatte, zu berichten.»

Der Arzt Peter Bamm sieht seinen Auftrag und den Auftrag der ihm unterstellten Sanitäter als «Dienst an der Humanitas». Das Lazarett, bezeichnet durch die unsichtbare Flagge, ist für ihn ein Ort praktizierter Nächstenliebe, wo die Gesetze des Kampfes nicht mehr gelten. Die Arbeit der Sanitäter erfordert einen fast übermenschlichen Einsatz: «Es war wie ein Fliessband des Schicksals», schreibt Bamm, «auf dem der Ausschuss der Schlacht in die Reparaturwerkstätte für Menschen hineingeschleust wurde.» Den Widrigkeiten des Klimas, der Kälte und dem Regen ist der Sanitätssoldat kaum weniger ausgesetzt als der Frontsoldat. Auch die Bedrohung durch die Kampfhandlungen ist allgegenwärtig, in der ersten Phase des Feldzugs durch Artilleriebeschuss, später durch Partisanentätigkeit und Bombardierung.

Das Elend der Kriegsverwundeten wird von Bamm nicht verschwiegen, aber zurückhaltend abgehandelt. Seine Arbeit als Chirurg erfährt eine detaillierte und nüchterne Darstellung. Ausführlicher wird der Autor dort, wo er von den Kampfpausen spricht, in denen die Männergesellschaft der Soldaten sich wie in *Wallensteins Lager* dem Genuss des Augenblicks und der Geselligkeit hingibt. Diese Phasen nennt Bamm den «Alltag»: «Die Tragödien der Geschichte», schreibt er, «haben einen burlesken Alltag.» Und an anderer Stelle: «Man muss nicht denken, dass wir immerzu nur aus Humanitas und Pflichtgefühl bestanden und immerzu nur edle Helfer der Gesellschaft waren. Eine solche Attitüde hätte auf die Dauer nur Fassade sein können. Wir mussten leben.»

Es steht ausser Zweifel, dass der Sanitätsoffizier Peter Bamm, zumindest in den ersten zwei Jahren des Ostkriegs, noch an einem traditionellen Kriegsverständnis festhält. Er ist davon überzeugt, dass durch den Kampf nicht nur brutale Gewalt, sondern auch Mannestugenden wie Solidarität, Tapferkeit, Ehrgefühl und ritterliche Achtung vor dem Gegner freigesetzt werden. «Ein so umfassendes Phänomen wie der Krieg», schreibt er, «macht auch Tugenden mobil. Wenn eine Handvoll ehrlicher Männer in einen Krieg hineingerät, lässt ihnen der Charakter keine andere Wahl als Kameradschaft.» Eine Verherrlichung des Kriegs lehnt Bamm mit Entschiedenheit ab. Auch bleibt er immer der humanistisch gebildete Westeuropäer, der zwar seine Kultur gegen die Barbarei des Bolschewismus zu verteidigen hat, der daneben aber das Interesse an Geschichte und Kultur der fremden Bevölkerung nicht verliert.

Fragen danach, wie es zu diesem Krieg gekommen sei, welche Ziele damit angestrebt würden und wie er allenfalls zu rechtfertigen sei, stellt Peter Bamm freilich nicht. Er leugnet nicht, dass Kriegsverbrechen vorkommen; aber den Frontsoldaten trifft daran keine Schuld, und er trägt dafür nicht die Verantwortung. Verantwortlich sind «die Anderen», die Waffen-SS, die Einsatzgruppen der

Sicherheitspolizei und die Sonderkommandos, die hinter der Front die Vernichtung von Juden und anderen rassisch oder politisch unzuverlässigen Elementen vorantreiben. An drei Stellen ist im Bericht von Judenmassakern die Rede: in Nikolayev und Sewastopol werden die Juden von den «Anderen» zusammengetrieben und erschossen, anderenorts werden sie in einem eigens hergerichteten Lastwagen vergast. Die Empörung über diese Untaten, schreibt Bamm, sei bei der kämpfenden Truppe allgemein gewesen, aber das «Gift des Antisemitismus» habe sich schon zu tief eingefressen: «Die moralische Korruption nach sieben Jahren der Herrschaft der ‹Anderen› war schon zu weit fortgeschritten …» Auch die Verschleppung von Tausenden von Russen zur Zwangsarbeit in Deutschland wird von Bamm kritisch erwähnt.

Mit der Übernahme des Oberkommandos durch Hitler im Dezember 1941 schwindet die Hoffnung auf den Sieg im Osten. Unsinnige Befehle erreichen die Kommandanten, das Offizierskorps wird durch überzeugte Nazis ergänzt. Zuversicht und Moral der Truppe schwinden. «Man konnte den Sieg», schreibt Bamm, «nicht richtig wünschen. Die Herrschaft des primitiven Mannes, der beschränkte Hochmut der ‹Anderen› nach dem Sieg – eine schreckliche Vorstellung.» Immer ist von Hitler als «vom primitiven Mann an der Spitze» die Rede, doch nie wird er beim Namen genannt. Er erscheint als etwas Unaussprechlich-Dämonisches, dessen Faszination selbst der Schuldlose verfällt.

Die Unsichtbare Flagge bleibt in allem, was die Aktivität der Sanitätstruppen im Ostkrieg betrifft, eine wichtige Quelle. Wenn diese Quelle gleichwohl fragwürdig ist, so darum, weil die Unterscheidung zwischen den «bösen Anderen» und den «guten Frontsoldaten» nicht haltbar ist. Die historische Forschung hat nachgewiesen, dass sehr rasch nach Kriegsbeginn die Ermordung von Juden und anderen «politisch unzuverlässigen Elementen» in enger und wohl unausweichlicher Kollaboration zwischen Waffen-SS und kämpfender Truppe betrieben wurde. Aber nicht nur dies. Der moralische Raster der Schwarz-Weiss-Malerei, mit dem Bamm das Geschehen zu fassen sucht, versagt vor der Wirklichkeit des Kriegs. Den sauberen Krieg, an den der Autor zu glauben scheint, gibt es nicht. Fragwürdig ist auch die Neigung Bamms, dem «primitiven Mann an der Spitze» der «Anderen» die Verantwortung für alles Unheil zuzuschieben. Dies fiel bereits dem Landser und Schriftsteller Heinrich Böll auf, der Bamms Buch bei seinem Erscheinen im Jahr 1952 kritisch rezensierte. «Die einen und die anderen», schrieb Böll, «überschnitten einander, gingen teilweise in einander über, und Vokabeln wie ‹noble alte Tradition› (die bestenfalls zum Selbstmord reicht),

Vokabeln wie ‹primitiv›, angewandt auf Hitler und sein Reich, gehen an dem, was geschehen ist, vorbei.»

Peter Bamm schrieb noch eine Reihe weiterer erfolgreicher Bücher, darunter Reiseerinnerungen aus Griechenland unter dem Titel *An den Küsten des Lichts*. Er wurde 1972 mit dem Grossen Bundesverdienstkreuz ausgezeichnet und starb drei Jahre später in Zollikon bei Zürich.

40. Hans Erich Nossack, *Der Untergang* (1948)

In der Bibel lässt sich nachlesen, wie Gottvater in seinem Zorn über die sündhaften Bewohner von Sodom und Gomorrha Schwefel und Feuer vom Himmel herabregnen liess und die beiden Städte völlig vernichtete. Im Zweiten Weltkrieg übernahm das Bomber Command der Royal Air Force die Rolle Gottvaters. Bereits im Winter 1941 forschten Spezialisten des englischen Luftfahrtministeriums danach, wie man durch den kombinierten Einsatz von Brand- und Sprengbomben deutsche Grossstädte möglichst vernichtend treffen konnte. Die Planung lief unter dem Codewort «Gomorrha». Als Ziel wurde die Hansestadt Hamburg ausersehen, deren «Verwundbarkeit» als «hervorragend» eingestuft wurde. Die «Operation Gomorrha» begann in der Nacht vom 24. auf den 25. Juli 1943 und dauerte mit Unterbrüchen bis Anfang August. Im ersten Grossangriff kamen über 700 Flugzeuge zum Einsatz. Sie warfen eine Bombenlast von 2300 Tonnen auf Wohnquartiere ab. Es kam zu einem sogenannten Feuersturm. Über der Stadt bildete sich eine Hitzesäule, die frische Luft mit solcher Kraft anzog, dass orkanartige Winde die Menschen in die Flammen rissen. «Gomorrha» forderte insgesamt 37 000 Tote, und etwa 900 000 Bewohner verliessen die Stadt. Luftmarschall Arthur Harris wertete die Operation als Erfolg und sah sich in seiner Hoffnung bestärkt, man könne Deutschland auf diese Weise demoralisieren und so den Zusammenbruch beschleunigen. Flächenbombardements dieser Art, denen später auch weitere Städte wie Berlin und Dresden ausgesetzt waren, stellten ein schreckliches Novum der Kriegsgeschichte dar. Der Tod von Zivilisten wurde dabei nicht nur in Kauf genommen, sondern sogar angestrebt. Frauen, Kinder und Greise, aber auch Kriegsgefangene und Zwangsarbeiter kamen ums Leben. Der Abwurf von Atombomben auf Hiroshima und Nagasaki im August 1945 wurde schliesslich zum traurigen Höhepunkt in der Geschichte der Flächenbombardements.

Die Bombardierung Hamburgs ist von Hans Erich Nossack in der Erzählung *Der Untergang* beschrieben worden. Der Text wurde drei Monate nach dem Ereignis verfasst und erschien 1948 im Druck. Hans Erich Nossack, im Jahr 1901 geboren, stammte aus einer Hamburger Kaufmannsfamilie. Er studierte ein paar Jahre Jura und Philosophie, war Korpsstudent und Kommunist, arbeitete als Journalist und Hilfsarbeiter. Er schrieb Dramen und Gedichte, und seine frühen Manuskripte gingen im Feuersturm unter. Nach dem Krieg publizierte er eine Reihe von Romanen, in denen schwierige Charaktere nach dem Sinn ihrer Existenz suchen. *Der Untergang* wurde zuerst wenig beachtet, ist jedoch zu Nossacks bekanntestem Text geworden.

Der Schriftsteller verdankte sein Leben dem Umstand, dass er mit seiner Frau wenige Tage vor dem ersten grossen Bombardement zur Erholung in ein Heidedorf gefahren war, etwa 15 Kilometer vom südlichen Stadtrand entfernt. Von hier aus verfolgte er den Angriff der Bomberflotte und beschloss, das schreckliche Ereignis in einem Bericht festzuhalten. «Für mich ging die Stadt als Ganzes unter», schreibt er zu Beginn seiner Schilderung, «und meine Gefahr bestand darin, schauend und wissend durch Erleiden des Gesamtschicksals überwältigt zu werden. Ich fühle mich beauftragt, darüber Rechenschaft abzulegen. Es soll mich niemand fragen, warum ich so vermessen von einem Auftrag rede: ich kann ihm nicht darauf antworten. Ich habe das Gefühl, dass mir der Mund für alle Zeiten verschlossen bleiben würde, wenn ich nicht dies zuvor erledigte.»

Der erste grosse Angriff begann nach Mitternacht. Man hörte aus der Distanz den gewaltigen Lärm der Flugzeugmotoren, der krepierenden Granaten und der Fliegerabwehrkanonen. Über der Stadt standen Leuchtschirme, mit denen der Feind das Zielgebiet bezeichnete. «Gegen halb zwei Uhr», schreibt Nossack, «war das Gericht zu Ende. Aus einer unwirklichen Ferne klang das Signal der Entwarnung herüber, so verschüchtert, als wage es nicht zu verlangen, dass jemand an die Lüge glaube. Der Nordhimmel war rot wie nach Sonnenuntergang. Über die nahe Autobahn heulten die Sirenen der Feuerwehren, die aus den Nachbarstädten zu Hilfe eilten. Und dann setzte ein pausenloses Fahren auf allen Strassen der Umgegend ein, am Tage und nachts, diese Flucht aus Hamburg, ohne zu wissen, wohin.»

Was Nossack an den Flüchtlingen, denen er begegnete, am meisten auffällt, ist deren Sprachlosigkeit. «In der Nacht schon und am frühen Morgen», schreibt er, «waren die ersten Flüchtlinge eingetroffen. Barfuss manche und im Hemd, so wie sie aus dem Bett auf die Strasse gerannt waren. Sie brachten eine unheimliche Stille mit sich. Niemand wagte sie zu fragen, wenn sie stumm am Wegrand sassen; ja, nur ihnen Hilfe anzubieten schien eine allzu laute Handlung. Dann kamen die Lastautos an. Die Leute hockten fremd darin. Wohin fahren wir? Warum halten wir? Lasst uns noch etwas schlafen! Ihre Hände umklammerten Bündel unverständlicher Habseligkeiten wie ein letztes Gewicht, das sie am Boden festhielt. Nirgendwo Klagen oder eine Träne; wortlos stiegen sie aus und liessen sich wegführen.»

Nossack erfährt, dass er alles, Haus und Besitz, verloren hat, und sieht diese Nachricht, als er in die Stadt zurückkehrt, bestätigt. Auch er wird zu einem der vielen Flüchtlinge und teilt mit ihnen das Gefühl, aus der Geschichte, aus der zeitlichen Abfolge des Geschehens, herausgefallen zu sein. Er sieht sich an einem Abgrund stehen, der ihn von den anderen Menschen trennt und über den kein Weg zur Normalität führt. «Wir hatten nicht viel Zeit», schreibt er, «wir hatten überhaupt keine Zeit mehr. Wir waren aus der Zeit heraus. Alles, was wir taten, wurde uns sofort sinnlos. Folgten wir begierig einem hoffnungsvollen Gedanken, dann gerieten wir gleich in einen zähen Nebel und setzten uns wieder verzagt an den Strassenrand.» Niemand von diesen Flüchtlingen versucht, das Geschehene zu begreifen, zu erklären. Niemand denkt an Protest oder Aufstand; Schuldzuweisungen unterbleiben, niemand denkt an Rache. Nichts steht den Menschen vor Augen als die übermächtige Gewalt des Schicksals. «Dies alles muss einmal gesagt werden», schreibt Nossack, «denn es gereicht dem Menschen zum Ruhm, dass er am jüngsten Tage sein Schicksal so gross empfand. Und wenn es auch nur für eine kurze Spanne war; denn inzwischen hat sich das Bild wieder verwirrt.»

«Wozu dies alles niederschreiben?», fragt sich der Autor. «Wäre es nicht besser, es für alle Zeiten der Vergangenheit preiszugeben? Denn die dabei gewesen sind, brauchen es nicht zu lesen. Und die anderen und spätere? Wie wenn sie es nur läsen, um sich am Unheimlichen zu ergötzen und ihr Lebensgefühl dadurch zu erhöhen?» Nossack gibt keine klare Antwort auf seine Frage, es sei denn diese Bitte um Nachsicht: «Nachsicht mit uns zu haben, wenn wir nicht mehr so sind, wie man uns erwartet, nicht mehr so anwesend, nicht mehr so selbstverständlich?» Auch wenn der Autor dies nirgends explizit ausführt, spielt bei der Niederschrift seiner Aufzeichnungen gewiss das Bedürfnis mit, eine traumatische Erfahrung durch das Wort zu bannen, um sich vor psychischem Schaden zu bewahren. Dabei hält sich Nossack strikt an das Geschehen, wie es durch ihn beobachtet und wie es ihm durch glaubwürdige Augenzeugen berichtet worden ist. Er schreibt die nüchterne, distanzierte und unterkühlte Sprache des Berichterstatters. Er enthält sich ebenso sehr erklärender Kommentare wie emotionaler Anteilnahme. So ungefähr lesen sich Polizeirapporte oder Gerichtsprotokolle. Ein Tatbestand wird dokumentiert, damit er nicht in Vergessenheit gerät.

Hans Erich Nossacks Schilderung *Der Untergang* ist in den 1990er-Jahren wieder verstärkt ins öffentliche Bewusstsein getreten. Damals vertrat der an einer englischen Universität lehrende deutsche Germanist W. G. Sebald in seinem Essay «Luftkrieg und Literatur» die These, die alliierten Flächenbombardements seien, von wenigen Ausnahmen wie Nossacks *Der Untergang* abgesehen, von deutschen Schriftstellern nie abgehandelt, sondern verdrängt oder verschwiegen worden. Die betroffene Bevölkerung habe diese «finstersten Aspekte» des Kriegs wie «ein schandbares, mit einer Art von Tabu behaftetes Familiengeheimnis» behandelt. Man habe in dieser Katastrophe nicht das «grauenvolle Ende einer kollektiven Aberration» sehen wollen, sondern habe sie «als erste Stufe des erfolgreichen Wiederaufbaus» ins Positive umgedeutet.

Sebalds These ist mit guten Gründen kritisiert worden. Genauere Nachforschungen haben ergeben, dass es neben Nossacks Darstellung durchaus andere Texte von deutschen Autoren gibt, die sich, wenn auch auf literarisch weniger eindrückliche Weise, mit den Flächenbombardements beschäftigt haben. Erwähnt seien hier nur die Tagebuchaufzeichnungen von Augenzeugen, die im Lauf der Jahre im Druck erschienen sind. Zu den Überlebenden des Dresdener Bombardements vom Februar 1944 gehörte zum Beispiel der jüdische Romanistik-Professor Victor Klemperer, dessen Tagebuch eine wichtige Quelle zum Alltag unter dem Nationalsozialismus darstellt. Seine Schilderung von der Bombardierung erinnert an den Bericht von Barbusse aus dem Ersten Weltkrieg. «Aus vielen Häusern der Strasse oben», schreibt Klemperer, «schlugen immer noch Flammen. Bisweilen lagen, klein und im Wesentlichen ein Kleiderbündel, Tote auf den Weg gestreut. Einem war der Schädel weggerissen, der Kopf war oben eine dunkelrote Schale. Einmal lag ein Arm da mit einer bleichen, nicht unschönen Hand, wie man so ein Stück in Friseurschaufenstern aus Wachs geformt sieht. Metallgerippe vernichteter Wagen, ausgebrannte Schuppen. Die Menschen weiter draussen hatten z. T. wohl einiges retten können, sie führten Bettzeug und Ähnliches auf Karren mit sich oder sassen auf Kisten und Ballen. Zwischen diesen Inseln hindurch, an den Leichen und Wagentrümmern vorbei, strömte immerfort Verkehr, Elbe auf- und abwärts, ein stiller, erregter Korso.»

In der kaum mehr überschaubaren «Erinnerungsliteratur» zum Nationalsozialismus hat die Beschäftigung mit den Bombardements also durchaus ihren Platz. Richtig ist allerdings Sebalds Feststellung, diese Erinnerungsliteratur sei nach dem Krieg im deutschen Vergangenheitsdiskurs von reaktionären Kommentatoren instrumentalisiert worden. So hat man immer wieder auf die Brutalität und die hohen Zahlen ziviler Opfer alliierter Angriffe hingewiesen, um eine moralische Entlastung der eigenen Kriegsführung zu erreichen. Stichhaltig ist solche Argumentation jedoch in keiner Weise, und zwar aus zwei Gründen. Erstens trugen bereits die ersten Angriffe der deutschen Luftwaffe auf Rotterdam, Coventry und London den Charakter von Flächenbombardements, auch wenn Hitler-Deutschland nicht über das Vernichtungspotenzial der alliierten Bomberflotten verfügte. Zweitens muss betont werden, dass, wer einen Krieg auslöst, nicht nur für den Ausbruch, sondern auch für die Kriegsfolgen verantwortlich zeichnet. Was schon Friedrich Schiller wusste, der dichtete: «Das eben ist der Fluch der bösen Tat, dass sie, fortzeugend, Böses muss gebären.»

Wenn Luftmarschall Harris allerdings meinte, sein «area bombing» würde zur Demoralisierung des Gegners und damit zur Verkürzung des Kriegs führen, irrte er sich. Die trotzige Durchhaltebereitschaft verstärkte sich ebenso wie die Loyalität gegenüber einem Unrechtsregime, das nicht zögerte, die Brutalität des Bombenkriegs propagandistisch zu nutzen. Zweifellos hätte mit gezielten Angriffen auf kriegswirtschaftlich wichtige Industrieanlagen mehr erreicht werden können. «Die Moral der deutschen Zivilbevölkerung», schreibt denn auch der britische Militärhistoriker John Keegan, «kam durch die Bombardierungen nie ins Wanken.»

41. Wolfgang Borchert, *Draussen vor der Tür* (1947)

Wolfgang Borchert schrieb sein Stück *Draussen vor der Tür* Anfang 1947. Es wurde zuerst in einer Hörspielfassung vom Norddeutschen Rundfunk gesendet und dann durch die Hamburger Kammerspiele am 21. November 1947 uraufgeführt. Der Autor erlebte die Uraufführung nicht mehr; er verstarb einen Tag zuvor im Alter von 26 Jahren in Basel. Borchert hatte seinem Werk geringe Erfolgschancen eingeräumt. «Ein Stück», so seine Prophezeiung, «das kein Theater spielen und kein Publikum sehen will.» Doch er täuschte sich. *Draussen vor der Tür* wurde zusammen mit Zuckmayers *Des Teufels General* zum erfolgreichsten deutschsprachigen Bühnenstück der Nachkriegszeit. Als Klassenlektüre wurde das Drama in Tausenden von deutschen Schulen gelesen. In den Literaturgeschichten gilt es als Musterbeispiel für die «Trümmerliteratur» der Stunde Null.

Den Inhalt seines Stücks hat Wolfgang Borchert in einer kurzen Vorbemerkung so zusammengefasst: «Ein Mann kommt nach Deutschland ... Einer von denen, die nach Hause kommen und die dann doch nicht nach Hause kommen, weil für sie kein Zuhause mehr da ist. Und ihr Zuhause ist dann draussen vor der Tür.» Der Mann, von dem hier die Rede ist, kehrt aus russischer Kriegsgefangenschaft nach Hamburg zurück. Beckmann heisst er, hat an der Ostfront als Unteroffizier gekämpft und nach der Niederlage jede Hoffnung in seine Zukunft verloren. Er will sich in der Elbe ertränken, doch die will ihn nicht, spuckt ihn wieder aus, schwemmt ihn ans Ufer. Vergeblich will er im Leben Fuss fassen. Er sucht seine Frau auf, doch die lebt mit einem anderen zusammen, und sein Kind ist im Krieg umgekommen. Beckmann begegnet seinem Obersten, der den Krieg überlebt und sich behaglich und fett im neuen Leben eingerichtet hat. Er berichtet ihm von seinen Albträumen, von einem blutüberströmten General, der ihm nachts auf einem Xylofon aus Menschenknochen preussische Marschmusik vorspielt. Er will dem Obersten die Verantwortung zurückgeben, die ihm dieser bei einem verlustreichen Spähtruppeneinsatz übertragen hat. Doch der Oberst hat für die traumatischen Phantasien und Schuldgefühle Beckmanns keinerlei Verständnis und lacht ihn aus.

Wenig später trifft Beckmann auf den Direktor eines Kabaretts, dem er seine Dienste anbietet. Doch dieser Mann, der positiv und dynamisch in die Zukunft blickt, hat für Beckmanns Jammergestalt keine Verwendung. «Reifen Sie auf dem Schlachtfeld des Lebens, mein Freund», ruft er ihm zu. «Arbeiten

Sie. Machen Sie sich einen Namen, dann bringen wir Sie in grosser Aufmachung raus. Lernen Sie die Welt kennen, dann kommen Sie wieder. Werden Sie jemand!»

Oberst und Direktor haben den Krieg überlebt, ohne Schaden zu nehmen. Beide gehen, als ob nichts geschehen wäre, zur Tagesordnung einer neuen Existenz über. Für Beckmann jedoch, den innerlich Verwundeten, Verstörten, ist allein der Gedanke, in der Gesellschaft solcher Menschen weiterzuleben, unerträglich. Er fühlt sich von jener Gesellschaft, wie der Oberst und der Kabarettdirektor sie vertreten, verraten: «Wie wir noch ganz klein waren», sagt er, «da haben sie Krieg gemacht. Und als wir grösser waren, da haben sie vom Krieg erzählt. Begeistert. Immer waren sie begeistert. Und als wir dann noch grösser waren, da haben sie sich auch für uns einen Krieg ausgedacht. Und da haben sie uns dann hingeschickt. Und sie waren begeistert. Immer waren sie begeistert. Und keiner hat uns gesagt, ihr geht in die Hölle.»

Beckmann sucht das Haus auf, in dem er seine Kindheit verlebt hat. Es steht noch, aber eine unbekannte Frau wohnt nun dort. Von dieser Frau erfährt Beckmann, dass sich sein Vater, ein überzeugter Nationalsozialist und Judenhasser, zusammen mit seiner Mutter das Leben genommen hat. «Ja, die alten Herrschaften von Ihnen», berichtet sie, «hatten nicht mehr die rechte Lust. Eines Morgens lagen sie steif und blau in der Küche. So was Dummes, sagte mein Alter, von dem Gas hätten wir einen ganzen Monat kochen können.»

Im Traum begegnet Beckmann einem alten Mann, der sich ihm mit weinerlicher Stimme vorstellt: «Ich bin der liebe Gott, mein Junge, mein armer Junge!» Beckmann wirft dem lieben Gott vor, den Tod seines unschuldigen Sohnes zugelassen zu haben. «Du hast nicht hingehört, als er schrie und als die Bomben brüllten. Wo warst du eigentlich, als die Bomben brüllten, lieber Gott?» Den verzweifelt vorgetragenen Vorwürfen Beckmanns begegnet Gott mit dem kläglichen Eingeständnis seines eigenen Unvermögens und seiner Unglaubwürdigkeit: «Meine Kinder haben sich von mir gewandt, nicht ich von ihnen. Ihr von mir, ihr von mir. Ich bin der Gott, an den keiner mehr glaubt. Ihr habt euch von mir abgewandt.» Überall wird Beckmann abgewiesen, keine Tür öffnet sich für ihn. «Wir stehen alle draussen», sinniert er. «Auch Gott steht draussen, und keiner macht ihm mehr eine Tür auf. Nur der Tod, der Tod hat zuletzt doch eine Tür für uns. Und dahin bin ich unterwegs.»

Borcherts Drama *Draussen vor der Tür* entlässt den Leser in die Offenheit des Ungewissen. Findet Beckmann den Weg zurück ins Leben? Wir können es mit Sicherheit nicht sagen. Zwar lässt Borchert eine weitere Figur auftreten, den «Anderen», eine Art vitales Alter Ego zur Hauptfigur. Dieser «Andere» spricht Beckmann zu, ermuntert ihn, sich der Realität zu stellen, einen Neubeginn zu wagen. Doch zuletzt verflüchtigt sich der «Andere» genauso wie der ohnmächtige Gott, und Beckmann bleibt auf sich allein zurückgeworfen. Das Stück endet mit lauter Fragen: «Wohin soll ich denn? Wovon soll ich leben? Mit wem? Für was? Wohin sollen wir denn auf dieser Welt? Verraten sind wir, furchtbar verraten.» Die Fragen bleiben ohne Antwort.

Das Leben Wolfgang Borcherts war kurz und unglücklich. 1921 als Sohn eines Volksschullehrers und einer Schriftstellerin in Hamburg geboren, begann er eine Buchhändlerlehre, nahm Schauspielunterricht und verfasste Gedichte. Im Juli 1941 wurde er als Panzergrenadier eingezogen. Auf den Kasernenhofdrill reagierte er mit ohnmächtiger Erbitterung, und den Einsatz im Winterkrieg vor Moskau erlebte er als grauenvolle Groteske. Unter dem Verdacht, sich selbst eine Verletzung beigebracht zu haben, wurde er inhaftiert und entging knapp der Todesstrafe. Wegen kritischer Äusserungen der «Zersetzung der Wehrkraft» angeklagt, kam er erneut ins Gefängnis und wurde vorzeitig zur «Feindbewährung» entlassen. Er nahm an heftigen Kämpfen teil, erkrankte unheilbar an Gelbsucht und wurde in das Seuchenlazarett von Smolensk überführt. Kurz vor der Entlassung aus dem Wehrdienst wurde er wegen einer Goebbels-Parodie, welche er vor Kameraden zum Besten gab, erneut verhaftet. Im Gefängnis von Berlin-Moabit sass er eine fast neunmonatige Untersuchungshaft ab und wurde schliesslich an die Westfront geschickt. Bei Frankfurt geriet er in französische Kriegsgefangenschaft, entfloh jedoch und erreichte nach langen Fussmärschen Hamburg. Dort wandte er sich, obwohl schwer krank, sogleich wieder der Theaterarbeit zu. Zwischen Jahresbeginn und Ostern 1946 musste er hospitalisiert werden. In kurzer Zeit entstanden Erzählungen und Prosaskizzen, darunter der Text *Die Hundeblume*, in dem Borchert seinen Berliner Gefängnisaufenthalt verarbeitete. Und es entstand, in wenigen Tagen niedergeschrieben, sein wichtigstes und erfolgreichstes Werk: *Draussen vor der Tür*.

Im September 1947 ermöglichten Freunde dem Schriftsteller einen Kuraufenthalt in Basel. Doch dem Todkranken war nicht mehr zu helfen. Er erfuhr noch von der günstigen Aufnahme seines Stücks in Deutschland, und er erhielt einen aufmunternden Brief Carl Zuckmayers: «Ihre Welt ist wirklich bis ins Unheimliche, Ihr Talent ist echt. Ich schreibe nicht oft solche Briefe, aber ich muss Ihnen das sagen und hoffe, dass es Sie freut. Werden Sie nur gesund – Sie haben noch viel zu tun.» Die Hoffnung erfüllte sich nicht. Der Schriftsteller verstarb am 20. November 1947 im Clara-Spital zu Basel.

Draussen vor der Tür enthält eine Absage an Hitler-Deutschland, wie sie radikaler kaum vorstellbar ist. Der Autor stellt keine Nationalsozialisten auf die Bühne, aber er zeigt am Beispiel des Heimkehrers Beckmann, in welche Abgründe die Diktatur den Menschen führte. Während es für Beckmann keinen Neubeginn zu geben scheint, geht aus anderen Arbeiten des Schriftstellers, die unmittelbar nach Kriegsende gedruckt wurden, hervor, wie sehr Borchert die deutsche Katastrophe als Katharsis, als Chance zur Erneuerung, begriffen hat. In seinem letzten, kurz vor dem Tod verfassten Essay «Das ist unser Manifest» wird dies deutlich spürbar. Es ist zuerst ein resolut pazifistischer Text. «Wir werden nie mehr», schreibt Borchert, «Jawohl sagen auf ein Gebrüll. Die Kanonen und die Feldwebel brüllen nicht mehr. Wir werden weinen, scheissen und singen, wann wir wollen.» Doch Borchert gibt sich nicht mit solcher Ablehnung zufrieden. «Denn wir müssen», heisst es weiter, «in das Nichts hinein wieder ein Ja bauen. Häuser müssen wir bauen in die freie Luft unseres Neins, über den Schlünden, den Trichtern und den offenen Mündern der Toten ...» Und dann, so Borchert, werde vielleicht wieder ein ganz neuartiges Bekenntnis zu Deutschland möglich: «Denn wir lieben diese gigantische Wüste, die Deutschland heisst. Dies Deutschland lieben wir nun. Und jetzt am meisten. Und um Deutschland willen wollen wir nicht sterben. Um Deutschland willen wollen wir leben.»

Draussen vor der Tür ist eines der eindrücklichsten Zeugnisse, die wir aus der unmittelbaren deutschen Nachkriegszeit besitzen. Die Diskussion um die Frage, wie mit der nationalsozialistischen Vergangenheit umzugehen sei, beherrschte damals die Öffentlichkeit besonders intensiv. Historiker und Philosophen wie Friedrich Meinecke, Eugen Kogon und Karl Jaspers befassten sich mit der deutschen Schuld und forderten eine grundlegende Neubesinnung. Die Entnazifizierungspolitik der alliierten Besatzungsmächte bemühte sich, zu solcher Erneuerung beizutragen. Täter und Mitläufer der Diktatur erprobten ihrerseits Strategien der Vergangenheitsbewältigung und versuchten, sich in der Nachkriegsgesellschaft des Wirtschaftswunders günstig zu positionieren. In dieser aufgewühlten geistigen Stimmung wirkte Borcherts *Draussen vor der Tür* wie ein Aufschrei, der nicht überhört werden konnte. Es waren vor allem jene jüngeren Deutschen, die unter Hitler gekämpft und gelitten, ihm aber nicht zur Macht verholfen hatten, die sich mit dem Stück identifizieren konnten.

Wolfgang Borcherts schmales, fragmentarisches Werk mit seinen Anklängen an das Pathos des Expressionismus ist keine grosse Literatur. Der Kritiker Hans Egon Holthusen hatte recht, wenn er 1951 in seinem weitverbreiteten Buch *Der unbehauste Mensch* schrieb, das Stück sei bewegend als Dokument einer «sinnlos geopferten Generation, aber künstlerisch nicht befriedigend». Fragen darf man sich allerdings, ob einem Holthusen, der seine Zugehörigkeit zu den Nazis und zur Waffen-SS nach 1945 schlau zu verheimlichen wusste, ein Urteil über Wolfgang Borcherts tragisches Schicksal überhaupt zustand.

42. Max Frisch, *Tagebuch 1946–1949* (1950)

Max Frischs *Tagebuch 1946–1949* kann man auf verschiedene Weise lesen. Man kann es als Teilstück einer Autobiografie betrachten, das Einblick in Leben und Erlebniswelt eines bestimmten Individuums gibt. Man kann sich kritisch mit dem Text auseinandersetzen und sich ein Urteil über Stil und literarische Qualität des Kunstwerks bilden. Max Frischs *Tagebuch* ist aber zugleich eine wichtige geschichtliche Quelle. Sie gibt Auskunft über einen bestimmten Ausschnitt des Zeitgeschehens, wie er vom Autor durchlebt und beschrieben worden ist. Konkret: Max Frischs Tagebuch zeigt, wie ein junger Mann, Bürger der kriegsverschonten Schweiz, die Realität des vom Krieg betroffenen Nachbarlandes Deutschland nach 1945 wahrgenommen und reflektiert hat.

Nun fehlt es nicht an Aufzeichnungen von deutschen Emigranten, die nach Kriegsende ihre Heimat aufsuchten und über ihren Eindruck berichteten. Wie verschieden ihre Wahrnehmung sein konnte, zeigt sich am Beispiel der Familie von Thomas Mann. Der berühmte Schriftsteller hatte sich im amerikanischen Exil sein eigenes Deutschlandbild geschaffen, das mit dem Deutschland, in das er zurückkehrte, nicht mehr in Übereinstimmung zu bringen war; deshalb wich er in die Schweiz aus. Bei Thomas Manns Tochter Erika schlug die belastende Erinnerung an Hitler-Deutschland in ein tief sitzendes Ressentiment um, das sie nie überwand. Auch Erikas Bruder Klaus fand bei der Rückkehr ein Land vor, in dem er sich nicht mehr daheim fühlen konnte. Seine pessimistische Einschätzung der internationalen Lage im Vorfeld des Kalten Kriegs verband sich bei ihm mit einer schweren Schaffenskrise, die den Selbstmord als einzige Lösung erscheinen liess. Sein jüngerer Bruder Golo bemühte sich redlich um Versöhnung und trat dem im Ausland weitverbreiteten Pauschalurteil von der deutschen Kollektivschuld mit Entschiedenheit entgegen; aber auch er konnte traumatische Erinnerungen nie ganz verdrängen. Thomas Manns Bruder Heinrich schliesslich hatte sich während der Emigration in das Traumbild eines sozialistischen Deutschland unter sowjetischer Führung geflüchtet; sein Tod kurz vor der geplanten Rückkehr in die DDR ersparte ihm die Desillusionierung.

Von Schweizer Autoren besitzen wir nur wenige Zeugnisse über ihre Auseinandersetzung mit Nachkriegsdeutschland, und Max Frischs *Tagebuch 1946–1949* dürfte das eindrücklichste sein. Vor dem Zweiten Weltkrieg hatte sich der 1911 in Zürich geborene Schriftsteller nur eine oberflächliche Kenntnis unseres nördlichen Nachbarlandes verschaffen können, und die Machtübernahme

durch die Nationalsozialisten hat in seinem Frühwerk kaum Spuren hinterlassen. Als er im Jahr 1930 in Zürich ein Germanistikstudium begann, neigten seine
Professoren dazu, den Beruf des Schriftstellers mit einer Aura zu umgeben, die
diesen weit über die Niederungen der Politik hinaushob. Max Frisch teilte diese
Auffassung; er war zu dieser Zeit, wie er später missbilligend bemerkte, ein
unpolitischer Mensch. Gewiss lehnte er den Nationalsozialismus und dessen
schweizerische Ausprägung, den Frontismus, ab; aber Fragen der künstlerischen
Selbstverwirklichung beschäftigten ihn stärker als das Geschehen in Deutschland.

Im Jahr 1936 begann Frisch an der ETH Architektur zu studieren – zur selben Zeit, als Hitlers Truppen ins entmilitarisierte Rheinland einmarschierten.
In seinen journalistischen Arbeiten vertrat Frisch damals den Standpunkt der
«Geistigen Landesverteidigung» und sah in der Landesaustellung von 1939 den
überzeugenden Ausdruck schweizerischen Wehrwillens. Während des Kriegs
leistete der Schriftsteller als Kanonier seinen Aktivdienst und verfasste die
Blätter aus dem Brotsack, Aufzeichnungen aus dem Alltag eines zwar unbegab-
ten, aber doch patriotisch gesinnten Soldaten. Darin konnte man lesen: «Wir
werden geboren und haben nicht um unser Leben gebeten, nicht unser Vaterland erwählt. Einmal am Leben aber, ja, wie hangen wir daran, und wie lieben wir
auch das Land, das unser Vaterland ist, selbst wenn es nicht in aller Mund wäre,
selbst wenn es uns schmerzt.» «Ich verweigerte mich», schrieb der Schriftsteller
später, «jedem Zweifel an unserer Armee.»

Bis zum Kriegsende schwankte Frisch zwischen den Berufen des Architekten und des Schriftstellers: Er erstellte eine Freibadanlage in Zürich und
verfasste das Bühnenstück *Nun singen sie wieder*. Dieses hat eine Begebenheit
aus dem Krieg zum Gegenstand und wurde kurz vor Kriegsende im Zürcher
Schauspielhaus uraufgeführt. Auf eine Kritik, die an diesem Stück geübt wurde,
antwortete Frisch mit einer Replik, in der er sich gegen den moralischen Hochmut des kriegsverschonten Landes wandte. «Auch dort», heisst es darin, «wo das
Versagen des Geistes nicht zur aktiven Kriminalität reicht und sich nicht als
Massaker darstellt, erkennen wir es als Schuld, beispielsweise in dem Umstand,
dass unsere gesamte schweizerische Presse, solange es unser Vaterland hätte gefährden können, zu eben jenen Massakern schweigen musste und schwieg. Nur
dass wir es beim Nachbar als Mangel an bürgerlichem Mut bezeichnen, somit als
Schuld, im eigenen Lande aber als Staatsraison.»

Nach dem Krieg bereiste Max Frisch verschiedentlich Deutschland und setzte sich mit dessen jüngster Geschichte auseinander. «In einer Welt», schrieb er damals, «die auf Vorurteile verhext ist, scheint mir das eigene Anschauen äusserst wichtig.» Schon zeichnete sich am Horizont, vom Schriftsteller mit Sorge wahrgenommen, der Kalte Krieg ab. Max Frisch ist ein aufmerksamer Beobachter, dem das Ausmass der deutschen Katastrophe in materieller und moralischer Hinsicht nicht verborgen bleibt. Zugleich ist er sich bewusst, dass ihm, dem Ausländer und dem Verschonten, der die schlimme Erfahrung der Diktatur nicht hat machen müssen, ein vorschnelles und pauschales Urteil nicht zusteht. Er berichtet sachlich, mehr registrierend als schildernd, über Städte wie München, Frankfurt, Berlin oder Breslau, die zu Ruinenlandschaften geworden waren. Er hält skizzenhaft die Begegnungen mit Menschen, mit Überlebenden fest, die alles verloren haben. «Man hält die Feder hin», schreibt Frisch, «wie eine Nadel in der Erdbebenwarte, und eigentlich sind nicht wir es, die schreiben, sondern wir werden geschrieben.»

So entstehen präzis festgehaltene Impressionen, die im Gedächtnis des Lesers haften bleiben. Zum Beispiel bei Frischs Besuch in einem Konzentrationslager, wo man förmlich spürt, wie der Autor das Entsetzen durch den Realismus der Beschreibung zu bannen sucht: «Endlich kommen wir an den letzten Ort. Wir stehen vor den Urnen. Es ist das erste Mal, dass ich die menschliche Asche sehe; sie ist grau, aber voll kleiner Knöchelchen, die gelblich sind. Die Urnen sind aus Sperrholz, neuerdings, während das deutsche Modell, das wir in die Hand bekommen, einfacher und sparsamer war, eine Tüte aus starkem Papier, jede mit einer handschriftlichen Nummer versehen, wenn sie gefüllt ist.»

Schwierig und kompliziert ist die Beziehung zu den Menschen. Max Frisch ist weit davon entfernt, in den Kategorien von Schuld und Sühne zu denken, und die damals bei Ausländern weitverbreitete Vorstellung einer deutschen Kollektivschuld ist ihm fremd. Er spricht vielmehr von «einem Urwald von Schicksalen» und einer «Flut von Eindrücken» und stellt fest: «... es gibt keine Deutung, nur Geschichten, Anblicke, Einzelnes.» Der Schriftsteller hört zu, aber er richtet nicht. Immer bleibt ihm bewusst, dass er ein Mensch gleicher Kultur, Teilhaber und Mitverantwortlicher des gleichen geistigen Erbes ist. Zuweilen kommt es zu Gesprächen, in denen beide Seiten sich im tröstlichen Einverständnis finden. «Es gibt einzelne», schreibt Frisch, «die uns jede Grenze vergessen lassen; man sitzt sich nicht als Deutscher und als Schweizer gegenüber; man ist dankbar, dass man die gleiche Sprache hat und schämt sich jeder Stunde, da man diese einzelnen vergessen hat.» Weit häufiger aber begegnet er dem Typus des Nachkriegsdeutschen, der den Schweizer dazu nötigen möchte, die Rolle des Richters zu übernehmen: «Die Mehrzahl freilich sind solche, die diese Versuchung wieder beschwören, die sich rechtfertigen und uns, ob wir wollen oder nicht, zum Richter setzen, der freisprechen soll, und wenn wir uns dazu nicht entschliessen können, sondern schweigen oder an gewisse Dinge erinnern, die man nicht vergessen darf, trifft uns der stumme oder offene Vorwurf, dass wir richterlich sind.»

An gewisse Dinge erinnern, die man nicht vergessen darf. Ausserordentlich früh hat Max Frisch erkannt, was in Deutschland erst mit dem Generationenwechsel der 1960er-Jahren ins allgemeine Bewusstsein getreten ist: dass Vergessen, Verdrängen und Verschweigen der nationalsozialistischen Katastrophe nicht die Lösung sein kann. «Leider ist es ja so», schreibt er im *Tagebuch*, «dass das Geschehene, noch bevor es uns wirklich und furchtbar entsetzt hat, bereits überdeckt wird von neuen Untaten, die uns in einer willkommenen, einer fieberhaften und mit verdächtigem Eifer geschürten Empörung vergessen lassen, was Ursache und Folge ist; nicht nur in Deutschland, auch bei uns reden wir gerne vom Heute, als stünde kein Gestern dahinter.» Und er fährt fort: «… aber einmal muss das Entsetzen uns erreichen – sonst gibt es kein Weiter.» Eine ungemein wichtige Aussage, eine Aufforderung zum selbstkritischen Umgang mit der Vergangenheit. Deutschland ist denn auch, zögerlich und nicht ohne Mühe, dieser Aufforderung nachgekommen, und dieses Geschichtsverständnis ist zu einem wichtigen konsolidierenden Faktor in der Entwicklung der Bundesrepublik geworden.

Eine weitere Einsicht von Frischs Tagebuch besteht darin, dass Fatales, wie es in Deutschland geschah, unter entsprechenden Bedingungen auch anderswo, auch in der Schweiz, hätte geschehen können. Es gibt kein Präventivmittel, kein Arkanum, welches vor dem Bösen, das im Wesen des Menschen angelegt ist, sicheren Schutz bieten könnte. Auch Bildung gewährt keinen solchen Schutz. «Zu den entscheidenden Erfahrungen», schreibt Frisch, «die unsere Generation, geboren in diesem Jahrhundert, aber erzogen noch im Geiste des vorigen, besonders während des Zweiten Weltkriegs hat machen können, gehört wohl die, dass Menschen, die voll sind von jener Kultur, Kenner, die sich mit Geist und Inbrunst unterhalten können über Bach, Händel, Mozart, Beethoven, Bruckner, ohne weiteres auch als Schlächter auftreten können; beides in gleicher Person.»

In seinem ersten Tagebuch ist Max Frisch zum politischen Schriftsteller geworden, der er bis zu seinem Tod war. «Wer sich nicht mit Politik befasst», schreibt er, «hat die Parteinahme, die er sich sparen möchte, bereits vollzogen: Er dient der herrschenden Partei.»

Max Frisch hat ein reiches und vielfältiges Werk hinterlassen. Es gibt Kenner, die Frischs Tagebücher von 1946 bis 1949 und von 1966 bis 1971 zu den bedeutendsten Werken deutscher Literatur im 20. Jahrhundert zählen. Der Historiker schliesst sich dieser Auffassung an.

43. Albert Camus, *La Peste* (1947)
Deutsch: *Die Pest* (1948)

Alles beginnt ganz harmlos, an einem Tag im Monat April, in den 1940er-Jahren. Schauplatz ist die algerische Hafenstadt Oran, hässlich, monoton, langweilig, mit Bewohnern, die ihren gewohnten Geschäften nachgehen. Da ereignet es sich, dass ein Arzt, Dr. Rieux, im Treppenhaus auf eine verendete Ratte stösst. Er misst dem Fund keine Bedeutung bei. Doch im Quartier und in der Stadt mehren sich die sterbenden Ratten, sie steigen aus den Kloaken hoch und krepieren zu Hunderten in den Rinnsteinen. Der Concierge im Hause des Arztes bekommt hohes Fieber, seine Lymphknoten schwellen auf, und er stirbt nach qualvollem Leiden in wenigen Tagen. Immer mehr Menschen erkranken, zeigen dieselben Symptome, sterben. Man spricht von einer Epidemie. Rieux berät sich mit einem Kollegen, und sie kommen zu einem fatalen Befund. Die Behörden werden verständigt. Über Oran wird eine Quarantäne verhängt.

Das Buch, von dem hier die Rede ist, erschien im Jahr 1947 in Paris und trug den Titel *Die Pest*. Der Verfasser, Albert Camus, wurde 1913 als «pied noir», als Sohn eines einfachen französischen Landarbeiters und einer Spanierin, in Algerien geboren. Seinen Vater kannte er kaum: Er wurde kurz nach Ausbruch des Ersten Weltkriegs an der Front getötet. Albert Camus war arm, aber begabt, erhielt ein Stipendium für das Lycée in Algier und studierte an der dortigen Universität. Er trat der Kommunistischen Partei bei, verfasste erste Theaterstücke und arbeitete als Journalist. Im Jahr 1940 siedelte er nach Paris über und arbeitete als Redaktionssekretär bei einer Zeitung. Nach dem deutschen Blitzsieg über Frankreich nahm Camus Beziehungen zur Résistance auf. Im Jahr 1942 erschien, damals kaum beachtet, der Roman *Der Fremde*. Es ist ein in einfacher, lakonischer Sprache abgefasster Text, heute die Klassenlektüre im Französischunterricht ungezählter Schulen.

Die Pest wurde für Camus zum ersten grossen Bucherfolg; man schätzt, dass von der französischen Ausgabe gegen 6 Millionen Exemplare verkauft worden sind. Zum Roman sind verschiedene Vorstudien erhalten, und wir wissen, dass sich der Autor bereits in Algerien mit dem Stoff beschäftigte. Aber es ist die bedrückende Erfahrung der Existenz im feindlich besetzten Frankreich, die in den Text eingegangen ist. Die Seuche kann jeden jederzeit treffen, wie die Gestapo und die Schergen des Marschalls Pétain jederzeit zuschlagen konnten. Der Mensch wird auf sich selbst zurückgeworfen und gerät in eine Isolation, der er nicht entweichen kann; auch weiss er, dass auf keine Hilfe von aussen zu hoffen ist.

Camus wählt für seinen Roman die Form einer sachlichen Chronik durch einen vorerst nicht bekannten Erzähler. Vor der dunklen Folie der ausweglosen und todbringenden Bedrohung agieren die Figuren des Romans. Die beiden Hauptpersonen sind der Arzt Dr. Rieux und ein zugezogener Rentner, Jean Tarrou, über den niemand Genaueres weiss. Zu ihnen gesellt sich ein Pariser Journalist, Rambert, der zuerst alles daransetzt, aus der Stadt zu fliehen, um zu seiner Freundin zurückzukehren, sich dann aber entschliesst, mit Tarrou und Rieux bei der Betreuung der Pestkranken zusammenzuarbeiten. Die wichtigsten weiteren Figuren sind: der verhinderte Selbstmörder Cottard, welcher der Ausbreitung der Pest mit seltsamer Genugtuung folgt; der Angestellte der Stadtverwaltung Grand, der einen Roman schreiben will und nie über die ersten Sätze hinauskommt; der Richter Othon, dessen Kind an der Pest stirbt; der Geistliche Paneloux, der in seiner Predigt die Pest als gerechte Strafe für begangene Sünden darstellt und der dann, selbst von der Krankheit heimgesucht, mit den Worten stirbt: «Gläubige haben keine Freunde; sie haben alles in Gott gesetzt.»

Diesen Gott gibt es für Rieux und Tarrou nicht. Ihr Kampf gegen die Pest ist keine gottgefällige Handlung, sondern ein Akt der Auflehnung und des Widerstands gegen eine Bedrohung, die man als sinnlos, als absurd empfindet. Tarrou bietet dem Arzt seine Mithilfe bei der Organisation eines städtischen Sanitätsdienstes an, obwohl er weiss, dass diese Tätigkeit lebensgefährlich ist. Während der Monate, in denen die Pest die Stadt im Griff hat, arbeiten die beiden eng zusammen. In einem längeren Gespräch stellt Tarrou dem Arzt die Frage: «Glauben Sie an Gott?» Und Rieux antwortet: «Nein. Aber was besagt das? Ich tappe im Dunkeln und versuche Klarheit zu finden. Ich habe schon lange aufgehört, das originell zu finden.» Vordringlich sei jetzt, fährt der Arzt fort, seine Pflicht zu tun: «Im Augenblick sind da die Kranken, und sie müssen geheilt werden. Danach werden sie nachdenken und ich auch. Ich stehe ihnen bei, so gut ich kann. Das ist alles.» Und weiter: «Da die Weltordnung durch den Tod bestimmt wird, ist es für Gott vielleicht besser, dass man nicht an ihn glaubt und mit aller Kraft gegen den Tod ankämpft, ohne die Augen zu diesem Himmel zu erheben, in dem er schweigt.»

In einem weiteren Gespräch erzählt Tarrou dem Arzt von seinem Leben. Er spricht von seinem Vater, der als Staatsanwalt Todesurteile zu fällen hatte. Als Sohn dieses Vaters habe er sich eines Tages entschlossen, allem, was «aus guten oder aus schlechten Gründen tötet, oder rechtfertigt, dass getötet wird», entgegenzutreten. Für ihn sei die wichtigste Frage: «Kann man ein Heiliger sein ohne Gott?» Darauf der Arzt: «Ich fühle mich mit den Besiegten solidarischer als mit den Heiligen. Ich glaube, ich finde keinen Geschmack am Heroismus und der Heiligkeit. Was mich interessiert, ist der Mensch.» Dieses Gespräch, der Höhepunkt des Romans, stiftet eine tiefe Übereinstimmung zwischen den beiden. Es ist Abend, der Mond steht am Himmel und die Männer gehen hinab zum Strand, um gemeinsam ein Bad zu nehmen. «Wieder angezogen», schreibt Camus, «brachen sie auf, ohne ein Wort gesprochen zu haben. Aber ihre Herzen fühlten gleich, und die Erinnerung an diese Nacht war wohltuend für sie.»

Gegen das Jahresende klingt die Pest ab. Tarrou gehört zu ihren letzten Opfern. Rieux wacht am Bett des qualvoll Sterbenden. «Tarrou hatte», schreibt Camus, «wie er sagte, die Partie verloren. Aber was hatte er, Rieux, gewonnen? Er hatte nur gewonnen, die Pest gekannt zu haben und sich daran zu erinnern, die Freundschaft gekannt zu haben und sich daran zu erinnern, die Zuneigung zu kennen und sich eines Tages daran erinnern zu dürfen. Alles, was der Mensch beim Spiel der Pest und des Lebens gewinnen konnte, waren Erkenntnis und Erinnerung.»

Die Pest ist besiegt, die Tore der Stadt werden geöffnet, die Menschen, die überlebt haben, tanzen auf den Plätzen. Am Schluss des Romans erfährt der Leser, dass es Dr. Rieux war, der die Chronik der Ereignisse aufgezeichnet hat. Die Solidarität mit seinen Mitbürgern, berichtet Rieux, habe ihn bewogen, die Geschehnisse zu schildern. Rieux habe sich bemüht, schreibt Camus über die Hauptfigur des Chronisten, «nicht mehr zu berichten, als er sehen konnte, seinen Gefährten in der Pest keine Gedanken zuzuschreiben, die sie eigentlich nicht unbedingt haben mussten.» Und weiter: «Aber gleichzeitig hat er, dem Gebot eines anständigen Herzens gehorchend, entschlossen die Partei des Opfers ergriffen und mit den Menschen, seinen Mitbürgern, die einzigen Gewissheiten teilen wollen, die ihnen gemeinsam sind, nämlich die Liebe, das Leid und das Exil.» Der Roman endet mit den Sätzen: «Während Rieux den Freudenschreien lauschte, die von der Stadt aufstiegen, erinnerte er sich nämlich daran, dass diese Freude immer bedroht war. Denn er wusste, was dieser Menge im Freudentaumel unbekannt war und was man in Büchern lesen kann, dass nämlich der Pestbazillus nie stirbt und nie verschwindet, dass er jahrzehntelang in den Möbeln und in der Wäsche schlummern kann, dass er in Zimmern, Kellern, Koffern, Taschentüchern und Papieren geduldig wartet und dass vielleicht der Tag kommen würde, an dem die Pest zum Unglück und zur Belehrung der Menschen ihre Ratten wecken und zum Sterben in eine glückliche Stadt schicken würde.»

Albert Camus hat nicht nur Romane wie *Der Fremde* und *Die Pest* geschrieben. Von ihm stammen auch zahlreiche Theaterstücke und philosophische Essays wie «Der Mythos des Sisyphos» und «Der Mensch in der Revolte». Diese Schriften haben zur Zeit ihres Erscheinens bei den französischen Vordenkern des Existenzialismus, bei Jean-Paul Sartre und Maurice Merleau-Ponty, heftige Kontroversen ausgelöst, die viele Seiten füllen und die heute in Vergessenheit geraten sind. *Die Pest* aber ist aktuell geblieben. Denn das Buch wirft eine Frage auf, die sich nach der ungeheuerlichen Menschheitskatastrophe des Zweiten Weltkriegs Millionen von Menschen stellten: die Frage nach dem schweigenden Gott. Es ist ein altes Problem; schon Voltaire, Goethe und viele ihrer Zeitgenossen haben sich darüber den Kopf zerbrochen, als ein schreckliches Erdbeben im Jahr 1755 die Hafenstadt Lissabon zerstörte. Auch in Camus' Roman wird diese Frage gestellt; auch hier bleibt die Antwort aus. Voltaire hatte einst mit bewegten Worten gegen die Irrlehren des Philosophen Leibniz und des Dichters Alexander Pope gekämpft, die behauptet hatten, wir Menschen lebten in der «besten aller möglichen Welten» und in Gottes Schöpfung sei alles zum Besten bestellt. Voltaire leugnete die Existenz eines Gottes nicht; aber er kam zu dem Schluss, dass Gott eine Art Uhrmacher war, der sich zurückgezogen hatte, während seine Weltenuhr, allen Launen und Zufällen des Schicksals ausgesetzt, abschnurrte. Für Camus ist auch dieser Uhrmacher tot.

Albert Camus besuchte im Jahr 1956 Algerien, das Land, dem er sich durch seine Kindheit tief verbunden fühlte. Wie die meisten französischen Intellektuellen lehnte er die Kolonialpolitik der Unterdrückung ab und hoffte, es würde sich ein friedlicher Weg zur Unabhängigkeit und partnerschaftlichen Zusammenarbeit finden lassen. Doch er blieb pessimistisch. Einem Freund schrieb er: «Ich bin aus Algerien ziemlich entmutigt zurückgekehrt. Was dort vorgeht, bestätigt meine Überzeugung. Für mich ist es ein persönliches Unglück. Aber man muss durchhalten. Man darf nicht alles gefährden.» Mit der zunehmenden Härte der Kampfhandlungen in Algerien polarisierten sich die Meinungen. Die Linksintellektuellen traten für die sofortige Unabhängigkeit Algeriens ein. Die Konservativen forderten die Unterdrückung der Unruhen. Hohe Offiziere stellten sich gegen den Staatspräsidenten de Gaulle, der sich zur Auffassung durchgerungen hatte, Algerien sei die Unabhängigkeit nicht länger zu verweigern. Albert Camus war isoliert. Im Jahr 1958, ein Jahr, nachdem ihm der Literaturnobelpreis verliehen worden war, äusserte er sich ein letztes Mal öffentlich zu Algerien und machte Vorschläge zur Konfliktlösung. Die Presse überging seine Stellungnahme mit Schweigen.

Im Jahr 1960 kam Albert Camus bei einem Autounfall im Wagen seines Verlegers Michel Gallimard ums Leben. Jean-Paul Sartre, mit dem er sich zerstritten hatte, verfasste einen denkwürdigen Nachruf. «In der langen Tradition der Moralisten, deren Werke vielleicht den originalsten Teil unserer Literatur ausmachen», schrieb Sartre, «war er der zeitgenössische Erbe.» In der Tasche des Verunfallten fand sich das unvollendete Manuskript eines neuen Romans: *Der erste Mensch*. Es handelt sich, auch wenn die Namen verändert sind, um eine Autobiografie. Zu Beginn des Buchs findet sich eine Szene, in der ein Sohn das Grab seines im ersten Kriegsjahr 1914 gefallenen Vaters aufsucht. Selten hat ein Schriftsteller seines Vaters auf so bewegende Weise gedacht.

44. Graham Greene, *The Quiet American* (1955)
Deutsch: *Der stille Amerikaner* (1956)

Der englische Schriftsteller Graham Greene war in seinem Leben viel unterwegs. Reportagen, Erzählungen, Tagebücher, autobiografische Aufzeichnungen berichten von seinen Reisen, und viele seiner Werke spielen in fremden Ländern: in Mexiko, Haiti, Kuba, Westafrika, Asien. Die Handlung seiner Romane ist fiktiv; aber ihre Wirklichkeit ist jene der scharfsichtig beobachteten Zeitgeschichte. Kein Schriftsteller hat in seinen Romanen so überzeugend den Zerfall der europäischen Kolonialherrschaft dargestellt.

Zwischen 1951 und 1955 hielt sich Greene mehrmals für längere Zeit in Indochina, dem heutigen Vietnam, auf. Im Land herrschte Krieg, und der Schriftsteller verschweigt in seinen Reisenotizen *Ways of Escape* nicht, dass ihn die Mischung von Gefahr und Lebensfreude besonders anzog. Brisant war die Lage in der Tat. Nach dem Zweiten Weltkrieg hatten sich die japanischen Besatzer aus Indochina zurückgezogen. Die Franzosen nahmen den Süden ihrer ehemaligen Kolonie wieder in Besitz; im Norden aber rief der Führer der nationalen Befreiungsbewegung Viet Minh, der Kommunist Ho Chi Minh, die unabhängige Demokratische Republik Vietnam aus. Es kam zu einem auf- und abflammenden Krieg ohne klare Fronten und ohne sich abzeichnende Entscheidung. Die Viet Minh kontrollierten weite Teile des Nordens und des schwer zugänglichen Hinterlandes und wurden aus China mit Waffen versorgt; die Franzosen hielten sich in Saigon und in Stützpunkten entlang der Küste und im Norden. Die Einsetzung des korrupten Marionettenregenten Bao Dai und die Aufstellung einheimischer Truppen brachten den Franzosen nur zeitweilige Erfolge. Das französische Mutterland interessierte sich wenig für den fernen Kriegsschauplatz; man hatte zu Hause Sorgen genug.

Was damals in Indochina geschah, war gleichsam überwölbt von der Konstellation des Kalten Kriegs, ähnlich wie beim gleichzeitig ausgefochtenen Koreakrieg. Die amerikanische Aussenpolitik fühlte sich dem strategischen Konzept des Containment verpflichtet. Diese Doktrin der «Eindämmung» besagte, dass die westliche freie Welt, angeführt von den USA, dem Weltkommunismus überall entgegenzutreten hatte. Beliebt war die Metapher, dass jeder territoriale kommunistische Erfolg so zwingend einen nächsten nach sich ziehen würde wie eine stürzende Reihe von Dominosteinen. «Wenn Indochina fallen sollte», sagte Präsident Eisenhower, «werden Thailand und Burma grösster Gefahr ausgesetzt sein, und auch Malaya, Singapur und selbst Indonesien werden für das kommunistische Machtstreben anfällig ...» In dieser Sicht war es nur konsequent, wenn sich die USA nach 1950 entschlossen, den Franzosen in Vietnam beizustehen, zuerst mit Wirtschafts- und humanitärer Hilfe, dann mit Waffenlieferungen. Das geschah nicht, um die Kolonialherrschaft wiederherzustellen, sondern um aus der ehemaligen Kolonie ein unabhängiges demokratisches Land, ein Bollwerk gegen den chinesischen Kommunismus zu machen. Woraus sich freilich heikle Unstimmigkeiten zwischen Franzosen und Amerikanern ergaben.

Aus heutiger Sicht ist unmittelbar einleuchtend, dass dieser Krieg, ausgefochten am anderen Ende des Globus durch ein Land, das sich eben von den Folgen des Zweiten Weltkriegs zu erholen begann, nicht gewonnen werden konnte. Auch damals hätte man dies klar erkennen und den Frieden mit dem verhandlungsbereiten Ho Chi Minh suchen müssen. Doch das Prestigebewusstsein der französischen Militärs liess dies nicht zu. Man hatte 1940 im deutschen Blitzkrieg eine lamentable Figur gemacht – und nun sollte man auch noch in den Verlust der Kolonien einwilligen? Doch im Mai 1954 erfocht der vietnamesische General Giap einen vollständigen Sieg über die Franzosen, die sich auf der Hochebene von Dien Bien Phu in seine Falle hatten locken lassen. Der Traum von einer neuen Kolonie war ausgeträumt.

Graham Greene hat, wie sich in seinen Reportagen nachlesen lässt, die Aussichtslosigkeit des sogenannten ersten Vietnamkriegs frühzeitig erkannt. Er bereiste das Land als Journalist, dem der Ruhm des weltbekannten Romanciers vorauseilte. Er sprach mit General Jean de Lattre de Tassigny und mit Ho Chi Minh, unterhielt sich mit dem Chef einer mysteriösen Privatarmee und mit dem Verteidiger von Dien Bien Phu. Greene ergreift nicht Partei, verhehlt aber in seinen Berichten nicht seine Sympathien für den kolonialen Lebensstil der Franzosen. Gleichzeitig bringt er dem nationalen Unabhängigkeitskampf der Kommunisten Verständnis entgegen. Kein Zweifel: der Schriftsteller liebte das Land und seine Bevölkerung, und er liebte die hübschen Mädchen von Saigon, von denen er sich in den «fumeries» seine Opiumpfeifen stopfen liess.

Aus solchen vietnamesischen Erfahrungen entstand Graham Greenes Roman *Der stille Amerikaner.* Zwei Hauptgestalten, Antagonisten zugleich und Freunde, beherrschen die Szene: der britische Journalist Thomas Fowler und der Beamte einer «American Aid Mission», Alden Pyle. Fowler, in dem man Züge des Autors erkennt, ist um die fünfzig Jahre alt, abgebrüht und bis zum Zynismus resigniert, aber nicht ohne menschliches Empfinden. Er hasst den Krieg, und der Anblick ziviler Kriegsopfer weckt in ihm Mitleid; auch seine vietnamesische Geliebte Phuong ist für ihn nicht nur Lustobjekt. Wenn man Fowler als einen durch die harte Schule der Erfahrung gegangenen Skeptiker bezeichnen kann, erscheint Alden Pyle als ein Idealist, der an das Gute im Menschen glaubt und sein Leben dafür einsetzt, dem Guten, nämlich einer Demokratie westlicher Prägung, zum Durchbruch zu verhelfen. Pyle, zwanzig Jahre jünger als Fowler, hat in Harvard studiert und sich auf seinen Aufenthalt in Vietnam durch Lektüre sorgfältig vorbereitet. Sein Vorbild ist der amerikanische Politologe York Harding, ein fiktiver Autor, der Bücher über den «Vormarsch Rotchinas» und «Die Rolle des Westens» geschrieben hat. Darin vertritt Harding die Doktrin der «Eindämmung» und tritt für die Unterstützung einer «Dritten Kraft» ein, welche in Vietnam sowohl dem Kolonialismus als auch dem Kommunismus entgegentreten und eine unabhängige Demokratie errichten soll. Diese Idee der Dritten Kraft hat sich Pyle gläubig zu eigen gemacht. Kompliziert wird die ohnehin schwierige Beziehung zwischen Fowler und Pyle dadurch, dass der Amerikaner sich in Phuong verliebt und ihr die Ehe und ein glückliches Familienleben verspricht.

Beim Roman von Graham Greene handelt es sich um eine Rahmenerzählung. Das Buch beginnt damit, dass Fowler vom französischen Polizeichef Vigot erfährt, dass man die Leiche von Alden Pyle unter einer Brücke gefunden hat. In den folgenden Kapiteln schildert Fowler in Rückblende die Geschichte seiner Bekanntschaft mit dem Amerikaner. Pyle ist Fowler nicht unsympathisch, aber sein naiver Optimismus ist ihm vollkommen fremd. «Er wird immer harmlos sein», schreibt Greene, «man kann die Harmlosen nicht tadeln, denn sie sind stets unschuldig. Man kann sie nur zügeln oder ausmerzen. Unschuld ist eine Form des Wahnsinns.» Doch ganz so harmlos ist Pyle nicht. Bei einem Besuch im Machtbereich des Generals Thé, eines religiösen Sektierers und zwielichtigen Chefs einer Privatarmee, erfährt Fowler, dass der Amerikaner mit diesem in geheimem Kontakt steht: Thé soll zum Repräsentanten einer Dritten Kraft, zum wahren Demokraten und zum Freund der USA aufgebaut werden.

Auf der Rückfahrt müssen Fowler und Pyle die Nacht in einem Wachturm verbringen. Der Engländer versucht dem Amerikaner seine Illusionen auszureden: «Sie, Pyle, und Ihre Gesinnungsgenossen», sagt er, «versuchen einen Krieg zu führen, mit Hilfe von Menschen, die daran einfach nicht interessiert sind.» «Sie wollen keinen Kommunismus», erwidert Pyle, und Fowler entgegnet: «Sie wollen genug Reis … Sie wollen nicht, dass wir Weissen hier sind und ihnen sagen, was sie wollen.» Bei einem Feuerüberfall des Viet Minh rettet Pyle seinem Begleiter das Leben, ohne dafür Dank zu ernten: «Wer zum Teufel hat Sie dazu aufgefordert, mir das Leben zu retten?»

Nach Saigon zurückgekehrt, erfährt Fowler durch einen kommunistischen Kontaktmann, dass Pyle im Auftrag der amerikanischen Wirtschaftsmission General Thé und seinen Gefolgsleuten Material zum Bau von Sprengsätzen liefert. Er versucht Pyle zu warnen: «Ich hoffe zu Gott», sagt er, «Sie wissen, was Sie da tun. Ihre Motive sind edel. Ich wünschte manchmal, Sie hätten ein paar schlechtere Motive, sie wären dann ein besserer Menschenkenner. Und das gilt auch für Ihr Land, Pyle.»

Einige Wochen später wird Fowler Zeuge einer Bombenexplosion, die das Zentrum Saigons erschüttert und viele zivile Opfer fordert. Die Täter entstammen dem Umkreis von General Thé, der eine Militärparade treffen wollte, die unerwartet abgesagt wurde. Es erweist sich, dass Pyle über die Hintergründe des Attentats orientiert ist. Wieder versucht Fowler, Pyles Wirklichkeitssinn zu schärfen; doch der Amerikaner bleibt unbelehrbar.

Nun wählt Fowler, der immer von sich behauptet hat, neutral zu sein, das Handeln. Er setzt sich mit einem kommunistischen Kontaktmann in Verbindung, und beide beschliessen, Pyle unschädlich zu machen. Am Abend vor seinem gewaltsamen Tod trifft Fowler Pyle und findet ihn nach wie vor uneinsichtig. Auf die Opfer des Bombenattentats angesprochen, meint er: «In gewissem Sinn könnte man behaupten, dass sie für die Sache der Demokratie gestorben sind.»

In Saigon geht das Leben nach Pyles Tod seinen gewohnten Gang. Nur der französische Polizeioffizier Vigot ahnt etwas von den Hintergründen des Attentats auf Pyle, schliesst aber die Untersuchung vorzeitig ab, um keine Probleme mit den Amerikanern zu bekommen. Die Vietnamesin Phuong, die Fowler verlassen hatte, um mit Pyle zu leben, kehrt wieder zum Journalisten zurück.

Graham Greenes Buch wurde zu einem Welterfolg. Die Amerikaner ärgerten sich. Nicht zu Unrecht: denn sie werden vom Autor, im Gegensatz zu den Franzosen, durchwegs kritisch dargestellt. Diese Abneigung gegen die Amerikaner und ihre Aussenpolitik, auch in anderen Romanen Greenes offensichtlich, verstärkte sich unter dem Einfluss der Kommunistenhetze, die der amerikanische Senator Joseph McCarthy in den 1950er-Jahren betrieb und die auch Greenes engen Freund, den Filmemacher Charlie Chaplin, nicht verschonte.

Man weiss, dass die USA den aussichtslosen Kampf nach dem Abzug der Franzosen noch während zwanzig Jahren weiterführten. Im zweiten Vietnamkrieg wurde mit grösster Grausamkeit gekämpft: Er kostete gegen 60 000 Amerikanern und rund 2 Millionen Vietnamesen das Leben. Vor dem Hintergrund dieser Tragödie erschien Graham Greenes *Stiller Amerikaner* als eine Prophetie, die sich mit grausamer Konsequenz in Wirklichkeit verwandelte.

Manchmal scheint es, als wiederhole sich die Weltgeschichte. Leser, die vor einem halben Jahrhundert Greenes Roman verschlungen haben, mögen sich heute, angesichts des amerikanischen Einsatzes im Irak und in Afghanistan, fragen, warum die Politiker so selten aus Erfahrungen lernen. Vielleicht darum, weil sie die falschen Bücher lesen ...

VIII Völkermord

Adolf Hitler hatte zwei Pläne, die miteinander eng verknüpft waren: die Errichtung eines Grossreichs unter Führung der germanischen «Herrenrasse» und die Vernichtung der Juden. Der erste Plan scheiterte vollkommen. Der Russlandfeldzug endete mit einer katastrophalen Niederlage, und die Sowjetunion erweiterte ihre Machtstellung in Europa. Seinen zweiten Plan, die Vernichtung der Juden in Europa, brachte Hitler auf schauerliche Weise der Verwirklichung nahe. Durch Verfolgung, Vertreibung und Ermordung erlitt die jüdische Bevölkerung in Deutschland und in den von Deutschland besetzten Gebieten schwere Verluste. Einen Monat, bevor Hitler sich im Führerbunker selber richtete, teilte er seinem engsten Mitarbeiter Bormann mit: «Man wird dem Nationalsozialismus ewig dafür dankbar sein, dass ich die Juden in Deutschland und Mitteleuropa ausgerottet habe.» Dies stimmte zwar so nicht; aber richtig ist, dass eine Volksgruppe, die mit ihrem Fleiss und ihrer Intelligenz massgeblich zu Glanz und Grösse europäischer Kultur im 20. Jahrhundert beigetragen hatte, ihren belebenden Einfluss verlor. Im Jahr 1938 lebten von 16 Millionen Juden auf der Welt deren 10 Millionen in Europa. Im Jahr 1968 zählte man von insgesamt 14 Millionen noch etwa 4 Millionen auf dem alten Kontinent. Rund 6 Millionen Juden, eher mehr als weniger, wurden von den Nationalsozialisten umgebracht.

Die Geschichte der Judenverfolgungen und des Antisemitismus reicht weit zurück. Schon zur Zeit der Kreuzzüge kam es zu Massakern an den Juden. Im bürgerlichen 19. Jahrhundert war der Antisemitismus in Europa weitverbreitet. Überall gab es nationalistisch und konservativ gesinnte Kreise, die sich bemühten, die rechtliche und politische Gleichstellung der Juden zu verhindern. Sogar Intellektuelle mit unzweifelhaft humaner Gesinnung wie Theodor Fontane und Jacob Burckhardt waren nicht frei von antisemitischen Neigungen.

In Adolf Hitlers Biografie hat sich der Antisemitismus zu der Zeit eingenistet, da er als erfolgloser Künstler in Wien lebte. Der erste Text Hitlers, in dem er sich zur «Judenfrage» äusserte, ist ein Brief aus dem Jahr 1919. Darin wirft er den Juden vor, sie zerstörten die Kraft der Völker und infizierten sie mit der «Rassentuberkulose». In seinem Bekenntniswerk *Mein Kampf* führte Hitler diesen Gedanken mit wortreicher Scheingelehrsamkeit weiter aus.

Nach der Machtübernahme gingen die Nationalsozialisten unverzüglich daran, die Juden ihrer bürgerlichen Rechte zu berauben. Anfang April 1933 kam es zu den ersten organisierten Boykotten jüdischer Geschäfte. Der 9. November 1938 ist als «Reichskristallnacht» in die Annalen der deutschen Judenverfolgung eingegangen. In staatlich geplanten Aktionen wurden Synagogen niedergebrannt, Geschäfte zerstört und Hunderte von Juden umgebracht. Unzählige weitere Massnahmen dienten in der Folge dazu, die Juden auszugrenzen und zu demütigen. Sie mussten den gelben Judenstern tragen, der Besitz von Radioempfängern wurde ihnen verboten, es war ihnen nicht erlaubt, Haustiere zu halten. Die meisten deutschen Juden waren gesellschaftlich gut integriert, und es fiel ihnen schwer, sich zur Auswanderung zu entschliessen. Auch waren viele Länder nur eingeschränkt bereit, Emigranten aufzunehmen. Im Jahr 1939 erreichte die jüdische Auswanderung ihren Höhepunkt: Damals verliessen etwa 80 000 Juden Deutschland.

Am 1. September 1939 überfiel die deutsche Wehrmacht Polen. Schon nach dem Einmarsch kam es zu judenfeindlichen Exzessen und Massakern, an denen sich Soldaten, in Polen lebende Deutsche und Polen beteiligten. Noch im selben Monat erliess Reinhard Heydrich, Chef der Gestapo, die Weisung, Juden zusammenzuziehen und in abgeschlossenen Stadtquartieren zu isolieren. Im Frühjahr 1940 wurde in der zweitgrössten Stadt Polens, in Lodz, das erste grosse Ghetto errichtet. Es umfasste die mit Stacheldraht umzäunte Fläche eines alten Wohnviertels, in dem viele Häuser weder über Kanalisation noch Elektrizität verfügten. Die Juden lebten hier auf engstem Raum, leisteten in Werkstätten und Fabriken Sklavenarbeit und wurden von Angehörigen der Waffen-SS bewacht. Die innere Verwaltung des Ghettos wurde von Judenräten geleitet. Ihnen oblag die schwierige und letztlich unlösbare Aufgabe, die Befehle der Gestapo auszuführen und gleichzeitig das Wohl der Glaubensgefährten im Auge zu behalten. Die Ghettos dienten in der Regel als Durchgangsstationen vor dem Transport der Juden in die Vernichtungslager. Von Januar bis September 1942 wurden rund 70 000 Bewohner des Ghettos von Lodz nach dem nahe gelegenen Vernichtungslager von Chelmo deportiert. Der Alltag im Ghetto von Lodz ist vom deutschpolnischen Schriftsteller **Jurek Becker** (1937–1997) im Roman *Jakob der Lügner* (45) eindrücklich beschrieben worden.

Im Herbst 1941 begann die bürokratisch vorbereitete, systematische Deportation deutscher Juden in die Konzentrations- und Vernichtungslager Osteuropas. Das Vermögen der Juden wurde eingezogen, und sie verloren ihre Staatsangehörigkeit. Der Transport von Männern, Frauen und Kindern in Viehwaggons erfolgte unter den misslichsten Bedingungen. Die Juden kannten ihren Bestimmungsort nicht. Man sagte ihnen, sie würden umgesiedelt und es würde ihnen an nichts fehlen.

Im Januar des Jahres 1942 trafen sich am Wannsee bei Berlin hochrangige Vertreter der nationalsozialistischen Vernichtungspolitik. Zu ihnen gehörten Reinhard Heydrich, Stellvertreter des Reichsführers der Waffen-SS Heinrich Himmler sowie Adolf Eichmann, Judenreferent im Reichssicherheitshauptamt. Diese «Wannseekonferenz» bezeichnete nicht, wie oft fälschlich behauptet, den Beginn der Deportationen. Zwangstransporte und Massenexekutionen fanden bereits vorher statt. Auch die Tötung von geistig und körperlich Behinderten im Rahmen eines «Euthanasie-Programms» hatte schon 1939 eingesetzt. Die Wannseekonferenz diente in erster Linie der Vereinheitlichung und Koordination der Massnahmen zur Judenvernichtung. Sie ist deshalb wichtig, weil sich das Protokoll der Sitzung erhalten hat. Darin wird in verschlüsselter, aber unmissverständlicher Form festgehalten: «Unter entsprechender Leitung sollen nun im Zuge der Endlösung die Juden in geeigneter Weise im Osten zum Arbeitseinsatz kommen. In grossen Arbeitskolonnen, unter Trennung der Geschlechter, werden die arbeitsfähigen Juden strassenbauend in diese Gebiete geführt, wobei zweifellos ein Grossteil durch natürliche Verminderung ausfallen wird. Der allfällig endlich verbleibende Restbestand wird, da es sich bei diesem zweifellos um den widerstandsfähigsten Teil handelt, entsprechend behandelt werden müssen, da dieser, eine natürliche Auslese darstellend, bei Freilassung als Keimzelle eines neuen jüdischen Aufbaues anzusprechen ist.»

Konzentrations- und Vernichtungslager sind nicht immer klar auseinanderzuhalten. Erste Konzentrationslager wurden in Deutschland bereits im Jahr 1933 errichtet, um Gegner des Regimes und

andere missliebige Personen aufzunehmen; man pflegte beschö-
nigend von «Schutzhaft» zu sprechen. Das erste grosse Konzent-
rationslager war Dachau. Noch vor Kriegsausbruch kamen weitere
Lager dieser Art hinzu, deren Hauptzweck die schonungslose Aus-
beutung menschlicher Arbeitskraft war. Die Häftlinge wurden beim
Strassenbau, in Steinbrüchen oder in eigens errichteten industriellen
Betrieben eingesetzt. In Dachau wurden bis zur Befreiung durch die
Amerikaner über 200 000 Gefangene aus 27 Ländern eingeliefert.
Nach Kriegsausbruch wurde das Netz von Konzentrationslagern auf
Osteuropa, insbesondere auf Polen, ausgedehnt.

Auch in den Vernichtungslagern wurden die Häftlinge als Arbeitssklaven eingesetzt, doch das Hauptziel war deren Beseitigung im
Sinne der «Endlösung». Man sprach von «Vernichtung durch Arbeit».
Es handelte sich um eigentliche «Todesfabriken», die dem industriellen Massenmord dienten. Zum Inbegriff solchen Massenmords und
traurigen Symbol menschlicher Bösartigkeit ist Auschwitz geworden.
Mit dem Bau dieses Lagers wurde im Frühjahr 1940 begonnen, und es
vergrösserte sich rasch zu einem riesigen Lagerkomplex. Der gezielte Völkermord setzte zu Beginn des Jahres 1942 ein und erreichte im
nächsten Jahr mit der Fertigstellung grosser Krematorien den Höhepunkt. Gleich nach ihrer Ankunft in Auschwitz wurden die Deportierten an der Bahnrampe «selektioniert». Den Arbeitsfähigen blieb eine
Existenzfrist, die im Durchschnitt bei einer Lebenserwartung von drei
Monaten lag. Die anderen Häftlinge wurden sofort in die Gaskam-
mern geführt. Man schätzt, dass in Auschwitz 1,1 Millionen Menschen
umgebracht worden sind.

Über die Zustände in den Konzentrations- und Vernichtungslagern sind wir durch zahlreiche Zeugnisse überlebender Häftlinge
unterrichtet. Einen der wichtigsten Berichte verdanken wir dem Italiener **Primo Levi** (1919–1987). Er trägt den Titel *Ist das ein Mensch?*
(46). Levi wurde als Chemiker in den Auschwitz angegliederten Buna-
Werken der IG-Farben eingesetzt. Er überstand die Lagerhaft und die
Räumung von Auschwitz im Januar 1945.

Nach Kriegsende einigten sich die Siegermächte darauf, dass
der nationalsozialistische Völkermord einen Straftatbestand darstellte, der mit dem herkömmlichen Strafrecht nicht zureichend zu

erfassen war. In der «Londoner Charta» vom 8. August 1945 wurde im Hinblick auf die Nürnberger Kriegsverbrecherprozesse der Begriff «Verbrechen gegen die Menschlichkeit» geprägt. Er erfasste kriminelle Handlungen, die ausserhalb der kriegerischen Auseinandersetzungen erfolgten mit dem Ziel, Zivilisten aus politischen, religiösen oder rassistischen Gründen zu beseitigen. Am 9. Dezember 1948 beschloss die Generalversammlung der Uno die Konvention über die «Verhütung und Bestrafung von Völkermord». Dieses Abkommen richtete sich gegen Verbrechen, begangen in der Absicht, «eine nationale, ethnische, rassische oder religiöse Gruppe als solche ganz oder teilweise zu zerstören».

Der Umfang des nationalsozialistischen Völkermordes lässt sich in mehr oder weniger genauen Statistiken ausdrücken. Doch mit Zahlen ist die Individualität der Opfer, die ihr Leben und ihre Zukunft verloren, nicht zu fassen. Zahlen sagen auch nichts aus über jene Menschen, die den Opfern zu helfen, sie vor dem Zugriff ihrer Mörder zu schützen suchten. Hin und wieder haben sich Zeugnisse von solch unter schwierigsten Bedingungen praktizierter Nächstenliebe erhalten. Wir wissen etwa vom Berliner Dompropst Bernhard Lichtenberg, der bedrängten Juden nach Kräften beistand und der auf dem Weg ins Konzentrationslager Dachau starb. Und wir wissen vom Industriellen Oskar Schindler, der Juden in seinen Betrieben beschäftigte und so vor der Deportation nach Auschwitz bewahrte. Ein bewegendes Beispiel solch mutiger Hilfeleistung hat der polnische Schriftsteller **Wladyslaw Szpilman** (1911–2000) in seinem autobiografischen Bericht *Das wunderbare Überleben* (47) festgehalten.

Als im Jahr 1961 mit Adolf Eichmann einer der Hauptverantwortlichen für den Völkermord in Jerusalem vor Gericht stand, lautete die Anklage auf «Verbrechen gegen die Menschlichkeit». Dem Prozess wohnten Journalisten aus der ganzen Welt bei. Der deutschjüdischen Philosophin **Hannah Arendt** (1906–1975), die den Völkermord im amerikanischen Exil überlebte, verdanken wir den wichtigen Bericht *Eichmann in Jerusalem* (48).

Der Völkermord an den Juden wird heute häufig auch mit den Begriffen «Shoa» und «Holocaust» bezeichnet. Shoa stammt aus dem Hebräischen und steht für Zerstörung, Katastrophe. Der Begriff findet sich in der Unabhängigkeitserklärung Israels von 1948 und hat sich als Bezeichnung für die nationalsozialistische Judenverfolgung durchgesetzt. *Shoa* lautet auch der Titel eines Dokumentarfilms von Claude Lanzmann, der 1985 in die Kinos und ins Fernsehen kam. Der Begriff Holocaust kommt aus dem Griechischen und steht für Brandopfer. Dieser Begriff wurde nach 1978 im Zusammenhang mit der gleichnamigen amerikanischen Fernsehserie von Marvin J. Chomsky gebräuchlich. Die Filmserie, welche die Geschichte einer jüdischen Arztfamilie aus Berlin nacherzählt, sprach in Deutschland ein breites Publikum an.

Wenn von Hitlers Völkermord die Rede ist, müssen auch die Verbrechen erwähnt werden, die der russische Diktator Josef Stalin zu verantworten hat. 1924 war der Revolutionsführer Lenin verstorben. In den folgenden Jahren baute Stalin seine Machtstellung zielstrebig aus. An die Stelle einer kollektiven Führung trat die Alleinherrschaft. Im Jahr 1929 proklamierte Stalin den «grossen Umschwung». Es gehe, liess er verlauten, um die «totale Zerschlagung der alten Gesellschaft und den fieberhaften Aufbau der neuen». Die zwei wichtigsten Ziele dieser «Revolution von oben» waren eine planwirtschaftlich vorangetriebene Industrialisierung und die Kollektivierung der Landwirtschaft. Die Kollektivierung zerschlug die historisch gewachsene Struktur der russischen Dorfgemeinschaften. Sie richtete sich gegen den bäuerlichen Mittelstand, die Kulaken, von denen Stalin sagte, sie seien «als Klasse zu liquidieren». Über eine halbe Million Bauernfamilien wurden gewaltsam in entlegene Gegenden des Urals und Sibiriens umgesiedelt. Andere Landbewohner wurden in die militärisch bewachten Arbeitslager des Gulag-Systems verbracht, die in den unwirtlichen Gegenden im Osten und Norden der Sowjetunion errichtet wurden. Dort hatten sie gemeinsam mit Hunderttausenden von «politisch unzuverlässigen Individuen» Zwangsarbeit zu leisten. Industrialisierung wie Kollektivierung erfolgten in Russland überstürzt und ohne Rücksicht auf die Existenzbedürfnisse der Menschen. Verfehlte Planung führte zu verbreiteter Armut und schrecklichen Hungersnöten. Nur wenige Menschen kehrten lebendig aus der Gefangenschaft zurück. Man rechnet, dass zwischen 1929 und 1937 etwa 2,65 Millionen Menschen für immer in den Arbeitslagern verschwanden.

Bei Parteifunktionären, aber auch unter den Bolschewiken der ersten Stunde regte sich Kritik an Stalins eigenmächtigem und gewaltsamem Vorgehen. Der Diktator trat jedoch abweichenden Meinungen mit einer Härte entgegen, die jeden Widerspruch ausschloss. Sämtliche Lebensbereiche wurden der Kontrolle durch die Einheitspartei unterworfen. Oppositionelle verschwanden spurlos von der Bildfläche, und Stalinisten machten Karriere. Stalin war ein paranoider Charakter. Er neigte dazu, sich überall von Gegnern umstellt und von Verrätern hintergangen zu sehen. Zwischen 1937 und 1939 entfesselte er einen Staatsterror beispiellosen Ausmasses. In sogenannten «Grossen Säuberungen» fiel diesem Terror nicht nur ein Teil der bolschewistischen Führungsschicht, sondern auch das Kader der Roten Armee, rund 80 000 Offiziere, zum Opfer. Von 1,5 Millionen Menschen, welche die Geheimpolizei verhaftete, wurden 1,3 Millionen nach einer Farce von Prozess verurteilt. Von diesen wiederum wurden rund 700 000 Menschen wegen «konterrevolutionärer Tätigkeit» von Erschiessungskommandos hingerichtet. Eine Besonderheit dieses Terrors stellten die sogenannten Schauprozesse dar. Prominente Angeklagte wurden so lange gefangen gesetzt und durch Verhöre und Folter bearbeitet, bis sie öffentlich Verbrechen gestanden, die sie nie begangen hatten. Mit den «Grossen Säuberungen» zeigte der Stalinismus sein wahres Gesicht. In seinem Roman *Sonnenfinsternis* (49) hat **Arthur Koestler** (1905–1983) diese Terrorjustiz mit beklemmender Wirklichkeitsnähe dargestellt.

Die Invasion deutscher Truppen im Juni 1941 veranlasste Stalin, sich ganz dem militärischen Abwehrkampf zu widmen. Die Pläne zur gesellschaftlichen Umgestaltung traten nun in den Hintergrund. Der Druck der Diktatur lastete weniger auf dem zivilen Leben, und die Zahl der politischen Gefangenen ging zurück. Auch erliess man Häftlingen ihre Strafe, damit sie für den Kriegsdienst eingezogen werden konnten. Es waren nun die deutschen Kriegsgefangenen, über 2 Millionen an der Zahl, die in die sibirischen Arbeitslager verfrachtet wurden.

Durch den Sieg, den Stalin im «Grossen Vaterländischen Krieg» errang, wuchs sein Prestige enorm. Ein eigentlicher Personenkult setzte ein und täuschte sowohl seine Landsleute als auch die Beobachter im Ausland über den wahren Charakter des Diktators. Die Verfolgung mutmasslicher politischer Gegner wurde in grossem Stil fortgesetzt und erfuhr durch den einsetzenden Kalten Krieg sogar eine Verschärfung. In der sowjetischen Öffentlichkeit waren diese Deportationen kein Thema. Hier präsentierte man das Bild einer geschlossenen Nation, die im heldenhaften Kampf gegen Hitler ihre nationale und ideologische Einheit gefunden hatte.

Drei Jahre nach Stalins Tod, 1956, hielt sein Nachfolger Nikita Chruschtschow eine Ansprache, die als «Geheimrede» in die Geschichtsbücher eingegangen ist. Darin tadelte er den stalinistischen Personenkult, kritisierte die Massenverhaftungen des Diktators und suchte einen Prozess der «Entstalinisierung» einzuleiten. Im kulturellen Bereich setzte eine gewisse Liberalisierung ein, die man mit dem Titel eines Romans von Ilja Ehrenburg als *Tauwetter* bezeichnete. Wie beschränkt diese Liberalisierung war, zeigte sich freilich an der Verweigerung der Druckerlaubnis für Boris Pasternaks Roman *Doktor Schiwago*, der im Ausland erscheinen musste und seinem Autor 1958 zum Nobelpreis verhalf. Pasternaks Werk spielte zur Zeit der Revolution und des Bürgerkriegs und gab davon eine Darstellung, die von der Interpretation linientreuer Historiker abwich. Wir haben gesehen, dass auch Wassili Grossmans Buch über den Zweiten Weltkrieg unerwünscht war und erst mit grosser Verspätung im Ausland erscheinen konnte. Im Jahr 1962, fast zehn Jahre nach Stalins Tod, profitierte dagegen ein Buch vom «Tauwetter». Es befasste sich kritisch mit den stalinistischen Arbeitslagern und entsprach insofern der offiziellen Entstalinisierungspolitik. Es handelt sich um den Bericht *Ein Tag im Leben des Iwan Denissowitsch* (50) von **Alexander Solschenizyn** (1918–2008).

Die Verbrechen, die unter Hitler und Stalin begangen wurden, nehmen unter den Katastrophen der Weltgeschichte eine traurige Spitzenstellung ein. Der Kulturpessimismus Jacob Burckhardts, der zu Beginn des 20. Jahrhunderts den sittlichen Fortschritt anzweifelte, ist mit diesen Verbrechen auf eine Weise bestätigt worden, welche dieser Historiker wohl nie für möglich gehalten hätte. Gewiss: Eroberungszüge und Kriegswirren haben immer ihre Opfer gefordert, und in ihrem Gefolge ist es immer wieder zu Hungersnöten und Seuchen gekommen; man denke nur an die Dezimierung der Indianer bei der Eroberung Amerikas. Neu war im 20. Jahrhundert, dass Millionen von Menschen ausserhalb der eigentlichen Kriegshandlungen umgebracht wurden, weil sie nicht in das Gesellschaftsmodell passten, das den Diktatoren vorschwebte. Im Gefolge der Oktoberrevolution sind rund 30 Millionen Menschen in Arbeitslager deportiert oder umgesiedelt worden. In den Jahren von Stalins Alleinherrschaft, zwischen 1929 und 1953, sind 18 Millionen Menschen in solche Lager überführt worden; man nimmt an, dass 2,7 Millionen von ihnen an den dort erlittenen Entbehrungen gestorben sind. Bedenkt man, dass zwischen 1941 und 1945 etwa 8,6 Millionen Russen an der Front ums Leben kamen, erkennt man, welch hohen Blutzoll die Sowjetunion durch Krieg und Stalinismus hat erleiden müssen.

Die Verbrechen Hitlers und Stalins sind oft miteinander verglichen worden. Die vergleichende Methode ist ein wichtiges Mittel wissenschaftlicher Erkenntnis; sie gestattet es, die Einzigartigkeit eines historischen Vorgangs klarer zu erkennen. Der Vergleich wird jedoch dann zur Gefahr, wenn, wie es 1986 in einem Zeitungsartikel des konservativen Historikers Ernst Nolte geschah, die Singularität der nationalsozialistischen Verbrechen verschleiert und durch die Analogie zu früher erfolgten sowjetischen Untaten relativiert und gleichsam entschuldigt wird. Eine solche Haltung warfen namhafte Linksintellektuelle wie Jürgen Habermas und Hans-Ulrich Wehler ihrem Kollegen Nolte vor. Es kam zum sogenannten Historikerstreit, in dem die geistige Prominenz der Bundesrepublik die Klingen kreuzte. Die Debatte zeigte an, wie wichtig die verantwortungsbewusste Vergegenwärtigung von Geschichte für das politische Selbstverständnis bleibt.

Im Fall der von Hitler und seinen Gefolgsleuten begangenen Verbrechen sind sich die Historiker heute einig, dass sie den von der Uno definierten Tatbestand des Völkermords erfüllen. Hier ging es um die von langer Hand geplante, ideologisch motivierte und zielbewusst durchgeführte Beseitigung einer als Einheit klar erkennbaren Bevölkerungsgruppe. Auch die Verfolgung der christlichen Armenier zwischen 1915 und 1918 in der Türkei, der über eine Million Menschen zum Opfer fielen, trägt den Charakter des Völkermords. Im Fall von

Stalins Verbrechen haben sich die Historiker nicht auf eine solche begriffliche Festlegung einigen können. Am Tatbestand des Gulag und seiner Opfer ändert das freilich nichts.

45. Jurek Becker, *Jakob der Lügner* (1969)

Der Erzähler dieser Geschichte ist etwas über vierzig Jahre alt. Er ist Jude und hat Ghetto und Konzentrationslager überlebt. Seine Geschichte schreibt er zwanzig Jahre nach Kriegsende nieder. Wir erfahren seinen Namen nicht und wissen nur, dass er die Geschichte von einem Juden namens Jakob Heym vernommen hat. Heym hat das Konzentrationslager nicht überlebt, und der Erzähler berichtet, um zu überliefern, was sonst in Vergessenheit geraten würde.

Jurek Beckers *Jakob der Lügner* ist des Schriftstellers wichtigstes Werk. Der Verfasser wurde 1937 als Kind jüdischer Eltern im polnischen Lodz geboren. Im März 1940 wurde seine Familie ins Ghetto überführt. In diesem Ghetto wohnten zeitweise über 160 000 Juden auf engstem Raum und unter prekärsten Verhältnissen. Sie wurden als Arbeitssklaven in Werkstätten, am Bahnhof und in nahe liegenden Fabriken eingesetzt. Anfang 1944 kam Jurek mit seiner Mutter ins Konzentrationslager Ravensbrück. Der Vater gelangte zuerst nach Auschwitz und dann in das KZ Sachsenhausen. Er überlebte und fand seinen Sohn wieder. Die beiden liessen sich nach dem Krieg in Ostberlin nieder.

Jurek Becker fühlte sich vom Kommunismus angezogen. Er trat der Freien Deutschen Jugend bei und leistete nach dem Abitur zwei Jahre Dienst bei der Volkspolizei. Nach 1957 studierte er an der Humboldt-Universität Philosophie und Jurisprudenz und schrieb nebenher Texte für das Kabarett und für den Film. Mit seiner «politisch unzuverlässigen Haltung» geriet er bald ins Visier der Staatssicherheit. Dennoch konnte *Jakob der Lügner* im Jahr 1969 im renommierten Ostberliner Aufbau-Verlag erscheinen. Das Buch erhielt gute Kritiken und wurde auch in der Bundesrepublik lobend besprochen. Ein Rezensent der Nachkriegsgeneration, Volker Hage, zählte das Buch zum «Kanon der deutschen Literatur, ja der Weltliteratur».

Als Wolf Biermann 1976 nach einem Konzert in Köln nicht mehr in die DDR zurückkehren durfte, traten Becker und andere namhafte Intellektuelle mit einem Protestschreiben, das nichts bewirkte, für den Liedermacher ein. Im nächsten Jahr gewährte die DDR Becker einen Auslandsurlaub, den er zu Lesereisen in der Bundesrepublik und für eine Gastprofessur in den USA nutzte. Auch ein weiterer Urlaub wurde dem Schriftsteller, welcher sich von der DDR nicht ganz zu lösen vermochte und auch vom deutschen Verfassungsschutz observiert wurde, gewährt. Nach dem Fall der Berliner Mauer schrieb Becker das Drehbuch zur Fernsehserie *Liebling Kreuzberg* – nach *Jakob dem Lügner* sein grösster Erfolg.

Nun zum Inhalt des Buchs. Jakob Heym, der die Geschichte, deren tragischer Held er ist, im Viehwaggon erzählt, wäre unter normalen Verhältnissen ein kleiner jüdischer Krämer gewesen. Doch die Verhältnisse sind nicht normal. Heym lebt im Ghetto von Lodz und verrichtet am Bahnhof Fronarbeit. Durch einen Zufall wird dieser unauffällige Mensch für die Bevölkerung des Ghettos zu einem Hoffnungsträger. Und das kommt so: Eines Tages wird er auf das Revier des Ghettos befohlen und befürchtet für sich das Schlimmste. Doch er hat das Glück, auf einen mild gestimmten deutschen Wachhabenden zu treffen. Zufällig läuft in der Amtsstube ein Radio, und Heym hört die Wortfetzen einer Nachrichtensendung. «In einer erbitterten Abwehrschlacht», meldet der Sprecher, «gelang es unsern heldenhaft kämpfenden Truppen, den bolschewistischen Angriff zwanzig Kilometer vor Bezanika zum Stehen zu bringen ...»

Radios und Zeitungen sind im Ghetto bei Todesstrafe verboten, und Heym sieht sich unverhofft im Besitz einer Information, die er anderen voraushat. Diese Nachricht kann er nicht für sich behalten. Er erzählt sie Mischa, einem Freund unter den Zwangsarbeitern am Bahnhof, dieser erzählt sie dem redseligen Kowalski weiter, und bald weiss es das halbe Ghetto: Die Russen nähern sich Bezanika. Natürlich will man wissen, warum Jakob Heym so gut informiert ist. Dieser lügt und sagt, er besitze ein Radio, das er sorgfältig versteckt halte. Unter den Bewohnern des Ghettos erhebt sich die übermächtige Hoffnung auf baldige Befreiung und Errettung. Die Selbstmorde unter der Bevölkerung, bisher an der Tagesordnung, hören auf. Man wagt, sich mit Zukunftsplänen zu beschäftigen. Und man möchte immer Neues von diesem Jakob Heym erfahren. «Gibt es Neuigkeiten? Stimmt das mit den Russen?», fragen ihn die Bewohner. Und Heym, der nicht wagt, die Hoffnungen, die man in ihn und seine Informationen setzt, zu enttäuschen, verstrickt sich mehr und mehr in ein Lügengespinst. Er meldet, wie die Russen vorankommen, mühsam und durch Rückschläge aufgehalten zwar, aber letztlich doch unaufhaltsam. Widersprüchliche Empfindungen bewegen ihn. Soll er seinen Schicksalsgenossen weiterhin erfundenen Trost spenden, oder soll er ihnen eingestehen, dass die Geschichte mit dem Radio nicht stimmt? Mit einer weiteren Lüge glaubt er einen Ausweg gefunden zu haben. Er sagt, sein Radio sei kaputt, es sende keine Nachrichten mehr. Doch da schafft man einen Elektriker herbei, der das Gerät reparieren soll. Heym, aus Angst, bei seiner Lüge ertappt zu werden, sagt, da gebe es nichts zu reparieren, sein Radio sei intakt und sende weiterhin Nachrichten.

Nicht alle Menschen im Ghetto sind überzeugt von der Glaubwürdigkeit von Jakob Heyms Informationen. Professor Kirschbaum, in besseren Zeiten ein bekannter Herzspezialist, spricht bei Heym vor und gibt ihm zu bedenken, welcher Gefahr er sich selbst und die Bevölkerung aussetze, wenn die Deutschen erführen, dass Radionachrichten verbreitet würden. Konfrontiert mit diesem Vorwurf, findet der ängstliche Heym den Mut, sich zu seinen Lügen zu bekennen und diese zu verteidigen, sei es denn bloss als Lebenslügen, welche die Existenz etwas erträglicher machten. «Genügt es Ihnen nicht», ruft er dem Professor zu, «dass wir so gut wie nichts zu fressen haben, dass jeder fünfte von uns im Winter erfriert, dass jeden Tag eine halbe Strasse zum Transport geht? Das alles reicht noch nicht aus? Und wenn ich versuche, die allerletzte Möglichkeit zu nutzen, die sie davon abhält, sich hinzulegen und zu krepieren, mit Worten, verstehen Sie, mit Worten versuche ich das! Weil ich nämlich nichts anderes habe! Da kommen Sie mir und sagen, es ist verboten.»

Jakob Heym fährt fort, seine Radioinformationen zu erfinden. Die Rote Armee, fabuliert er, stehe bei der Kreisstadt Pry, nur noch 150 Kilometer von Lodz entfernt, die Errettung sei nahe. Dann aber erfasst ihn ein Anfall tiefer Mutlosigkeit, und er hält es nicht mehr aus mit seinem Geheimnis. Dem Freund Kowalski gesteht er, dass er kein Radio besitze und nie eines besessen habe. Mit einem traurigen Lächeln und der Versicherung, er werde ihn niemals mehr nach Nachrichten fragen, verlässt ihn Kowalski und erhängt sich am Fensterkreuz seiner Wohnung.

Um dieselbe Zeit beginnen die Deutschen mit der Räumung des Ghettos und den Deportationen. Dem Waisenkind Lina, das Heym in seiner Wohnung versteckt gehalten hat und das sich über die bevorstehende Reise freut und sich nach dem Reiseziel erkundigt, erzählt er seine letzte Lüge. Es gehe, sagt er, «ungefähr so weit wie nach Afrika». Am Schluss des Romans schildert der Erzähler seine Begegnung mit Jakob Heym und der kleinen Lina beim Abtransport im Viehwaggon. Hier erfährt er die Geschichte von Heym und seinem Radio. Der Erzähler wird Deportation und Konzentrationslager überleben. Er kann die Geschichte der Nachwelt weitergeben.

Jurek Becker hat keine eigenen Erinnerungen an das Ghetto bewahrt, aber man weiss, dass er sich vor der Abfassung seiner Erzählung eingehend über das Leben in den Ghettos informiert hat. Er will keine historische Darstellung und keinen historischen Roman schreiben. Er hebt vielmehr die Handlung seiner Geschichte ins Präsens und schreibt als einer, der mit dabei ist und den Alltag der Bewohner teilt. Die Figuren, die er vorführt, sind keine tragischen Helden, sondern Menschen wie du und ich, mit ihren kleinen Sorgen und bescheidenen materiellen und emotionalen Bedürfnissen. Gewiss lastet über allem die Vernichtungsdrohung der Besatzungsmacht; aber sie füllt das Innerste der Individuen nicht aus. Der Schilderung bleibt Platz für leise Ironie und teilnehmenden Humor. Dies hob Marcel Reich-Ranicki hervor, der schrieb: «Bei einem so düsteren Thema lässt sich mit Düsterkeit am wenigsten ausrichten, eher schon mit hellen und heiteren Kontrastgestalten, mit Witz und Komik.»

Die ungezwungene, zuweilen fast heitere Art von Beckers Schilderung verleiht seinen Gestalten eine individuelle Authentizität, die sich gegenüber der Fatalität ihrer Lebenssituation behauptet. Dies macht den Roman Beckers zu einem kostbaren Einzelstück unter den vielen literarischen Zeugnissen, die wir zu dem schwierigen Thema besitzen. Glaubwürdig ist auch, so seltsam sie uns erscheinen mag, die Handlung. Wir wissen aus den Berichten von anderen verfolgten Juden, welches enorme Gewicht den Gerüchten im Informationsvakuum der Ghettos und Konzentrationslager zukommen konnte. So schreibt Elie Wiesel über seine eigene Ghetto-Erfahrung: «Allgemein wurde angenommen, dass wir bis zum Kriegsende, bis zum Einmarsch der Roten Armee, im Ghetto bleiben würden. Dann würde das alte Leben wieder einkehren. Somit herrschte weder der Deutsche noch der Jude im Ghetto, sondern die Illusion.»

Jurek Beckers Roman *Jakob der Lügner* erschien 1969, zu einem Zeitpunkt, da die Auseinandersetzung mit der nationalsozialistischen Vergangenheit die deutsche Öffentlichkeit besonders intensiv beschäftigte. Während in der DDR der Antifaschismus ein wichtiges Element des kommunistischen Gründungsmythos war und Entnazifizierung und Umerziehung in den Nachkriegsjahren energisch betrieben wurden, gestaltete sich in Westdeutschland das, was man als Vergangenheitsbewältigung bezeichnete, zum langwierigen Prozess. Hier dominierte in den Nachkriegsjahren die Erinnerungsverweigerung in ihren verschiedenen Formen von Verdrängen, Verschweigen, Verleugnen oder Beschönigen. Unter dem Einfluss des Kalten Kriegs erhielten in der Bundesrepublik die Demokratisierung von Staat und Gesellschaft sowie die Westbindung den Vorrang vor einer rückhaltlosen Aufarbeitung der nationalsozialistischen Verbrechen. Von der Judenverfolgung sprach man kaum, die Rolle der Wehrmacht wurde nicht selten auf den Abwehrkampf gegen den Bolschewismus reduziert.

Ein Wandel kündigte sich an, als im Jahr 1961 der Eichmann-Prozess in Jerusalem stattfand und ein weltweites Medienecho erregte. Im deutschen Bundestag wurde in den folgenden Jahren eine hitzige Debatte über die Frage der Bestrafung von Naziverbrechen geführt, die damit endete, dass die Verjährung bei Völkermord aufgehoben wurde. Es war schliesslich die 68er-Generation, welche der Lebensgeschichte ihrer Eltern nachspürte und diese zum Gegenstand erregter Debatten machte. Die Geschichte der Naziverbrechen wurde nun zu einem wichtigen wissenschaftlichen Forschungsfeld. Die breite Öffentlichkeit beschäftigte sich erst nach 1979, nach der Ausstrahlung der amerikanischen Fernsehserie *Holocaust*, eingehender mit dieser Thematik. Der Film wurde zu einem Medienereignis, das eine breite öffentliche Diskussion auslöste.

Es wäre verfehlt, den Erfolg von Jurek Beckers Roman allein den Zeitumständen zuzuschreiben. *Jakob der Lügner* ist ein Kunstwerk, das seine Zeit überdauert. Es wird seine Leser noch finden, wenn die Erinnerung an die Judenverfolgung der Nationalsozialisten verblasst ist.

46. Primo Levi, *Se questo è un uomo* (1947)
Deutsch: *Ist das ein Mensch?* (1961)

Wussten die Deutschen, was mit den Juden geschah, die zwischen 1941 und 1944 in den Osten Europas deportiert wurden? Die Frage ist oft gestellt worden und kann wohl nur für den Einzelfall zuverlässig beantwortet werden. Sicher ist, dass der Völkermord an Juden und Zigeunern strikter Geheimhaltung unterstand. Daran scheint sich auch Adolf Hitler gehalten zu haben, denn es ist bis heute kein Führerbefehl aufgefunden worden, der die Ausrottung der europäischen Juden angeordnet hätte. Auch in den unteren Etagen der Machtpyramide hat man darauf geachtet, Befehle und Weisungen möglichst mündlich oder in verklausulierter Form zu erlassen. Man hat sich dabei einer verschleiernden Terminologie bedient, indem man von «Säuberungen», «Entjudungsmassnahmen» oder «Sonderbehandlung» sprach. Nach Kriegsende haben Befragungen ergeben, dass die Mehrzahl der Deutschen behauptete, von Vernichtungslagern nichts gewusst zu haben. An der gigantischen Unternehmung dieses Völkermords waren indessen so viele Menschen direkt oder indirekt beteiligt, dass manche Informationen durchsickern mussten; auch müssen Militärpersonen auf Urlaub von entsprechenden Erfahrungen berichtet haben. Man kommt der Wahrheit wohl am nächsten mit der Feststellung, dass, wer vom Schicksal der Juden wissen wollte, es wissen konnte – was übrigens auch für ausländische Beobachter zutreffen dürfte. Doch Diktaturen eignen sich schlecht dazu, die Neugier ihrer Untertanen anzuregen.

Der Völkermord an den Juden wird durch eine riesige Fülle von Quellen, von den Tätern wie von ihren Opfern, belegt. Der amerikanische Historiker Raul Hilberg, einer der besten Kenner der traurigen Thematik, hat zwischen Dokumenten und Zeugnissen unterschieden. Als Dokumente bezeichnet er die Aufzeichnungen, die während des Dritten Reichs entstanden sind: Gesetze, Befehle, Protokolle, Bekanntmachungen. Die Schergen der Gestapo, der Sicherheitspolizei und der Waffen-SS haben bestimmte Phasen des Ausrottungsprozesses mit akribischer Sorgfalt dokumentiert; im Besonderen haben sich Listen von Opfern und Vollzugsmeldungen von Exekutionen erhalten. Seltener sind die Dokumente, welche die Opfer hinterlassen haben. Doch selbst unter den schwierigen Bedingungen der Lagerexistenz sind Tagebücher geführt, Briefe verfasst und Zeichnungen angefertigt worden.

Unter Zeugnissen versteht Hilberg Quellen, die nach Kriegsende verfasst worden sind. Von den Tätern besitzen wir etwa die Aufzeichnungen des Lager-kommandanten von Auschwitz, Rudolf Höss, oder die Tonbandaufzeichnun-gen vom Eichmann-Prozess. Von den überlebenden Opfern gibt es eine Fülle verschiedenster Zeugnisse: Interviews in Zeitungen und Dokumentarfilmen, Zeugenaussagen vor Gericht, autobiografische Aufzeichnungen. Eines der ein-drücklichsten Zeugnisse, die wir besitzen, stammt von dem italienischen Juden Primo Levi. Sein Buch erschien erstmals 1947 in kleiner Auflage und liegt in deutscher Übersetzung unter dem Titel *Ist das ein Mensch?* vor.

Primo Levi war ein Mann von 24 Jahren und hatte eben sein Chemiestudi-um erfolgreich beendet, als er sich in Turin der antifaschistischen Widerstands-bewegung Giustitia e Libertà anschloss. Im Dezember 1943 wurde er von der faschistischen Miliz verhaftet. Als «italienischer Staatsbürger jüdischer Rasse» wurde er in ein Durchgangslager bei Modena überstellt. Von dort wurde er zu-sammen mit 650 Schicksalsgefährten, von denen 23 überlebten, in zwölf Vieh-wagen nach Auschwitz deportiert. Auf der Bahnrampe von Auschwitz erlebte Levi das, was unter dem Begriff der «Selektion» in die schauerliche Geschichte von Hitlers Untaten eingegangen ist. Er schreibt: «Abseits standen breitbeinig und teilnahmslos ein Dutzend SS-Leute. Aber dann drängten sie sich zwischen uns und begannen mit leiser Stimme und steinernen Gesichtern, uns nachei-nander in schlechtem Italienisch auszufragen. Nicht alle, nur einige wenige. ‹Wie alt?› ‹Gesund oder krank?› Und sie wiesen je nach der Antwort in zwei ver-schiedene Richtungen.» Primo Levi schreibt die knappe, unterkühlte Sprache des Diagnostikers und Naturwissenschaftlers. Seinen Stil hat er selbst so cha-rakterisiert: «Ich habe mich immer bemüht, vom Dunklen zum Hellen zu gehen, wie eine Filterpumpe, die trübes Wasser einsaugt und klar, wenn nicht steril, wieder von sich gibt.»

Man sträubt sich, die alltägliche Wendung zu gebrauchen; aber Levi hat Glück. Der Häftling mit der am Unterarm eintätowierten Nummer 174 517 kommt als Zwangsarbeiter in die Buna-Werke von Auschwitz-Monowitz, in der synthe-tischer Kautschuk hergestellt werden soll. Er existiert dort, mehr als dass er lebt, während elf Monaten. Er verrichtet Fronarbeiten, aber sie führen zu nichts. «Nie kam auch nur ein einziges Kilogramm synthetisches Gummi», schreibt er, «aus der Fabrik von Buna, um die sich die Deutschen vier Jahre lang mühten und in der wir, unzählbar, litten und starben.»

Im Tötungsprozess der Moderne, wie Levi ihn schildert, wird die Frage nach der Schuld gar nicht erst gestellt, und der Sinn der Existenz erschöpft sich in der Hoffnung, den heutigen Tag zu überleben. Die Betroffenen geraten hinein in einen mechanisierten Vernichtungsprozess, der den Geist korrumpiert, das Empfinden abstumpft und die Individualität auslöscht. Alles trägt dazu bei, den Zerfall der Opfer unaufhaltsam voranzutreiben: die tägliche Schwerarbeit, der andauernde Hunger, die miserablen hygienischen Bedingungen, die seuchenartig auftretenden Krankheiten, die Prügel der Wächter. Levi berichtet von diesem gleichförmigen, öden, zermürbenden Alltag emotionslos, ohne Selbstmitleid, ohne Hass: «Ich schiebe Waggons», schreibt er, «ich arbeite mit der Schaufel, ich ermatte im Regen, ich zittere im Wind. Schon ist mein eigener Körper nicht mehr mein: der Bauch ist gedunsen, die Glieder sind verdorrt, das Gesicht ist am Morgen verschwollen und am Abend ausgehöhlt. Einige von uns haben eine gelbe Haut, andere eine graue, sehen wir uns einmal drei oder vier Tage nicht, erkennen wir uns kaum wieder.» Und vom Schlimmsten, den von Zeit zu Zeit angesetzten «Selektionen», schreibt er: «Es ist schwer, der Selektion zu entkommen; denn die Deutschen betreiben diese Dinge mit grossem Ernst und unerhörter Genauigkeit.»

Primo Levi erlebt seine Einlieferung ins Arbeitslager als Fall in die Tiefe. «In einem einzigen Augenblick und mit fast prophetischer Schau», bemerkt er, «enthüllt sich uns die Wahrheit: Wir sind in der Tiefe angekommen. Noch tiefer geht es nicht; ein noch erbärmlicheres Menschendasein gibt es nicht, ist nicht mehr denkbar.» Hier wird der Mensch ganz auf seine tierische Natur zurückgeworfen. Alles wird bestimmt vom Kampf ums Dasein. Wer überleben will, muss mit allen denkbaren Mitteln, mit Lug und Trug, durch Hinterlist und Verstellung, versuchen, sich gegenüber dem Mitgefangenen Vorteile zu verschaffen. Wem dies nicht gelingt, der endet, wie der Lagerjargon dies nennt, als «Muselmann»: Er ist tot, noch bevor er stirbt. Dass dieser Prozess der Verrohung auch die Vorgesetzten, die Kapos, die Blockältesten, die SS-Schergen erfasst, versteht sich von selbst.

Gewiss gibt es auch in diesem Dahinvegetieren der Todgeweihten seltene Augenblicke eines prekären Glücks: einen Traum, der in die Kindheit zurückführt, eine rasch verklingende Hoffnung. Zuweilen wird in einem Blick, in einem kurzen Gespräch ein Gefühl der Solidarität mit den Mitgefangenen sichtbar, und es sind solche Augenblicke, die Primo Levi meisterhaft festzuhalten weiss. Dann verbindet sich die Hoffnung, man könnte vielleicht doch überleben, mit dem Willen, man müsse überleben, um Bericht zu erstatten. Das Opfer wird zum Chronisten; es wendet sich, da keine Macht ihm hilft, auch nicht die göttliche, die unglaubwürdig geworden ist, in letzter Instanz an die Geschichte, die sein Zeugnis festhält. Primo Levi stellt sich die Frage, ob er diese Chronistenrolle übernehmen soll. Und er erwidert: «Auf diese Frage möchte ich mit Ja antworten. Denn ich bin überzeugt, dass kein menschliches Erleben ohne Sinn ist und nicht eine Analyse verdient, ja, dass man sogar dieser besonderen Welt, von der ich berichte, Grundlegendes abgewinnen kann, mag es auch nicht immer positiv sein.»

Es sind zwei Umstände, denen Primo Levi sein Überleben verdankt. Er findet dank seines Berufs als Chemiker zeitweise Verwendung bei leichterer Arbeit in einem Labor. Und er erkrankt genau zu dem Zeitpunkt, als die Lagerinsassen in den berüchtigten «Todesmärschen» zur Flucht vor der heranrückenden Roten Armee gezwungen werden, und bleibt mit wenigen Leidensgenossen im Lager zurück. Im Januar 1945 erreichen die Russen Auschwitz. Die Befreiung des Lagers und seine Irrfahrt auf abenteuerlichen Umwegen quer durch Osteuropa hat Primo Levi in einem zweiten Buch mit dem Titel *Die Atempause* dargestellt. Unvergesslich bleibt dem Leser der Augenblick der Befreiung. «Es schien uns», schreibt Levi, «als hätte das vom Tod erfüllte Nichts, in dem wir seit zehn Tagen wie erloschene Sterne kreisten, ein festes Zentrum bekommen, einen Kondensationskern, und so war es wohl auch: Vier bewaffnete Männer, aber nicht gegen uns bewaffnet, vier Friedensboten mit bäurischen, kindlichen Gesichtern unter den schweren Pelzmützen.»

Als das Buch *Ist das ein Mensch?* 1947 in der italienischen Originalausgabe erschien, fand es geringe Beachtung. Ausserhalb von Turin wurde es kaum gelesen, und etwa 1500 Exemplare wurden abgesetzt. Doch der Bericht *Die Atempause* wurde zu einem literarischen Erfolg, der den Erfolg einer zweiten italienischen Auflage von *Ist das ein Mensch?* nach sich zog. Die Einkünfte reichten nicht aus, um Levi eine Existenz als freier Schriftsteller zu sichern. Zwischen 1947 und 1977 arbeitete er in einer Farben- und Lackfabrik, blieb aber nebenberuflich als Schriftsteller tätig und verfasste auch journalistische und literarische Arbeiten, die nichts mit seiner Auschwitz-Erfahrung zu tun hatten. Doch betrachtete er es damals wie nach seiner Pensionierung als seinen Auftrag, Zeugnis von dieser Erfahrung abzulegen und sein Judentum zu thematisieren. Er trat in der Öffentlichkeit auf, sprach in Schulen, besuchte Tagungen im In- und Ausland.

Zu einem besonderen Ereignis wurde für ihn die Publikation der deutschsprachigen Ausgabe von *Ist das ein Mensch?* im Jahr 1961. In einem Brief, den er an seinen Übersetzer Heinz Riedt sandte, schrieb Levi damals: «Vielleicht haben Sie gemerkt, dass für mich das Lager und vom Lager geschrieben zu haben ein bedeutendes Erlebnis gewesen ist, das mich zutiefst verändert, mir Reife und ein Lebensziel gegeben hat. Mag es Anmassung sein: aber jetzt kann ich, Nummer 174 517, durch Sie zu den Deutschen sprechen, kann sie an das erinnern, was sie getan haben, und ihnen sagen: ‹Ich bin am Leben, und möchte euch verstehen, um euch beurteilen zu können.›»

Im Jahr 1986 erschien, zuerst in italienischer und vier Jahre später in deutscher Sprache, Primo Levis letztes und tiefgründigstes Werk unter dem Titel Die *Untergegangenen und die Geretteten*. Das Buch wendet sich ausdrücklich auch an deutsche Leser. Der Autor vermeidet antideutsche Klischees, aber er betont die «kollektive Verantwortung» der Deutschen und unterstreicht die Einzigartigkeit des Holocaust, selbst im Vergleich mit den Verbrechen anderer Diktaturen. Das Buch enthält die nachdenklichen Überlegungen eines klugen Menschen, der eine traumatisierende Lebenserfahrung auf das Niveau rationaler Analyse zu heben und so zu meistern sucht. Man muss daran zweifeln, dass ihm dies gelang. Primo Levi starb, als er ein Jahr später in den Treppenschacht seines Turiner Hauses stürzte; man nimmt allgemein an, dass er Selbstmord beging. Damit gesellte er sich in die lange Reihe derer, die das Konzentrationslager überstanden, aber nicht das Leben danach. Litt er darunter, überlebt zu haben? «Jene, die sich retten konnten», hatte er einmal geschrieben, «waren nicht die besten von uns, sie waren eher die schlimmsten, die Egoisten, die Gewalttätigen, die Kollaborateure ... Es waren die besten, die starben.» Sein Schicksalsgefährte Elie Wiesel hat Primo Levis Tod so kommentiert: «Er starb in Auschwitz – vierzig Jahre später.» Auf seinem Grabstein steht neben Namen und Lebensdaten eine Zahl: 174 517.

47. Wladyslaw Szpilman, *Śmierć miasta* (1946)

Deutsch: *Das wunderbare Überleben. Warschauer Erinnerungen* (1998)

Niemand, der das Buch gelesen hat, wird diese Episode je vergessen. Ein Jude, der dem Ghetto entkommen ist und sich vor den feindlichen Besatzern in Warschau versteckt hat, erzählt die Geschichte von seiner wundersamen Errettung. Er berichtet, wie er im November 1944 halb verhungert auf dem Dachboden eines verlassenen Hauses von einem deutschen Offizier entdeckt wird. Er weiss, dass dies sein Ende bedeutet. «Machen Sie mit mir was sie wollen», sagt er zum Offizier, «ich rühr mich nicht mehr vom Fleck.» Der Deutsche fragt den Juden nach seinem Beruf und erfährt, dass dieser Pianist ist. Darauf heisst er ihn, ihm auf einem Klavier, das im Zimmer steht, etwas vorzuspielen. Der Erzähler berichtet: «Ich hatte zweieinhalb Jahre nicht mehr geübt, meine Finger waren steif, mit einer dicken Schmutzschicht bedeckt, die Fingernägel ungeschnitten seit dem Brand des Hauses, in dem ich mich versteckt hielt. Dazu stand das Klavier in einem Zimmer ohne Fensterscheiben, sodass der Mechanismus vor Feuchtigkeit aufgequollen war und auf den Tastendruck widerspenstig reagierte. Ich spielte Chopins *Nocturne cis-Moll*. Der gläserne klirrende Ton, den die verstimmten Saiten hervorbrachten, hallte in der leeren Wohnung und im Treppenhaus wider, flog auf die andere Strassenseite durch die Ruinen der Villa und kehrte als gedämpftes, wehmütiges Echo zurück.» Darauf kommt es zwischen dem Deutschen und dem Pianisten zu einem kurzen Gespräch. «Ich bin Deutscher», sagt der Offizier, «und nach all dem, was geschehen ist, schäme ich mich dafür.» Und weiter: «Sie müssen durchhalten! Hören Sie?» In den folgenden Tagen und Wochen versorgt der Deutsche den Juden mit Nahrungsmitteln und rettet ihn vor dem sicheren Hungertod. Dann verlassen die Deutschen Warschau vor den heranrückenden Russen. «Da Sie über fünf Jahre diese Hölle durchgestanden haben», sagt der Offizier bei der letzten Begegnung mit dem Juden, «ist es offenbar göttlicher Wille, dass wir überleben. Man muss daran glauben.»

Die obige Begebenheit wird geschildert im Buch *Das wunderbare Überleben* von Wladyslaw Szpilman. Dieses Werk, ein Welterfolg, wurde 2002 von Roman Polanski unter dem Titel *Der Pianist* verfilmt. Der Film erhielt drei Oscars für die beste Regie, den besten Hauptdarsteller und das beste Drehbuch.

Wladyslaw Szpilman, der Sohn musikalischer Eltern, wurde im Jahr 1911 geboren. Er studierte in Warschau und Berlin Klavier und Komposition und wurde 1935 Hauspianist beim Warschauer Radio. Bekannt wurde er durch die

Komposition von Filmmusik und beliebten Schlagern. Sein Chopin-Rezital vom September 1939 war die letzte Live-Sendung, die der polnische Rundfunk vor dem Einmarsch der deutschen Wehrmacht ausstrahlte.

Vom November 1940 bis Juli 1942 lebte Wladyslaw Szpilman im Warschauer Ghetto. In seinem Buch gibt Szpilman davon eine beklemmend eindrückliche Beschreibung. Als Pianist in Kaffeehäusern und als Arbeitssklave der Deutschen gelang es ihm, seinen Eltern und Geschwistern eine notdürftige Existenz zu sichern. Im Sommer 1942 wurde Szpilmans Familie jedoch in Viehwaggons ins Vernichtungslager Treblinka deportiert. Ihm selbst gelang es im letzten Augenblick, dem gleichen Schicksal zu entrinnen. Unvergesslich bleibt die Stelle, wo Szpilman die Abfahrt des Todeszugs beschreibt: «Ich wandte mich ab und wankte, laut weinend, mitten auf der menschenleeren Strasse einher, verfolgt von dem immer leiser werdenden Schrei der in den Waggons Eingeschlossenen, der wie das Piepsen in Käfigen zusammengepferchter Vögel in Todesnot klang.»

Noch vor dem Ghetto-Aufstand vom April 1943 gelang es Szpilman zu fliehen. Doch seine Lage war weiterhin höchst prekär. Er hatte kaum Geld für Lebensmittel, und es war fast unmöglich, bei Bekannten Unterschlupf zu finden; denn wer Juden versteckte, riskierte die Todesstrafe. Im Dachboden eines Wohnblocks, dessen Bewohner vertrieben worden waren, gelang es Szpilman schliesslich, sich zu verstecken. Er versuchte, sich mit Tabletten umzubringen, was misslang. Da und dort fand er Nahrungsreste und trank das verschmutzte Wasser aus herumstehenden Löscheimern. Seine Kleider waren Lumpen, sein einziger wertvoller Besitz waren eine «Vorkriegs-Omega» und ein Füllfederhalter. Als er eine Spiegelscherbe fand und sich darin betrachtete, erschrak er. «Im ersten Moment», schreibt Szpilman in seinem Bericht, «wollte ich einfach nicht glauben, dass ich die abscheuliche Fratze war, die ich da sah: seit Monaten ungeschnittenes Haar, unrasiert, ungewaschen, mein Kopf war mit dichter verfilzter Haarwolle überwuchert, das Gesicht beinahe zugewachsen mit schwarzem Haar ...» In diesem Zustand begegnet Szpilman seinem Retter, einem deutschen Offizier.

Wladyslaw Szpilman verfasste seinen Bericht kurz nach Kriegsende. Er schrieb ihn nicht für die Öffentlichkeit, sondern in der Hoffnung, seine traumatischen Erinnerungen zu verarbeiten. Der Autor hatte keinerlei literarische Ambitionen, es ging ihm bloss darum, nüchtern zu berichten. Der Text ist frei von Ressentiments und Anschuldigungen; aber man glaubt zwischen den Zeilen etwas von der ungläubigen Verwunderung des Autors darüber zu spüren, dass all das möglich war, was er beschreibt, und dass er das alles überstand. Die deutsche Übersetzung des Buchs enthält ein Nachwort von Wolf Biermann. Der Liedermacher berichtet darin von einem Gespräch, das er mit Szpilman führen konnte. «Das fällt mir auf», schreibt Biermann, «Rachsucht scheint im Seelenregister des Autors einfach zu fehlen. Er sagte mir mal bei einem Gespräch in Warschau, als er, der weltgereiste Pianist, an seinem alten, inzwischen schwer verstimmten Flügel sass, einen halb ironischen, halb todernst gemeinten kindlichen Satz: ‹Ich habe als junger Mann in Berlin zwei Jahre Musik studiert. Ich kann das nicht verstehen von den Deutschen ... die waren doch immer soo musikalisch.›»

Szpilmans Buch wurde 1946 zuerst in polnischer Sprache veröffentlicht und fand damals wenig Widerhall. In englischen und amerikanischen Ausgaben wurde es 1999, ein Jahr vor dem Tod des Autors, zum Bestseller. Heute liegt das Werk in 38 Sprachen vor und wird in Deutschland, Polen und den USA als Schullektüre studiert. Eine illustrierte Neuauflage des Werks, versehen mit einem Vorwort vom Sohn des Verfassers, Andrzej, ist kürzlich herausgekommen.

Dass während des Zweiten Weltkriegs einzelne Menschen verfolgten Juden das Leben retteten, indem sie ihnen falsche Papiere beschafften, sie mit Nahrungsmitteln versorgten oder versteckt hielten, ist hin und wieder vorgekommen. Dass aber die Namen dieser Retter bekannt sind und ihre Biografien rekonstruiert werden können, ist selten. Im Fall von Szpilman wissen wir jedoch, wie sein Retter hiess und wer er war: Wilm Hosenfeld, Dorfschullehrer in einem kleinen Ort im heutigen Landkreis Fulda, geboren im Jahr 1895. Fünf Jahre nach Kriegsende gelang es Szpilman, den Namen Hosenfelds, der sich in russischer Gefangenschaft befand, zu ermitteln. Ein Versuch, ihn freizubekommen, misslang. Anlässlich eines Konzerts in Deutschland suchte Szpilman die Familie seines Retters auf und erfuhr, dass dieser in Gefangenschaft verstorben war. Es ist überliefert, dass Hosenfeld während seines Kriegseinsatzes in Polen über ein Dutzend Menschen vor Folter und Tod rettete. Er wurde im Jahr 2007 von der polnischen Regierung posthum mit einem Orden für seine Verdienste um die Verteidigung der Menschenwürde ausgezeichnet. Ein Jahr später ehrte ihn Israel mit dem Titel «Gerechter unter den Völkern».

Das Schicksal Hosenfelds ist durch Tagebuchaufzeichnungen und erstaunlich freimütige Feldpostbriefe an seine Familie ungewöhnlich gut dokumentiert. Wilm Hosenfeld gehört zu jenen Deutschen, die 1914 begeistert in den Ersten Weltkrieg zogen und sich mit der Friedensregelung von Versailles nicht abfinden konnten. Er war gläubiger Katholik, spielte in der Dorfkirche die Orgel, misstraute der Weimarer Republik und träumte von einer Erneuerung des Menschen. Im Jahr 1935 wurde er Mitglied der NSDAP. Er nahm am Nürnberger Parteitag teil und schrieb: «Mich ergreift das Erlebnis der grossen Gemeinschaft, in der wir marschieren. Es ist wie im Krieg.» Als Lehrer bewunderte er Pestalozzi und versuchte, seine Schüler im Geist des Nationalsozialismus zu erziehen. Bald geriet Hosenfeld jedoch in Widerspruch zu den strammen Parteipädagogen. Die «Kristallnacht» vom November 1938 kommentierte er in seinem Tagebuch mit den Worten: «Judenpogrome in ganz Deutschland. Es sind fürchterliche Zustände im Reich, ohne Recht und Ordnung, dabei nach aussen Heuchelei und Lüge.»

Während des Polenfeldzugs war Wim Hosenfeld hinter der Front mit dem Aufbau eines Gefangenenlagers beschäftigt. Es blieb ihm nicht verborgen, mit welcher Grausamkeit die Besatzungsmacht mit Juden und Polen verfuhr. «Wie gern bin ich Soldat gewesen», notierte er in seinem Tagebuch, «aber heute möchte ich den grauen Rock in Fetzen reissen. Wir sollen den Schild halten, hinter dem diese Verbrechen an der Menschheit geschehen können?» Hosenfeld wurde zum Hauptmann befördert und mit der Aufsicht über die Sportanlagen in Warschau betraut. Dabei wurde er Zeuge der Deportation von Polen, die mit ihren Frauen und Kindern in Viehwaggons verfrachtet wurden. Er schrieb an seine Familie: «Wenn ich an Euch, meine lieben Kinder daheim denke, da steigt es mir heiss in der Seele hoch, und ich möchte jedes Kind auf den Arm nehmen und trösten ... und sie um Verzeihung bitten, dass die Deutschen so mit ihnen sind, so ruchlos unbarmherzig, so grausam unmenschlich.» Was in den Vernichtungslagern geschah, blieb Hosenfeld auch nicht verborgen. Er notierte am 23. Juli 1942 in sein Tagebuch: «Es wird glaubhaft von den verschiedensten Leuten berichtet, dass man das Ghetto in Lublin ausgefegt hat, die Juden daraus vertrieben und sie massenweise ermordet, in die Wälder getrieben hat und zu einem kleinen Teil in Lager eingesperrt hat. Von Litzmannstadt (Lodz), von Kutno wird erzählt, dass man die Juden, Männer, Frauen, Kinder in fahrbaren Gaswagen vergiftet, den Toten die Kleider auszieht, sie in Massengräber wirft und die Kleider zur weiteren Verwendung den Textilfabriken zuführt. Jetzt ist man dabei, das Warschauer Ghetto, das etwa 400 000 Menschen zählt, auf ähnliche Weise zu leeren.»

Zuerst zögerte Hosenfeld, diesen Informationen Glauben zu schenken. Ein Jahr später aber notierte er in sein Tagebuch, das er, sorgfältig versteckt, nach Hause schicken konnte: «Eine untilgbare Schande, einen unauslöschlichen Fluch haben wir auf uns gebracht. Wir verdienen keine Gnade, wir sind alle mitschuldig. Ich schäme mich, in die Stadt zu gehen, jeder Pole hat das Recht, vor unsereinem auszuspucken.»

Im August 1944 erhob sich die polnische Heimatarmee gegen die deutschen Besatzer. Der Aufstand wurde von Spezialeinheiten der Wehrmacht brutal niedergeschlagen, während die Rote Armee ihren Vormarsch verzögerte. Das Massaker war fürchterlich: Etwa 200 000 Polen kamen beim Aufstand und in den anschliessenden Wochen ums Leben. Im Januar 1945 drang die Rote Armee in Warschau ein, und Wilm Hosenfeld geriet in Kriegsgefangenschaft. Man verdächtigte ihn der Spionage, und er wurde zu 25 Jahren Straflager verurteilt. Dann erkrankte er und erlitt mehrere Schlaganfälle. Im August 1952 verstarb er in einem Gefangenenspital in Stalingrad.

Wladyslaw Szpilman überlebte seinen Retter. Er nahm nach der Befreiung Polens seine Tätigkeit beim Warschauer Rundfunk wieder auf. Oft konzertierte er im Ausland, hin und wieder zusammen mit dem berühmten Geiger polnischer Abstammung Bronislaw Gimpel. Gemeinsam mit diesem Künstler gründete er das Warschauer Klavierquintett, das 1963 auf eine viel beachtete Welttournee ging. Als Szpilman nach Kriegsende zum ersten Mal wieder im Rundfunk auftrat, spielte er Chopins *Nocturne* in *cis-Moll*.

48. Hannah Arendt, *Eichmann in Jerusalem: A Report of the Banality of Evil* (1963)
Deutsch: *Eichmann in Jerusalem. Ein Bericht von der Banalität des Bösen* (1964)

Im Mai 1960 nahm der israelische Geheimdienst Mossad den ehemaligen SS-Obersturmbannführer Adolf Eichmann in einem Vorort von Buenos Aires fest. Unter Hitler war Eichmann Leiter des für die Deportation der Juden zuständigen Referats des Reichssicherheitshauptamts gewesen. In dieser Eigenschaft war er für die systematische Ermordung von rund 6 Millionen Juden in Konzentrations- und Vernichtungslagern verantwortlich. Nach Kriegsende hielt er sich versteckt, und 1949 gelang es ihm, sich nach Argentinien abzusetzen. Dort lebte er mit seiner Familie unter dem Namen Ricardo Klement und arbeitete in einem Mercedes-Werk. An Bord der El-Al-Maschine, mit der Eichmann im Widerspruch zu geltendem Völkerrecht nach Israel überführt wurde, befand sich die offizielle israelische Delegation, die von den Jubiläumsfeierlichkeiten zur Unabhängigkeit Argentiniens zurückkehrte.

Am 11. April 1961 begann vor einer Sonderkammer des Bezirksgerichts von Jerusalem der Strafprozess gegen Adolf Eichmann. Während Monaten befasste sich das Gericht mit der Fülle des vorgelegten Beweismaterials und mit den Aussagen der über hundert vorgeladenen Zeugen. Eichmann wurde in 15 Punkten, die im Wesentlichen seine Rolle bei der Verfolgung der Juden und seine Zugehörigkeit zu verbrecherischen Organisationen betrafen, angeklagt. Er bekannte sich in allen Punkten für nicht schuldig im Sinne der Anklage, während das Gericht ihn in allen Punkten für schuldig erklärte. Im Dezember 1961 wurde er zum Tod verurteilt. Einer Berufung wurde nicht stattgegeben, das Gnadengesuch des Angeklagten wurde abgelehnt. In der Nacht vom 31. Mai zum 1. Juni 1962 wurde Eichmann durch den Strang hingerichtet, und seine Asche wurde ausserhalb der israelischen Küstengewässer dem Meer übergeben. Der Prozess stellte zum ersten Mal, über 15 Jahre nach den Nürnberger Kriegsverbrecherprozessen, den Holocaust ins Zentrum einer gerichtlichen Untersuchung; der israelische Ministerpräsident Ben Gurion nannte ihn das «Nürnberg des jüdischen Volkes». Die Gerichtsverhandlungen wurden weltweit mit grösstem Interesse verfolgt.

Unter den Journalisten, die dem Prozess folgten, befand sich Hannah Arendt. Die Philosophin und Historikerin wurde 1906 in Hannover geboren. Sie entstammte einer jüdischen Familie, deren Vorfahren aus Russland nach

Deutschland eingewandert waren. In kultureller Hinsicht empfand sie sich als Deutsche; gleichzeitig blieb sie sich ihrer jüdischen Herkunft immer bewusst. Sie studierte Philosophie bei Martin Heidegger, mit dem sie eine Liebesbeziehung verband, und promovierte bei Karl Jaspers. Im Jahr 1933 emigrierte sie nach Paris und dann nach New York, wo sie sich als Publizistin und Lektorin durchschlug. Sie war in erster Ehe mit dem Philosophen Günther Anders und in zweiter Ehe mit dem Philosophen Heinrich Blücher verheiratet. Im Jahr 1963 wurde sie Professorin für Politologie an der Universität Chicago, und nach 1967 lehrte sie an der New School for Social Research in New York.

Im Jahr 1951 erschien Arendts viel beachtetes Hauptwerk *Elemente und Ursprünge totalitärer Herrschaft*. Die Autorin befasst sich darin mit zwei Grundströmungen der modernen Diktaturen, dem Antisemitismus und dem Imperialismus. Dann wendet sie sich der Analyse von Bolschewismus und Nationalsozialismus zu, die einander weitgehend gleichgesetzt werden. Zwischen Klassen- und Rassenmord gibt es für Hannah Arendt keinen grundsätzlichen Unterschied. Den italienischen Faschismus bezeichnet sie im Gegensatz zu den auf Ideologie und Terror basierenden totalitären Diktaturen Hitlers und Stalins als eine mildere Form von bloss autoritärer Herrschaft. In der Vermassung des modernen Menschen sieht Hannah Arendt eine wichtige Voraussetzung für die Herausbildung totalitärer Herrschaftssysteme; in dieser Hinsicht erinnert sie an Autoren wie Spengler und Ortega y Gasset. Auch wenn Arendts Hauptwerk heute oft kritisch gesehen wird, gehört es doch zu den Pionierleistungen der «Totalitarismus-Diskussion», welche Historiker und Politologen während Jahrzehnten beschäftigt hat.

Hannah Arendt berichtete über den Eichmann-Prozess in einer fünfteiligen Artikelserie im *New Yorker*, die 1963 in gesammelter und erweiterter Form in amerikanischer Sprache herauskam. Ein Jahr später erschien das Werk unter dem Titel *Eichmann in Jerusalem. Ein Bericht von der Banalität des Bösen* auch auf Deutsch. Das Buch fand in verschiedenen Sprachen weite Verbreitung und ist, versehen mit einem eingehenden Vorwort des Historikers Hans Mommsen, noch immer erhältlich.

Eichmann in Jerusalem wurde nicht nur zum Longseller; es stiess auch gleich nach seinem Erscheinen auf lebhaften Widerspruch. Der Historiker Joachim Fest sprach «vom grössten Skandal, den ein Buch in Jahrzehnten hervorgerufen hat». Gleichzeitig schildert Fest Hannah Arendt, die er persönlich kannte, als eine Publizistin, die sich nicht scheute, heikle Fragen zu stellen und

Widerspruch zu provozieren. «Mit der Mischung aus Scharfsinn, Übermut und empfindungsstarker Verwegenheit», schreibt er, «hat sie nach vielen Seiten Anstoss erregt und sich nicht nur Gegner, sondern häufig auch Feinde gemacht.»

Bereits der Untertitel des Buchs erregte die Gemüter. Lief es nicht auf eine Verharmlosung von Eichmanns Verbrechen hinaus, so fragten sich nicht nur die Überlebenden des Holocaust, wenn man von der «Banalität des Bösen» sprach? Ohne Zweifel war es das unauffällige, kleinbürgerliche Erscheinungsbild des Angeklagten im von Polizisten flankierten Glaskäfig des Gerichtssaals, das die Berichterstatterin dazu verleitete, das Attribut «banal» zu brauchen. Eichmann erschien ihr als unbedeutender, subalterner Beamter, wie es ihn überall gibt, als folgsamer Empfänger von Weisungen, die er weiterleitete. In früheren Publikationen hatte Hannah Arendt vom «radikal Bösen» totalitärer Herrschaft gesprochen und deren Repräsentanten eine Art von Sonderstatus zugesprochen. Nun schien es der Autorin wichtig, sich gegen eine Dämonisierung Eichmanns zu wenden, indem sie in ihm keine fanatische Ausnahmefigur, sondern einen schlichten Bürokraten sah. Mit dieser Einschätzung übernahm sie auch einzelne Argumente, die Eichmann, um seine Rolle zu verharmlosen, zu seiner Verteidigung anführte.

Allerdings war Hannah Arendt weit davon entfernt, an Eichmanns Schuld zu zweifeln, und sie stimmte dem Todesurteil durchaus zu; aber ihr ging es darum zu zeigen, dass im Klima der nationalsozialistischen Vernichtungsmaschinerie das Verbrechen den Charakter einer Routinehandlung erhielt und moralische Überlegungen ausser Kraft gesetzt schienen. «Im Dritten Reich», schreibt sie, «hatte das Böse die Eigenschaft verloren, an der die meisten Menschen es erkennen – es trat nicht mehr als Versuchung an den Menschen heran.»

Widerspruch erregten auch einzelne Punkte der Kritik, die Hannah Arendt an der Durchführung des Prozesses übte. Vor allem die Feststellung, der Eichmann-Prozess werde vom israelischen Staat in politischer Absicht als Mittel der Selbstdarstellung genutzt, stiess auf wenig Verständnis. Fatal war im Besonderen, dass die Autorin von einem «Schauprozess» und von einer Inszenierung sprach. Damit legte sie die Analogie zu den stalinistischen Schauprozessen der späten 1930er-Jahre nahe, in denen angeblich dissidente Kommunisten gnadenlos abgeurteilt wurden.

Die heftigste Kritik erregte die im Tonfall des Vorwurfs gehaltene Feststellung Hannah Arendts, die Juden hätten sich wie Schafe zur Schlachtbank führen lassen, und die Judenräte, die zwischen den Tätern und den Opfern standen, hätten mit den Nazis kollaboriert. «Diese Rolle der jüdischen Führer bei der Zerstörung des eigenen Volkes», schreibt Arendt, «ist für Juden zweifellos das dunkelste Kapitel in der ganzen dunklen Geschichte.» Dazu schreibt Hans Mommsen in seinem Vorwort: «Mit der lapidaren Feststellung, dass ohne die Kooperation der jüdischen Funktionäre die ‹Endlösungs›-Politik nicht in dem tatsächlichen Umfange hätte realisiert werden können, rührte Hannah Arendt an eine Tabu-Zone, die auch bis heute nicht voll aufgehellt und deren Erörterung von denjenigen, die die Katastrophe überlebt hatten, verständlicherweise als gefühllos und anmassend betrachtet worden ist.» Wir wissen heute dank sozialpsychologischer Untersuchungen besser, als es damals Hannah Arendt wissen konnte, dass unter den furchtbaren Extrembedingungen menschlicher Existenz Vollstrecker und Opfer der Konzentrationslager in der Tat mental zusammenrückten. Und wir wissen, dass die Judenräte, wie es einer der besten Kenner, Raul Hilberg, formuliert hat, ebenfalls in der Falle sassen. Nicht selten sahen sie im Selbstmord die einzige Möglichkeit, dem grausamen Dilemma, in dem sie sich befanden, zu entkommen.

Liest man die von unterkühlter Sachlichkeit geprägten Erörterungen von Hannah Arendt heute wieder, kann man nachvollziehen, dass einer ihrer Freunde, der Religionshistoriker Gershom Scholem, der Autorin vorwarf, sie habe es an «Liebe zu den Juden» fehlen lassen. In seiner Rezension von *Eichmann in Jerusalem* liess der Historiker Golo Mann seiner Empörung vollen Lauf. «Noch einen Schritt», schrieb er, «und die Juden haben sich selbst verfolgt und selber ausgemordet und nur zufällig waren noch ein paar Nazis mit dabei. Vielleicht werden wir dies demnächst in Deutschland zu hören bekommen.»

Man wird Hannah Arendt den Vorwurf nicht ersparen können, sie habe in ihrem Buch ein überaus heikles Thema mit einer zuweilen an Arroganz grenzenden Saloppheit abgehandelt, so etwa, wenn sie in Eichmann wenig mehr als eine lächerliche Figur und einen «Hanswurst» sieht. Zur Entlastung der Autorin wird man gleichzeitig sagen dürfen, dass die anspruchsvolle Aufgabe, Prozessberichterstattung und politische Analyse miteinander zu verbinden, nicht leicht zu lösen war.

Der Eichmann-Prozess und das Erscheinen des Buchs von Hannah Arendt markierten eine Zäsur im Umgang mit der nationalsozialistischen Vergangenheit. Die herzbewegenden Berichte der Zeugen, die vor Gericht aussagten, wurden nicht nur in Israel mit tiefer Betroffenheit aufgenommen. In Deutschland war bis zum Ende der 1950er-Jahre in der Öffentlichkeit vom Holocaust kaum je die Rede gewesen. Die Generation der ehemaligen Nazis und Mitläufer verschwieg, verharmloste und verdrängte die Verbrechen des Dritten Reichs. Die Wiedergutmachungszahlungen an Israel oder die Massnahmen gegen ein erneutes Aufflammen rechtsextremer Tendenzen waren wenig populär. Nach dem Jerusalemer Eichmann-Prozess und dem riesigen Medienecho, welches Hannah Arendts Buch auslöste, trat ein Wandel ein, der durch den Frankfurter Auschwitz-Prozess von 1965 noch beschleunigt wurde. Dabei spielte auch der Generationenwechsel eine wichtige Rolle. Die Vertreter der jüngeren Generation begannen, ihre Eltern mit unbequemen Fragen zu konfrontieren und deren Lebensgeschichte zur Diskussion zu stellen. Die Geschichtswissenschaft begann, sich mit den Verbrechen des Nationalsozialismus intensiver auseinanderzusetzen. Die Gerichtsverfahren gegen kriminelle Nationalsozialisten verliefen weniger schleppend, und an Volksschulen und Universitäten wurde dem Thema nicht mehr ausgewichen.

49. Arthur Koestler, *Darkness at Noon* (1940)
Deutsch: *Sonnenfinsternis* (1946)

Man wird heute, sagt ein zeitgenössischer englischer Literaturkritiker, wenig Leser unter fünfzig Jahren finden, die ein Buch von Arthur Koestler gelesen haben. Das mag sein; als aber Koestlers berühmtestes Buch unter dem Titel *Sonnenfinsternis* 1946 in deutscher Sprache erschien, erregte es grösstes Aufsehen und fand reissenden Absatz. Zur Zeit des eben einsetzenden Kalten Kriegs wurde es zum Gegenstand erbitterter Diskussionen unter Intellektuellen linker und rechter Observanz. Böswillig und infam sei es, argumentierten die einen, die Sowjetunion, die eben im «Grossen Vaterländischen Krieg» den deutschen Faschismus niedergerungen habe, derart zu diskriminieren. Erhellend und höchst verdienstvoll sei es, so urteilten die anderen, endlich die Wahrheit über den menschenverachtenden Terrorismus der stalinistischen Diktatur ans Licht gebracht zu haben.

Arthur Koestler, der Autor des umstrittenen Bestsellers, war, als er an seinem Buch arbeitete, etwas über dreissig Jahre alt. Er hatte in seinen jungen Jahren mehr erlebt, als gemeinhin ein volles Menschenalter zu fassen mag. Der englische Historiker Tony Judt hat Koestler den «Intellektuellen par excellence» genannt, und er war dies in doppelter Hinsicht: Er reagierte mit höchster Sensibilität auf die Zeittendenzen und war zugleich in der inneren Zerrissenheit seiner Persönlichkeit ein Abbild seiner Zeit. Im Jahr 1905 in Budapest als Sohn assimilierter Juden geboren, war Koestler vielseitig begabt und lernte mit Leichtigkeit: «Ich wurde rasch intelligenter», schreibt er in seiner Autobiografie, «aber nur langsam verständiger.» Ein Ingenieurstudium in Wien brach er kurz vor dem Abschluss ab, begeisterte sich für den Zionismus und reiste nach Israel. Er arbeitete in einem Kibbuz, versuchte sich als Architekt und führte das Kreuzworträtsel in die hebräische Sprache ein. Zuerst Auslandskorrespondent verschiedener deutscher Zeitungen mit Sitz in Jerusalem, gelangte Koestler 1929 nach Paris, dann an den Hauptsitz der Ullstein-Presse in Berlin. Aufsehen erregte er, als er als wissenschaftlicher Berichterstatter auf einer Arktis-Expedition im Zeppelin mitflog. Er trat der Kommunistischen Partei bei und begründete dies im Rückblick so: «Ich wurde bekehrt, weil ich reif dafür war und weil ich in einer sich auflösenden Gesellschaft lebte, die verzweifelt nach einem Glauben verlangte ...» Koestler hielt sich längere Zeit in der Sowjetunion auf und erfuhr dort von der Machtübergabe an Hitler und vom Reichstagsbrand. «Ich war ein politischer Flüchtling geworden», schreibt er in seiner Autobiografie, «und sollte es die nächsten 13 Jahre bleiben.»

Man traf Koestler in Emigrantenkreisen, bald da, bald dort. In Zürich gehörte er zum Zirkel von Intellektuellen, den der Schriftsteller Rudolf Jakob Humm um sich scharte. «Er schien gequält», schildert ihn Humm, «aber er manifestierte es nicht. Er war ein introvertierter Jude und schon als solcher eine Rarität und in eben dieser Seltenheit umso geheimnisvoller. Damals hätte ich nie gedacht, dass er berühmt würde, weil ihm alles Spektakelhafte fehlte.»

Im Unterschied zu vielen westeuropäischen Russlandpilgern der 1920er-Jahre, die ihren utopischen Sehnsüchten folgten, gewann Koestler einen bedrückenden Eindruck von der gesellschaftlichen Realität des Stalinismus. Er blieb aber gläubiger Kommunist und hatte Kontakt mit einer Reihe führender Persönlichkeiten der Parteihierarchie. Zu diesen gehörten Männer wie Michail Kolzow, Karl Radek und Nikolai Bucharin, Vertreter der alten revolutionären Garde, die alle Opfer des stalinistischen Terrors wurden. Auch im Spanischen Bürgerkrieg war Koestler dabei. Er berichtete als Korrespondent des Londoner *News Chronicle*, geriet in Gefangenschaft und wurde von Franco zum Tode verurteilt. Ein Gefangenenaustausch ermöglichte seine Freilassung. Über seinen Gefängnisaufenthalt schrieb er einen bewegenden Bericht, der unter dem Titel *Ein spanisches Testament* international erfolgreich wurde. Nach dreimonatiger Haft wurde er begnadigt, gelangte nach Paris und arbeitete dort für eine Zeitung des kommunistischen Publizisten Willi Münzenberg. Nach Frankreichs Kriegserklärung an Deutschland wurde er erneut verhaftet und in Südfrankreich interniert. Wieder liess man ihn frei, und er gelangte, nachdem die Deutschen schon in Frankreich einmarschiert waren, mit viel Glück nach London. Aus der Kommunistischen Partei trat Koestler aus, nachdem sich im August 1939 im Hitler-Stalin-Pakt die beiden Diktatoren miteinander verbündet hatten.

Der Roman *Sonnenfinsternis* ist das Produkt von Koestlers Erfahrungen und hätte ohne sie nie geschrieben werden können. Schauplatz des Geschehens ist ein sowjetisches Gefängnis in Moskau. Die Handlung spielt zur Zeit der grossen kommunistischen «Säuberungen» und Schauprozesse in den Jahren 1936 bis 1938. Im Verlauf dieser «Säuberungen» wurden Hunderttausende von Sowjetbürgern, führende Politiker und Militärs, aber auch arme Bauern und Arbeiter, als «antisowjetische Elemente» verhaftet, im Schnellverfahren abgeurteilt und erschossen oder in Zwangsarbeitslager deportiert. Es steht heute fest, dass diese Vernichtungsaktion vom höchsten Machtorgan des Regimes, vom Politbüro und vom obersten Repräsentanten von Partei und Staat, von Stalin, ausging. Ziel dieser «Säuberungen» war es, Sowjetbürger, die von der offiziellen Parteilinie abwichen oder einen entsprechenden Verdacht geweckt hatten, unschädlich zu machen. Durch die Liquidation solcher «Abweichler» hoffte Stalin noch den leisesten Widerspruch zum Schweigen zu bringen.

Die Hauptgestalt von Koestlers *Sonnenfinsternis* heisst Nicolai Salmonowitsch Rubaschow. Er gehört der Elite der sowjetischen Revolutionäre an und hat im russischen Bürgerkrieg gekämpft. Als Volkskommissar hat er mit gnadenloser Strenge die Linientreue kommunistischer Parteien im Ausland überwacht. Nun wird er selbst verhaftet, in eine Einzelzelle gesteckt. Er wird angeklagt, sich von bürgerlicher Gesinnung nicht gelöst, die Partei verraten und ein Attentat auf Stalin geplant zu haben. In qualvollen Verhören wird Rubaschow physisch und psychisch derart zermürbt und gebrochen, dass er sich schliesslich nicht nur in allen Anklagepunkten als schuldig bekennt, sondern auch selbst davon überzeugt ist, schuldig zu sein. In einem öffentlichen Schauprozess legt er ein umfassendes Geständnis ab und wird von den Zuschauern verlacht. Dieses immer gleich ablaufende «Ritual der Liquidation» wird von Radio und Presse propagandistisch eingesetzt. Rubaschow geht in den Tod im Bewusstsein, der Partei mit seinem Sühneopfer einen letzten Dienst zu erweisen.

Das alles, das finstere Kerkerloch, der Seelenterror der Verhöre, die Selbstgespräche Rubaschows, der Gang zur Exekution, wird von Koestler in einer knappen, unterkühlten Sprache geschildert, die nicht die leiseste Anteilnahme verrät. So ungefähr, denkt man sich, beschreibt ein Forscher den Verlauf eines todbringenden Tierexperiments. Die Botschaft, die Koestlers Roman vermittelt, ist die, dass der Kommunismus deshalb keine Chance hat, weil sein Menschenbild der Wirklichkeit nicht entspricht. Die kommunistische Ideologie, so Koestler, geht von einem uniformen und formbaren Menschen aus, dessen Rolle durch den dialektischen Geschichtsverlauf vorgegeben ist. Was den Menschen ausmacht, seine Individualität, seine seelischen Bedürfnisse und geistigen Sehnsüchte, seine Bildungsfähigkeit wie seine Korrumpierbarkeit, fällt nicht in Betracht. «Die Tennismoral des Liberalismus», sagt der Verhörrichter, «wird ersetzt durch die logische Konsequenz ... Wir reissen der Menschheit die alte Haut vom Leibe und nähen sie in eine neue ein. Das ist kein Geschäft für schwache Nerven.»

Koestler hat zeit seines Lebens gegen den totalitären Machtanspruch des Kommunismus angekämpft. Er gehörte zu den Organisatoren des Kongresses für kulturelle Freiheit, der 1950 in Berlin stattfand und führende Intellektuelle aus den USA und Europa versammelte. Ein Manifest, das er damals für die liberale Zeitschrift *Der Monat* verfasste, beginnt mit dem Satz: «Wir halten es für eine axiomatische Wahrheit, dass die Freiheit des Geistes eines der unveräusserlichen Menschenrechte ist.»

Einer der ersten Leser von Koestlers *Sonnenfinsternis* war der gleichaltrige Emigrant und enge Freund Manès Sperber, dem Koestler das Manuskript 1939 in Paris zeigte. In seinen Erinnerungen mit dem Titel *Bis man mir Scherben auf die Augen legt* schildert Sperber seinen Eindruck: «Er hatte ein äusserst komplexes Thema, für das die Leser noch nicht vorbereitet waren, so bildhaft und zugleich so gedankenreich behandelt, dass auch der verstockteste Stalinist die Wahrheit durchschauen und somit erkennen musste, dass er Opfer einer Irreführung geworden war.» Darin freilich täuschte sich Sperber. Vielen Lesern dürfte es wohl ähnlich gegangen sein wie dem französischen Historiker François Furet. Dieser schreibt in seinem Lebensbericht: «Ich erinnere mich, um 1947 *Sonnenfinsternis* von Koestler mit Begeisterung gelesen zu haben, was mich nicht hinderte, wenig später der Kommunistischen Partei beizutreten. Ich bewunderte, wie der Richter und der Angeklagte darin übereinstimmen, dem gleichen Zweck zu dienen – der erste als Henker und der zweite als Opfer.»

Sonnenfinsternis ist Koestlers berühmtestes und wichtigstes Buch geblieben. In weiteren Werken hat er sich, vielfältig begabt, wie er war, den verschiedensten Gebieten zugewandt, der Psychologie und Parapsychologie, den Naturwissenschaften, der Astronomie. Hervorgehoben sei hier noch der 1950 erschienene Sammelband *The God that Failed*, in dem eine Reihe von Intellektuellen, neben Koestler auch Ignazio Silone und André Gide, ihre Abkehr vom Kommunismus schildern. In seiner Art, mit seismografischer Empfindlichkeit auf Zeittendenzen zu reagieren und unerschrocken Stellung zu beziehen, erscheint Koestler als der Idealtypus des Intellektuellen im 20. Jahrhundert.

Sein Privatleben freilich war, wie man bei den Biografen nachlesen kann, unstet und haltlos. Die Introvertiertheit, die Humm bei Koestler glaubte feststellen zu können, war offenbar nur eine Facette seines Wesens. Andere Kommentatoren heben im Gegenteil des Schriftstellers Haltlosigkeit hervor. «Seine Trunksucht», schreibt Toni Judt, «führte zu unschönen gewaltsamen Auseinandersetzungen, reihenweise fuhr er Autos zu Schrott, und wenn er nicht trank, sich nicht schlug und nicht am Schreibtisch sass, war er oft depressiv und voller Selbstzweifel. Bei Fremden war er bemerkenswert grosszügig mit dem Geld, das

ihm *Sonnenfinsternis* und seine späteren Werke einbrachten, privat war er egoistisch und narzisstisch.» Gleichzeitig war Koestler, wie der Schriftsteller Julian
Barnes urteilt, «grosszügig, gastfreundlich, lustig, liebenswürdig und unendlich
anregend». Er liebte Hunde und die Natur, wandte sich gegen die Todesstrafe,
trat für die Sterbehilfe ein. Als er 1983 durch Selbstmord aus dem Leben schied,
nahm er seine weit jüngere Ehefrau in den Tod mit.

Das Ende der Sowjetunion hat Arthur Koestler nicht mehr erlebt. Aber die
Krankheit, die zu diesem Ende führte, hat er in *Sonnenfinsternis* ein halbes Jahrhundert zuvor richtig diagnostiziert.

50. Alexander Solschenizyn, *Odin den'*
Ivana Denisovicha (1962)
Deutsch: *Ein Tag im Leben des Iwan Denissowitsch* (1962)

Die Verschickung von Kriminellen und politisch Oppositionellen in die Arbeitslager Sibiriens hat in der russischen Geschichte eine lange Tradition. Berühmte Schriftsteller haben darüber geschrieben, nicht selten aus eigener Erfahrung. Fjodor Michailowitsch Dostojewski verbüsste vier Jahre Lagerhaft wegen subversiver politischer Tätigkeit und schrieb nachher seine *Aufzeichnungen aus einem Totenhaus.* Anton Tschechow besuchte die Sträflingsinsel Sachalin vor der russischen Pazifikküste und verfasste einen erschütternden Rechenschaftsbericht. Nach der Oktoberrevolution errichteten die Bolschewiken in den unwirtlichen, aber rohstoffreichen Gegenden im Osten und Norden Russlands ein weitverzweigtes Netz von Zwangsarbeitslagern, das Gulag-System. Millionen von Häftlingen holzten hier Wälder ab, bauten Strassen und Eisenbahnlinien, hoben Kanäle aus und beuteten Bergwerke aus. Das russische Wort Gulag ist ein Akronym, ein Kürzel, das ähnlich wie das Wort Uno in den alltäglichen Sprachgebrauch eingegangen ist. Es bedeutet wörtlich «Hauptverwaltung der Besserungsarbeitslager und -kolonien». Dieses System von Zwangsarbeitslagern bildete ein zentrales Element von Stalins forcierter Industrialisierungspolitik. Der sowjetische Diktator begriff die Menschen nicht als Individuen, sondern als das Rohmaterial, das der Staat bis an die Grenzen des Möglichen zu nutzen hatte, um die Ziele der Revolution zu erreichen. Von rechtsstaatlichen Verhältnissen, in denen Schuldige ihrer verdienten Strafe zugeführt werden, war man im Gulag weit entfernt. Das System, das Stalin und der Chef der politischen Polizei Jagoda in den 1920er-Jahren aufbauten, wurde zum Moloch, den man mit einer ausreichenden Zahl von Opfern fütterte, damit die ehrgeizigen Ziele der Fünfjahrespläne erfüllt werden konnten. Viele Zwangsarbeiter wussten denn auch nicht genau, was sie verbrochen hatten und warum sie verhaftet worden waren. Auch haftete dem Strafmass etwas Beliebiges an, und die Strafen konnten aus unbestimmtem oder nichtigem Anlass verlängert oder in Verbannung oder Zwangsumsiedlung umgewandelt werden. Die Gulag-Bevölkerung zählte vor dem Tod Stalins rund 2,6 Millionen Häftlinge in 175 Lagern. Dies waren 4 Prozent der arbeitenden Bevölkerung der Sowjetunion.

Das bekannteste literarische Werk, das wir zum Thema Gulag besitzen, stammt von Alexander Solschenizyn. Das Buch, mehr Bericht als Roman, kam

1962 heraus und trägt den Titel *Ein Tag im Leben des Iwan Denissowitsch*. Der Verfasser war zum Zeitpunkt der Niederschrift 44 Jahre alt und arbeitete als Mathematiklehrer in der Stadt Rjasan, 200 Kilometer südöstlich von Moskau. Er hatte unmittelbar vor dem Beginn des deutschen Russlandfeldzugs ein Mathematikstudium an der Universität Rostow abgeschlossen. Im Krieg wurde er der Artillerie zugeteilt und stand als Batteriekommandant im Fronteinsatz. Einige Monate vor Kriegsende wurde Solschenizyn von der militärischen Spionageabwehr verhaftet und ins berüchtigte Moskauer Gefängnis, die Lubjanka, überführt. Man hatte in seiner Korrespondenz mit einem Freund kritische Äusserungen über Stalin entdeckt und verurteilte ihn ohne Gerichtsverfahren zu acht Jahren Arbeitslager. «Ich war der Ansicht», schrieb der Schriftsteller später, «Stalin habe sich vom Leninismus entfernt, trage die Verantwortung für die Misserfolge zu Beginn des Kriegs und drücke sich zudem ungepflegt aus. Infolge jugendlicher Sorglosigkeit legte ich all dies in meinen Briefen nieder.»

Zuerst kam Solschenizyn in ein Sonderlager für Wissenschaftler, wo er sich mit dem Germanisten und Schriftsteller Lew Kopelew anfreundete. Dann gelangte er in ein Lager nach Kasachstan und arbeitete dort als Maurer und Giesser. Im Todesjahr Stalins wurde er entlassen und nach einem kleinen kasachischen Steppendorf in die Verbannung geschickt, «auf Lebzeiten», wie es hiess. Hier begann er mit der Niederschrift seines ersten Romans unter dem Titel *Im ersten Kreis der Hölle*, der in einem Arbeitslager für Wissenschaftler spielt. Im Jahr 1956 stellte Solschenizyn ein Gesuch um Rehabilitierung, dem stattgegeben wurde.

Der Bericht *Ein Tag im Leben des Iwan Denissowitsch* ist stark autobiografisch geprägt und schildert einen einzelnen Tag im Leben eines Strafgefangenen. Der Mann heisst Schuchow, ist von Beruf Zimmermann, vierzig Jahre alt, ungebildet und erfüllt von einem naiven Gottesglauben. Schuchow gehört der Arbeitsbrigade 104 an, haust in Baracke 9 und trägt auf seinem Mantel die Häftlingsnummer S 854. Vor dem Krieg lebte er mit seiner Frau und zwei Kindern in einem kleinen Bauerndorf. Im Krieg gerät er in deutsche Gefangenschaft, kann fliehen und wird beschuldigt, er habe sich vom deutschen Nachrichtendienst anwerben lassen. Auf dieses Delikt steht die Todesstrafe; doch Schuchow rettet sein Leben, indem er alles unterschreibt, was man ihm vorwirft. Er hat zu dem Zeitpunkt, da die Erzählung einsetzt, bereits acht Jahre Haft abgebüsst und akzeptiert seine Strafe, wie man ein unabänderliches Schicksal hinnimmt:

«So lebt man also dahin», sagt er sich, «den Kopf gesenkt, und hat keine Zeit nachzudenken, wie man reingekommen war und wann man wieder rauskommen würde.»

Ein Tag im Leben des Iwan Denissowitsch beginnt damit, dass ein Aufseher um fünf Uhr morgens mit einem Hammer an ein Stück Eisenbahnschiene schlägt, die vor der Kommandantur hängt. Es ist schneidend kalt, die Sträflinge versammeln sich, Menschen aus allen sozialen Schichten: Bauern, Arbeiter, ein Baptist, ein Kapitän, ein Filmregisseur, ein ehemaliger Parteifunktionär. Nach kargem Frühstück mit Suppe und Brei geht's zum Appell. Dann marschiert man, eskortiert von bewaffneten Bewachern, zum Arbeitsort ausserhalb des Lagers. An diesem besonderen Tag geht es hinaus zu einem Kraftwerk, das im Bau steht. Man muss arbeiten, um die Kälte zu überleben. «Wenn, wie jetzt, Schwerarbeit zu leisten ist», sagt sich Schuchow, «kannst du nicht einfach dabeisitzen und die Hände in den Schoss legen. Entweder sie hatten es hier binnen zwei Stunden warm, oder sie würden bald einen kalten Arsch kriegen und hin sein.» Zum Mittagessen gibt es erneut Brei, zu wenig, um den Hunger zu stillen, halbwegs genug, um die Arbeitskraft des Häftlings zu erhalten.

Schuchow ist ein fleissiger, gewissenhafter Arbeiter; er findet in der Arbeit seine Befriedigung und steht den Mithäftlingen zur Seite. Um neun Uhr abends ertönt das Signal zum Arbeitsschluss. Es ist nun sehr kalt, man steht frierend und wartet, der Appell verzögert sich. Schuchow gelingt es, das winzige Stück einer Säge, das er gefunden hat, im Fausthandschuh zu verbergen. Zum Abendessen gibt es wieder eine wässrige Brühe und einige hundert Gramm Brot, je nachdem, ob die vorgeschriebene Arbeitsleistung erreicht worden ist. Vor dem Einschlafen bleibt etwas Zeit für Gespräche, man tauscht Kleinigkeiten aus, die Gefangenen, die Post erhalten, öffnen Briefe und Pakete. Schuchow hat kein Paket zu erwarten; denn seine Familie ist arm, und er hat sie angewiesen, ihm nichts zu schicken. Nochmals ein letzter Appell, eine reine Schikane. Schuchow wirft sich auf sein Lager und überdenkt den vergangenen Tag. Eigentlich, sagt er sich, darf er zufrieden sein: Die Maurerarbeit hat geklappt, er hat einen Extraschlag Brei herausgeschunden, man hat das Stück Säge nicht auf ihm gefunden. Solschenizyns Buch schliesst mit den Worten: «Nichts war an diesem Tag schiefgegangen. Fast ein Glückstag. Dreitausendsechshundertdreiundfünfzig Tage wie dieser eine, das war seine Strafzeit, vom Frühappell bis zum Lichterlöschen. Dreitausendsechshundertdreiundfünfzig. Drei Tage mehr, wegen der Schaltjahre ...»

Solschenizyns Buch ist vordergründig eine Reportage, und viele Leser, welche das Gulag-System von innen kannten, haben die Genauigkeit und Sachlichkeit der Berichterstattung bezeugt. Was diesem Bericht jedoch seine herausragende und bleibende Bedeutung verleiht, ist nicht der Realismus der Schilderung, sondern die Darstellung der Hauptfigur. Der Häftling Iwan Denissowitsch Schuchow ist mit den denkbar schlimmsten Existenzbedingungen konfrontiert – und merkwürdig: Es gelingt ihm, nicht nur zu überleben, sondern auch, seine Selbstachtung zu bewahren. In der Atmosphäre des Arbeitslagers, welche die Entfesselung menschlicher Bösartigkeit begünstigt und wo jeder sich selbst der Nächste ist, bleibt Iwan Denissowitsch moralisch integer und geistig unabhängig. Die Haft hat ihn nicht verbittert. Er ist hartes Arbeiten seit früher Jugend gewohnt und findet auch in der Zwangsarbeit innere Befriedigung und eine Art von bescheidenem Glück. Eine stille Ruhe und Sicherheit geht von diesem Häftling aus, und er erinnert an die grossen Bauerngestalten im Werk Tolstois, die sich trotz Armut, Not und Leibeigenschaft ihre stille Würde bewahrt haben.

Ein Tag im Leben des Iwan Denissowitsch wurde zwischen 1956 und 1958 niedergeschrieben, ohne dass sein Autor mit einer Publikation rechnen konnte. Die durch Chruschtschows «Geheimrede» eingeleitete Destalinisierung und die Offenlegung von Stalins Verbrechen durch den XXII. Parteitag des Jahres 1961 führten jedoch zu einer zeitweiligen Liberalisierung, und Solschenizyns Buch konnte in der Literaturzeitschrift *Novy mir (Neue Welt)* abgedruckt werden. Die Publikation schlug ein wie eine Bombe. Fast überall erschienen lobende Kritiken, Solschenizyn wurde in den sowjetischen Schriftstellerverband aufgenommen und für den Lenin-Preis vorgeschlagen. Doch 1964 wurde Chruschtschow gestürzt, und die geistige Öffnung, die sich angekündigt hatte, wurde unter Leonid Breschnew und seiner reformfeindlichen Gerontokratie rückgängig gemacht. Im Jahr 1965 beschlagnahmte das Komitee für Staatssicherheit das Originalmanuskript von *Der Erste Kreis der Hölle*. Den Nobelpreis, der Solschenizyn fünf Jahre später verliehen wurde, konnte er nicht persönlich entgegennehmen, da er befürchten musste, nicht mehr nach Russland zurückkehren zu können. Im Jahr 1974 wurde der Schriftsteller, der zur Belastung des Regimes geworden war, verhaftet und ausgewiesen. Er fand zunächst Aufnahme in Deutschland und der Schweiz und lebte dann 17 Jahre lang im amerikanischen Bundesstaat Vermont im Exil. Im Jahr 1994 kehrte ein alter Mann nach Russland zurück, der von sich sagen konnte, er habe beides überlebt: den Gulag und die Diktatur.

Ein Tag im Leben des Iwan Denissowitsch war nur ein Vorspiel, eine Finger-übung, wenn man Solschenizyns gesamtes Œuvre betrachtet. Umfassend ist das Thema der sowjetischen Zwangsarbeitslager von Alexander Solschenizyn in seinem monumentalen Hauptwerk *Der Archipel Gulag* abgehandelt worden. Dieses Buch gelangte 1973 nach Paris, wurde dort in russischer Sprache gedruckt und anschliessend in viele andere Sprachen übersetzt. Eine vom Verfasser autorisierte gekürzte Ausgabe ist 1978 in deutscher Sprache erschienen. Am Anfang stehen die Worte:

«All jenen gewidmet,
die nicht genug Leben hatten,
um dies zu erzählen.
Sie mögen mir verzeihen,
dass ich nicht alles gesehen,
nicht an alles mich erinnert,
nicht alles erraten habe.»

Dank

Dieses Buch geht zurück auf Rezensionen, die zwischen 2010 und
2015 in der schweizerischen Online-Zeitung *journal21.ch* in meiner
Rubrik «Alte Bücher – neu besprochen» erschienen und von mir seit-
her überarbeitet und in einen historischen Zusammenhang gebracht
worden sind. Ich danke dem Gründer von *journal21.ch* Heiner Hug sowie dem Redaktionsmitglied Reinhard Meier, die mich zur Mitarbeit
ermuntert haben. Ich habe mich im Kreis der erfahrenen Journalisten, die *journal21.ch* zu einem vielseitigen und erfolgreichen Forum
der Meinungsbildung gemacht haben, sehr wohl gefühlt. Mein Dank
geht ferner an den langjährigen Freund Franz Cavigelli, der das Manuskript mit der kritischen Sorgfalt, die ihn auszeichnet, durchgele-
sen hat. Die Zusammenarbeit mit dem Verlag NZZ Libro verlief wie
bei früherer Gelegenheit in gutem Einvernehmen; ich danke insbesondere der Programmleiterin Ursula Merz für ihr Interesse und ihr
Verständnis. Meine Frau Irene Riesen hat meine Arbeit wiederum mit
Sachverstand und Tatkraft begleitet und unterstützt.

Editorische Notiz

Von den ausgewählten Werken werden Erscheinungsdatum und Originaltitel genannt, ebenso Erscheinungsdatum und Titel der ersten deutschsprachigen Übersetzung. Die Mehrzahl der behandelten Werke ist in deutscher Übersetzung als Taschenbuch lieferbar. Auf einen Anmerkungsapparat wurde verzichtet.

Urs Bitterli
Aarau, im November 2015

Personenregister